개정2판

부동산금융론

김 병 우 · 이 동 훈 공저

도서출판 두남

개정2판 머리말

부동산 금융론 개정판이 출간된 지 4년이 지났다. 그동안 경제·금융 환경에 많은 변화가 있었다. 대외적으로 글로벌 금리상승, 보호무역주의의 대두 등이 주요 리스크 요인으로 떠오르고, 대내적으로는 인구구조변화, 가계부채의 급증, 경기침체에 따른 실질소득의 정체 등이 부동산금융시장에 변수로 작용하게 되었다.

특히 분양시장 규제를 강화한 2016년 11.3 부동산대책이 발표된 이후 주택담보대출의 규제, 금리인상 우려, 경기부진 등과 겹치며 주택가격 하락 가능성이 제기되고 부동산금융에 대한 우려의 목소리도 커지고 있다. 따라서 부동산 관련 금융도 이와 같은 환경변화에 적응할 수 있도록 변화할 것으로 예상된다.

개정판에서 추가된 주요 내용들은 다음과 같다.

첫째, 1981년 설립되어 주택자금만 공급해 온 국민주택기금이 주택시장 변화에 맞춰 주택도시기금으로 개편되었다. 이에 따라 제7장의 내용을 전면 수정하고 주택도시기금에 대한 내용을 기술하였다.

둘째, 한국주택금융공사가 취급하는 모기지론의 변동 내용을 반영하고, 주택담보대출 심사 강화에 따른 DSR의 내용을 소개하였다.

셋째, 주택연금 이용조건 개정 내용 등을 설명하였다.

넷째, 주택금융신용보증 및 주택분양보증상품 등의 내용 중 변경된 부분들을 반영하였다.

다섯째, 각 장의 관련 시장현황 및 각종 통계자료들을 최근에 발표된 내용으로 수정하였다.

본 개정2판이 아무쪼록 독자들이 부동산금융 실무를 이해하는데 조금이라도 도움이 되었으면 한다.

이 책이 나올 수 있게 도와주신 도서출판 두남의 전두표 사장님과 이승구 상무님, 편집부 직원 여러분께 감사드린다.

2017년 1월 저자

부동산 금융론이 출간된 지 2년이 지났다. 그동안 국내외 금융환경은 많은 변화를 겪었다. 미국발 금융위기로 인하여 침체된 경기를 부양하고자 편 각국의 획기적인 유동성확대 정책 등으로 경기가 다소 안정되었으나 남유럽에서 시작된 재정위기가 유로국가 전역으로 확산되는 양상을 보이고 있다.

금융위기와 함께 찾아온 부동산거품의 붕괴는 금융전반 특히 부동산금융 관련분야에 큰 영향을 미쳤다. 미국 등에서는 대형금융회사들의 시스템유발 차단을 위한 규제·감독체계가 발표되었고, 소비자 보호조치부터 파생상품거래의 규제에 이르기까지 광범위한 금융규제 및 개혁이 진행되고 있다.

국내에서도 부동산개발 PF의 부실화로 인하여 다수의 건설사와 시행사가 도산하고 관련 저축은행들도 퇴출되면서 수많은 선의의 예금자들이 손해를 보았고 사회적으로 큰 파장을 일으킨 바 있다. 또한 금융위기 이후 인구, 소득, 라이프스타일 등 부동산 수요를 구성하는 기초여건이 변화하였다. 1인가구 증가, 노령가구 증가, 주택주 구매계층 인구의 증가율 둔화, 실질소득 하락 등으로 부동산 대세하락 가능성이 제기되고 부동산시장의 구조변화가 예상된다. 이에 따라 부동산금융도 진화할 것으로 전망된다.

개정판에서는 금융위기 이후의 관련 법령의 개정, 국제회계기준(IFRS)의 국내 시행 등 제도적 변화내용을 반영하려고 노력하였으며 금융환경변화에 따른 내용들을 가급적 최근의 통계자료를 이용하여 설명하였다. 또한 이해를 돕기 위하여 주요 내용을 그림으로 표현하여 추가 삽입하였다. 개정판에서 추가된 내용들은 다음과 같다.

첫째, 한국주택금융공사 소관인 보금자리론, 주택연금제도, 주택금융신용보증 상품의 변경내용을 반영하였다.

둘째, 대한주택보증(주) 취급상품의 주요 변경내용을 수록하였다.

셋째, 정부의 국민주택기금 융자사업의 변경내용 및 부동산투자회사법의 개정내용을 반영하였다.

넷째, 신탁법 개정에 따라 부동산신탁과 관련된 내용들을 소개하였다.

끝으로 금융위기와 관련된 내용들을 각 장에서 설명하였다.

이 책이 나오기까지 수고해주신 도서출판 두남의 전두표 사장님과 이승구 상무님, 편집부 직원 여러분께 감사드린다.

2013년 1월 저자 일동

머리말

부동산금융은 전체적인 금융의 한 분야로서 부동산을 취득, 개발, 관리, 처분하기 위하여 필요한 자금을 융통하고 운영하는 것, 또는 이와 관련된 자금의 흐름을 말한다. 부동산금융은 기본적으로 자산금융의 일종으로 부동산을 운용대상으로 하여 자본을 조달하는 일련의 과정으로서 토지, 건물, 주택 등 부동산담보 제공을 원칙으로 한다. 그러나 부동산을 담보로 하는 금융뿐 아니라 대출채권 등을 유동화하여 자금을 조달하는 것도 포함된다. 부동산의 유동화에 따라 부동산금융의 개념이 확대되고 있다.

부동산금융은 개인이나 기업, 국가 등 모든 경제주체에 필요하며 큰 영향을 미친다. 대부분의 개인들은 주택의 선분양제 하에서 주택구입을 위한 중도금대출 등을 부동산 금융에 의존한다.

기업들은 부동산개발사업에 있어서 부동산금융의 수단선택과 적절한 활용은 사업자체의 성공을 좌우하는 핵심요소가 될 수 있다. 무분별한 PF금융으로 사업 참여자들이 어려움을 겪는 사례들이 발생하고 있다.

부동산금융은 국가경제에도 큰 영향을 미친다. 미국의 서브프라임모기지(subprime mortgage)에서 발단된 금융위기는 파생상품과 결합되면서 미국의 모기지대출회사 및 헤지펀드뿐 아니라 대형 투자은행의 몰락을 초래하였다. 또한 부동산 금융발 금융위기는 경제위기를 초래하고 경제위기는 재정위기로 확산되어 소위 소버린 리스크(sovereign risk)라는 새로운 위험을 수반한다.

우리나라의 부동산금융은 1990년대 말 외환위기를 극복하는 과정에서 도입되었다. 기업구조조정을 지원하기 위하여 출발한 부동산투자회사법에 의한 리츠, 유동화증권, 부동산펀드 등이다.

우리나라의 부동산금융시장은 불과 10여 년 만에 크게 성장하였다. 자본시장과 부동산시장의 통합추세에 맞춰 관련 부동산금융의 선진기법을 도입하여 부동산금융시장의 새로운 패러다임이 형성되었다. 또한 자본시장법의 시행 등으로 법제적인 변화도 있었다. 개인 대출 측면에서는 LTV, DTI 등 적절한 규제로 큰 문제점이 없었으나 그동안 성장세를 보이던 부동산개발을 위한 프로젝트 파이낸싱은 부동산 경기가 위축되면서 부실화될 위험에 처하는 사례도 발생하고 있다.

최근의 글로벌 금융위기를 경험하면서 새로운 세계 금융질서가 정립되고 부동산금융시장에 영향을 미치고 있다.

그동안 경시했던 리스크와 펀더멘털을 중시하는 새로운 방향이 모색되고 있다. 따라서 레버리지 투자가 축소되고 안정적인 자금조달을 기반으로 한 전통적인 자금중개기능이 강화되며 시장중심의 질서보다는 정부의 규제가 강화될 것으로 예상된다. 미국의 경우 자산유동화시장 및 장외 파생상품 등에 관한 규제를 강화하고 국제공조를 통하여 다국적 금융기관의 감독, 파생상품 거래방식의 표준화가 추진된다.

우리나라의 부동산금융시장도 영향을 받을 것으로 예상된다. 최근에 해외에서 발행에 성공한 커버드본드의 예를 들 수 있다.

향후 부동산금융이 부동산시장의 불안을 초래한 주요배경이라는 인식을 불식시키고 부동산시장 안정 유지와 투명성 제고, 국민주거복지 향상, 국민경제의 지속적인 성장을 뒷받침하는 수단이 되어야 할 것이다.

본서는 총 15장으로 구성되었다. 제1장 금융시스템의 이해, 제2장 부동산금융시장, 제3장 금융위기와 서브프라임은 부동산금융을 이해하기 위한 서론 부분이다. 부동산금융을 이해하기에 앞서 기본적인 금융시스템과 전반적인 부동산금융시장 및 금융위기의 단초가 된 서브프라임에 관하여 고찰하였다.

제4장은 전통적인 부동산금융의 기본인 주택담보대출을, 제5장 모기지보험, 제6장 주택연금, 제7장 국민주택기금, 제8장 주택금융신용보증, 제9장 주택분양보증은 우리나라에서 현재 시행되고 있는 내용을 실무 위주로 살펴보았다.

이후 제10장부터 제15장의 내용 즉 부동산신탁, PF, 부동산펀드, 리츠, ABS, MBS 등은 부동산금융의 핵심내용으로서 기본적인 이론과 실무내용, 관련 법령 등을 설명하였고 최근에 변경된 각종 법령 및 업무취급 실적 등을 반영하였다.

본 교재는 부동산학과 학생들과 부동산업계 종사자들을 위한 부동산금융 입문서로 쓰였다. 독자들에게 조그만 도움이라도 되었으면 한다.

이 책의 출판을 허락해주신 두남의 사장님과 가족 여러분에게 감사를 드린다.

2010년 8월 저자

차 례

차 례

차 례

차 례

제 1 장

금융시스템의 이해

제1절 경제시스템의 개요

1. 금융의 의의

금융이란 경제주체 간의 자금의 융통 또는 자금의 순환이다. 즉 경제주체 간에 자금을 빌리거나 빌려주는 거래행위이다.

대부분의 금융거래는 반대방향으로 통화(구매력)의 이전을 수반한다. 이와 같이 금융거래는 흑자경제주체에서 적자경제주체로의 자금의 이전을 초래하여 각 경제주체의 장단기 자금과부족 현상을 해소시켜 가계, 기업, 정부 등 각 경제주체의 운영을 안정화하는 데 기여하고 부를 증가시킬 수 있는 기회를 제공하기도 한다.

그러나 금융거래에는 역선택이나 도덕적 해이 등의 정보의 비대칭으로 인한 문제가 발생할 수 있으므로 금융거래가 원활히 이뤄질 수 있는 제도적 장치 즉 금융시스템이 제대로 갖추는 것이 필요하다.

금융을 이해하기 위해서는 전반적인 경제시스템과 금융시스템을 이해하여야 한다. 경제시스템은 희소한 자원의 효율적 배분을 위하여 경제활동을 영위하기 위한 기구로서 경제시스템이 제대로 작동하려면 금융시스템이 뒷받침되어야 한다.

금융시스템은 금융시장이 제대로 작동하게 하고, 금융거래에서 정보의 비대칭성 문제를 완화하여 거래비용을 줄이는 등의 기능을 수행하기 위한 제도로서 금융수단과 금융시장, 금융기관, 금융인프라 등을 포함한다.

2. 경제시스템의 의의

경제시스템이란 희소한 자원의 효율적 배분을 위한 제도이다.

즉 가계, 기업, 정부 등 각 경제주체가 생산요소시장, 생산물시장, 금융시장에서 생산, 판매, 소비 등 경제활동을 효율적으로 영위할 수 있도록 설정한 제도 또는 기구라 할 수 있다.

생산요소시장에서는 가계는 기업 등에게 노동, 토지, 자본 등과 같은 생산요소를 공급하고 임금, 임대료 등의 생산요소소득을 분배받는다.

생산물시장에서는 기업은 가계 등으로부터 구입한 생산요소를 사용하여 재화와 서비스를 생산하여 가계, 기업 등에 판매하고 이에 따라 가계의 소비지출과 기업의 투자지출의 자금흐름이 발생한다.

이때 실물거래에 따른 자금흐름, 즉 재화와 용역을 구입하고 대금을 지급하면서 재화의 흐름과 반대방향으로 흐르는 자금의 순환을 자금의 산업적 유통(industrial circulation)이라 한다.

일반적으로 기업은 수입을 초과하는 지출을 행하므로 대표적인 적자지출단위(DSU : deficit spending unit)이며 가계는 수입이 지출을 초과하는 대표적인 흑자지출단위(SSU : surplus spending unit)이다. 금융시장은 흑자지출단위로부터 적자지출단위에게로 자금을 이전시킨다. 이러한 과정에서 가격과 이자율이 결정되고 자금의 수급이 균형을 이루게 된다.

예금, 대출, 증권투자 등 재화를 수반하지 않은 금융거래의 경우에도 금융자산의 흐름과 반대방향으로 자금이 순환되는데 이를 금융적 유통(financial circulation)이라 한다.

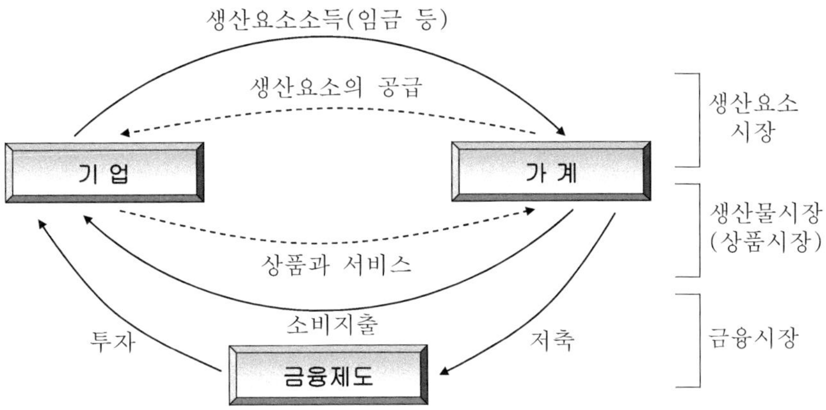

[그림 1-1] 경제시스템과 시장의 유형

제2절 금융시스템의 개요

1. 금융시스템의 의의

금융시스템(financial system)은 금융시장의 원활한 작동을 위한 제도로서 금융시장과 금융수단, 금융기관, 금융인프라를 모두 포괄하는 개념이다.

금융시장은 경제주체가 금융수단(금융상품)을 거래하여 필요한 자금을 조달하고 여유자금을 운용하는 장소를 의미한다. 금융시장은 거래기간에 따라 단기금융시장과 자본시장, 금융수단의 성격에 따라 채무증서시장과 주식시장, 거래단계에 따라 발행시장과 유통시장, 거래장소에 따라 장내시장과 장외시장으로 구분할 수 있다.

금융수단은 금융상품 또는 금융자산을 말한다. 즉 현재 혹은 미래의 현금흐름에 대한 화폐적 청구권을 나타내는 모든 증서를 의미하는데 예금, 대출, 채권, 주식 등과 같은 기초자산뿐만 아니라 선물, 옵션 등 파생금융상품도 포함한다.

금융기관은 금융시장에서 각 경제주체가 원활하게 금융거래를 할 수 있도록 거래비용의 절감, 만기 및 금액의 변환, 위험의 분산, 지급결제수단의 제공 등의 역할을 수행하고 있다.

금융기관은 예금・대출, 투자, 신용분석 등과 관련한 많은 전문 인력과 경험을 바탕으로 자금의 공급자와 수요자가 보다 적은 비용으로 금융거래를 할 수 있도록 해준다. 이와 함께 금융기관은 다양한 리스크관리 기법과 분산투자 등을 통해 리스크를 축소하거나 분산함으로써 자금을 보다 안정적으로 운용한다. 한편 경제주체간의 각종 거래를 종결시켜주는 지급결제수단을 제공하여 경제활동을 보다 활성화시키는 기능도 수행한다.

금융인프라는 금융시장과 금융기관이 원활히 기능하도록 하는 각종 금융규제 및 감독제도, 금융안전망, 지급결제시스템 등을 총칭한다. 금융규제와 감독은 금융시장 참가자가 일정한 규칙을 준수하도록 함으로써 시장이 공정하고 투명하며 효율적으로 작동할 수 있도록 하는 제도를 의미한다. 이에는 금융관련 법률과 규정, 금융기관의 인허가, 건전성 감독 및 감시, 제재 등이 포함된다.

금융안전망은 금융기관 도산 등으로 금융시스템이 불안해져서 경제에 악영향을 미치는 것을 방지하기 위한 금융시스템의 보완장치이다. 대표적인 금융안전망으로는 예금자보호제도와 중앙은행의 긴급유동성 지원제도 즉 최종대부자기능이 있다. 지급결제시스템은 경제주체의 경제활동에서 발생하는 각종 거래를 마무리하는 지급결제가 원활히 이루어지도록 해주는 제도적 장치를 의미한다.

2. 금융시스템의 기능

금융시스템의 기능을 금융시장의 역할을 중심으로 분류해 보기로 한다.

1) 자금중개 및 배분 기능

금융시스템의 중요한 기능은 가계, 기업, 정부 등 경제주체들이 경제활동을 원활하게 수행할 수 있도록 자금을 지원하는 것이라고 할 수 있다.

금융시장은 흑자경제주체인 가계 등에 여유자금을 운용할 수 있는 수단을 제공하여 자신의 시간선호(time preference)에 맞추어 소비시기를 선택할 수 있게 함으로써 소비자 효용을 증진시키는 기능을 한다.

한편 이와 같은 여유자금은 금융시장을 통하여 적자경제주체인 기업 등에 공급됨으로써 국민경제의 발전에 이바지하게 된다.

이와 같이 금융시장은 경제주체의 여유자금을 자금이 필요한 수요자에게 공급하는 역할을 하고, 경쟁력 있는 부문, 생산성이 더 높은 부문에 자금을 원활하게 공급함으로써 경제자원을 효율적으로 배분하는 기능을 한다. 이러한 과정에서 사회 전체의 후생도 증진되어 저축 혹은 투자주체의 부(wealth)가 늘어난다.

2) 자산변환 기능

자산변환기능은 금융기관이 자금의 공급자로부터 다양한 만기와 규모의 자금을 수취하여 자금의 수요자의 필요에 맞추어 자금의 기간과 규모를 변환시키는 기능이다.

자금의 기간은 장기에서 단기로 혹은 단기에서 장기로, 자금의 규모는 소액에서 거액으로 또는 거액에서 소액으로 변환된다.

3) 지급결제 기능

금융시스템은 각종 경제활동의 거래결과를 완결해주는 기능인 청산 및 지급결제 기능을 수행한다. 화폐가 일반적인 지급수단이며 신용카드, 직불카드 등도 사용된다.

4) 정책 기능

정책당국은 금융시스템을 통하여 금융・경제정책을 수행할 수 있다.

주요정책수단으로는 이자율정책, 지급준비율정책, 공개시장조작정책 등이 있다. 예를 들어 중앙은행의 금리조절 정책은 금융시장에서 공개시장조작 등을 통해 실행되며 정책의 효과는 금융시스템을 거쳐 실물경세로 파급된다. 이는 금융시스템이 금융상품의 공급을 통해 실제로 발행되는 중앙은행의 현금통화보다 더 많은 유동성을 창출하는 기능을 수행하면서 실물 경제활동을 뒷받침하고 있기 때문이다.

그러나 금융시스템이 금융거래 계약을 통해 유동성을 창출하는 본원적 기능을 수행하는 이면에는 금융시스템의 불안을 유발할 수 있는 잠재적인 요인도 함께 존재한다. 즉 금융거래 계약은 현금을 이용한 거래와는 달리 차후에 이행되지 못할 위험성도 내포하고 있다. 또한 불완전 정보, 불완전 경쟁 등으로 금융시장은 완벽하게 작동하기 어려워 금융시스템이 항상 스스로 사회적 후생을 극대화시키지 못하거나 경우에 따라서는 금융 불안이 야기되어 큰 경제적 비용이 초래될 수도 있다.

따라서 금융시장 금융기관 및 금융인프라로 구성된 금융시스템이 본연의 기능을 원활하게 수행할 수 있도록 정책당국의 금융안정을 위한 다양한 노력이 필요하게 된다.

5) 유동성의 제공 기능

금융자산의 보유자에게 필요시 현금화가 가능하게 한다. 금융시장은 금융자산을 보유한 투자자에게 높은 유동성(liquidity)을 제공한다. 유동성은 금융자산의 환금성을 말한다. 투자자는 환금성이 떨어지는 금융자산을 매입할 경우에는 동 자산을 현금으로 전환하는 데 따른 손실을 예상하여 일정한 보상, 즉 유동성 프리미엄(liquidity premium)을 요구하게 된다.

금융시장이 발달하면 금융자산의 환금성이 높아지고 유동성 프리미엄이 낮아짐으로써 자금수요자의 차입비용이 줄어들게 된다.

6) 거래비용절감 기능

금융거래에 따른 거래비용은 탐색비용과 정보비용으로 구분할 수 있다.

탐색비용은 거래상대방을 찾는 비용, 금융자산을 사거나 팔고자 하는 의사를 알리는 데 드는 비용으로, 금융시장이 있음으로써 대폭 감소될 수 있다.

정보비용은 금융자산의 가치평가와 관련된 비용, 정보의 수집과 분석에 필요한 비용이다. 투자자가 여유자금을 운용하기 위해 차입자의 채무상환능력 등에 관한 정보를 직접 취득하려 한다면 비용과 시간이 많이 들 뿐 아니라 때로는 불가능할 수도 있다.

그러나 금융시장이 존재할 경우 차입자의 신용에 관한 정보가 차입자가 발행한 주식의 가격이나 회사채의 금리 등에 반영되어 유통되므로 투자자가 투자정보를 취득하는데 따른 비용과 시간이 크게 절감될 수 있다. 따라서 금융시장의 정보생산 기능이 활발하면 투자자의 의사결정이 촉진될 뿐만 아니라 차입자도 정당한 평가를 통해 소요자금을 원활히 조달할 수 있게 된다.

금융시장은 금융거래에 필요한 정보 등을 수집하고 분석하는 데 드는 비용과 시간을 줄여준다. 또한 효율적 시장은 모든 정보를 반영 정보의 비대칭성을 축소시킨다. 금융시장이 발달할수록 금융자산 가격에 반영되는 정보의 범위가 확대되고 정보의 전파속도도 빨라지는 것이 일반적이다.

7) 위험관리 기능

금융시장은 다양한 금융상품을 제공함으로써 위험을 분산할 수 있다. 투자자가 분산투자를 통해 투자위험을 줄일 수 있으며 위험 분산을 위한 생명, 건강 등과 관련한 보험 상품에 가입할 수도 있다. 또한 금융자산가격의 변동 위험, 거래상대방의 신용위험 등과 관련된 각종 파생금융상품이 있다.

파생금융상품은 원칙적으로 고수익 투자수단이면서, 효과적인 위험관리 수단이다. 환율변동, 이자율 변동, 원자재가격 변동 등에 대비하여 위험 헤지 수단을 제공하여 투자자가 투자 위험을 위험선호도(risk preference)가 높은 다른 시장참가자에게 전가할 수 있도록 해 준다.

최근에는 금융공학과 정보통신기술의 발전 등으로 파생금융상품의 종류가 더욱 다양화되고 국제화되고 있다. 그러나 파생상품이 국제금융위기를 확산시킨 주범이라는 비판도 있다.

8) 시장규율 기능

금융시장은 시장에 참가하는 기업과 정부를 감시하고 평가하는 규율기능이 있다.

시장규율이란 차입자의 건전성을 제고하기 위해 시장참가자가 당해 차입자가 발행한 주식 또는 채권 가격 등의 시장신호(market signal)를 활용하여 감시기능을 수행하는 것을 말한다.

예를 들면 어떤 기업이 신규 사업을 영위하기 위해 인수·합병 계획을 발표했는데 시장참가자들이 그러한 계획이 당해 기업의 재무건전성을 악화시킬 것으로 본다면 금융시장에서 거래되는 동 기업의 주식이나 회사채 가격이 즉각 하락하게 된다. 즉, 시장참가자들이 인수·합병 계획에 대한 부정적인 시각을 가격에 반영한 것이다. 이렇게 되면 그 기업의 자금조달 비용이 높아져 인수·합병을 통한 무리한 사업 확장에 제동이 걸릴 수가 있는 것이다.

3. 금융시스템의 유형

경제주체가 생산과 소비활동을 하다 보면 소득이 지출보다 큰 흑자지출단위(SSU: surplus spending unit)와 소득이 지출보다 적은 적자지출단위(DSU: deficit spending unit)가 나타나게 된다.

예를 들면 자신의 저축을 초과하여 투자지출을 수행하는 기업은 적자지출단위가 되고, 자신의 저축이 소비를 초과하는 가계는 흑자지출단위가 된다. 금융시장은 경제주체 간의 거래행위과정에서 흑자지출단위로부터 적자지출단위로 자금이 이전되는 경로를 제공한다.

[그림 1-1]은 흑자지출단위인 자금공급자로부터 적자지출단위인 자금수요자로 자금이 이전하는 두 가지 경로인 직접금융과 간접금융을 보여준다.

직접금융(direct finance)은 자금수요자(차입자)와 자금공급자(대출자)가 자기명의로 직접 자금을 거래하는 것으로 자금수요자가 자기명의로 발행한 증권을 자금공급자에게 교부하고 자금을 직접 조달하는 거래이다.

간접금융(indirect finance)은 자금수요자(차입자)와 자금공급자(대출자)간에 금융중개기관(financial intermediaries)이 개입한다. 즉 금융기관이 예금 등의 형태로 자기의 명의와 책임 하에 확보한 자금을 자기책임 하에 차입자에게 제공하는 것을 말한다.

기업이 은행대출을 받거나 개인이 집을 사기 위해 은행에서 돈을 빌리는 것은 모두 간접금융이다. 이러한 금융기관을 간접금융기관 또는 금융중개기관이라고 하는데 대표적인 것이 은행이다.

직접금융수단으로는 주식, 채권 등이 대표적이며 간접금융수단에는 예금, 대출 등이 있다. 금융시장은 국민경제 내 자금공급부문과 자금수요부문을 직·간접적으로 연결시켜 줌으로써 국민경제의 생산성 향상과 후생증진에 기여하게 된다.

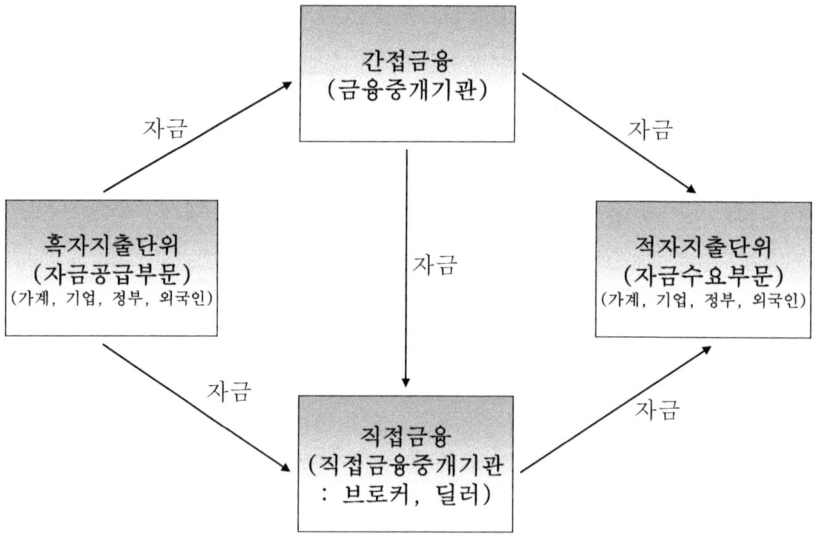

[그림 1-2] 직접금융과 간접금융

제3절 우리나라의 금융시스템

1. 금융시장

1) 금융시장의 의의

금융시장(financial market)이란 전술한 바와 같이 경제주체가 금융수단(금융상품)을 거래하여 필요한 자금을 조달하고 여유자금을 운용하는 곳, 즉 흑자지출단위인 자금공급자와 적자지출단위인 자금수요자 간에 금융행위가 조직적으로 이루어지는 장소를 말한다.

여기서 장소라 함은 재화시장처럼 특정한 지역이나 건물 등의 물리적이며 구체적인 공간뿐 아니라 자금의 수요와 공급이 유기적으로 이루어지는 추상적인 공간을 포함한다. 조직화된 장소는 한국거래소의 유가증권시장, 코스닥시장 같은 장내시장과 점두시장이나 프리보드 등의 장외시장을 의미한다. 금융행위는 다양한 방법으로 언제 어디에서나 발생할 수 있다.

2) 금융시장의 종류와 역할

우리나라의 금융시장은 크게 직접금융시장과 간접금융시장으로 나눌 수 있으며 직접금융시장은 장단기 금융상품이 거래되는 전통적 의미의 금융시장, 외환시장, 파생금융상품시장으로 구성된다. 간접금융시장은 예금시장, 대출시장, 펀드시장(집합투자시장), 신탁업시장, 보험시장으로 구분된다.

대출시장은 은행, 상호저축은행, 상호금융, 신용협동조합 등과 같은 예금취급 금융기관을 통해 다수의 예금자로부터 자금이 조달되어 최종 자금수요자에게 공급되는 시장을 말한다. 또한 신용카드회사와 같은 여신전문금융회사가 제공하는 현금서비스나 판매신용도 대출시장에 포함된다. 대출시장은 차주에 따라 기업대출시장과 가계대출시장으로 구분할 수 있다.

전통적 의미의 금융시장은 거래되는 금융자산의 만기에 따라 단기시장(money market)과 자본시장(capital market)으로 구분된다.

단기금융시장에는 콜, 시상환매조건부채권매매(RP), 양도성예금증서(CD), 기업어음(CP), 표지어음 등이 포함된다. 단기금융시장은 만기 1년 이내의 금융상품이 거래되는 시장이다.

자본시장은 채권 및 주식 시장으로 구성되는데 채권시장은 발행주체에 따라 국채, 지방채, 회사채, 금융채, 특수채 등으로 구분하기도 한다. 자본시장은 만기 1년 이상의 채권 또는 만기가 없는 주식 등이 거래되는 시장이다.

외환시장은 외환의 수요와 공급에 따라 외화자산이 거래되는 시장으로 우리나라에서는 교역규모 확대, 외환자유화 및 자본시장 개방, 자유변동환율제 도입 등에 힘입어 주로 원화와 달러화를 중심으로 이종통화 간의 거래가 활발히 이루어지고 있다.

한편 외환시장은 전형적인 점두시장의 하나로서 거래 당사자에 따라 외국환은행 간 외환매매가 이루어지는 은행간 시장(inter-bank market)과 은행과 기업 등 고객 사이에 거래가 이루어지는 대고객 시장(customer market)으로 구분된다.

은행간 시장은 금융기관, 외국환중개기관, 한국은행 등의 참여 하에 대량의 외환거래가 이루어지고 기준환율이 결정되는 도매시장으로서 일반적으로 외환시장이라 할 때는 은행간 시장을 말한다. 외환시장은 서로 다른 통화를 교환하는 시장으로 자금의 대차거래는 아니지만 자금이 운용되고 있다는 점에서 금융시장에 포함된다.

파생금융상품시장은 전통적 금융시장과 외환시장의 거래결과 발생하는 위험을 관리하기 위해 널리 활용되는 시장이다. 선물・옵션・스왑시장 신용파생상품시장, 파생결합상품시장 등이 있다.

[그림 1-3] 우리나라 직접금융시장의 구조

우리나라의 경우 외환파생상품 위주로 발전되어 왔으나 1990년대 중반 이후에는 주가지수 선물 및 옵션, 채권선물 시장 등이 도입되면서 거래수단이 다양화되고 거래규모도 크게 확대되는 추세에 있다.

2. 금융수단

1) 금융수단의 의의

금융수단(financial instruments)이란 금융거래가 이루어지기 위해서는 이를 매개하는 수단으로 금융자산 또는 금융상품이라고도 한다. 금융자산은 현재 또는 미래의 현금흐름에 대한 화폐적 청구권을 나타내는 모든 증서를 의미한다. 즉 금융거래 당사자 간의 권리와 의무를 나타내는 예금증서, 보험증서, 주식, 채권 등을 가리킨다.

2) 금융수단의 분류

금융수단은 성격에 따라 거래당사자 간의 계약형태로 거래되는 계약형 금융수단(예금, 대출)과 증권형 금융수단(주식, 채권)으로 구분할 수 있다.

자본시장법에서는 금융투자상품(증권, 파생상품)과 비금융투자상품(예금, CD, 보험상품 등)으로 구분한다.

3) 금융수단의 선택 시 고려할 사항

금융수단을 선택 시 투자자 입장에서 중점적으로 고려해야 할 특성은 수익성, 위험성, 유동성의 세 가지이다. 금융수단의 수익성이란 금융수단을 보유함으로써 얻을 수 있는 소득이득과 자본이득에서 제비용을 공제한 수익의 크기를 말한다. 일반적으로 위험이 높을수록 수익도 높다.

위험성은 금융수단 보유에 따른 손실발생 가능성을 의미한다. 금융수단을 보유함으로써 부담해야 하는 위험에는 시장위험과 신용위험이 있다. 시장위험은 금융수단의 시장가치하락으로 인한 자본손실위험이며, 신용위험은 원리금을 만기일 또는 약정기간 내에 상환 받지 못할 위험 즉 채무불이행위험이다.

유동성이란 환금성을 의미한다. 투자금의 회수를 원하는 경우 원리금 등의 손실없이 단기간에 현금으로 전환할 수 있는 가능성을 말한다. 금융자산은 일반적으로 실물자산에 비해 유동성이 높다.

3. 금융기관

우리나라의 금융기관은 제공하는 금융서비스의 성격에 따라 은행, 비은행예금취급기관, 보험회사, 증권 관련기관, 기타 금융기관, 금융보조기관 등으로 분류할 수 있다.

은행에는 은행법에 의해 설립된 일반은행과 개별특수은행법에 의해 설립된 특수은행이 있다.

일반은행은 예금 · 대출 및 지급결제 업무를 고유업무로 하며 시중은행, 지방은행, 외국은행 국내지점으로 분류된다.

특수은행은 일반은행이 재원의 제약, 수익성 확보의 어려움 등을 이유로 필요한 자금을 충분히 공급하기 어려운 특정부문에 자금을 원활히 공급하기 위하여 설립되었으며, 한국산업은행, 한국수출입은행, 중소기업은행, 농협은행 및 수산업협동조합중앙회의 신용사업 부문이 있다.

비은행 예금취급기관에는 종합금융회사, 상호저축은행, 신용협동기구 등이 있다. 종합금융회사는 가계대출, 보험, 지급결제 등을 제외한 대부분의 기업금융업무를 영위하며, 상호저축은행은 특정한 지역의 서민 및 소규모 기업을 대상으로 한 여수신업무에 전문화하고 있다.

신용협동기구는 조합원에 대한 저축편의 제공과 대출을 통한 상호 간의 공동이익 추구를 목적으로 운영되고 있으며 신용협동조합, 새마을금고 그리고 농업협동조합 · 수산업협동조합 · 산림조합의 상호금융을 포함한다.

보험회사는 사망 · 질병 · 노후 또는 화재나 각종 사고를 대비하는 보험을 인수 · 운영하는 금융기관으로 생명보험회사, 손해보험회사, 우체국보험 등으로 구분된다. 손해보험회사에는 일반적인 손해보험회사 이외에 재보험회사와 보증보험회사가 있다.

증권관련기관은 자본시장에서 주식, 채권 등 유가증권의 거래와 관련된 업무를 하는 금융기관으로 증권회사, 집합투자업자, 신탁업자, 선물회사 등이 있다.

기타 금융기관에는 리스 · 신용카드 · 할부금융 · 신기술사업금융을 취급하는 여신전문금융회사, 중소기업창업투자회사 · 기업구조조정전문회사와 같은 모험자본 금융회사, 금융지주회사 등이 있다.

금융보조기관은 금융거래에 직접 참여하기보다 금융제도의 원활한 작동에 필요한 여건을 제공하는 것을 주된 업무로 하는 기관을 의미한다. 여기에는 금융감독원, 예금보험공사, 금융결제원 등 금융하부구조와 관련된 업무를 영위하는 기관과 신용보증기관, 신용정보회사, 한국거래소 자금중개회사 등이 포함된다.

[표 1-1] 우리나라의 금융기관(2016년 12월 말 현재)

구 분		
은행	일반은행	시중은행
		지방은행
		외국은행 국내지점
	특수은행	한국산업은행
		한국수출입은행
		중소기업은행
		농협은행
		수협은행
비은행 예금취급 기관	상호저축은행	
	신용협동기구	신용협동조합
		새마을금고
		상호금융
	우체국예금	

구 분		
보험회사	생명보험회사	
	손해보험회사	일반손해보험회사
		재보험회사
		보증보험회사, 단종보험회사
	우체국보험	
	공제기관[1)]	
증권관련 기관	증권회사 및 종합금융회사	
	선물회사	
	자산운용사	
	투자자문사	
	신탁업자[2)]	
기타 금융기관	여신전문금융회사	리스회사
		신용카드회사
		할부금융회사

구 분		
		신기술사업금융회사
	벤처캐피탈회사	중소기업창업투자회사
	금융지주회사 등[3]	
금융보조기관	금융감독원	
	예금보험공사	
	금융결제원	
	신용보증기관	
	신용정보회사	
	한국예탁결제원	
	한국거래소	
	자금중개회사	

자료 : 한국은행

4. 금융인프라(금융 하부구조)

금융인프라는 금융시장과 금융기관이 본연의 기능을 원활히 수행할 수 있도록 지원하는 것으로 중앙은행제도, 지급결제제도, 금융규제 및 감독제도, 예금보험제도 등을 모두 포괄하는 개념이다.

우리나라의 금융규제와 감독제도는 금융관계법령의 제・개정 업무를 관장하는 금융위원회가 만들어 발전시키고 있다. 이렇게 만들어진 틀 안에서 금융위원회와 금융감독원은 관련 규정의 제・개정, 금융기관의 설립・합병 등의 인허가, 검사・제재 등과 관련한 업무를 수행함으로써 금융시장이 공정하고 투명하며 효율적으로 작동할 수 있도록 하고 있다.

한편 한국은행과 예금보험공사도 제한적인 금융감독기능을 수행하고 있다. 즉 한국은행은 통화신용정책 수행과 관련하여 금융기관에 대해 금융감독원과 공동검사를 하거나 자료를 요청할 수 있으며 예금보험공사는 예금자보호와 관련하여 예금보험에 가입한 금융기관에 대한 검사를 실시할 수 있다.

다른 여러 나라와 마찬가지로 우리나라에서도 금융시스템의 불안을 방지하기 위한

1) 농업협동조합공제, 수산업협동조합공제, 새마을금고공제, 신용협동조합공제
2) 겸업사 포함
3) 증권금융회사, 한국투자공사, 한국정책금융공사, 한국무역보험공사, 한국주택금융공사 등

금융안전망으로 예금보험제도와 중앙은행의 긴급유동성 지원제도가 마련되어 있다.

예금보험공사가 운영하는 예금보험제도는 예금보호 대상 금융기관으로부터 일정한 예금보험료를 받아두었다가 금융기관이 예금 등을 지급할 수 없게 되는 경우 예금보험공사가 이를 대신 지급해주는 제도이다.

우리나라의 예금보험제도는 보호대상 금융기관과 금융상품 및 금액의 한도를 정하여 운영하는 부분지급보장 방식으로 운영되고 있다. 한편 금융시장의 불안이나 특정 금융기관의 일시적인 유동성 위기가 금융시스템 전반의 불안으로 확산되는 것을 방지하기 위해 필요한 경우 한국은행은 긴급유동성을 지원하게 된다.

예를 들면 외환위기가 발생하였던 1997년과 신용카드회사 영업부실 등으로 금융시장이 불안해졌던 2003년에 한국은행은 금융시스템 안정을 도모할 목적으로 금융기관에 긴급자금을 지원한 바 있다.

우리나라의 지급결제시스템은 거액결제시스템, 각종 소액결제시스템 및 증권결제시스템 등으로 구성되어 있다.

거액지급결제시스템으로는 한국은행이 운영하는 한국은행금융결제망(BOK-Wire)이 있으며 은행 증권회사 등 참가금융기관은 한국은행에 개설된 당좌예금계정의 자금이체를 통해 자금을 결제하고 있다.

소액결제시스템은 경제주체간의 자금이체를 처리하고 그 결과 발생하는 금융기관간 자금대차 금액을 정산하는 지급결제시스템으로 금융결제원이 운영하는 어음교환시스템, 지로시스템, 현금자동인출기(CD)공동망 등이 있다.

그리고 증권결제시스템은 주식이나 채권 등을 사고 팔 때 그 증권의 소유권을 이전하고 매매대금을 결제하는 지급결제시스템으로 한국거래소와 한국예탁결제원이 운영하는 유가증권시장결제시스템 등이 있다.

한편 한국은행은 우리나라의 중앙은행으로서 지급결제제도를 총괄 감시하는 업무를 수행하고 있다. 이와 관련하여 필요한 경우 한국은행은 자금지원을 통해 지급결제시스템이 금융불안의 확산경로로 작용하지 않도록 한다.

제4절 금융시스템과 금융안정

1. 금융안정의 의미[4)]

BIS 전 사무총장 크로켓(A. Crockett)은 금융안정을 금융시스템을 구성하고 있는 '금융기관의 안정(institution stability)'과 '금융시장의 안정(market stability)'으로 구분하였다.

금융기관의 안정이란 개별 금융기관이 자체 능력으로 별 어려움 없이 정상적인 영업활동을 할 수 있고 시장참가자들이 이를 신뢰하는 상태를 말한다.

금융시장의 안정은 시장에서 형성되는 가격, 예컨대 금리, 주가, 환율 등이 그 나라 경제의 기초여건(fundamentals)을 제대로 반영하고 있어 기초여건이 변하지 않는 한 가격변동이 심하지 않은 상태를 말한다. 다시 말하면 각종 금융변수에 거품이 없는 상태를 의미한다.

그런데 이 둘은 상호 독립적인 것은 아니며 밀접히 관련되어 있다.

금융시장 불안이 금융기관 불안으로 이어진 예는 1990년대 초 주식과 부동산시장에서 촉발된 자산가치의 급락으로 금융기관이 부실화되고 이후 장기 경기침체에서 벗어나지 못하고 있는 일본경제에서, 그리고 이와는 반대로 금융기관 불안이 금융시장 불안으로 확산된 예는 1997년 대기업의 연쇄도산에 따른 금융기관 부실화로 외환위기가 초래되고 그 과정에서 금리, 주가, 환율 등이 큰 폭으로 등락했던 우리나라의 경우에서 찾아볼 수 있다.

2. 금융안정의 중요성

금융안정이 통화정책의 목표, 좀 더 넓게 말한다면 중앙은행의 핵심적 기능의 하나로 중시되는 것은 다음과 같은 이유에서이다.

첫째, 금융의 발전과 안정은 경제의 지속적이고 안정적인 성장을 위해 없어서는 안 될 필수적 토대이기 때문이다. 발달된 금융은 자원배분의 효율성을 높여 경제성

4) 한국은행, 한국의 통화정책, 2012.12.

장을 뒷받침하지만, 그렇지 못하면 극단적인 경우 경제위기의 진앙지가 될 수도 있다. 금융중개기능이 마비된다면 대외교역 및 자본거래가 위축되고 대외적인 국가신용도가 하락하여 자국통화의 가치가 급락하는 등 경제파탄이 초래될 수 있다.

둘째, 금융불안은 급속한 신용경색을 수반하기 마련인데 중앙은행은 이에 대처하여 독점적 발권력을 바탕으로 금융시장에 필요한 유동성을 신속히 공급한다. 이를 중앙은행의 최종대부자(lender of last resort) 기능이라고 한다.

셋째, 통화정책의 효과는 금융부문을 통해 생산활동과 물가로까지 파급되기 때문이다. 금융부문이 불안하거나 제 기능을 수행하지 못하면 통화정책의 파급경로(trans-mission channel of monetary policy)가 원활히 작동하지 않게 되고 이로 인해 통화정책의 효과를 기대만큼 얻을 수 없다.

넷째, 금융시장은 통화정책 결정에 유용한 많은 정보를 제공해준다. 중앙은행이 통화정책을 효과적으로 수행하기 위해서는 통화정책의 파급경로와 효과 등에 관한 정보가 필요하다. 그런데 금융시장에서 형성되는 금융자산의 가격이나 거래량 등은 향후 경제상황에 대한 시장의 평가와 전망, 그리고 통화정책에 대한 기대 등을 집약적으로 보여주는 귀중한 정보로서의 역할을 한다.

3. 금융안정을 위한 중앙은행의 역할

중앙은행은 금융불안이 발생하지 않도록 예방하는 역할뿐 아니라 금융불안이 실제 나타났을 때 이를 수습하는 데 있어서도 중요한 역할을 수행한다.

1) 물가안정기조의 유지

물가안정(price stability)과 금융안정(financial stability)이 상호배타적인 정책목표라는 주장도 있으나 예를 들어 금융시장이 불안해지면 중앙은행은 금융시장 안정을 위해 시중 유동성을 풍부하게 유지하는 등 완화적인 통화정책기조를 유지하려는 경향이 있는데 이 경우 물가가 불안해질 우려가 있다.

장기적으로 볼 때 중앙은행은 물가안정기조의 유지를 통해 금융안정에 기여한다. 즉 물가가 안정되어 있으면 미래에 대한 불확실성이 낮아져 금리, 환율 등 거시경제 변수뿐 아니라 주가 및 부동산가격 등 자산가격의 변동폭도 축소되는데 이에 따라 금융시장 불안의 발생확률도 낮아진다.

한편 금융시장 불안의 주범인 자산가격의 거품 발생과 붕괴는 물가가 안정되었을 때도 일어날 수 있기 때문에 물가안정 자체가 금융시장 안정을 보장하는 것은 아니라는 지적도 있다(The Economist, 1999.9.25). 실제 자산가격의 거품 형성과 붕괴가 일어났던 1920년대 미국과 1980년대 말 일본의 경우를 보면 물가가 상당히 안정되어 있었음을 알 수 있다.

이와 비슷한 맥락에서 호주 중앙은행 총재인 McFarlane도 저물가기조는 금융시장 안정을 자동적으로 보장해 주는 충분조건은 아니며 필요조건이라고 언급하였다. 이러한 주장의 논리적 배경을 보면, 물가가 안정되어 있으면 화폐환상(money illusion) 때문에 금리가 낮은 듯이 느껴져 차입수요가 늘어나고 위험자산에의 투자가 성행하여 자산가격 거품이 초래된다.

2) 금융자산 가격의 안정성 유지

금융안정이 유지되기 위해서는 금융시장에서 형성되는 자산가격이 경제의 기초여건(economic fundamentals)을 적절히 반영하여야 하고 기초여건의 급격한 변동이 없는 한 금융자산 가격도 안정적으로 움직여야 한다. 시장경제 체제하에서 금융자산 가격은 시장의 수급상황이나 시장참가자들의 기대를 반영한 것이라고 할 때 금융자산 가격의 변동에 대응하여 통화정책을 수행할 필요가 있는지에 대해서는 논란의 소지가 있을 수 있다. 그러나 금융시장에서 결정되는 가격에는 때때로 수급상의 애로나 시장참가자들의 투기적 심리, 거품 등 비정상적 요인들이 개재되어 조그마한 충격에도 급격한 변동을 보이면서 금융불안을 초래하는 경우가 있는데 이를 방지하거나 교정하는 것도 금융안정을 위한 통화정책의 역할이라 할 수 있다.

3) 지급결제제도의 안전성 유지

개별 경제주체 간 채권·채무의 결제는 거래은행을 통해서, 그리고 은행 간 최종결제는 중앙은행을 통해서 이루어지는데 그 과정에서 어느 한 은행이라도 자금부족, 또는 결제시스템의 고장 등으로 자금을 결제하지 못하면 그 여파가 다른 은행에 연쇄적으로 파급됨으로써 금융시장이 일시에 불안해질 수 있다.

따라서 중앙은행은 지급결제제도의 중심에 위치하여 경제주체 간 모든 채권·채무의 결제가 안전하고 효율적으로 이루어지도록 한다.

4) 최종대부자 역할 수행

금융안정은 사전적 위기 방지(crisis prevention)와 사후적 위기 관리(crisis management)를 통해 달성될 수 있는데 중앙은행의 최종대부자 기능은 후자에 해당한다.

최종대부자란 금융위기가 발생하여 개별 금융기관 또는 전체 금융시장에 유동성 부족사태가 발생할 때 위기극복을 위해 충분한 유동성을 공급해 줄 수 있는 마지막 보루를 의미한다. 이는 현실적으로 화폐의 독점적 발권력과 무제한 공급능력을 가지고 있는 중앙은행만이 할 수 있는 일이다.

금융기관 특히 은행은 단기로 예금을 수취해서 장기로 대출을 해주기 때문에 보유자산과 부채의 만기가 일치하지 않는다. 또한 고객의 예금 인출요구에는 즉각 부응해야 하지만 대출을 회수하는 데는 시간이 걸린다. 이에 따라 유사시 대량 예금인출사태(bank-run)가 발생할 경우 은행은 지급요구에 응하지 못하는 유동성 위기에 처할 가능성이 높다. 더욱이 한 은행의 유동성 위기는 금융시스템 전체에 대한 불신으로 이어져 건전한 은행이라도 동반위기에 처해질 수 있다.

중앙은행의 최종대부자 기능 수행이 금융불안의 확산을 막고 금융위기를 방지하는 순기능이 있는 것은 사실이지만 반대로 금융기관의 도덕적 해이(moral hazard)와 시장규율기능의 약화를 가져올 위험성도 있다. 금융위기가 발생하면 중앙은행이 나서서 유동성을 지원해주고 나아가 정부가 부실금융기관을 구제해 줄 것이라는 인식이 일반화되면 금융기관들은 고수익-고위험 자산을 더욱 선호하게 된다.

이러한 도덕적 해이를 방지하기 위해서는 중앙은행 이론의 창시자로 불리는 영국의 배그호트(W. Bagehot)가 제시한 최종대부자 기능 수행에 있어 중앙은행이 지켜야 할 원칙을 유념할 필요가 있다. 첫째, 최종대부자는 자금지원 시 시장금리보다 높은 벌칙금리를 적용해야 한다. 둘째, 최종대부자는 유동성 위기에 직면한 은행들이 파산에 이르지 않도록 건전한 담보를 제공하는 경우 자금을 충분히 지원해야 한다. 셋째, 중앙은행만이 최종대부자 기능을 수행하여야 한다. 넷째, 이러한 원칙은 위기발생 이전에 공표되어야 하며 위기발생 시 반드시 실행되어야 한다. 또한 금융기관의 도덕적 해이를 줄이려면 중앙은행의 유동성 지원이 이루어지지 않을 수도 있으며 지원이 이루어지더라도 경영진과 주주의 책임을 물을 수 있음을 시사해야 한다는 주장도 있다.

제 2 장

부동산금융시장

제1절 부동산금융의 개요

1. 부동산금융의 의의

금융이란 자금의 융통 또는 자금의 순환이다. 부동산금융은 전체적인 금융의 한 분야로서 부동산을 취득, 개발, 관리, 처분하기 위하여 필요한 자금을 융통하고 운영하는 것, 또는 이와 관련된 자금의 흐름을 말한다. 따라서 토지, 건물, 주택 등 부동산을 담보로 하는 금융뿐 아니라 대출채권 등을 유동화하여 자금을 조달하는 것도 포함된다. 부동산의 유동화에 따라 부동산금융의 개념이 확대되고 있다.

부동산금융은 기본적으로 자산금융(資産金融 : asset finance)의 일종으로서 금융자산이 아니라 부동산을 운용대상으로 하여 자본을 조달하는 일련의 과정으로, 부동산 담보 제공을 원칙으로 한다.

기업의 경우 감가상각 및 차입금이자에 대한 세금효과도 누릴 수 있다. 기업관련 부동산금융은 기업의 경상적인 영업활동으로부터 창출된 현금흐름보다는 담보자산(assets backed loans)으로부터 창출된 현금흐름을 주된 상환재원으로 이루어지는 금융을 의미한다.

2. 주택금융의 의의

부동산금융 중 가장 비중이 크고 핵심적인 부문이 주택금융이다. 주택금융은 일반적으로 주택을 담보로 하는 금융이므로 주택담보대출이라고 불린다.

주택금융이란 일정한 자금을 확보해 그것을 주택수요자와 주택건설업자에게 대출해

줌으로써 주택의 공급을 확대하는 한편, 주택구입을 용이하도록 하는 특수금융이다.

주택금융은 주거용 부동산금융으로서 개인의 기본적인 주거생활과 직결되어 있으므로 거의 모든 국민과 관련되어 있고 국민들의 관심이 높다. 국가주택정책 수립 시 주택금융은 주요정책수단의 역할을 한다.

주택금융은 공급자금융(供給者 金融)과 소비자금융(消費者 金融)으로 구분할 수 있다. 공급자금융은 주택건설을 촉진하기 위하여 건설업자에 공급하는 주택개발금융이며 소비자금융은 주택구입, 주택의 증·개축이나 개량, 전세 등 주로 가계에 대한 금융으로 주택거래를 원활히 하고 주택의 유효수요를 창출하기 위하여 공급하는 주택수요자에 대한 금융으로 원칙적으로 장기·저리로 공급되는 것이 바람직하다.

우리나라 주택금융의 특징으로는 담보인정비율(LTV)이 비교적 낮은 편이며, 대출재원의 일부가 국민주택기금 등을 통하여 강제로 조성된다. 또한 비제도권 금융시장의 비중이 큰 편이며 공공금융과 민간금융의 역할이 명확치 않다는 점 등을 들 수 있다.

3. 부동산금융의 기능

부동산금융의 기능을 부동산금융 중 핵심을 이루는 주택금융을 중심으로 설명하면 다음과 같다.

1) 자가주택의 소유 촉진

주택가격은 대부분 수요자의 경우 소득수준에 비하여 고가이므로 주택구입 능력이 부족한 것이 현실이다. 주택금융은 주택구입에 소요되는 자금의 공급을 통해 주택구입능력을 제고시켜 주택소요(housing needs)를 주택의 유효수요로 전환하여 자가주택의 소유를 촉진한다.

2) 주택거래의 활성화와 부동산산업의 육성

주택자금대출로 주택의 소비자들의 주택구입능력이 상승하여 주택거래가 활성화될 수 있다. 주택 거래활성화는 부동산개발 및 건설을 촉진하고 분양율을 높여 관련 업체의 적정이윤을 확보해주고 재무구조의 안정화와 성장을 도모하여 부동산산업을 육성시키는 기능을 수행한다.

또한 주택건설사업자와 건축자재 생산업자에 대한 금융지원도 부동산의 공급확대와 주택산업의 육성에 기여한다.

3) 경기조절

주택산업은 다른 산업에 비하여 경제적 파급효과가 크다. 따라서 경기침체기에는 대출금리를 인하하고 대출의 규제를 완화하여 수요자금융의 양적확대를 통하여 주택경기를 부양하고 경기가 과열된 경우에는 수요자금융의 축소와 금리인상, 대출규제의 확대를 통하여 경기를 진정시킬 수 있다.

4) 주거안정 및 국민복지 향상

주택은 모든 인간의 삶의 필수 요소인 주요 재화이나 소비자가 자기의 자금만으로 주택을 구입하는 것은 한계가 있으므로 무주택자는 주택금융을 이용하여 주택구입시기를 단축함으로써 주거의 안정을 도모하고 전체적인 국민복지를 향상시키는 기능을 수행한다. 또한 저소득계층에는 저리의 자금공급을 통해 소득을 재분배하는 효과를 초래한다.

4. 부동산금융의 원칙

부동산금융에서 중요한 것은 자금의 확보, 대출금리의 책정, 채권보선, 대출채권의 유동화 등이다.

1) 충분한 자금의 확보

부동산금융은 특성상 자금의 규모가 크고 기간이 장기이므로 정부의 재정에만 의존할 수 없으며 민간자금을 다양하게 유치하고 타 산업 부문과 경쟁이 되지 않는 재원에서 확보하여야 하며 저소득계층을 위한 별도의 예산이 배정되어야 한다.

2) 적정한 대출금리의 책정

부동산금융의 수요자는 주로 주택을 구입하고자 하는 개인으로서 대출금을 장기간에 걸쳐 상환하여야 하므로 대출금리는 장기 저리로 책정되는 것이 바람직하나 시장금리와의 균형이 고려되어야 하며 저소득계층에 대하여는 국가 등의 보조를 통한 저금리 정책이 요구된다. 또한 특정 분야의 공장 및 설비의 건설 등 정책적인 용도의 부동산관련 산업자금 등을 지원할 경우에도 우대금리가 적용될 수 있다.

3) 채권보전과 사후관리

부동산금융은 거액의 자금을 장기로 대출하므로 대출 금융기관은 자산가격의 하락, 채무자의 신용악화 등 채무불이행 가능성 즉 신용위험에 노출되어 있으므로 대출취급 시에 LTV(담보인정비율), DTI(총부채상환비율) 등을 충분히 고려하고 사후관리에도 만전을 기해야 한다.

4) 대출채권의 유동화

부동산금융은 원칙적으로 만기가 장기로서 자금이 고정화될 수 있으므로 적시에 필요한 자금의 공급에 제한을 받을 수 있다. 따라서 대출자금을 조기회수하기 위하여 대출채권을 유동화하여 부동산금융이 원활하게 이뤄질 수 있도록 해야 할 필요가 있다.

5. 부동산금융의 유형

부동산금융의 유형은 개발단계별, 부동산형태별, 투자형태별, 수급관계별, 자금원천별, 익스포져(exposure)별로 구분할 수 있다.

1) 개발단계별 부동산 금융

개발단계에 따른 부동산 금융에는 개발금융, 건설금융, 운전자금금융 등이 있다. 개발금융은 토지매입, 택지개발 등에 필요한 자금을 조달하는 것이다.

건설금융은 건축물이나 설비 등의 건설에 소요되는 자금을 조달하는 것이며, 운전자금금융은 부동산 개발이나 건축에 필요한 운영자금을 조달하는 것이다.

2) 부동산형태별 부동산금융

부동산형태별 부동산금융은 단독주택, 아파트 등을 대상으로 하는 주거용 금융, 상가, 주상복합 등이 대상인 상업용 금융, 사무용 건물, 공장 등을 대상으로 하는 업무용금융 등으로 구분할 수 있다.

3) 투자형태별 부동산금융

투자형태별 부동산금융에는 지분투자형인 프로젝트 파이낸싱(Project financing), 간접투자형인 리츠(REITs), 부동산펀드, 부동산관련 유가증권 형태인 자산유동화증권(ABS), 주택저당증권(MBS) 등이 있다.

4) 금융대상별 공급자금융과 소비자금융(수요자금융)

공급자금융은 주택, 상가, 오피스텔, 업무용건물 등의 부동산을 생산, 공급하기위해 사업자가 자금을 조달하기 위한 금융으로 부동산 담보대출뿐 아니라 프로젝트 파이낸싱 등도 포함된다.

소비자금융은 주택, 상가 등을 구입하여 이용하고자 소비자가 자금을 조달하는 경우로서 주택 및 건물 등의 구입자금, 주택전세자금 등이 있다.

5) 자금원천별 부동산금융

자금원천별 부동산금융은 자금원천이 공공부문인지 민간부문인지에 따른 구분이다. 공공주택금융은 국민주택기금, 농촌주택 개량자금 등을 들 수 있고, 민간주택금융은 은행, 보험회사, 저축은행 등에 의한 금융이다.

6) 익스포져(exposure)별 부동산금융

익스포져(exposure)별 분류기준은 부동산관련 유동화 익스포져를 적정하게 분류하고, 위험가중자산 산출시 적정하게 반영하기위해 필요하다. 익스포져란 거래상대방이 부도를 낼 경우 이로 인해 금융기관이 입을 수 있는 손실액이다.

(1) 프로젝트금융(PF: Project Finance)

발전소, 교통시설 등 큰 비용을 수반하는 대형 설비프로젝트에 대한 여신으로, 동 프로젝트에 의해 담보되고 여기서 발생하는 현금흐름을 상환재원으로 하는 여신이다.

(2) 오브젝트금융(OF: Object Finance)

선박, 항공기 등과 같은 유형자산을 구입하기 위한 여신으로, 동 자산에 의해 담보되고 여기서 발생하는 현금흐름을 상환재원으로 하는 여신으로 제3자와의 임대(rental) 또는 리스(lease) 계약이 주된 원천이다.

(3) 상품금융(CF: Commodities Finance)

공인된 거래소에서 거래되는 상품(원유, 금속, 농작물 등)과 관련된 매장자원, 재고자산 또는 미수금 등에 의해 담보되고 동 자산의 판매대금을 상환재원으로 하는 구조화된 단기 여신으로 차주의 재무제표에는 해당 상품 이외에 다른 활동이나 자산이 없으므로 차주의 신용도를 보강할 수 있도록 구조화된 형태로 보유한다.

(4) 수익창출 부동산금융(IPRE: Income-Producing Real Estate Finance)

리스료, 임대료 등의 수익이 발생하는 나대지, 공동주택, 비농지 · 비주거용부동산 등 부동산 일체의 건축 또는 보유를 지원하기 위한 여신으로 동 부동산으로부터 발생하는 현금흐름 및 매각대금, 차환(refinancing) 또는 집단성 개별대출을 일차적 상환재원으로 하는 여신이다.

(5) 고변동성 상업용 부동산금융(HVCRE: High-Volatility Commercial Real Estate Finance)

매각대금 또는 임대료와 같은 현금흐름의 저조(미분양 등)로 인해 여신 초기에 잠재적으로 상환재원이 불확실하여 손실률 변동성이 높은 나대지, 공동주택 또는 비농지 · 비주거용 부동산 등을 담보로 한 여신으로 건설 관련 토지 구입, 개발 및 건축의 각 단계에 수반된 여신이다.

6. 부동산금융 조달방식

부동산의 취득이나 개발에는 거액의 자금이 소요되므로 다양한 방식의 자금조달 방법이 동원된다. 부동산금융 조달 방식은 지분금융과 부채금융으로 나눌 수 있다.

1) 지분금융

지분금융(equity financing)은 주식을 발행하거나 주식회사가 아닌 법인이 보유한 지분을 매각하는 등의 방법으로 자금을 조달하는 것이다. 이 경우 기업의 재무상태표상 자본이 증가하게 된다.

지분이란 주식회사의 주주, 합명 · 합자 · 유한회사, 유한책임회사의 사원 등이 가지는 권리 및 자본금 중 주식 또는 출자지분을 나타내며 모든 부채를 상환한 후의 잔여분에 대한 청구권이다.

예를 들면 주식회사에서 부동산을 개발하기 위하여 공모에 의한 주식을 발행하여 자금을 조달할 수 있는데 이를 지분금융이라 할 수 있다.

지분증권(equity security)이란 주식회사의 주식, 합자회사나 합명회사의 출자지분을 의미한다. 주식 등을 발행하기 위해서는 일정한 조건이 충족되어야 하고 관련 법령의 규제를 받게 된다.

지분투자자는 개인일 수도 있고 법인 등의 집단일 경우도 있다. 지분투자자가 법인일 경우 법인에 투자한 개별 투자자도 매기 배당을 받게 되며 지분권을 매각할 수도 있다. 집단금융방식으로는 부동산 신디케이트, 조인트 벤처, 부동산투자회사 등이 있다.

(1) 부동산 신디케이트

부동산 신디케이트(syndicate) 또는 신디케이션(syndication)은 부동산 프로젝트를 수행하기 위하여 다수의 투자자와 부동산전문가가 결합한 법인형태의 기업이다.

신디케이트의 운영을 담당하고 신디케이트 조직에서 핵심적인 역할을 하는 개인 또는 법인을 신디케이터(syndicator)라고 한다. 보통 개발회사, 건설회사인데 일반적으로 자기자금을 많이 투자하지 않고 부동산의 취득, 매각, 관리 등의 역할을 한다. 신디케이트 결성 시점은 개발, 건설 기간 중일 수도 있고 건물이 완공되어 임대한 후일 수도 있다.

부동산 신디케이트는 주식회사, 합명회사, 합자회사 또는 다른 법인형태를 취할 수 있으나 일반적으로 합자회사(limited partnership)형태를 선택하며 개발업자는 무한책임사원(general partner)이 되고 소액투자자들은 유한책임사원(limited partner)이 되어 주요 의사결정 등의 경영에는 참여하지 않는다.

(2) 조인트벤처

조인트벤처(joint ventures, 합작투자)란 둘 이상의 주체가 모여서 특정목적의 부동산개발 등의 사업을 공동으로 영위하는 개인 또는 법인을 말한다.

부동산 신디케이트는 다수의 소액투자자가 참여하나 조인트벤처는 소수의 개인 또는 법인, 기관이 참여한다. 조인트벤처는 주로 부동산개발업자와 금융기관사이에 이뤄진다. 보험회사, 은행 등 금융기관은 조인트벤처에 장기금융을 제공하고 그 대가로 일부 지분권을 획득하고 부동산운영에 따른 소득이득과 자본이득의 일부를 배당

받는다.

조인트벤처는 여러 가지의 법인형태를 취할 수 있는데 합명회사의 형태를 취하면 대출금융기관과 개발업자 모두가 무한책임을 부담하게 되며, 합자회사의 경우에는 일반적으로 개발업자는 무한책임을 부담하나 대출금융기관은 유한책임을 지는 대신 사업운영권에 대한 의사결정에 제한을 받는다. 프로젝트 파이낸싱(PF: project financing)도 조인트벤처의 일종으로 볼 수 있다.

(3) 부동산투자회사(REITs: Real Estate Investment Trusts, 리츠)

부동산투자회사는 소액투자자들에게 지분권을 판매하여 모집한 자금을 부동산에 투자하고, 발생한 수익을 투자자에게 돌려주는 회사, 신탁, 또는 조합을 말한다.

리츠지분권의 단위는 소액권으로 되어 있다. 따라서 일반주식과 마찬가지로 주식시장에서 쉽게 유통될 수 있다.

리츠는 쇼핑센터나 아파트건물과 같이 실물자산으로서의 부동산뿐만 아니라 주택저당증권(MBS)과 같은 금융자산으로서의 부동산에도 투자한다.

투자자들은 리츠 보유자산의 실적에 따라 매년 배당을 받는다. 리츠는 가능한 한 안정적인 소득을 배당하려고 노력한다. 따라서 실적이 매우 뛰어나 고배당의 확신이 서지 않는 한, 배당액을 쉽사리 높이지 않는다.

또한 리츠투자자들도 높은 배당보다는 배당의 안정성(dividend stability)에 더 많은 비중을 둔다. 리츠의 유형은 자금을 주로 어디에 투자하느냐에 따라 지분형 리츠, 저당형 리츠, 그리고 혼합형 리츠로 나누어진다.

지분형 리츠(equity REITs)는 신규나 기존개발사업에 지분투자자로 참여하여 매기간 임대소득과 기간 말의 자본이득을 획득한다.

저당형 리츠(mortgage REITs)는 주로 부동산관련 대출 및 주택저당증권(MBS) 등에 투자한다. 주소득은 이자수입 등이다.

혼합형리츠(hybrid REITs)는 지분형 리츠와 저당형 리츠의 혼합형으로 위에서 열거한 저당형 리츠의 소득뿐만 아니라 임대소득과 자본이득 등 지분형 리츠의 소득도 추구한다.

(4) 부동산펀드

부동산펀드는 다수의 투자자로부터 자금을 모아서 공동기금을 조성하여 전문가에 맡겨 부동산 등에 투자하여 운용성과에 따라 수익을 분배하는 투자회사, 투자신탁 등을 의미한다. 국내에서 부동산펀드는 펀드재산이 100분의 50을 초과하여 부동산 등에 투자하여야 한다.

2) 부채금융

부채금융(debt financing)이란 부동산 담보대출을 받거나 부채증권(debt security)을 발행하여 자금을 조달하는 것으로 기업의 재무상태표상 부채(타인자본)가 증가하게 된다.

부채증권은 사채, 자산유동화증권(ABS: asset hacked security), 주택저당증권(MBS : mortgage backed security)등이 있다. 부채금융 방식에는 저당금융(mortgage financing)과 신탁증서금융(trust deed financing)이 있다.

저당금융(mortgage financing)은 부동산 담보대출이라고도 하며 차입자가 담보제공 부동산의 소유권을 보유한 상태에서 해당 부동산에 근저당권을 설정하고 금융기관에서 직접 대출을 받는 방식이다.

저당금융은 차입자가 원리금을 상환하지 못할 경우 법원의 경매절차를 거쳐야 함으로 복잡한 절차와 비교적 장기간이 소요된다. 그러나 경락대금으로 채무가 완전히 상환되지 않은 경우에도 대출자는 차입자의 개인적 채권(다른 재산 등)을 확보할 수 있으므로 소구금융이다.

신탁증서금융의 경우, 차입자는 신탁회사와 대상 부동산에 관한 신탁계약을 체결하고, 자신의 소유권을 일단 신탁회사(trustee)에 넘긴다. 신탁회사는 금융기관에 수익권증서를 교부하고, 금융기관은 차입자에게 필요한 자금을 대출한다.

수익권증서를 교부받은 금융기관은 매기간 차입자로부터 대출금원리금을 수취한다. 신탁회사는 신탁증서에 의해 저당기간 동안 소유권을 대신 보유하다가, 대출금액이 완전히 상환되면 매수자에게 소유권을 넘겨준다.

만약 차입자가 채무불이행을 하게 되면, 신탁회사는 대상부동산을 공매(public sale)하여 대출금액을 상환하고 잔금을 차입자에게 돌려준다. 이처럼 신탁증서금융방식을 사용할 경우 신탁회사는 채무불이행시 대상 부동산을 대신 처분할 수 있는 매도권(power of sale)을 가지고 있다.

신탁증서금융은 법원경매과정을 거치지 않기 때문에, 유저당(foreclosure)[5] 시 절차가 간편하고 시간과 경비를 절감할 수 있다는 이점이 있다. 따라서 대출금융기관에서 선호하고 있다.

그러나 신탁증서금융에서는 저당권실행을 통하여 대출금을 완전히 변제받지 못하면 저당금융처럼 개인적 채권을 확보할 수 없으므로 비소구금융이라 할 수 있다.

국내에서도 부동산신탁회사는 전통적인 부동산관리신탁, 처분신탁, 토지신탁(개발신탁)업무 외에도 최근 신탁증서금융과 동일한 방식인 담보신탁업무도 시행하고 있다.

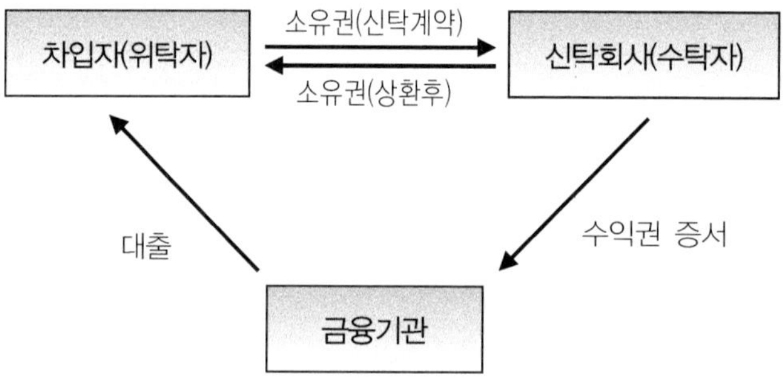

[그림 2-1] 신탁증서금융

제2절 부동산시장

1. 부동산시장의 개념

일반재화시장이 재화나 서비스의 거래가 이루어지는 구체적인 장소 또는 추상적인 매개체라면 부동산시장은 부동산에 대한 수요와 공급이 상호 작용하여 가격을 형성하는 장소이다

즉 양 · 질 · 위치 등이 유사한 부동산 간의 가격수준이 균등해지는 경향이 있는 구체적인 지리적 공간인 동시에 추상적시장이며 불완전 경쟁시장이다. 보이스(Byrl N. Boyce)는 부동산 시장을 부동산권리의 교환, 가액결정, 공간배분, 공간이용의 패턴결정 및 수급조절을 위한 의도적인 상업 활동을 하는 곳이라고 하였다.

5) 유저당이란 채무자가 저당채무를 이행하지 못할 경우 저당권자(대출금융 기관 등)가 저당목적물의 소유권을 취득하거나 임의 매각하여 우선변제에 충당하는 것이다.

과거 부동산에 대한 직접투자가 일반적이었던 시기에는 부동산시장과 자본시장은 별개의 독립된 시장이었다, 그러나 최근 주택 저당증권(MBS), 리츠, 부동산펀드 등의 부동산간접투자수단의 출현으로 부동산시장과 자본시장이 결합되고 다양한 부동산금융기법들이 출현하게 되었다.

2. 부동산시장의 유형

부동산시장은 용도, 권리형태, 시장범위, 지역 등에 따라 다음과 같이 구분할 수 있다.

1) 용도에 의한 분류

주거용(주택) 부동산시장, 상업용(사무용빌딩, 상가, 영화관 등) 부동산시장, 공업용(공장, 광산, 창고 등) 부동산시장, 농업용(임야, 농지 등) 부동산시장, 특수용(묘지, 공원, 골프장 등) 부동산시장 등이 있다.

2) 권리형태에 의한 분류

주택소유자와 주택건설업자로 구성된 자가시장과 임대인과 임차인으로 형성된 차가시장으로 구분한다.

3) 시장범위에 의한 분류

특정한 위치와 면적 등을 갖는 개별시장, 각 개별시장의 총합이라 할 수 있는 전체시장, 개별시장과 전체시장의 중간에 있는 규모의 부분시장으로 나눌 수 있다.

4) 지역에 의한 분류

부동산시장은 부동성으로 인하여 토지이용형태와 그에 따른 가격이 지역별로 형성되고 지역별로 부동산분석이 이뤄진다.

5) 신규시장과 재고시장

처음 건축, 분양되어 새롭게 내용연수가 시작되는 신규시장과, 기존 주택으로 내용연수가 이미 유지되고 있는 재고시장으로 구분된다.

3. 부동산시장의 기능

1) 가격형성기능

부동산은 일물일가의 법칙이 배제되기 때문에 동일한 부동산이라도 거래할 때마다 새로운 가격이 창조되고 파괴된다.

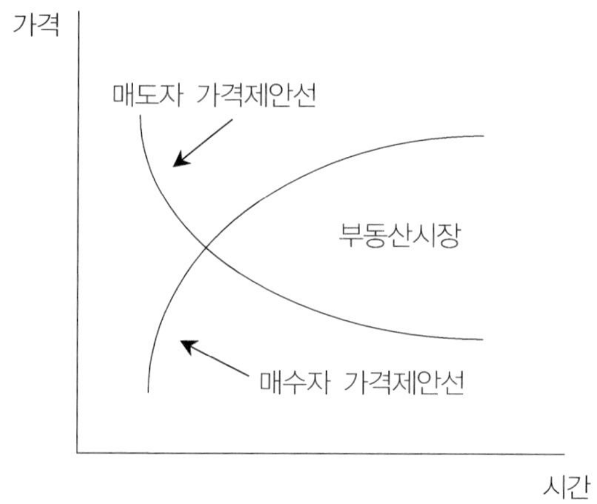

[그림 2-2] 부동산가격 형성기능

2) 자원배분기능

각종 부동산공간에 대한 경쟁은 기존 건물의 유지와 수선, 개축 등을 통하여 자원배분의 역할을 하게 된다.

3) 교환기능

부동산시장에서 매매, 교환을 통하여 부동산과 현금, 부동산과 부동산 등의 교환이 이뤄지게 된다.

4) 정보제공기능

부동산시장은 부동산활동의 주체에게 정보를 제공한다. 개발업자, 건축업자, 임대업자, 중개업자 등은 부동산시장에서 부동산거래에 관한 정보를 수집하고 활용한다.

5) 양과 질의 조정 기능

부동산활동을 수행하는 주체들은 건물의 용도변경이나 토지의 형질변경 등 부동산의 양과 질을 조정하여 부동산상품의 유용성이 최대가 되도록 노력한다.

4. 부동산시장의 특징

1) 시장의 지역성

부동산시장은 부동산의 부동성(위치의 고정성)으로 인하여 지역 간의 수급조절이 어렵다.

지역에 따라 시장이 국지적으로 형성되고 중개업자 간에 지역 간 분업이 이루어진다. 부동산가격은 지역별로 크게 차이가 난다. 지역이란 유사한 부동산에 대해 유사한 가격이 형성되는 지리적공간의 범위이다.

2) 거래의 비공개성 및 정보의 불완전성

부동산거래 당사자들은 부동산의 개별성, 사회적인 관행, 세금부담 문제 등으로 인해 가격정보, 수익정보, 비용정보 등 거래내용을 외부에 공개하기를 원하지 않는다. 따라서 정보수집이 어렵고 많은 정보탐색비용이 소요되며 정보획득을 위해서는 전문가의 임장활동이 필요하다.

3) 상품의 비표준화성(개별성)

부동산은 개개의 특성에 의하여 동일 물건으로 대체할 수가 없고 표준화가 불가능하여 대량생산이 어렵다. 따라서 동일한 시장, 동일한 시점, 동일한 물건에 대해서 동일한 가격이 적용되지 않는다. 즉 일물일가의 법칙이 성립되지 않는다. 이는 부동산의 개별성에 근거한다.

4) 공적간섭(법적제한 등)의 과다

부동산은 사회성과 공공성이 높은 재화이므로 법적제한이 많아 부동산시장은 불완전경쟁시장이 되며, 가격이 왜곡되거나 시장기능이 제대로 작동하기가 어렵다.

5) 수급조절의 곤란성

부동산은 고가의 재화이므로 단기적으로 수요자의 진입이 어렵고 공급을 늘리는데 시간이 많이 걸리기 때문에 수요증가 시 가격이 급등하나 수요감소 시 즉시 가격이 하락하지 않는다. 즉 토지의 부증성, 부동산의 부동성, 고가성 등으로 수요와 공급이 비탄력적이므로 단기적으로 가격의 왜곡이 발생할 수 있다.

6) 금융시장과 대체관계

부동산수요자와 부동산공급자가 모두 일정한 규모의 자금을 빌려서 부동산활동을 하는 것으로 전제할 경우 투자대상으로서 금융시장과 부동산시장은 대체관계이다.

즉 예금금리가 높아지면 투자자는 금융시장으로 이동하므로 부동산시장은 불황이 된다. 대출금리가 높아지면 수요자나 공급자의 금리부담이 커지므로 부동산활동은 위축된다. 그러나 저금리 상태가 지속되면 부동산시장으로 자금이 유입되어 부동산가격을 상승시킬 수 있다.

7) 기타

부동산은 유형에 따라 거래가격이나 내용이 제각각이므로 상품별로 시장의 조직화가 어렵고, 아파트 · 상가시장 등 시장의 세분화로 계층화된 수요가 형성되며, 매매기간의 장기성으로 투기 등을 목적으로 하는 단기거래가 어렵다.

5. 부동산시장의 구분

부동산시장은 공간시장, 자산시장, 개발산업시장의 세 가지의 하부시장으로 구분되는데 이들이 유기적으로 연결되어 움직이므로 시스템적으로 파악하여 이해한다.

1) 부동산공간시장(real estate space market)

부동산공간시장은 부동산공간을 이용할 수 있는 권리를 매매하는 시장이다.

즉 토지, 건물과 같은 부동산 자체의 공간을 사용하려는 목적으로 형성된 시장으로 '임대시장'이라고도 한다. 부동산공간에 대한 수요와 공급에 의하여 부동산임대료와 점유율이 결정된다. 수요자는 개인 기업, 정부 등이며 공급자는 부동산소유자 또는 부동산 개발업자 등이다.

지역 및 국가경제여건 등에 따른 공간의 수요와, 공급규모에 의해서 형성된 임대료와 공실율의 수준이 부동산자산시장과 개발산업시장에 영향을 준다.

2) 부동산자산시장(real estate asset market)

부동산자산시장은 자산으로서의 이용가치가 목적인 시장으로 부동산자산의 수요와 공급에 의해서 가치가 결정되고 시장에서 요구하는 자본환원율[6)]의 수준이 결정된다.

이 자본환원율이 자산시장의 거래 지표가 될 수 있다. 부동산공간시장의 임대료와 점유율에 따라서 부동산자산시장의 현금흐름이 결정되는데 증권과 같은 자본자산과 경쟁관계에 놓이게 된다. 따라서 자본시장의 일부분으로서 부동산 자산시장을 이해해야 한다.

[표 2-1] 자본자산시장(capital asset market)의 구분

	공개시장	비공개시장
자기자본	주식, 리츠, 뮤추얼펀드	부동산관련 자산 구입, 개인기업, 벤처사업투자
타인자본	채권, MBS, ABS	주택담보대출, 상업용부동산담보대출, 개발금융

3) 부동산개발산업시장(real estate development industry market)

부동산개발사업자는 부동산자산시장, 부동산공간시장, 자본시장을 고려하여 부동산개발이익이 기대되면 부동산개발 의사결정이 이뤄지는 시장이다. 부동산을 개발하게 되면 부동산자산시장에 신규 부동산자산이 공급되고 부동산공간시장의 임대공간으로 공급된다.

6) 자본환원율 : 순수익 / 원본가격(수익가격)

제3절 부동산금융시장

1. 부동산금융시장의 의의

부동산금융시장이란 자금공급자와 자금수요자 간에 부동산금융거래가 조직적으로 이루어지는 곳이다. 즉 부동산 취득, 개발, 운영, 처분 등을 위한 자금의 수요와 공급이 이루어지는 곳이다.

부동산금융은 장기간에 걸쳐 상환되므로 자본시장에서 거래되는 것이 원칙이나 주택구입자금, 주택전세자금 등은 대출기간을 1년으로 약정하고 1년 단위로 계속 연장되는 방식으로 취급되는 경우가 많다.

상가 등 수익용 부동산의 경우 1년을 대출금 만기로 하여 일정기간 동안 연장하는 방식으로 운영된다.

즉 우리나라에서는 부동산금융이 자금시장(단기금융시장)에서 거래되는 비중이 크다.

부동산금융시장은 주택금융시장, 부동산개발금융시장, 부동산간접투자 상품시장, 기타 상업용부동산 금융시장 등으로 구분된다.

주택금융시장은 주택담보대출, 주택저당증권(MBS), 역모기지시장이 포함되며, 부동산 개발금융시장은 사회기반시설PF, 부동산개발PF, 자산유동화증권(ABS)시장 등으로 구성된다.

부동산 간접투자 상품시장에서는 리츠, 집합투자기구 등이 다뤄진다. 상업용 부동산금융시장은 상가, 오피스빌딩, 영화관, 콘도미니엄, 숙박업소 등 투자하여 수익을 올릴 수 있는 부동산을 대상으로 한다.

2. 주택금융시장의 특징

부동산금융시장 중 대표적인 주택금융시장의 의의와 특징을 살펴본다. 주택금융시장은 주택의 구입, 임대, 건설, 개량 등을 위한 자금이 거래되는 추상적인 장소이다. 주택금융시장은 1차 시장과 2차 시장으로 나눠진다. 2차 시장의 발전은 1차 시장의 활성화에 도움을 준다.

주택금융시장의 특징은 구체적으로 다음과 같다.

① 주택의 생산과 소비와 관련된 자금이 거래되는 시장이므로 주택시장과 밀접한 관련을 갖고 있다. 주택금융시장의 활성화에 따라 주택의 수요·공급이 영향을 받고 주택경기에 따라 주택금융시장이 영향을 받는다.

② 주택금융시장의 규모는 주택자금의 조달규모에 의해 결정되고 주택자금의 조달규모는 가계저축규모에 큰 영향을 받으므로 주택금융시장은 가계저축 등의 소매금융시장과 밀접한 관계가 있다.

③ 주택금융시장은 공공재와 민간재의 성격을 동시에 갖고 있기 때문에 공공주택금융시장과 민간주택 금융시장으로 이원화되어 있는 것이 보통이다.
저소득층을 위한 공공주택에는 금융·세제상의 혜택을 부여한다.

④ 주택금융시장은 공공성과 외부효과로 인해 시장실패의 위험이 있는 주택의 생산과 소비에 관련된 자금이 거래되는 시장이기 때문에 정부의 규제가 많고 주택정책에 큰 영향을 받는다.

3. 주택금융시장의 유형

1) 제도권시장과 비제도권시장

주택금융시장은 금융기관이 중개기능을 수행하느냐의 여부에 따라 제도권 주택금융시장과 비제도권 주택금융시장으로 나눌 수 있다.

제도권 주택금융시장은 은행이나 보험회사, 주택금융전담기관과 같은 제도권 금융기관의 금융중개기능에 의해 주택금융이 이뤄지는 시장이다.

제도권 주택금융시장은 수요자금융시장과 공급자금융시장으로 구성되며 다시 공공주택금융시장과 민영주택금융시장으로 구분된다.

공공주택금융시장은 저소득층 등의 주거안정을 위해 정부가 저리의 자금을 비교적 장기로 지원하는 시장이다. 우리나라에서는 공공주택금융이 중요한 비중을 차지한다. 국민주택기금과 농협의 농촌주택개량자금 등은 대표적인 공공주택금융이다. 국민주택기금은 1970년대 한정된 자금을 주택부문에 배분하기 위해 산업자금과 별도로 설치하고 준조세적수단으로 조달하여 저소득층의 주택구입이나 임차자금을 저금리로 지원하고 있다.

민영주택금융시장은 시장원리에 의해 주택자금의 수요·공급과 금리가 결정되는 시장으로 중산층 등의 주택마련과 주택투자수요에 부응하기 위한 시장이다. 민영주택금융시장에 대해서는 주택시장의 안정을 위해 감독당국이 담보인정비율(LTV), 총부채상환비율(DTI) 등의 규제를 실시한다.

비제도권 주택금융시장은 자금중개과정을 거치지 않고 주택자금수요자와 공급자 간에 직접적으로 주택자금의 거래가 이뤄지는 시장을 말한다, 우리나라의 경우 전세제도에 의해 임차인이 임대인에게 주거비를 선납하는 전세금시장이 대표적이며 주택선분양제도에 의해 소비자가 주택건설업자에게 선납하는 계약금 및 중도금시장도 이에 해당한다.

2) 1차 저당 대출시장과 2차 저당 대출시장

1차 저당 대출시장은 대출금융기관과 차입자 사이에 주택자금의 대출과 차입이 이루어지는 시장으로 주택대출채권과 저당권의 합성어인 주택저당채권[7]이 형성되는 시장이다. 경우에 따라서는 차입자의 채무이행을 보증해주는 신용보증기관이 개입한다. 우리나라의 경우 일반은행, 상호저축은행, 보험회사 등에 의해 1차 저당 대출시장이 형성된다.

2차 저당 대출시장이란 대출금융기관이 차입자에게 주택자금을 대출해주고 획득한 주택저당채권을 대출 만기 시까지 보유하지 않고 투자자에게 매각하거나 보유중인 주택저당채권을 담보로 새로운 주택저당증권을 발행함으로써 주택저당채권이 원래의 형태 또는 새로운 형태의 유가증권으로 유통되는 시장을 의미한다. 2차 시장의 존재로 주택저당채권의 유동화를 통하여 주택자금이 충분히 확보될 수 있다.

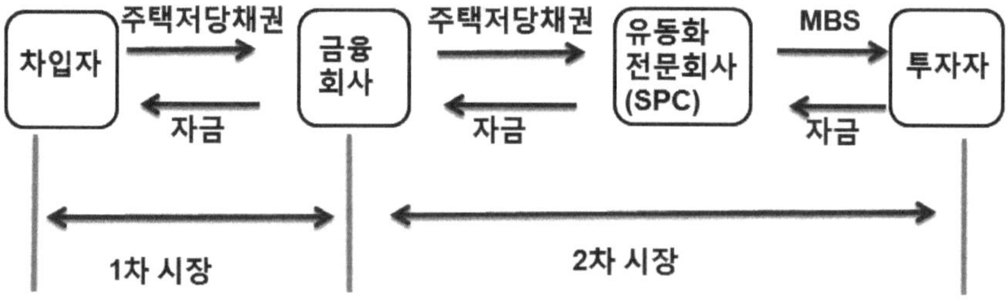

[그림 2-3] 1차시장과 2차시장

7) 주택저당채권이란 주택소유자들에 대한 주택 구입자금 대출채권을 의미한다. 주택저당채권은 주택에 대하여 조건부 소유권을 인정하면서 그 주택으로 대출금액의 상환이 담보되는 채무수단이다. 또는 차입자가 빌린 대출금의 상환을 담보하기 위하여 대출자에게 주택에 저당권을 설정해주는 채무수단이라고 정의하기도 한다.

제4절 부동산금융관련 기관

1. 주택금융 중개기관

주택금융 중개기관은 자금조달, 금융상품개발, 신용평가, 담보물평가, 대출심사 및 사후관리, 위험관리, 자금의 배분 등의 기능을 수행한다. 미국의 경우 상업은행, 모기지회사, 보험회사, 투자회사, 연기금, 저축대부조합, 상호저축은행, 신용조합 등이 있으며 우리나라는 국민주택기금, 은행, 상호저축은행, 보험회사, 신용협동기구, 한국주택금융공사, 주택할부금융회사 등을 들 수 있다.

2. 주택금융 보증기관

주택금융기관은 대출에 따른 신용위험이 발생할 수 있다. 따라서 차입자 대신에 대출금융기관에 차입자 채무의 전부 또는 일부를 지급보증하는 신용보완기능이 필요한데 이와 같은 기능을 담당하는 기관이 보증기관이다.

보증기관은 미국의 연방주택청(FHA), 재향군인부(VA), 민간 모기지보험기관(PMI) 등이 있으며, 우리나라의 경우 '한국주택금융공사' 내에 설치된 주택금융신용보증기금에서 소비자 및 주택건설업자에 대한 보증을 실시하고, 주택도시보증공사는 주택건설 등에 대한 각종 보증을 담당하며, 주택금융공사 신탁계정에서 유동화증권매입투자자에 대한 보증을 실시하고 있다.

민간부문에서는 보증보험회사가 소비자 및 주택건설업자에 대한 보증업무를 취급한다.

3. 주택금융 유동화기관

유동화기관의 주된 기능은 유동성이 낮은 자산을 보다 유동성이 높은 자산으로 바꾸는 것이다. 이에 따라 개별 주택저당채권을 양수하여 신용보강 등으로 현금흐름의 불확실성을 완화하고, 유동화 상품을 개발하고 리스크를 관리한다. 미국에는 정부주택저당공사(Ginnie Mae, 지니매), 연방주택저당공사(Fanni Mae, 페니매), 연방주택저당대출회사(Freddie Mac, 프레디맥), 민간유동화회사가 있으며 한국에는 한국주택금융공사 등이 있다.

제5절 부동산금융 시스템을 위한 인프라

부동산금융 시스템을 위한 인프라는 부동산금융시장과 관련 금융기관이 원활히 기능하도록 하는 각종 부동산금융 관련규제 및 감독제도, 금융안전망 등을 말한다.

부동산금융규제와 감독은 금융위원회와 금융감독원 등이 담당하며 부동산금융시장 참가자가 일정한 규칙을 준수토록 함으로써 부동산금융시장이 공정하고 투명하며 효율적으로 작동할 수 있도록 하는 제도를 의미한다. 이에는 부동산금융관련 법률과 규정, 건전성 감독 및 감시, 제재 등이 포함된다.

구체적인 예로는 '부동산투자회사법', '자본시장법', '사회기반시설에 대한 민간투자' 등 법령과 각 업무처리를 위한 '모범규준' 등이 있다.

자본의 국제화가 진전되면서 부동산금융시스템을 담당하는 정부부문에는 국제기관의 역할도 중요하게 되었다. 대표적인 것이 자본의 규모를 정하는 국제적인 기준인 국제결제은행(BIS) 바젤(Basel) I과 바젤 II, 바젤 III이다. 국제결제은행의 바젤은행감독위원회(BCBS : Basel Committee on Banking Supervision[8])가 담당한다.

은행 감독 당국은 은행이 대출해준 자산의 부실화에 대비할 수 있게 자본금을 충분히 확보하도록 감독하고 있다. 자본금 적립과 관련해 처음으로 도입된 국제적인 규제 방안이 1988년 7월에 제정된 바젤 I이다. 이에 따라 은행들은 대출자산의 신용위험을 감안해 평가한 이른바 위험가중자산[9]의 8% 이상을 자본금으로 적립해야 한

8) 바젤은행감독위원회(BCBS : Basel Committee on Banking Supervision) : 1974년 독일의 헤르슈타트 은행의 파산을 계기로 국제 금융시장이 불안해지자 주요 10개국의 중앙은행 총재들이 국가별로 서로 다른 은행 감독 기준에 대한 국제적인 공조를 강화하기 위해 설립한 기관이다. 스위스의 바젤에 위치하고 있다. 바젤은행감독위원회에는 현재 우리나라를 포함하여 27개국 중앙은행 또는 금융 감독 당국이 참가하고 있다.

9) 위험가중자산 : 은행의 자산 중에서 비중이 크고 중요한 부분은 기업과 개인에 대한 대출이다. 그런데 대출을 받은 기업이나 개인의 신용도가 각각 다르기 때문에 대출 건별로 대손이 발생할 가능성도 다르다. 즉 대출 건별로 신용위험이 차이가 난다. 이렇게 개별 대출건마다 해당 신용위험이 높으면 더 큰 가중치를 부여해서 은행의 전체 자산을 평가한 것을 '위험

다. 우리나라는 1997년부터 이를 도입해 시행하였다.

한편 바젤은행감독위원회는 2004년 6월 바젤 I의 취약점을 보완하여 새로운 형태의 감독 기준인 바젤 II를 제정하였다. 바젤 II는 세 가지 요소(pillar)로 구성되어 있다. 우선 기존에 제시했던 8%의 최저자본금 규제는 그대로 유지하였다. 둘째, 감독 당국이 최저자본금 규제를 점검하는 의무를 가지되 은행은 자체적으로 평가 모형을 구축하여 신용 위험을 평가할 수 있고, 감독 당국은 은행이 이를 제대로 지키고 있는지 감독하도록 했다. 셋째, 은행의 공시 의무를 강화하여 금융시장을 통한 시장 규율을 강화하도록 했다. 우리나라를 포함한 많은 국가들은 2008년부터 바젤 II를 시행하기 시작하였다.

그러나 2008년 글로벌 금융위기가 발생하자 바젤은행감독위원회는 2010년 9월 새로운 은행 감독 기준인 바젤Ⅲ의 최종안을 발표하였다. 바젤 III는 2010년 11월 우리나라에서 개최된 서울 G20 정상회의에서 승인을 거쳤다.

바젤 III의 주요 내용은 다음과 같다. 첫째, 글로벌 금융 위기 과정에서 기존의 은행 자본금 규제가 질적, 양적으로 충분하지 못하다는 지적이 나옴에 따라 은행 자본금의 질을 높이고 최저자본금 기준을 대폭 상향 조정했다. 둘째, 바젤 II에는 없었던 유동성 규제를 새로 도입했다. 글로벌 금융위기 과정에서 일부 은행들은 자본금 규제를 충족하고도 자금이 일시에 빠져나가 유동성 부족사태에 직면해 심각한 경영 위험에 빠졌다. 이를 보완하기 위해 은행들이 일정 부분 이상의 자산을 국채 등 쉽게 현금화할 수 있는 자산으로 보유하도록 한 것이다. 셋째, 글로벌 금융위기 과정에서 경험한 바와 같이 은행들이 과도한 차입으로 인해 쉽게 경영 위험에 직면하는 상황이 되풀이되지 않도록 자본금에 비해 너무 많은 대출자산을 보유하지 못하도록 하는 레버리지 규제를 새로이 도입하였다.

또한 자본시장의 세계화에 따라 채권평가를 하는 신용평가기관의 역할이 커지고 있다. 이들 기관이 결정하는 채권등급에 따라 투자적격여부와 채권에 대한 신용보강 정도가 결정되므로 부동산금융 투자의사결정에 큰 영향을 미친다.

가중자산'이라고 부른다. 은행의 최저자본금 규제는 해당 은행의 '위험가중자산' 대비 일정 퍼센트 이상으로 규정되고 있다.

제 3 장

글로벌금융위기와 서브프라임 모기지

제1절 금융위기의 의의와 사례

1. 금융위기의 의의

금융위기에 대한 명확한 정의는 아직 정립되어 있지 않으나 금융위기에 관한 견해를 종합하면 다음과 같이 정의할 수 있다.

금융위기는 "금융기관의 채무불이행 가능성 등에 기인한 금융불안 지속으로 금융시장의 자금중개기능이 약화되고 금융시스템의 붕괴 가능성이 크게 높아짐에 따라 실물경제에도 커다란 부정적 효과가 파급되는 상황"으로 정의된다.

역사적으로 볼 때 금융위기가 발생할 때마다 금융시스템 개혁과 규제가 이루어지고 있지만 금융위기는 반복적으로 발생한다.

금융위기는 대체로 새로운 혁신이나 시장의 출현과 같은 변위요인(displacement)의 출현 → 호황국면의 시작 → 투자기회 증대와 신용확대 → 버블의 형성과 붕괴 → 경제 전반의 충격 → 최종대부자(the lender of last resort)의 개입이라는 전개상 특징을 가지고 반복한다.[10)]

금융위기가 발생하면 일반적으로 금융시장이 대규모로 붕괴해 자산가격이 급락한다. 일시적인 자산가격의 하락이나 유동성 경색현상을 금융위기로 부르는 경우도 있으나, 역사상 주목을 받는 대규모의 금융위기는 경제전체에 막대한 손실을 초래할 정도의 금융시스템 마비와 금융·비금융회사의 도산사태를 수반하였다.

IMF는 이와 같은 금융위기를 구체적으로 네 가지 형태로 구분한다.

10) 정후식, 대공항 이후 주요 금융위기 비교, 한은조사연구, 한국은행, 2009.7 pp.1-3.

첫째, 은행위기(banking crisis)이다.

은행위기는 예금인출사태(bank run), 은행도산, 예금지급의 정지, 은행자산의 대규모 부실화에 따른 공적자금의 투입과 구조조정 등과 같은 사태가 발생하는 경우를 지칭한다.

둘째, 외환위기(foreign exchange crisis)이다.

외환위기는 환율의 급격한 평가절하, 고정 또는 준고정환율제도의 강제적 폐기, 태환의 무기한 정지 등과 같은 사태가 발생한 경우이다. 외환위기는 통상적으로 급격한 자본유출을 동반하면서 외환보유고의 고갈과 자국통화의 급격한 절하를 수반하기 때문에 국제수지위기(balance of payments crisis) 또는 통화위기(currency crisis)라고도 한다.

셋째, 금융시스템의 위기(systemic financial crisis)이다.

금융시스템의 위기는 지급결제제도가 붕괴되고 금융시장의 기능이 심각하게 훼손되어 실물경제에 막대한 손실을 초래하는 위기를 말한다.

넷째, 외채위기(foreign debt crisis)이다.

외채위기는 특정국가가 국가채무(sovereign debt) 또는 민간채무(private debt)를 상환할 수 없게 되어 국가부도사태에 직면하게 되는 위기이다. 학자에 따라서는 금융시스템의 위기와 외채위기를 별도의 금융위기로 구별하지 않고 각각 은행위기 및 외환위기에 포함한다.

2. 최근의 글로벌금융위기의 전개과정

2007년부터 시작된 글로벌금융위기는 미국발 서브프라임 모기지(subprime mortgage) 부실에서 글로벌 금융위기로 확산되었다.

미국 FRB는 2000년 IT버블 붕괴이후의 경기침체에서 벗어나기 위해 2001년 말부터 2004년 말까지 실질금리를 마이너스로 유지하였다. 따라서 부동산 투자가 급증하고 주택가격이 급상승하였다. 풍부한 유동성이 주택가격을 끌어올리는 역할을 한 것이다.

그러나 미국의 FRB는 2004년 6월부터 부동산 급등에 대한 대책으로 긴축정책을 실시하고 기준금리를 올리기 시작하여 2006년 6월에는 5.25%까지 인상하였다.

이에 따라 서브프라임 모기지를 받아 주택을 구입한 상당수의 차입자들이 상환능력을 상실하고 연체율이 급속도로 높아지기 시작하고 주택저당증권(MBS), 부채담보부증권(CDO)의 가격폭락이 이어지면서 모기지 대출회사와 헤지펀드가 연쇄파산하게 되었다.

또한 대형금융기관들도 예외는 아니어서 미국의 5대 투자은행 중 '베어스턴스'와 '메릴린치'는 상업은행에 인수되었고, '골드만삭스'와 '모건스탠리'는 은행지주회사로 전환했으며, '리먼브라더스'는 2008년 9월 파산하였다.

글로벌 금융위기는 경제위기를 거처 재정위기로 나타나고 있다. 신흥국의 고유위험이었던 재정위기가 그리스와 아이슬란드를 비롯해 포르투갈, 스페인, 이탈리아 등의 선진국에까지 광범위하게 확산되었다.

3. 국제금융위기의 주요사례

국제금융위기는 동아시아 위기 및 라틴아메리카 위기와 같이 외환, 금융, 외채위기의 요소들이 동시에 나타날 수도 있다. 또한 하나의 위기형태에서 다른 위기형태로 발전할 수도 있다. 주요 국제금융위기사례들을 예시하면 다음과 같다[11].

1) 대공황(The Great Depression)

대공황은 1929.10.29 뉴욕 주식시장의 주가폭락을 계기로 발생한 1929~1933년까지의 혹독한 경기후퇴를 지칭한다. 1929~1933 중 총 9,755개의 은행이 도산한 데 이어 1933년 실질GNP는 1929년 대비 26.5% 감소되고 주가는 정점대비 89.2% 하락하였으며 실업률은 공항 이전 8.7%(1929년)에서 24.9%(1933년)로 상승하였다.

1929년 여름부터 고용과 생산이 저하되기 시작하여 10월의 주식시장 붕괴를 계기로 미국경제는 급속히 경기불황에 빠져들었다가 1933년 3월 뉴딜정책의 실시로 회복되어 갔으나 고용과 산출이 다시 완전고용 수준에 도달한 것은 1941년이었기 때문에 대공황은 1929~1941년까지 약 12년간 지속되었다고 보는 견해도 있다.

2) 미국 S&L(저축대부조합) 위기

금융자유화로 금리가 상승하자 저축대부조합(S&L: Savings and Loan Association)은 수지악화를 만회하기 위해 부동산 및 고위험 채권투자에 집중하였으나 부동산가

---

11) 정후식, 대공항이후 주요 금융위기 비교, 한은조사연구, 한국은행, 2009.7 참조.

격 하락 및 경쟁격화 등으로 1980년대 중반에서 1990년대 초반에 걸쳐 금융기관의 도산이 대폭 증가하였다.

S&L은 상업은행으로부터 융자 받기가 곤란한 저·중소득층을 대상으로 주택융자를 하는 비영리 조합조직이었으나 1980년대 초반 금융자유화로 은행과 같은 업무를 수행하였다.

1984~1992년 기간 중 총 1,137개 기관이 도산하였으며 1991년에는 마이너스 성장률을 기록하는 등 경기침체를 경험하였다.

3) 북유럽 3국 금융위기

스웨덴, 핀란드, 노르웨이 등 북유럽 3국에서 금리자유화, 규제완화 등을 배경으로 1980년대 후반에 형성된 자산버블이 붕괴하였다.

위기기간은 스웨덴 1991~1993년, 핀란드 1991~1993년, 노르웨이 1988~1993년이었다.

부실채권 증가에 따른 금융기관 손실 급증으로 1991~1993년 중 대형 금융기관이 잇따라 도산하였으며 스웨덴 및 핀란드는 위기기간 중 마이너스 성장률을 기록하였다.

4) 라틴아메리카 금융위기

라틴아메리카 위기는 1980년대 외채위기, 1994~1995년 데킬라 위기, 1999년 브라질 위기, 2002년 아르헨티나 위기 등 여러 번 발생하였다.

1990년대 들어 처음 발생한 데킬라 위기는 멕시코에서 치아파스(Chiapas) 지방의 농민폭동, 집권당 대통령 후보의 암살로 인한 정치적 불확실성이 증대되고, 대통령선거로 인한 정부의 방만한 재정운영과 외국자본의 유입정지로 외환보유액이 급격히 감소해 달러로 표시된 테소본드(Tesobond)를 더 이상 회전시킬 수 없게 되면서 발생하였다.

위기에 직면하자 멕시코 정부는 15% 규모의 페소화에 대한 평가절하를 실시하였다. 그러나 평가절하 규모가 불충분하다고 여겨졌고, 평가절하 이전에 자국기업에게만 정보를 주어 외국인 투자자들의 정부정책에 대한 신뢰가 완전히 상실되었다. 이로 인해 페소화는 급격히 평가절하되었고 물가가 급등했으며, 이를 막기 위해 정부는 80% 이상에 달하는 고금리정책을 실시하였다. 그러나 위기발생 이후 미국의 적극적인 대규모 개입으로 사태는 곧 진정되었다.

한편 아르헨티나는 위기 이전에 통화위원회 제도를 채택하고 있었기 때문에 멕시코발 위기로부터 방어될 것으로 생각하였다. 그러나 투기자들은 아르헨티나가 높은 실업률로 인해 통화위원회제도를 포기할지도 모른다고 생각하고 투기적 공격을 감행하였다.

통화위원회제도하에서의 자본유출은 본원통화의 감소를 의미하므로 금융시스템의 위기를 초래하였다. 그러나 과거 초인플레이션에 시달렸던 아르헨티나는 이후에도 통화위원회제도를 계속 유지했으며, 데킬라 위기가 진정되면서 다시 성장을 이루었다.

그러나 라틴아메리카의 위기는 한 번으로 끝나지 않았다.

브라질은 1994년 이후 '헤알계획'을 실시해 초인플레이션을 억제하는 데 상당한 성공을 거두었다. 그러나 경제는 충분히 회복되지 않았고 정부부채는 여전히 심각한 수준이었다. 이로 인해 헤알화에 대한 평가절하 압력이 지속되었고 이를 억제하기 위해 브라질은 높은 이자율을 유지할 수밖에 없었기 때문에 재정적자는 더욱 악화되었다. 1998년 외환보유액이 고갈되자 IMF는 금융지원을 제공했고, 1999년 들어 브라질에서 채무지불유예를 잇달아 선언하면서 외자유출이 가속화되고, 헤알화는 폭락하였다.

브라질의 위기는 3년 후 아르헨티나 위기로 이어졌다. 브라질 위기 여파, 재정긴축에 따른 내수위축 및 이에 따른 투자저하, 그리고 페소화의 상대적인 고평가에 따른 산업경쟁력 약화 등으로 지속적인 경기침체를 벗어나지 못했던 아르헨티나는 결국 부채상환능력을 상실하여 2001년 12월 모라토리엄을 선언했고 2002년 통화위원회제도를 폐지하면서 페소화 가치가 70% 이상 폭락하였다.

5) 일본 금융위기

일본의 금융위기는 1985년 9월 플라자 합의 이후 장기간의 금융완화정책에 기인한 자산 가격 상승을 억제하기 위해 급격한 긴축정책으로 선회한 결과 버블이 붕괴되면서 발생한 위기(1991.2~2002.1)로 "장기불황" 또는 "잃어버린 10년"으로 불린다.

주가는 정점대비 절반 수준으로 폭락하고 지가도 1991년 이후 15년간 하락세를 지속하여 1/4수준으로 하락하였다. 금융기관 부실채권이 증가하면서 1990~2001년 중 총 142개 금융기관이 도산하였으며 실질GDP 성장률은 버블붕괴 이전 연평균 3.9%에서 버블붕괴 이후 1.0%로 하락하였다.

그러나 2002년부터 일본 부동산시상의 경기가 호전되기 시작하였다. J-REIT(일본형 부동산투자신탁)와 건축규제 완화에 힘입어 수조 엔이 부동산시장에 투입되었고 일부 도시의 상업지 중심으로 지가가 상승하였다. 이에 따라 버블 재연에 대한 우려가 커지자 일본 정부는 부동산관련 대출을 다시 규제하였다. 2008년 글로벌 금융위기와 2011년 3월 동일본 대지진의 여파로 부동산시장이 다시 급속도로 냉각되었고 부동산시장의 침체는 20여 년째 계속되고 있다.

6) 동아시아 금융위기

동아시아 위기는 1997년 7월 2일 태국의 바트화가 폭락하면서 시작되었다. 태국의 외환위기는 이웃나라인 인도네시아, 말레이시아, 필리핀으로 전파되었고 마침내 10월에는 우리나라에까지 파급되었다.

태국과 인도네시아 등이 외환 · 금융위기를 겪게 된 근본적 요인으로 1994년에 단행된 40%에 달하는 중국 위안화의 평가절하에서 그 원인을 찾는 시각도 있다. 중국의 위안화 평가절하에 따라 이들 국가들이 가격경쟁력을 잃었기 때문이다.

태국과 인도네시아의 통화들이 외환 · 금융위기 전 수년간 고평가된 것은 사실이다. 1990년대 들어 이들 국가들의 경상수지 적자의 대 GDP 비율이 계속해서 6~7% 선에서 유지되었음에도 환율에는 별 변화가 없었다. 단기간에는 자본유입에 따라 경상수지 적자에도 불구하고 환율이 안정적으로 유지될 수 있지만 이러한 상황은 장기적으로 계속될 수 없었고 결국 외환 · 금융위기로 치닫게 되었다. 이런 점에서 태국과 인도네시아의 외환 · 금융위기는 예견된 것이었다고 볼 수도 있다.

그러나 동아시아의 경제상황은 라틴아메리카보다 훨씬 양호했고 위기를 유발할 만큼 나쁜 편은 아니었다. 동아시아 위기의 경우, 외국투자자들이 위기발생에 앞서 국제유동성 공급을 별안간 회수하면서 이 지역의 외환 · 금융위기를 심화시킨 측면도 있다.

한국의 외환위기는 1997년 11월경부터 발생되었다. 기업들의 차입경영의 심화, 금융기관들의 단기 외화자금 과다차입, 정부의 외환관리 실패 등으로 외화 해외유출 급증으로 외화유동성 부족사태 초래, 기업도산, 금융기관 도산, 주가폭락, 극심한 경기침체 등을 초래하였다. 이에 1997년 12월 국제통화기금(IMF)으로부터 자금을 지원받고 혹독한 구조조정을 실시하였다. 정부는 168조 원의 공적자금을 투입하였다.

7) 러시아 금융위기

소련 붕괴 이후 다른 동구권 국가들과 마찬가지로 러시아는 1990년대 내내 심각한 경기침체 및 인플레이션에 시달렸다. 1997년 들어서야 IMF 지원으로 루블화 가치를 안정시키고 인플레이션을 일부 진정시키기 시작하였다.

그러나 재정적자 문제는 여전히 해결되지 못했고 따라서 정부부채는 지속적으로 급증하였다. 이러한 상황에서 1997년 동아시아 위기로 석유를 비롯한 러시아의 주요 수출품에 대한 수요가 감소하면서, 투자자들은 루블화의 가치도 절하될 것이라는 우려를 하기 시작하였다. 러시아정부의 차입에 대한 이자비용은 증대했고 따라서 정부 재정 문제는 더욱 악화되었다.

러시아의 붕괴가 미칠 파장을 염려해 IMF는 루블화 가치를 유지하기 위해 대규모로 지원을 했으나, 1998년 8월 러시아정부는 환율목표를 포기하고 동시에 부채에 대한 채무불이행 및 외자지급 동결을 선언하였다. 이후 1개월도 채 안 되어 루블화 가치는 반으로 떨어졌고 인플레이션이 급등했으며 경기는 심한 침체에 빠져들었다.

8) 서브프라임과 글로벌금융위기

미국의 금융위기는 서브프라임 모기지 부실에 의해 유발되었으나, 금융위기의 확대는 투자은행에 대한 무분별한 규제완화로 미국 투자은행들이 과도한 레버리지를 이용한 고위험, 고수익을 지향한 영업전략에 기인한다. 경기부양을 위한 금융완화정책에 따라 부동산가격이 급등하자 긴축정책으로 선회하면서 다시 경기가 침체되었다. 2008년 9월 리먼 브라더스사의 파산으로 위기가 본격화되면서 미국의 경기침체는 물론 전 세계로 위기가 확산되는 등 대공황 이래 최악의 상황으로 발전하였다.

미국은 1890년 이후 크고 작은 금융위기가 11회 발생하였는데, 그 중 6회가 부동산 관련 금융위기였다.

9) 유럽의 재정 및 금융위기

그리스의 방만한 재정운영과 과다한 사회복지지출, 아일랜드의 부동산거품과 금융허브전략의 실패, 스페인과 포르투갈의 부동산 거품 등으로 남유럽의 일부국가에서 시작된 재정위기가 유럽의 유로존(Eurozone)[12] 국가 전역으로 확산되었다. 다수의

12) 유로존 (Eurozone)이란 유럽연합의 단일화폐인 유로를 국가통화로 도입하여 사용하는 국가나 지역을 통칭한다. 오스트리아·벨기에·키프로스·핀란드·프랑스·독일·그리스·슬로바키아·아일랜드·이탈리아·룩셈부르크·몰타·네덜란드·포르투갈·슬로베니아·스페인·에스토니아 등 총 17개국이 가입되어있다.

유로존 국가들의 재정적자가 증가하고 국가채무비율이 높아졌으나 경기회복을 기다리다 재정·금융위기가 확산되었다. 그리스, 아일랜드, 포르투갈은 EU로부터 구제 금융을 지원 받았다. 유로화 가치와 주가가 폭락하고 국채금리는 폭등하였으며 실업률이 높아졌다. 또한 유럽 국가들의 신용등급이 강등되었다. 포르투갈, 이탈리아, 스페인, 키프로스, 슬로베니아뿐 아니라 오스트리아와 프랑스의 신용등급도 하향 조정되었다. 그러나 독일, 네덜란드, 핀란드, 룩셈부르크 등은 최고등급을 유지하였다. 이들 국가는 유로통화를 단일 통화로 사용하고 있어 자본거래 및 교역의 연관성이 높아 국가 간 전염이 빠른 속도로 진행될 수 있다. 동일한 통화를 사용하면 독자적 판단으로 자국의 통화량을 변화시킬 수 없으며, 독자적으로 유로존 국가 사이의 환율을 변화시킬 수 없다. 즉 독자적인 통화 및 환율정책을 포기해야 하는 한계를 지닌다. 유로존 국가들이 직면한 재정·금융위기는 재정통합이 없이 이루어진 통화의 통합이 갖는 근본적인 한계에서 비롯된 것이라고도 할 수 있다.

제2절 서브프라임 모기지

1. 서브프라임의 개요

서브프라임(subprime)이란 서브프라임 모기지론(subprime mortgage loan) 즉 비우량 주택 담보 대출을 줄인 말로, 미국 금융기관이 신용도가 낮은 차입자에게 제공한 주택담보대출을 말한다.

미국 금융기관의 주택담보대출은 차입자의 신용도와 부채 규모, 담보 능력 등에 따라 프라임(Prime, 우량), 알트에이(Alt-A, 보통), 서브프라임(비우량)의 세 등급으로 분류되는데, 서브프라임은 이 중 가장 낮은 등급이다.

2003년까지만 해도 예금은행(상업은행)들은 서브프라임 대출을 별로 취급하지 않았다. 그러나 주택가격이 지속적으로 상승하여 주택 취득이 재테크 수단으로 부각되면서 저소득층들의 주택담보대출 수요가 크게 증가하였으며, 이에 따라 예금은행들도 서브프라임 대출을 크게 늘리기 시작했다. 이에 따라 2000년 560억 달러에 불과하던 서브프라임 대출이 2006년 4,830억 달러로 급증했다. 또 전체 주택담보대출 중 서브프라임의 비중이 2006년 말 기준으로 13%에 달하였다.

예금은행들이 서브프라임 대출을 크게 늘릴 수 있었던 또 다른 이유는 CDO (Collateralized Debt Obligation, 부채담보부증권)라는 신종 금융 수단이 개발되어 차입자의 채무불이행 위험을 은행이 부담하지 않고 대신 시장에 떠넘길 수 있게 되었기 때문이다.

CDO의 구조는 다음과 같다. 먼저 예금은행들은 저소득층 주택 구입자들에게 서브프라임 대출을 제공하고 받은 주택저당채권(주택담보대출채권)을 시장에 매각한다. 이를 주택저당전문회사들이 사들여서 모은 뒤 이를 담보로 주택저당증권(MBS)을 발행한다.

그 다음 투자은행(IB)이 주택저당증권들을 사들이고 그 속에 편입되어 있는 저당채권들을 합치고 재분류하여 소위 CDO라는 또 다른 파생금융상품을 만든다. 투자은행들은 CDO에 편입된 주택담보대출채권들을 편입 자산에서 나오는 현금 수입의 배분 우선순위에 따라 통상 세 종류로 재구성한다. 즉 신용등급이 AAA 이상으로 위험도가 낮고 수익률도 가장 낮은 'senior'등급과, 투자 적격 등급(AA~BBB)이긴 하나 위험이 높은 'mezzanine', 신용등급을 부여받지 못하는 높은 위험의 'equity'로 재구성한 뒤 각각 유통시장을 통해 나누어 매각한다. 'senior'부분은 주로 외국은행 등 기관투자기기 사들이며, 'mezzanine'부분과 'equity'는 주로 헤지펀드(hedge fund)가 투자한다. 그런데 서브프라임 대출은 75%가 주택저당증권(MBS)에 편입되며, CDO 편입자산의 45%를 차지하고 있다.

2. 서브프라임 모기지론의 부실원인

문제의 발단은 2006년 이후 미국 주택 가격 상승세가 둔화되는 한편, 금리까지 치솟으면서 많은 서브프라임 차입자들이 대출상환을 포기한 데 있다. 이에 따라 서브프라임 연체율이 2005년 9월 10.8%이던 것이 2006년 9월 12.6%, 2007년 9월 16.3%로 치솟았다.

이에 따라 연체율이 올라가면서 서브프라임을 기초로 한 파생금융상품(CDO 등)의 가치가 급격히 떨어졌기 때문에 여기에 투자한 금융기관들이 대규모 손실을 입게 되었다. 보다 근본적인 이유는 금융시장 참여자들의 총체적 도덕적 해이(moral hazard)

를 들 수 있다. 즉 상업은행들은 차입자의 채무불이행 위험을 파악하는 등의 대출심사에 소홀했으며, 신용평가회사들은 주택저당증권, CDO 등에 과도하게 높은 신용등급을 부여했다. 또 모노라인(monoline)으로 불리는 채권보증기관들은 주택저당증권과 CDO에 대하여 부담 능력 이상의 지급 보증을 남발하는 등 모기지대출 관련 기관들이 적극적인 위험부담을 하며 과도한 수익을 추구하였다.

선진국 금융시장이 서브프라임에 농락당한 것은 CDO 등 소위 '구조화 금융상품(structured financial instrument)'이 내포하고 있는 기술적 문제점을 간과했기 때문이다.

기본적으로 주택저당증권→CDO→투자자로 연결되는 경로가 모두 장외(場外) 거래시장이어서 가격과 거래의 투명성이 낮기 때문에 CDO의 가치평가방법 자체가 문제를 안고 있었다.

그러나 서브프라임 사태로 CDO 등 구조화 금융상품들이 내포하고 있던 구조적 문제점들이 드러나자 투자자들이 금융시장 시스템의 안전성에 대한 신뢰를 잃게 되었으며, 투자를 기피하게 됨으로써 신용경색이 발생했다. 금융 버블과 파생금융상품의 위험을 간과한 선진국 중앙은행들과 금융감독당국에 대한 책임 논란도 높아지고 있다.

미국의 서브프라임 사태는 세계 금융시장 전반에 신용경색을 가져왔다. 그 여파로 영국의 노던록 은행이 지급불능 상황을 맞았으며, 우리나라 은행들도 해외 차입에 어려움을 겪었다.

미국의 주택저당채권시장이 전체 채권시장의 22%를 차지해 미국 국채(treasury bonds)보다 규모가 크고 비중 있는 시장이기 때문에 이 시장의 위축이 전 세계 금융시장에 충격을 미치는 것은 당연한 결과다.

더구나 미국에서 발행된 CDO의 약 30%를 해외 투자자들이 보유하고 있었다. CDO는 고위험-고수익 상품이지만, 그동안 서브프라임의 연체율이 2005년까지는 크게 높지 않았기 때문에 해외 기관투자가들에도 매력적인 투자 대상이 되어 왔다.

미국의 서브프라임 문제를 세계로 확산시키는 또 다른 경로는 미국의 헤지펀드들이다. 헤지펀드는 상당수의 CDO를 보유하고 있었다. 예를 들어 미국시장에서 CDO 가격이 급락하면서 헤지펀드가 상당한 손실을 입을 경우 헤지펀드는 흔히 신흥시장에 투자해 둔, 미실현 수익이 있는 증권을 매각하여 자금을 충당하게 된다. 그 결과 미국 시장의 쇼크가 신흥시장에도 바로 확산되게 된다. 금융위기 발생 이후 한국 증시에서 외국인들이 지속적으로 주식을 매도했던 것도 이러한 헤지펀드들의 운용 행태와 관련이 있다.

제3절 글로벌금융위기의 원인과 영향

1. 글로벌금융위기의 근본원인[13)]

1) 과잉 유동성

미국은 2000년대 초 IT버블 붕괴로 경기가 침체되자 2001년부터 금융완화정책을 실시하였다.

페더럴펀드[14)] 금리를 2000년 5월 6.5%에서 2003년 6월까지 1%(−5.5%p)로 인하하여 2004년 6월까지 이 수준으로 유지 이에 따라 2001~2002년 중 통화량(M2) 증가율이 5%를 초과하는 수준이 지속되어 명목GDP 성장률을 3%p 이상 상회하였고 과잉유동성이 양산되었다.

2) 무리한 대출경쟁과 위험대출의 증가

미국 금융기관들이 저금리 기조하에서의 수익확보를 위해 신용도가 낮은 저소득층에게도 무(無)서류(low-doc, no-doc) 대출이나 NINJA(No Income, No Job & No Assets) 대출은 물론 LTV를 100% 이상 인정하는 piggyback 대출[15)], 통상적인 대출한도를 초과하는 점보(jumbo) 대출도 적극적으로 실시하였다.

이와 같이 은행들 간의 대출경쟁이 심화되면서 신용위험이 가장 높은 서브프라임 대출과, 프라임(prime) 대출보다 신용위험이 높은 Alt-A 대출의 비중이 높아졌다. 금융기관들의 탐욕으로 과도한 레버리지를 활용한 '고위험 - 고수익' 사업모델에 의존한 결과이다.

2006년 당시 대출한도는 1인 가구 417,000달러, 2인 가구 533,850달러, 3인 가구

---

13) 정후식, 전게서 참조.

14) 페더럴 펀드(Federal Fund)란 미국의 연방준비제도(FRB) 가맹은행이 연방준비은행에 보유하는 자금이다. 가맹은행은 예수금의 일정률을 법정예금준비로서 연방준비은행에 예탁하는 의무를 지며 항상 이의 유지・조정에 힘쓰고 있으나 이 금리는 시장 실세에 의하여 결정하며 뉴욕금융시장에 있어서의 가장 민감한 금리로 프라임레이트(상업은행의 일류기업에 대한 우대대출금리)와 함께 단기금리의 동향을 파악하기 위한 중요한 지수이다.

15) piggyback 대출은 초기 자금부담(down payment) 없이 주택가격 100%에 수수료까지 대출을 해주는 LTV 103% 대출 상품이다.

645,300달러, 4인 가구 809,950달러였다.

3) 급격한 긴축정책으로의 전환

미국은 장기간에 걸친 금융완화정책과 금융기관의 과도한 대출 확대로 부동산시장이 호황을 보이자 신용등급이 낮은 사람들을 위한 주택담보대출인 서브프라임 모기지 대출이 급증함에 따라 주택가격 버블이 형성되었다.

주택가격은 1997년부터 상승하기 시작하여 2006년 중반까지 226.29% 상승하였으며 주가도 2003년 2월을 저점으로 상승하기 시작하여 2007년 10월까지 82.8% 상승하였다.

주택가격 상승과 통화량 증가에 대응하여 급격히 금융긴축으로 전환하면서 주택가격 및 주가의 대폭 하락과 서브프라임 모기지 대출의 연체가 급증하였다.

금융긴축으로 선회하게 된 것은 1990년 이후 미국은 대규모 경상수지 적자가 지속되고 동 적자는 아시아와 산유국으로부터의 자본유입으로 메워지는 이른바 '글로벌 불균형(global imbalance)'에 따른 달러화 하락과 인플레 압력에 대응하기 위한 것이었다. 이로 인해 2004년 하반기부터 불가피하게 이자율을 인상하게 되었다.

2004년 6월 긴축정책으로 전환하여 페더럴펀드 금리를 2006년 6월까지 5.25%로 인상하였다. 이에 따라 과열 양상을 보이던 주택경기가 냉각되면서 2006년 6월 정점 대비 2009년 3월 말 주택가격은 1/3 정도(−33.1%) 하락하였으며, 2003년 2월 이후 상승세를 이어오던 주가도 2007.10.9를 정점으로 하락하기 시작하여 2009.3.5에는 정점 대비 절반수준(−53,4%)으로 하락하였다. 또한 서브프라임 모기지 대출 이자율 상승 및 주택가격 하락으로 서브프라임 모기지 대출에 대한 90일 이상 연체율이 2005년 1%대에서 2008년 10월에는 15.2%로 급증하였다.

4) 금융규제 완화와 미흡한 감독체계

미국 증권거래위원회(SEC)는 투자은행들의 총부채가 순자본의 15배 이내여야 한다는 레버리지 규제를 철폐(2004년)함으로써 투자은행들은 단기 금융시장에서 순자본의 20~30배까지 자금을 차입할 수 있었다.

그러나 자산유동화의 위험성과 규모를 제대로 파악하지 못하고 있었을 뿐만 아니라 통합감독기구[16] 없이 여러 기관에서 감독업무를 분담함으로써 감독 사각지대가

16) 연방차원에서만 총 17개 감독기관이 존재 : 상업은행에 대한 감독은 연방준비제도(FRS), 통화감독청(OCC), 연방예금보험공사(FDIC)와 각 주의 은행국, 증권업은 증권거래위원회

발생하는 등 리스크 관리를 위한 감독체계는 미흡하였다.

5) 가계부채의 급증

가계부채 증가는 금리상승에 따라 연체율 상승과 금융기관 부실로 이어져 금융시스템 위기를 초래하는 요인으로 작용한다. 가계는 서브프라임 모기지 대출 차환 시 주택가격의 상승에 따른 담보가치 증가분만큼 다시 차입을 확대하고 금융기관도 대출확대에 주력함으로써 가계부채가 2000년 이후 급속하게 증가하였다. 미국의 가계부채는 2007년 말 13.8조 달러(명목GDP의 99.9%)로 2000년(명목GDP의 71.4%) 대비 2배로 빠르게 증가되었으며 가계부채 증가율(연평균)은 1990년대 6.8%에서 2000~2006년 중에는 10.6%로 급상승하였다.

6) 모기지대출 관련 신용파생상품의 급증

미국의 모기지 대출은 유동화과정을 거치게 되는데, 문제는 신용이 낮은 가계대출의 유동화비율이 2001년 35.5%에서 2006년 62.6%로 높아졌다는 것이다. 또한 신용파생상품시장이 확대되어 CDO가 확대재생산되고 신용파산스왑(CDS)계약도 급증하였다.

7) 글로벌 불균형

글로벌 불균형(Global Imbalance)이란 신흥국 및 산유국들이 잉여저축으로 미국의 달러 자산을 구입하여 미국의 적자를 메워주고 이를 다시 미국이 신흥국 등에 투자함으로써 미국의 막대한 경상수지 적자와 신흥국 등의 경상수지 흑자가 장기간 유지되어 온 불균형 현상이다.

1990년대 말 이후 신흥국과 산유국에서 미국으로 유입된 자금이 저금리와 신용완화 등과 융합되면서 미국 주택시장의 버블을 형성하였다.

1980~1999년까지는 경상수지 흑자국의 GDP대비 경상수지 흑자비율이나 경상수지 적자국의 GDP대비 경상수지 적자비율이 약 1%대로 안정적이었으나 2000년대 들어서는 경상수지 흑자비율 및 경상수지 적자비율이 크게 확대되기 시작하여 2007

(SEC)와 상품선물거래위원회(CFTC), 보험업은 연방감독기관이 없이 각 주의 보험감독국에서 감독업무를 관장 이밖에 저축기관(Thrifts), 패니매 등 정부보증기관(GSEs), 연기금 등에 대한 감독도 기관별로 다양한 감독기관이 존재한다.

년에는 경상수지 흑자비율 3.2%, 경상수지 적자비율은 −2.7%로 크게 확대되었다.

세계의 경상수지 적자의 약 절반을 미국이 차지하고 있으므로 세계 자본의 약 절반이 미국으로 유입된 것으로 추정된다.

2. 금융위기의 영향

1) 금융기관 부실화 및 유동성 위기 발생

(1) 증권화 상품의 디레버리지(de-leverage) 발생으로 가격하락 급속화

디레버리지(de-leverage)의 악순환이 발생하였다. 은행의 대출자금 회수, 담보가치 하락에 따른 추가담보 요구(margin calls)가 확산되면서 투자은행, 헤지펀드 등 레버리지 비율이 높은 금융기관의 유동성 압박이 가중되고 다수의 금융기관이 유동성 확보를 위해 보유자산을 매각하면서 자산가격 하락폭이 확대되었다. 이것이 다시 담보가치를 하락시키는 악순환 발생으로 신용경색이 지속되었다.

(2) 유동성 위기 및 금융기관 영업정지 발생

2008년 2월 하순 이후 금융기관의 대외지급능력이 저하되어 자금조달이 어려워지는 상황이 발생하는 등 유동성 위기와 영업정지 금융기관 출현하였다.

2) 실물경제 및 세계경제로 파급

서브프라임 모기지 사태로 발단이 된 금융위기가 전 세계로 확산되면서 세계경제는 1929년 세계 대공황 이래 최악의 상황으로 발전 세계 경제상장률이 2007년 5.2%에서 2008년에는 3.2%로 크게 하락하였으며 2009년에는 전후 처음으로 마이너스 성장률을 기록하고 세계 교역량에도 영향을 미쳤다.

3) 미 달러화 위상 저하 및 기축통화 변경 논의

서브프라임 모기지 사태에서 비롯된 금융위기가 세계적으로 확산되면서 기축통화로서의 미국 달러화에 대한 국제적 위상이 크게 저하되었다. 제2차 세계대전 이후 미국 달러화는 기축통화로서 독보적 지위를 누려왔으나 최근 미국경제의 대외불균형이 심화되면서 기축통화 변경에 대한 논의가 제기되었다. 가까운 시일 내에 기축통화가 변경될 가능성은 낮으나 세계경제는 점차 미 달러화에 대한 의존도를 줄여나갈 것이며 기축통화로서 달러화의 지위도 장기간에 걸쳐 서서히 낮아질 것으로 예상된다.

대공황 이후 주요 금융위기를 비교해 보면 금융완화 등에 기인한 자산버블 형성 → 불충분한 금융감독 및 대출경쟁 격화 등으로 버블형성 촉진 → 금융긴축 및 규제강화 등에 따른 버블붕괴 → 금융시스템 위기 및 실물경제 침체라는 일련의 사태전개(chain-reaction)로 진행되었다.

제 4 장

주택담보대출

제1절 주택담보대출의 개요

1. 주택담보대출의 의의

주택담보대출은 주택을 담보로 제공하고 신용을 제공받는 형태의 금융상품이다. 즉, 주택담보대출은 주택구입자 또는 주택보유자가 주택에 저당권을 설정해주고, 일정한 원금과 이자를 지급하기로 약속한 후 금융기관으로부터 자금을 차입하는 것이다.

주택담보대출은 저당대출(mortgage loan)의 일종이다. 저당대출은 부동산에 저당권을 설정하고 담보로 필요한 자금을 융통하는 부동산금융이다. 저당대출 중 대부분이 주택자금으로 대출되고 있다.

이때 차입자는 저당권을 설정해주므로 피저당권자 또는 저당권설정자라 불리며 대출자는 저당권자라고 한다.

주택담보대출의 가격인 금리는 일반적으로 실질금리에 위험프리미엄, 예상 인플레이션율을 포함하는데, 실무적으로는 기준금리에 가산금리와 우대금리를 가감하여 결정한다.

2. 주택담보대출의 관련위험

주택담보대출과 관련된 위험은 크게 다음과 같은 다섯 가지로 나눌 수 있다.[17)]

17) 고성수, 국내금융회사의 모기지 활성화 방안, 금융연구원, 2007. 7 참조.

1) 금리위험

금리위험(interest rate risk)은 대출금융기관이 대출 취급 시 대출금리를 설정할 때 발생하는 위험으로 적정금리를 부과하지 못할 위험이다. 금리위험은 실질인플레이션과 기대인플레이션 간의 차이로 이해할 수 있다. 즉, 대출금융기관이 대출실행 당시 기대하였던 상품의 가치와 실제로 발생되는 인플레이션에 따라 결정되는 주택담보대출의 실질가치 간의 차이 및 그 변동성을 위험으로 간주할 수 있다.

대출시점에서 적용한 금리가 낮게 설정될 위험은 대출금융기관이 항상 부담하는 위험이므로 적절한 프리미엄을 약정금리에서 확보하고자 한다. 금리위험은 모든 대출에 대해 발생하지만 고정금리형 장기대출에서 크다.

2) 조기상환위험

조기상환위험(prepayment risk)이란 차입자가 대출만기일 이전에 채무를 상환함에 따라 발생하는 위험이다. 주택담보대출은 기본적으로 금융회사와 차입자 간의 사적 계약이나 금융상품의 특성상 조기상환에 대해 금융회사가 적극적으로 관리할 수 있는 수단이 제한되어 있다.

예를 들어, 금리상승기에 장기 주택담보대출을 운용하는 금융회사의 입장에서 차입자가 원금을 조기상환하는 경우 상승된 시장금리로 자산을 운용할 수 있어 유리하나, 실제로 금리상승기에는 낮은 금리로 대출을 한 차입자들은 상대적으로 조기상환을 기피하게 된다. 반면, 금리하락기에는 금융회사 간 경쟁으로 차입자들이 쉽게 낮은 금리의 상품으로 전환할 수 있어 조기상환이 급속히 증가된다.

이와 같은 상황은 해당 금융회사로 하여금 고금리 상품이 축소되고 시장 내 신규 상품들은 저금리 상품만 남아있게 되어 역마진의 위험을 안게 된다. 실제로 평균 계약만기가 30년인 미국의 주택담보대출의 경우 실질만기는 10년 내외로 금융회사가 주택담보대출을 운영함에 있어 조기상환에 따른 현금흐름 및 위험을 적절히 잘 관리할 필요가 있다.

특히 장기 고정금리상품의 경우 유동화 상품의 주요 대상이 되는데, 조기상환에 대한 부적절한 예측은 동 상품의 가치하락에 상당한 영향을 미친다. 따라서 조기상환과 관련된 위험의 체계적인 관리가 장기대출을 보유하고 있는 금융회사 및 유동화 전문회사에 핵심 역량이 될 수 있다.

차입자의 조기상환을 결정하는 것은 시장금리가 대표적인 것으로 이해되나, 이 외에도 소비자의 주택구입관련 선호변화, 주택가격의 변동, 세제의 변동, 조기상환수수료의 유무, 차환(refinancing) 관련 금융비용의 변동 등 다양한 주택시장의 변화가 영향을 미치고 있어 금리위험과 별도로 관리하는 것이 일반적인 위험관리 방식이다.

3) 채무불이행위험

채무불이행위험(default risk)은 차입자가 대출원리금에 대한 변제를 상환기일에 이행하지 않을 위험으로 일반 대출의 신용위험과 동일한 개념이다. 실제로 대출이 초기 실행되고 관리되는 과정에서 차입자가 채무이행을 위한 충분한 소득이 가능한지에 대한 상황을 금융회사가 검증하고 관리할 필요가 있다.

일반 기업대출의 경우 해당 기업의 영업실적, 현금흐름 등이 향후 대출원리금 변제 여부를 결정하는 요소가 되는 반면, 주택담보대출을 비롯한 가계대출의 경우 담보된 주택가격과는 상관없이 근로소득 등 차입자의 소득이 채무의 상환재원으로 활용되고 있어, 이에 대한 평가가 중요하다.

특히 장기 대출은 거액의 주택구입자금을 장기적으로 차입자가 벌어서 갚고 있음에 따라 동 위험의 관리가 무엇보다 중요하다. 대체로 국내 주택시장의 경우 주택가격의 하락이 빈번하지 않았으나, 주택가격이 하락하여 대출잔액에 못 미치는 경우도 발생한 사례가 있다.

채무불이행위험은 상품이나 차입자 특성군에 따라 다른 양상을 보이며, 상품설계나 가격책정에 있어서 이러한 위험 특성이 반영되어야 한다. 차입자의 상환능력에 영향을 미치는 요소로는 담보인정비율(LTV), 차입자의 신용도(신용평점), 총부채상환비율(DTI), 고용상태(자영업 여부), 대출기간, 재산형태, 대출형태 등이 있다.

4) 법적 · 제도적 위험

법적 · 제도적위험(legislative risk)은 장기로 주택담보대출을 운용하는 경우 중앙정부 및 지자체의 관련 규제 및 법률 개정에 따라 담보된 주택가격에 영향을 미치는 경우에 발생되는 위험이다.

장기로 운용되는 주택담보대출의 경우 관련 세제 및 도시개발계획, 금리정책, 환경관련 규제의 강화 등 해당 부동산의 가치에 영향을 미칠 수 있는 제도의 변화로 자산의 건전성 및 가치에 변화가 발생될 수 있다. 실제로 이에 대한 위험은 개별 금융회사가 상황을 지속적으로 모니터링함으로써 관리가 가능하다, 선진국 금융회사들의 경우 전문연구기구의 설립 또는 감독당국과의 긴밀한 협조 등을 바탕으로 적극적인 대응을 수행하고 있다.

5) 유동성 위험

유동성 위험(liquidity risk)은 금융회사가 장기로 자산을 운용함에 따라 고객의 단기예금에 대한 일시적인 지급불능사태 발생 등 단기부채에 대한 대응력 부족으로 발생되는 위험이다. 유동성 위험은 특히 주택담보대출시장에서 주택저당채권을 자본시장의 상황변화로 2차 유동화시장에 매각을 못할 때 발생되는 위험을 포괄하고 있어, 이에 대한 관리가 상대적으로 중요하다.

주택담보대출 또한 금융상품인 만큼 자체적인 상품성 및 시장성 관련 평가요소가 있게 되는데, 금융시장의 환경변화에 따라 동 상품의 유동성이 차이가 있을 수 있다. 예컨대, 고정금리 주택담보대출의 경우 유동화기관을 통해 쉽게 현금화할 수 있는 반면, 변동금리 주택담보대출은 상대적으로 유동성이 낮아 금융회사들이 필요 시 정리하기가 어려울 가능성이 있다.

이상과 같은 주택담보대출과 관련된 위험요소들이 주택담보대출 금리에 위험프리미엄으로 부과됨으로써 금리가 결정되게 된다. 일반적으로 단기금리가 장기금리보다 낮은 점을 감안할 때 변동금리부 주택담보대출(ARM)의 초기 금리가 고정금리부 주택담보대출(FRM)의 금리보다 낮게 형성되나, 실제 내용은 변동금리부 주택담보대출의 경우 금리위험이 차입자에 전가된 만큼 채무불이행위험 프리미엄이 높아 금리차를 축소하고 있다.

제2절 주택담보대출의 유형

1. 적용금리형태에 따른 분류

1) 변동금리부 주택담보대출

(1) 의의 및 특징

변동금리 주택담보대출은 대출기간 동안 지급이자율을 특정 금리에 연동시켜 이자금액을 결정하는 대출방식이다. 변동금리 대출은 이자율 상승으로 인한 위험을 차입자에게 전가하는 형태로 금융기관은 이자율변동으로 인한 위험을 제거할 수 있는 장점이 있어 변동금리 대출상품의 경우 대출취급시점에 고정금리 대출상품보다 낮은 이자율을 적용할 수 있다.

변동금리대출은 차입자의 입장에서는 향후 이자율이 하락한다면 더 낮은 이자를 부담하기 때문에 유리하지만 금리가 상승하는 경우 더 많은 이자를 부담해야 하는 부담이 있다.

또한 금융회사의 입장에서도 이자율이 하락하는 경우 대출상품의 금리가 하락하여 이자수입이 축소되지만 예금상품은 대부분 일정기간 동안 고정금리로 유지되기 때문에 예대마진이 감소하여 수익성을 악화시킬 우려가 있다.

변동금리 대출은 고정금리로 장기 대출하는 대신 대출자와 차입자 간에 금리변동위험을 분담하는 구조로 되어 있어 모든 금리위험을 차입자에게 전가하는 것은 아니며 상황에 따라 분담하는 형식을 취하게 된다.

또한 변동금리 대출의 경우 차입자의 상환액이 변동할 우려가 있음에 따라 이의 변동폭을 축소해 주기 위한 다양한 소비자 보호조항이 첨부되는 경우가 많다. 예컨대, 금리변동 폭에 대해 대출기간 동안 또는 변동 시마다 상한을 두는 방식이 있을 수 있고, 월상환액의 변동 폭을 한정하는 방식도 있을 수 있다.

일반적으로 변동금리 대출의 최초대출 취급금리는 대출실행시점의 시장금리에 의존하되 동일시점의 고정대출 금리보다는 대체로 낮다. 지표금리[18]는 대출자와 차입자가

18) 지표금리란 금융시장의 실제 이자율을 가장 잘 반영하는 금리를 말한다. 단기지표금리는 3개월 만기 CD유통수익률, 장기지표금리는 3년 만기 국고채금리 등을 의미한다.

양자 합의한 금리로서 대출자가 영향력을 미칠 수 없는 금리여야 하며 초단기로부터 장기까지 가능하다. 금리조정 주기는 통상 3개월~1년이나 3년, 5년, 1개월인 경우도 있다. 실제로 변동금리 대출에 적용되는 금리는 합성금리(composite rate)라고 불리며 지표금리에 차입자별 개별 위험프리미엄을 고려한 스프레드(spread)를 가산한 금리이다.

이와 함께 소비자 보호를 위해 한도설정(limitation 또는 cap)을 하는 경우가 있는데 대출금리, 상환금액, 부의 상환(negative amortization) 등에서 최대한도의 증가액을 정해 놓은 것을 의미한다.

부의 상환(negative amortization)이란, 앞서의 한도설정으로 인해 이자지급이 충분히 이루어지지 못한 경우 부족한 이자액을 원금에 가산하는 조건이다.

부의 상환이 허용되는 경우 차입자는 이자변동에 따른 부담을 이연하는 것으로 궁극적으로 이자변동에 따른 불입액 증가분을 부담하게 되나 지급시기를 조절하여 상환에 따른 충격을 완화시킬 수 있도록 하는 방안이다. 아울러 금리가 크게 낮아지는 경우 금융회사의 역마진 등 부작용을 최소화하기 위해 금리변동의 하한(floor) 및 조기상환수수료 등을 적용하기도 한다.

이와 같이 여러 조건들을 조합하여 대출을 실행함에 따라 금융회사는 차입자를 만족시킬 수 있는 대안의 조합을 만들어야 하며, 이에 따라 대출자산이 어떤 수익률 수준을 실현할 수 있을지를 측정하고, 이를 자신의 조달비용 변동에 어떻게 대응할지도 판단해야 하는 등 관리의 어려움이 있다.

또한 금융회사들은 변동금리 대출을 통해 금리위험을 차입자에게 전가시키지만 가격정책이 불완전하거나 최초금리가 너무 낮게 설정되는 경우가 있다면 수익률이 불충분해지고 예금자에게 시장금리를 지급하기 어려워지는 경우도 발생할 수 있다.

변동금리대출의 이용에 의해 금리위험이 대출자로부터 채무자에게 이전되는 반면, 채무자의 상환불이행위험은 일반적으로 증가하여 대출자는 금리위험 축소라는 혜택의 일부가 상쇄되어 없어지게 된다.

아울러 금융회사의 입장에서도 변동금리 대출을 이용하는 경우 초기 월상환금을 낮게 요구할 수 있어 더 많은 고객을 유치할 수 있는 장점과 함께 금리변동성에 따른 위험 부담이 적어, 유동화 제도가 발달하지 못한 금융시장이나 장기금융시장이 달하지 않아 적절한 금리 프리미엄이 산출되지 못한 경제에서 활발히 이용된다.

그러나 변동금리 대출은 채무상환 불이행 위험을 확대함으로써 부동산시장의 변동성이 크거나, 외생변수에 따라 차입자의 소득이 변동할 위험이 있는 상황에서는 상대적으로 위험한 구조이다. 특히 국내 부동산시장과 같이 주택가격의 하락에 따른 위험이 우려되는 한편, 소득대비 월상환금 비중이 높은 경우 더욱 조심스럽게 운용할 필요가 있다.

(2) 유형

변동금리부 주택담보대출의 유형은 다음과 같다.

① 가변이자율 저당대출(VRM: variable rate mortgage)

차입자와 대출자간에 사전에 합의된 내용대로 이자율이 변동한다. 이자율 변화 한도와 조정회수 등이 정해진다.

② 조정이자율 저당대출(ARM: adjustable rate mortgage)

대출자에게 더 많은 재량권을 부여한다. 이자율이 일정 지수에 따라 변동된다. 가변이자율과 비슷하나 조정되는 변수가 다양하며 기간도 길다. ARM에는 일반적으로 금리변동 상한(Rate Cap)이 설정되어 있으므로 금리 상승기에 원리금 상환부담이 급격히 증가하는 것을 방지할 수 있고 금리변동하한(Rate Floor)이 있기 때문에 금리인하손실을 축소할 수 있다. 대출자에 많은 재량권이 부여된다.

③ 옵션ARM(option ARM)

초기에 낮은 금리(미끼금리)를 적용하나, 일정기간 경과 후 다시 시중평균금리로 환원된다. 시중 평균 금리와 미끼금리의 차이는 원금에 가산된다.

④ 재협상이자율 저당대출(RRM: renegotiable rate mortgage)

대출 금리의 조정이 미리 정해진 기간마다 차입자와 대출기관 간의 협상을 통해 이루어지는 방식이다 3~5년 동안 대출 시에 정해진 고정금리가 적용되고, 그 이후에는 새로운 금리가 적용된다.

⑤ 임의조정방식 저당대출

주택자금 대출기관이 자금조달비용의 변화가 있을 경우 차입자의 동의를 받지 않고 임의로 조정하는 방식이다. 우리나라의 거의 모든 금융기관들이 이 방식으로 금리를 조정한다.

⑥ 이단계 저당대출(Two-Step Mortgage)

이단계 저당대출은 초기 이자율이 고정되나 일정기간(보통 5년 내지 7년) 경과 후 이자율이 한번 조정되는 상품이다. 따라서 동 상품은 이자율 조정이 한 번만 이루어지는 변동금리 대출로 분류할 수 있으며, 일반적으로 이자율 조정위험이 있기 때문에 최초의 이자율은 시장이자율보다 낮게 책정된다. 이자율은 변동금리 대출과 유사한 기준이자율과 가산금리를 사용하여 조정되며, 급격한 이자율변동으로 인하여 차입자가 예기치 못한 큰 손실을 입지 않도록 상한선을 두는 경우가 일반적이며 만기는 장기인 경우가 대부분이다.

2) 고정금리부 주택담보대출(FRM: Fixed-Rate Mortgage)

고정금리 대출은 차입자가 대출기간 동안 지불해야 하는 이자율이 고정된 대표적인 대출 상품이다. 변동금리 대출과 달리 고정금리 대출은 시장금리의 변동에 관계없이 대출 시 확정된 이자율이 만기까지 적용하는 것이 원칙이나, 금융시장 환경에 따라서 캐나다 같은 경우 10년 주기 금리변동을 하는 대출 또한 고정금리로 보고 있다.

고정금리 대출을 제공하는 금융회사는 향후 금리가 하락하는 경우 더 높은 예대마진을 얻을 수 있으나 금리가 상승하는 경우에는 금리상승으로 인한 손실을 부담해야 하기 때문에 변동금리 대출보다 높은 금리를 적용하고 있으나 차입자의 입장에서는 향후 금리가 상승하더라도 추가로 이자를 부담하지 않아도 되어, 안정적인 자금운용이 가능하다.

특히 국내 주택시장의 경우 장기대출을 받아 국민주택 규모의 주택을 사면 소득공제 제도를 받을 수 있는 장점이 있다.

현재 국내 금융회사의 고정금리 대출 금리는 기준금리, 가산금리, 우대금리로 구성되어 있다. 기준금리는 자금조달원가, 자금조달과 운용에서 발생하는 업무원가, 그리고 적정마진으로 구성되어 있다.

기준금리는 해당 금융회사마다 차이가 있을 수 있으나 해당 금융회사의 고객에게는 공통적으로 적용된다. 이에 비해 가산 금리는 차입자의 신용위험, 채권보전위험, 유동성위험에 따라 추가로 부과되는 금리이고, 우대금리는 차입자의 소득, 거래빈도, 금융회사의 마케팅전략 등에 따라 기준금리에서 추가로 감면되는 금리를 의미한다.

2. 원리금상환방법에 따른 분류

1) 원금 만기일시 상환대출(Interest only monthly payment)

이자만 매월 상환하는 방식이다. 대출기간 동안에는 이자만 납입하고, 만기일에 전체 원금을 일시에 상환한다. 총납입액은 원(리)금균등분할 상환방식보다 크다. 매기간 상환액은 원(리)금균등분할 상환방식보다 작다.

(1) 풍선저당(Balloon mortgage)

'원금 일시상환 대출'이라고도 불린다. 대출원금의 전부 또는 일부를 대출기간 말에 상환하는 방식이다. 기간말의 일시불을 풍선지불액이라고 한다. 따라서 풍선지불액의 크기는 대출원금과 같다.

선진국에서 활용되고 있는 원금 일시상환 대출은 국내 금융시장의 주택담보대출과는 달리 낮은 금리로 대출을 하되, 고정금리부 30년 만기로 기간 중 원리금을 상환하다가 5년이나 7년 등 만기 이전 특정시점에 대출잔액을 전액 상환하는 형태이다.

특히 최근에 실행되는 원금 일시상환 대출의 경우에는 대출기간 만료 시 차입자가 대출잔액을 상환할 수 있도록 최소한의 요건만 갖추면 재융자(refinancing)를 받을 수 있는 약정이 포함되는 경우가 많다.

2) 원리금 균등분할 상환대출(CPM : constant payment mortgage loan)

매월 일정액을 상환하는데 전체 대출기간에 걸쳐 원리금 상환액이 동일하다. 가장 널리 사용된다. "매기간의 원리금균등상환액 = 대출원금 × 저당상수"이다.

매기간의 상환금액은 불균등한 원금과 불균등한 이자의 합으로 구성된다.

초기에는 원금상환액보다 이자상환액이 많으나 후기로 갈수록 원금상환액은 증가하고, 이자 상환액은 감소한다. 만기일에 대출금이 완전 변제된다.

매기의 상환액이 확정되어 차입자가 이해하기 쉽고, 대출금의 상환계획과 장기적인 생활계획을 세우기가 용이하다.

원리금 균등분할 상환 방식은 원금 균등분할 상환 방식에 비해 초기에는 원리금 상환액이 적다.

그러나 처음으로 주택을 마련하는 젊은 세대에게는 대출초기의 원리금상환부담이 큰 편이다.

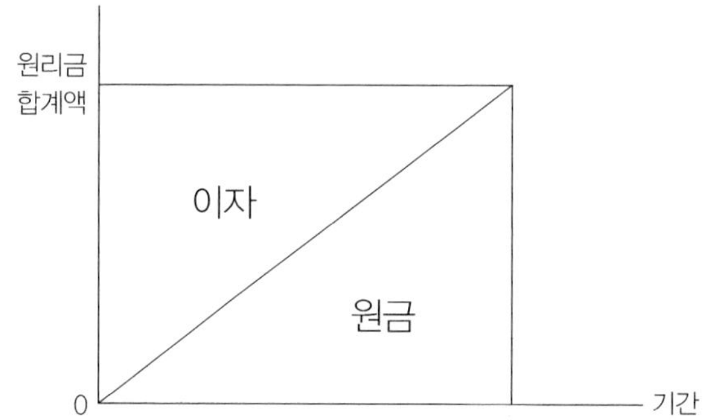

[그림 4-1] 원리금 균등분할 상환 대출

3) 원금 균등분할 상환 대출(CAM : constant amortization mortgage loan)

매기간의 상환액은 대출원금을 대출기간으로 나눈 원금상환금액(매달 균등)과 그 때마다 감소하는 대출잔액에 대한 이자(불균등)의 합으로 구성된다.

"매기간의 원금상환액 = 대출원금 ÷ 납입회수(상환기간)"이다.

초기상환액의 크기는 원금균등 분할상환방식이 원리금균등 분할상환방식보다 크므로 월부금이 시간이 갈수록 적어지는 체감형이다.

차입자의 총납부액의 크기는 원리금균등 분할상환방식보다 작다.

장래 수입 감소 예상되는 중장년층 봉급자에 유리하다.

금융회사 입장에서 원금회수위험이 원리금균등분할상환방식보다 상대적으로 적다.

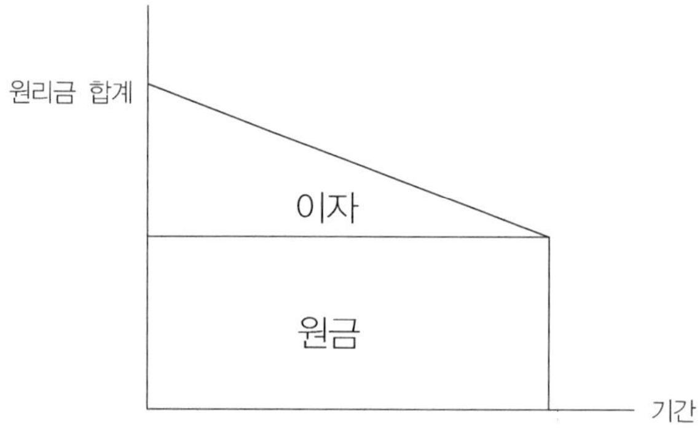

[그림 4-2] 원금 균등분할 상환 대출

4) 체증식 상환대출(GPM : graduated payment mortgage)

체증식 상환대출은 점증상환대출이라고도 한다. 초기상환액을 크게 낮추고 시간이 지남에 따라(차입자의 소득증가에 따라) 원리금을 증가시킨다.

전통적인 원리금균등분할상환 대출의 경우 만기까지 월상환액이 동일하므로 대출 초기 소득이 적어 상환부담이 큰 차입자를 대상으로 초기 상환액을 낮추어주고, 일정기간 동안 상환액을 특정 비율로 증액하는 대출이다.

이와 같이 초기불입액의 조정은 DTI 규제 등에 따른 잠재 소비자의 기반을 확충시켜줌으로써 더 많은 차입자들에게 대출 이용을 가능케 해주는 효과가 있다. 그러나 상환액 증가대출의 경우 초기에는 월상환액이 이자보다도 작아 그 부족액만큼 원금잔액이 증가하는 부(負)의 상환(negative amortization)현상이 발생하는 경우가 종종 있어 상대적으로 채무불이행 위험이 높게 될 우려가 있다.

따라서 LTV와 관련된 규정을 더욱 엄격하게 적용하게 된다. 일반적으로 동 대출은, 월상환액은 일정기간(5~10년) 동안만 증가하고 그 이후에는 만기까지 월상환액이 동일하게 운용됨으로써 고정금리 대출의 일종으로 분류될 수 있다.

상환액 증가대출은 체증기간과 체증률을 얼마로 할 것인가에 따라 다양한 상품이 개발될 수 있다.

장점은 대출초기의 상환부담이 적기 때문에 젊은 세대들이 이용하기에 적합하며, 금리와 기간의 다양한 조합을 통해 원리금상환액의 크기를 여러 가지로 조절할 수 있기 때문에 차입자의 선택 폭이 크다.

단점은 대출금융기관의 대출금회수가 늦어지며, 차입자의 소득 증가가 상환액 증가에 미치지 못할 경우 채무불이행위험이 발생할 수 있다.

5) 가격수준조정 대출(PLAM : price level adjusted mortgage)

가격수준조정 대출은 '물가연동 모기지'라고도 한다. 시장금리 변동 시 이자율은 변동시키지 않고 대출 잔액을 예상된 물가상승률에 따라 정기적으로 조정한다. 따라서 대출 잔액이 대출 원금보다 커지게 되는 부(負)의 상환이 발생할 수 있다.

이는 장기금융의 성격을 감안할 때 시장금리의 실질인플레이션에 대한 대응 정도가 약한 점을 보완하기 위해 실제로 발생된 물가상승률을 이용하는 금융기법이다.

이론적으로 볼 때 초기금리는 대출시점에서 실질금리를 반영하는 기본금리에 대손위험 등을 감안한 프리미엄을 가산하여 낮은 수준으로 정하고, 매년 대출의 잔액을 전년도 실제로 발생한 물가수준(CPI)에 따라 조정함으로써 상환액은 인플레 조정된 새로운 대출잔액에 대해 계산하는 방식이다.

이에 따라 인플레에 의한 금리위험은 대출자로부터 채무자에게 전가되고, 대출자들은 미래금리를 전망하는 어려운 부담에서 벗어나게 된다. 물가연동 대출은 특히 상업용 대출에 유리한 형태로, 상업용 대출의 경우 상환재원이 물가수준에 따라 조정되는 임대료에 기반하고 있기 때문이다.

하지만 이와 같은 특성이 동 대출을 주택담보대출로 이용하는 경우에는 단점이 될 수 있다. 즉, 채무자의 소득이 CPI와 비례하여 상승하는 경우 동 상품이 안정적일 수 있으나, 그렇지 못한 경우 차입자의 채무불이행 위험이 급증할 수 있다는 점이다. 아울러 주택의 가격 또한 물가상승률과 비례하여 상승하지 못하는 경우 금융회사의 손실이 가중될 가능성이 높다.

6) 이자대납 대출(Buydown Mortgage)

이자대납 대출은 대출기간 초기에 차입자의 월상환액 부담을 줄여주기 위하여 개발업자 등 제3자가 자금을 지원하는 대출형태이다.

주로 고금리시기에 차입자가 대출자격, 특히 연소득대비 대출상환금액비율(PTI)[19]을 충족할 수 있도록 지원하는 것으로 주로 주택매각을 촉진하기 위하여 주택구입자가 납부하여야 하는 이자의 일부를 주택건설회사 등 주택 매각자가 일정기간 동안 대신 납부하는 형태로 운영된다. 하지만 지원액만큼 주택판매가격을 올리고 있어 실질적인 비용은 차입자에게 전가되는 경우도 적지 않다.

7) 조기상환수수료 대출(Prepayment Property Mortgage)

조기상환수수료 대출은 금융회사의 대출 관련위험 중 관리가 쉽지 않은 조기상환 위험을 최소화하기 위하여 조기상환에 대한 수수료(0.5~2.5% 수준)를 부과하는 상품이다.

이 대출은 차입자가 일정기간 동안(보통 3년 또는 5년) 대출금의 조기상환을 하지 않겠다고 동의하면 원칙적으로 일반대출에 비하여 0.25～0.5% 정도 낮은 이자율을 적용하고 있으며 제한기간(lockout period) 내에 조기상환을 하는 경우에는 일정률의 수수료가 부과되지만, 제한기간 경과 후에는 수수료 없이 조기상환이 가능하다.

---

19) PTI : pay to income

8) 역연금저당대출(Reverse Annuity Mortgage)

역연금저당대출은 주택에 대한 자신의 지분을 현금으로 전환하기를 원하는 노년층 주택소유자를 위하여 고안되었다.

일반적인 주택담보대출은 주택을 구입하면서 대출금융기관에서 대출을 받고 정기적으로 원리금을 상환하는 방식인 반면, 역연금저당은 이와는 정반대로 기존의 주택소유자가 주택을 담보로 대출금융기관으로부터 정기적으로 일정액을 평생연금형태로 대출받아 사용하고, 사망하거나 일정기간 경과 후 주택을 매각하여 대출금을 상환하는 방식의 대출형태이다.

3. 기타의 상환방식에 따른 부동산담보대출

1) 부분할부 상환 저당대출

부분할부 상환대출은 대출기간 동안 대출금의 일부만 할부상환하고 만기에 남은 원금을 일시 상환한다.

차입자와 대출자 간에 만기일이 되어도 대출금을 완전히 상환하지 않기로 합의한 특별금융인 부분원리금 상환방식도 있다.

2) 거치식 상환 저당대출

거치식 상환저당대출은 일정기간 동안 이자만 납입하고(보통 대출기간의 1/3), 그 기간이 지난 후부터 원리금을 상환하는 방식이다.

3) 계단식 상환 저당대출(SRM : stepwise repayment mortgage)

계단식 상환 저당대출은 원리금균등 분할 상환방식과 체증식 상환방식의 두 가지 방식을 절충한 상품으로 일정기간 동안에는 원리금이 균등하게 상환되고 그 기간이 지나면 원리금 상환금액이 증가하는 방식이다. 초기의 상환액은 원리금균등상환방식보다 작으나 일정기간 후에는 커진다. 젊은층이 선호한다.

4) 지분참여 저당대출(equity participation mortgage)

지분참여 저당대출은 시장금리 상승으로 차입자의 재무불이행위험이 증가할 때 담보부동산의 이자율을 낮추거나, 대출금을 상환받는 대신 금융회사가 그 대가로 차입자의 지분을 취득하는 방식이다.

(1) 지분전환 저당대출(convertible mortgage)

대출금융회사가 일정기간 후 대출금의 상환을 받는 대신 부동산의 지분을 취득하는 융자이다. 전환사채의 개념과 유사하다.

(2) 분할지분 저당대출(SEM : hared equity mortgage)

주로 수익성부동산에서 담보부동산의 조소득 또는 가치 상승액이 일정액을 초과시 그 초과분의 일정비율의 지분을 추가로 취득하는 방식이다.

(3) 분할증분 저당대출(SAM : shared appreciation mortgage)

주로 주거용부동산에서 담보부동산을 처분하거나 대출잔액을 상환할 때 담보부동산의 가치증가분의 일부를 추가이자로 대출자가 취득하는 방식으로 이자는 낮게 받고 대신 자본이득 일부를 취득한다.

5) 포괄저당 대출(wraparound mortgage)

포괄저당이란 처음 설정된 주저당과 추가로 설정된 종저당을 하나의 새로운 저당으로 묶는 경우이다. 기존의 융자를 떠안고 총융자액을 증가시켜 새로운 융자형태를 만들어낸다.

포괄저당은 대상 부동산의 가격이 주저당 설정 후 크게 상승한 경우라든지 차입자가 주저당과 다른 종저당을 포함한 기존저당의 상환으로 지분이 지속적으로 상승한 경우에 이뤄진다. 포괄저당은 형태상으로는 종저당이지만 법률적 채권순위에서 주저당과 동등한 순위를 갖게 되어 추가 융자의 후순위저당문제 극복이 가능하다.

6) 금리상한(金利上限)형 대출

가입 당시 설정된 이자상한선이 있어서 금리가 올라도 고객이 상한선 이내에서만 이자를 부담하며 기준금리가 하락하면 이자는 내려간다. 이자상한선이 있는 대신에 차입자에게 수수료가 별도 부과되거나, 대출금리에 가산된다. 금리상환형 대출은 차입자 입장에서는 금리상승기에 유리하며, 금리하락기에는 변동금리대출이 유리하다.

또한 금리상환형 대출은 약정기간(3~5년) 이후에는 변동금리형 대출로 전환된다.

4. 한국주택금융공사 모기지론

한국주택금융공사가 취급하는 모기지론(mortgage loan, 주택담보대출)에는 '내집마련 디딤돌 대출', '보금자리론', '주택연금사전예약 보금자리론' 등이 있다.

1) 내집마련 디딤돌 대출

(1) 신청대상

부부합산 연소득 6천만 원(단, 생애최초의 경우 7천만 원까지) 이하의 무주택 세대주

(2) 신청시기

소유권 이전 등기일로부터 3개월 이내

(3) 대출금리

대출만기별·소득수준별로 차등 적용하며 대출만기까지 고정 또는 5년 단위 변동금리

(4) 대상주택

공부상 주택으로서 주택가격 5억원 이하, 주거전용면적 85㎡(수도권을 제외한 도시지역이 아닌 읍·면 지역은 100㎡까지) 이하. 신규분양아파트로서 등기부등본이 발급되지 않는 경우라도 일정요건을 모두 만족할 경우 후취담보로 취급가능(단, 새개발재건축 아파트는 제외)

① 분양계약서 또는 입주자모집공고문 상 300세대 이상 일 것.

② 대출신청일 또는 대출승인일이 사용승인일로부터 6개월 이내 일 것.

(5) 대출한도

주택담보가치의 최대70%(최대금액 2억 원), 임대차금액 및 주택유형에 따라 지역별 소액임대차보증금이 차감되어 한도가 산정된다.

단, MCG적용 시 소액임차보증금이 차감된 부분만큼 보증부 대출이 실행되어 LTV한도까지 대출이 가능하다. MCG(Mortgage Credit Gurantee)란 주택담보대출시 소액임차보증금을 공제하지 않고 LTV상한까지 대출을 받을 수 있도록 하는 주택금

융신용보증기금의 모기지 신용보증이다.

(6) 대출기간

10년, 15년, 20년, 30년

(7) 상환방식

매월 원리금균등분할상환, 원금균등(체감식)분할상환으로 거치기간(이자만 납부하는 기간)은 최대 1년 설정 가능하다. 조기(중도)상환수수료는 최대 3년, 최대요율 1.2%, 잔여일수에 따라 슬라이딩 방식(조기상환 수수료가 날짜에 따라 감소하는 방식, 일할계산, n/365)을 적용한다.

2) 보금자리론

보금자리론에는 'U-보금자리론', '아낌e보금자리론', 't-보금자리론' 등이 있다. U-보금자리론의 주요 취급요건을 설명하면 다음과 같다.

(1) 신청대상

성년인 대한민국 국민으로 무주택자 또는 1주택자(구입용도에 한해 일시적 2주택 허용하며, 기존 주택은 대출실행일로부터 3년 이내 처분조건), 부부합산 연소득 7천만 원 이하

(2) 대출금리

대출실행일부터 만기까지 고정금리

(3) 대상주택

공부상 주택, 단, 6억 원 초과 주택 제외

(4) 대출한도

주택담보가치의 최대 70%, 단, 임대차금액 및 주택유형에 따라 지역별 소액임대차보증금을 차감하여 한도 산정한다. 최소 1백만 원~최대 3억 원

(5) 대출기간

10년, 15년, 20년, 30년

(6) 상환방식

매월 원리금균등분할상환, 체감식(원금균등)분할상환, 체증식분할상환(만 40세 미만에 한하여 선택 가능, 거치기간 없음

3) 주택연금사전예약 보금자리론

'주택연금사전예약 보금자리론'은 본인 또는 배우자가 만 40세 이상인 고객이 'u-보금자리론'을 신청하면서 주택연금 가입을 사전예약하고, 주택연금 가입연령에 도달 시(60세 이후 전환 희망 시) 주택연금으로 전환하는 상품이다.

주택연금사전예약 보금자리론에는 '주택연금사전예약 U-보금자리론', '주택연금사전예약 아낌e보금자리론', '주택연금사전예약 t-보금자리론' 등이 있다. '주택연금사전예약 U-보금자리론'을 설명하면 다음과 같다.

(1) 신청대상

본인 또는 배우자 만 40세 이상 대한민국 국민으로서 무주택자 또는 1주택자(구입용도에 한해 일시적 2주택 허용하며, 기존 주택은 대출실행일로부터 3년 이내 처분조건), 부부합산 연소득 7천만 원 이하

(2) 대출금리

대출실행일부터 만기까지 고정금리

(3) 대상주택

공부(등기사항증명서, 건축물대장)상 주택, 단, 6억 원 초과 주택 제외

(4) 대출한도

주택담보가치의 최대 70%, 단, 임대차금액 및 주택유형에 따라 지역별소액임대차보증금을 차감하여 한도 산정, 최소 1백만 원~최대 3억 원

(5) 대출기간

10년, 15년, 20년, 30년. (만 45세 미만인 경우는 대출만기 10년, 15년 선택 불가 / 만 50세 미만인 경우는 대출만기 10년 선택 불가)

(6) 상환방식

거치기간 없으며 조기상환수수료는 최대 3년, 최대요율 1.2% 잔여일수에 따라 일할 계산되어 감소하는 슬라이딩 방식이다.

제3절 대출기준금리와 COFIX

1. COFIX의 의의와 도입배경

주택담보대출 상품 중 변동금리형 주택담보대출은 금리 조정 시 대출 기준금리에 따라 금리가 조정된다.

2010년 1월까지 대출 기준금리로 CD[20](91일물)가 주로 사용되었고, 그 밖에 코리보[21], 국공채, 금융채 등 시장금리와 은행내부 기준금리 등이 사용되었으나 동년 2. 16부터 전국은행연합회에서 은행의 자금조달비용을 반영한 새로운 대출기준금리인

20) CD(양도성예금증서)는 은행이 정기예금에 대해 발행하는 무기명예금증서로서 양도가 자유로운 상품이다. 1961년 미국의 씨티은행을 비롯한 대형은행들이 주로 증권시장에서 기업의 여유자금을 흡수할 목적으로 발행한 이래 규모가 확대되었다. 우리나라의 경우 정식으로 CD가 발행되기 시작한 것은 1984년 6월부터였다. CD는 최단만기가 30일이며 1년 이상인 경우도 있으나 대개는 90~180일이다. 최저발행금액에 대한 제한은 없으나 기관이나 법인인 경우에는 10억 원 이상이 대부분이며, 개인은 1000만 원 이상이 일반적이다. 중도에 해지가 불가능하다. 무기명이며 누구나 사고 팔 수 있어 돈세탁과 불법상속의 수단으로 이용되기도 한다.

21) 2004년 7월 26일 시작된 코리보(KORIBOR : Korea Inter-Bank Offered Rate)는 한국의 은행간 대차시장에서의 단기기준금리이다. 1주일, 2주일 및 1, 2, 3, 4, 5, 6, 9, 12개월물 등 10개 만기로 매 영업일 오전 11시에 KORIBOR 발표업체를 통해 정식 공표되며 오후 3시 30분 이후에는 전국은행연합회 홈페이지에 게재된다. 15개의 금리제시은행에서 제시한 금리 중 상위 및 하위 3개를 제외한 9개 제시금리의 평균이 그 날의 KORIBOR가 된다.

COFIX(자금조달비용지수)를 산출하여 공시하였다.

COFIX란 자금조달비용지수(Cost of Funds Index)의 영문 약자로 국내 8개 은행들이 제공한 자금조달정보를 기초로 은행들이 대출자금을 마련하는 데 드는 평균비용을 분석해 산출해 낸 것이다. 은행들은 COFIX 금리에 은행별 가산금리를 더해 주택담보대출 금리를 결정한다.

[표 4-1]과 [표 4-2]에서 나타나는 바와 같이 은행권에서 주택담보 대출 시 주된 기준금리로 활용하던 CD금리는 CD가 은행의 자금조달 총액에서 차지하는 비중이 낮은데다, CD금리가 시장 실세금리와 차이가 크게 나는 등 은행의 자금조달비용을 제대로 반영하지 못하는 문제가 있었다.

[표 4-1] 예금은행의 자금조달원별 비중(2009년 10월 말 현재)

(단위 : 조 원, %)

	원화예금	CD	금융채	기타[1]	총액
잔액	740.2	121.3	183.8	57.8	1,103.1
비중	67.1	11.0	16.7	5.2	100.0

주 : 1) 외화예금+매출어음+환매조건부채권매도
자료 : 한국은행

[표 4-2] 주요 실세금리 추이

(단위 : 연 %)

	'07. 12	'08. 12	'09. 12	'10. 1. 19
양도성예금증서(CD)	5.82	3.93	2.86	2.88
국고채 (3년)	5.74	3.41	4.41	4.24
은행채(AAA, 1년)	6.37	4.95	4.07	3.80

자료 : 금융투자협회

이에 따라 은행연합회는 회원은행과 협의를 거쳐 은행의 자금조달비용을 제대로 반영할 수 있는 새로운 대출 기준금리인 COFIX를 도입하였다.[22]

22) 전국은행연합회, 주택담보 대출금리체계 개편, 보도자료, 2010.1.20.

2. COFIX의 종류

COFIX는 '잔액기준 COFIX'와 '신규취급액기준 COFIX' 단기 COFIX로 구분하여 산출된다.

잔액기준 COFIX는 정보제공 은행들의 월말 지수산출 대상 조달자금잔액에 적용된 금리를 가중평균하여 산출되고, 신규취급액기준 COFIX는 정보제공은행들의 월중 신규로 조달한 지수산출대상 자금에 적용된 금리를 가중평균하여 산출된다.

단기 COFIX는 정보제공은행들의 주간 신규로 조달한 지수산출대상 자금에 적용된 금리를 가중평균한 금리지수이다. 주택담보대출을 받을 때 신규취급액 기준과 잔액 기준 COFIX 중 금리가 오르는 시기에는 상대적으로 금리 변화가 더딘 '잔액기준 COFIX가 유리하고, 금리가 하락하는 시기에는 비교적 금리 시세를 빠르게 반영하는 신규취급액 기준 COFIX가 유리하다.

다만 5년이나 10년 이상처럼 장기간 주택담보대출을 이용하기를 원하거나, 금리변동에 따른 상환금 부담액의 변동이 우려되면 상대적으로 금리가 덜 움직이기 때문에 부담해야 할 이자를 예측하기가 쉬운 '잔액기준' COFIX를 선택하는 것이 바람직하다.

3. 금리정보 제공은행

은행권을 대표할 수 있는 COFIX를 산출하기 위해 시중은행 및 시중은행과 유사한 규모의 특수은행을 포함한 총 8개 은행이 정보를 제공한다. 농협은행, 신한은행, 우리은행, 한국스탠다드차타드은행, KEB하나은행, 하나은행, 중소기업은행, 국민은행, 한국씨티은행이다.

4. 지수산출대상 자금조달 상품

지수산출대상 자금조달 상품은 정기예금, 정기적금, 상호부금, 주택부금, 양도성예금증서, 환매조건부채권매도, 표지어음매출, 금융채(후순위채 및 전환사채 제외)이다. 요구불 및 수시입출식 예금은 제외된다. 고객이 원하는 경우 언제든지 지급해야 하는 단기성 자금은 장기 대출재원으로 활용하기 어려우며 기업자금상황에 따라 거액의 입출이 수시로 발생함에 따라 금리 변동성을 확대시킬 가능성이 있으므로 지수

산출대상에서 제외한다.

5. COFIX 산출과정

COFIX 산출과정은 다음과 같다.

1) 1단계

각 정보제공은행은 COFIX 산출을 위한 정보를 은행연합회에 제공한다. 즉 자행의 자금조달총액(월말 잔액기준, 월중 신규취급액기준) 및 가중평균금리(월말 잔액기준, 월중 신규취급액기준)를 자체 산출한 후 은행연합회에 제공한다.

(1) 잔액기준

- 자금조달총액 : 지수산출대상 자금의 월말 잔액 합계
- 가중평균금리 = $\frac{\Sigma\text{ (상품별 적용금리} \times \text{상품별 월말 잔액)}}{\Sigma\text{ (상품별 월말 잔액)}}$

(2) 신규취급액기준

- 자금조달총액 : 지수산출대상 자금의 월중 신규취급액 합계
- 가중평균금리 = $\frac{\Sigma\text{ (상품별 적용금리} \times \text{월중 상품별 신규취급액)}}{\Sigma\text{ (월중 상품별 신규취급액)}}$

2) 2단계

은행연합회는 각 정보제공은행이 제공한 정보를 이용하여 월말 잔액기준 및 월중 신규취급액기준 COFIX를 산출한다.

- 잔액기준 COFIX = $\frac{\Sigma\text{ (각행 월말 잔액기준 가중평균금리} \times \text{각행 월말 잔액)}}{\Sigma\text{ (각행 월말 잔액)}}$
- 신규취급액기준 COFIX

$$= \frac{\Sigma\text{ (각행 월중 신규취급액기준 가중평균금리} \times \text{각행 월중 신규취급액)}}{\Sigma\text{ (각행 월중 신규취급액)}}$$

• 단기 COFIX

$$= \frac{\Sigma\ (\text{각행 주간 신규취급액의 가중평균금리} \times \text{각행 주간 신규취급액})}{\Sigma\ (\text{각행 주간 신규취급액})}$$

6. 공시 및 실제 운영

COFIX는 은행연합회 홈페이지를 통해 잔액기준 및 신규취급액기준 COFIX는 매월 15일(공휴일인 경우 익영업일) 15시에 단기 COFIX는 매주 3영업일 15시에 공시된다. 다만, 천재지변 등 부득이한 사유가 있는 경우 공시일시는 조정될 수 있다.

COFIX 이용 시 고객별 대출금리는 개별은행이 COFIX에 가산금리를 더하여 결정하며 가산금리는 COFIX와 개별은행 조달비용과의 차이, 관리비용(적정마진 포함), 신용도, 기간 프리미엄 및 거래실적 등을 고려하여 각 은행이 결정한다.

7. 기대효과

COFIX는 은행의 여러 자금조달수단에 적용되는 금리를 이용하여 산출되기 때문에 CD금리에 비해 은행의 자금조달비용을 제대로 반영함으로써 보다 합리적인 금리 결정이 가능할 것으로 기대된다.

제4절 주택담보대출 관련 주요 용어

1. 기본용어

1) 대출원금(loan principal)

초기 대출금액, 처음에 융자받은 금액

2) 대출잔액(loan balance)

대출기간 중 상환되지 않은 대출원금

3) 대출기간(loan duration, loan term)

차입자로 하여금 대출원금을 상환할 수 있도록 부여된 기간

4) 대출상환(loan amortization)

정기적 혹은 주기적인 대출원금의 상환. 원금의 상환은 흔히 이자를 포함하여 이루어진다. 상환기간이 길어질수록 매기의 상환액은 적어진다.

2. 월부금(debt service)

월부금은 부채서비스액, 저당지불액이라고도 하는데 대출기간 중에 매달 납입하는 대출원금 상환분과 이자의 합계액 즉 원리금상환액이다. 월부금 산출 공식은 다음과 같다.

월부금 = 대출원금(대출액) × 월저당상수*

연부금 = 대출원금(대출액) × 연저당상수

상환방식이 어떻든 월부금의 이자율로 할인한 현재가치는 항상 융자원금과 같게 된다.

- 저당상수(저당승수) : 일정액을 빌렸을 때 매기간 불입해야 할 원금과 이자의 합계를 구할 때의 승수

$$저당상수(r\%,\ n년) = \frac{r}{1-(1+r)^{-n}} = \frac{r}{1-(\frac{1}{1+r})^{n}}$$

3. LTV(Loan to value)

LTV는 '대출비율' 또는 '주택담보인정비율'로 불린다. 주택가격대비 대출을 받을 수 있는 최고한도를 말한다. 주택담보대출의 대출가능금액 산정에 적용된다. 부동산 시장가치에 대한 대출금액의 비율로서 투기지역과 비투기지역, 기간, 금액, 등에 따라 다르다. 보통 40~60%의 적용을 받고 있다. LTV 산출 공식은 다음과 같다.

$$LTV = \frac{대출금액}{부동산의\ 시장가치}$$

예를 들어 시가 1억 원의 주택에 대하여 4천만 원을 대출받으면 LTV = 4천만 원 / 1억 원 = 0.4(40%)이다.

대출비율이 높을수록 원리금 상환의 부담이 커진다(채무불이행의 가능성도 높아지고 이자율도 상승한다).

4. 부채감당비율

부채감당비율(DSCR ; debt service coverage ratio)은 임대소득 등 부동산관리운영으로 인한 순영업소득(NOI)을 연간 융자월부금으로 나눈 비율로서 일반적으로 이 비율이 1.2 이상 되는 것이 바람직하다. 산출 공식은 다음과 같다.

$$\text{DSCR} = \frac{\text{연간순영업소득(수입임대료 등)}}{\text{부채서비스액(연간융자월부금)}}$$

5. DTI(Debt To Income)

1) 개요

DTI는 '총부채상환비율' 또는 '연소득대비 부채비율'이라하며 연간소득액 중에서 대출금 및 기타부채의 원리금을 상환해야 하는 금액의 비율을 말한다. 은행기준 40~60%로 규제하고 있다.

DTI는 대상물건, 대상지역, 취급 금융기관, 대출의 기간 및 조건 등에 따라 다르다.

주택담보대출의 대출가능금액 산정에 적용된다. 즉 소득과 대출기간에 따라 대출을 제한하는 제도이다.

적용지역은 서울특별시, 인천광역시, 경기도 일원이다. 일정금액 미만의 소액대출, 집단대출, 미분양주택에 대한 대출 등에 대하여는 적용되지 않는다.

DTI는 차입자의소득과 밀접한 관계가 있으며 대출기간이 길수록 더 많은 금액을 대출받을 수 있다. 신용등급, 고정금리 여부 등도 영향을 미친다. 본인의 다른 채무의 이자상환액에도 영향을 받는다. 비거치식 고정금리·분할상환 방식의 경우 DTI가 10~15%p 높아진다. 산출 공식은 다음과 같다.

DTI = (해당 주택담보대출 연간 원리금 상환액
+ 기타부채의 연간 이자 상환액) / 연소득

2) 연간원리금 상환액

연간원리금 상환액은 대출금 상환방식에 따라 차이가 있다. 원(리)금균등분할 상환방식은 분할상환 개시 이후 연간 원리금 상환액이며, 원금일시상환방식의 경우 연간 이자액 + (대출총액 / 대출기간)으로 계산된다. 대출기간 10년 이상 원금일시상환대출의 경우, 대출기간을 10년으로 계산한다. 원금일부분할상환방식은 분할상환 개시이후 연간 원리금 상환액 +{만기상환액 / (대출기간 − 거치기간)}으로 계산된다.

3) 기타부채의 연간이자 상환액

기타 부채의 연간이자 상환액이란 주택담보대출 취급 당시의 (기타부채총액[주1])×평균 대출금리[주2]) 금액이다.

주1) 예 · 적금 담보대출 공제
주2) 한국은행 발표(매월) 예금은행 가중평균 가계대출금리(잔액기준) + 1%

4) 연소득

연소득을 입증하기위한 증빙이 필요하다. 근로소득원천징수영수증, 소득금액증명원, 사업소득 원천징수영수증, 연금증서, 급여입금통장 등 공공성이 있는 기관이 발급한 자료를 제출해야 한다. 차주 본인을 기준으로 계산하되, 차주의 배우자가 주택담보대출이 없는 경우에는 부부합산 기준으로 계산 가능하다.

6. DSR(Debt Service Ratio)

현재 DTI를 활용하여 금융부채 상환능력을 평가하고 있으나 기타부채의 상환부담에 대한 고려는 미흡한 실정이다. 따라서 채무자에 대한 기타부채의 원금 상환 부담도 고려하는 평가지표인 DSR(총부채원리금 상환비율)이 도입되었다. 산출공식은 다음과 같다.

$$DSR = \left(\frac{\text{금융회사 대출의 연간원리금 상환액)}}{\text{연소득}}\right) \times 100$$

* 금융회사 대출의 연간원리금 상환액 = 해당 주택담보대출 연간원리금 상환액 + 기타 부채의 연간원리금 상환액
* 은행의 경우 신규 취급한 주택담보대출의 표준 DSR이 80%를 초과하는 경우 리스크관리에 활용한다.

제 5 장

모기지 보험

제1절 모기지 보험의 개요

1. 모기지 보험의 의의

모기지 보험(MI : Mortgage Insurance)은 장기 주택담보대출 차입자인 주택소유자의 채무불이행으로 인한 대출금융회사 또는 투자자의 손실을 보상하는 일종의 신용보험[23]으로 모기지 신용보험(MCI : Mortgage Credit Insurance)이라고도 한다. 계약체결 흐름은 [그림 5-1]과 같다.

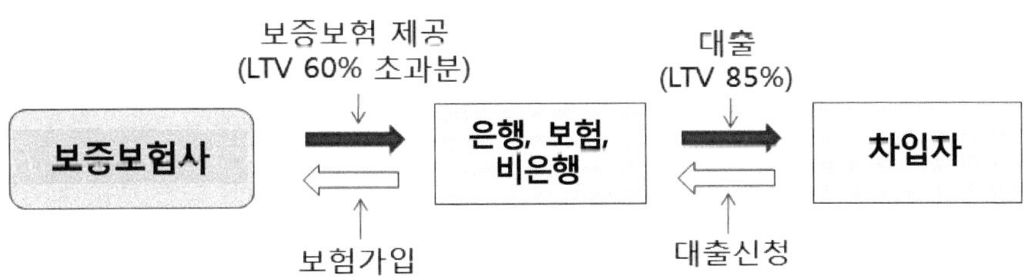

[그림 5-1] 모기지 보험 계약체결 흐름[24]

차입자는 주택담보대출시 모기지보험에 가입함으로써 담보인정비율(LTV) 한도를 일반비율보다 최고 25%p 상향 인정받아 상대적으로 적은 초기부담금으로 주택구입이 가능하다.

23) 신용보험은 스스로 보험계약자 및 피보험자가 되어 가입하는 자기를 위한 보험이다.
24) 금융감독원 제공자료임.

모기지 보험은 LTV 확대를 가능하게 함으로써 적정 현금보유액 수준을 최소화하여 주택 실수요자들의 내집 마련을 촉진시킴과 동시에 차주들의 채무불이행으로 인한 신용위험을 대출금융기관으로부터 모기지 보험회사로 전가시키거나 상호 분담할 수 있는 합리적인 조절기능을 수행한다.

대출 금융회사는 증가된 신용위험의 일부를 모기지 보험회사에 전가함으로써 대출금 회수의 안정성을 확보한다. 모기지 보험의 활용 예를 보면 [그림 5-2]와 같다.

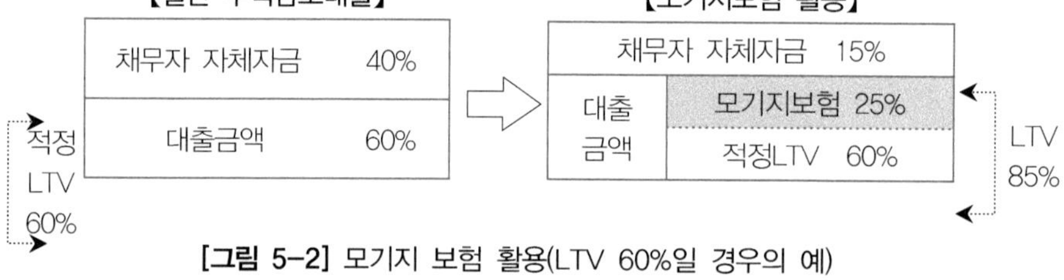

[그림 5-2] 모기지 보험 활용(LTV 60%일 경우의 예)

2. 모기지 보험의 필요성

모기지 보험 도입의 필요성은 위험관리 수단으로서의 역할이다.

전술한 바와 같이 금융회사가 직면하는 대출 관련 위험은 차입자의 신용에 대한 평가가 제대로 이루어지지 못하거나, 예기치 못한 사건의 발생으로 대출채권이 부실화되는 위험인 채무불이행 위험(default risk), 대출채권의 가격이 금리변동 등 금융시장의 여건 변화에 따라 변동함으로써 대출 금융기관 수익률의 변동성이 확대됨으로써 발생되는 금리위험(interest risk) 또는 시장위험(marketrisk), 대출채권의 신뢰도 저하로 유동화가 이루어지지 못하거나, 대출채권의 부실화로 인하여 자금흐름이 제약되거나, 또는 시장여건의 급변으로 보유채권의 가치가 급속하게 낮아지면서 발생하는 유동성위험(liquidity risk) 등이 있다.

이러한 위험 중 시장위험과 유동성위험의 일부는 2차 저당대출 시장에서 대출채권을 유동화시킴으로써 절감될 수 있으나, 채무불이행위험의 경우 일차적으로는 대출금융회사의 위험관리가 중요하며, 이와 함께 신용보증, 모기지보험 등 전통적인 위험관리수단을 통하여 해소하여야 한다.

3. 모기지 보험의 종류 및 운용방식

모기지 보험은 운영주체에 따라 공적 모기지 보험(Public mortgage insurance)과 민간 모기지 보험(Private mortgage insurance)으로 구분된다. 또한 모기지 보험은 부보범위에 따라 전액보험과 부분보험으로 구분될 수 있다.

반드시 그렇지는 않지만, 통상적으로 정부재정의 지원에 기반을 둔 공적 모기지 보험은 전액보험으로 운영되고, 민간 모기지 보험은 부분보험의 형태로 운영되는 것이 일반적이다.

정부나 공공 부문에 의해 운영되는 공적 모기지 보험은 미국의 FHA (Federal Housing Administration)와 VA (Department of Veteran's Affairs), 캐나다의 CMHC (Canadian Mortgage Housing Corportation), 일본의 공고 주택융자보증 등 많은 사례에서 찾아볼 수 있듯이 모기지 보험의 최종적인 지급책임을 정부가 명시적 혹은 묵시적으로 갖게 되고, 따라서 공적 모기지 보험에 부보된 주택금융대출채권의 경우 정부와 동일한 신용위험을 갖는, 즉 무위험 자산으로 분류되는 혜택을 누리고 있다.

미국이나 캐나다 등 대부분의 공적 모기지 보험제도를 운영하는 국가에서 공적 모기지 보험은 보험부보대상이 80% LTV 초과 대출이지만 보험의 대상은 전체 주택대출금, 즉 부분보험이 아닌 100% 보험으로 운영되고 있다. 또한 일반적으로 공적 모기지 보험의 경우 모든 국가에서 보험부보대상이 되는 주택이나 주택대출금의 한도를 설정해 놓고 운영하고 있는데, 이는 정부의 신용으로 운영되는 신용보완제도가 이를 필요로 하는 수혜계층에 집중될 수 있도록 하기 위한 것이다.

민간 모기지 보험은 1956년 미국에서 MGIC(Mortgage Guaranty Insurance Corporation)의 설립을 계기로 본격적으로 시작되었는데, 경제발전과 더불어 주택금융시장이 급팽창하면서 공적 모기지 보험에서 부보하지 않는 영역이 커지게 되었고, 이에 따라 시장의 필요에 의해 도입되었다. 민간 모기지 보험은 공적모기지 보험에서 부보하지 않는 주택담보대출에 대한 보험을 주로 담당한다.[25)]

25) 고성수, 전게서 참조.

제2절 모기지 보험의 경제적 효과

1. 사회 · 경제 일반에 미치는 영향

모기지 보험은 모기지론 시장의 참여자 및 정부 모두에게 다양한 기대이익을 제공한다. 주택구입자 측면에서 볼 때 2순위 대출 또는 개인보증인 없이 대출이 가능하고 신용보완을 통한 추가대출이 가능하므로 주택구입에 대한 자금의 가용성 증대 효과가 있다. 또한 모기지 2차 시장으로부터의 풍부한 자금 유입과 대출기관의 자본 효율성 제고를 가능하게 하여 차입자들은 보다 낮은 대출금리를 적용받게 되는 장점 또한 예상된다.

모기지 보험은 주택저당증권(MBS)의 등급 상승과 원리금 지급력에 대한 신뢰도 제고로 2차 저당대출 시장의 안정성 확보를 가능케 한다. 아울러 모기지 보험은 자산유동화의 실행가능성 및 효율성을 촉진시킨다. 모기지보험은 고(高) LTV 대출에 수반되는 상대적으로 높은 위험을 경감시키며, 모기지 보험회사가 최우선적으로 손실을 부담함으로써 참여 주체들 사이의 위험을 적절히 분산시킨다. 또한 엄격한 심사기준에 의거 독립적으로 대출 자격을 심사하며, 개인 신용도평가 방법 및 대출서류의 표준화, 그리고 적절한 담보평가방법을 적용함과 동시에 참여 주체들의 유기적인 감시, 감독 기능을 통해 MBS 발행 구조 산정 시 채무불이행에 대한 가정치를 낮춰 MBS 신용등급에 직접적인 영향을 미치게 된다. 이러한 과정을 통해 강력하고 안정적인 2차 저당대출 시장의 구축은 대출 금융회사에게는 풍부한 유동성을 부여하며, 자본시장 투자자에게는 다양한 투자기회를 제공하는 장점이 있다.

이와 함께 정부 입장에서도 저당대출과 관련한 신용위험이 모기지 보험으로 관리됨에 따라 대출금융기관의 신용위험에 따른 도산이 최소화되고, 이에 따라 금융부실화에 따른 공적자금 투입 등 정부의 재정 부담이 완화될 것으로 보인다. 모기지 보험의 자체적인 조기경보체제, 효율적인 감정 및 개인 신용평가, 합리적인 연체관리 및 차주 구제기법 등으로 모기지 대출 관련 위험을 최소화하고 사후관리의 효율성을 강화할 수 있기 때문에, 정부의 직접적인 감독 부담을 완화할 수 있다.

모기지 보험은 주택건설 촉진, 보험 제공자를 위한 새로운 사업기회 생성, 또는 일정한 담보대출표준 개발 지원 등 다양한 이유로 도입될 수 있으나, 해외사례를 살펴볼 때 시간이 경과하면서 주된 이유가 두 가지로 집약되었다. 첫째는 주택담보금융 이용기회 확대 및 이에 따라 차주가 대출승인 표준을 완화하도록 함으로써, 즉 가입범위를 확대함으로써 내집 마련을 지원하기 위해 도입되었다.

둘째는 투자 위험 감소에 의해 자본시장으로부터 주택 및 담보 분야로 자금 흐름 촉진, 즉 2차 저당대출 시장을 확대하기 위해 도입되었다. 이 중 두 번째 이유는 개발도상국 경제에서 현재 큰 주목을 받고 있는 반면, 모기지 보험이 이미 도입된 국가는 1차 저당대출 시장을 확장하고 향상시키기 위해 모기지 보험을 제일 먼저 이용하고 있다. 다시 말해서 이와 같은 1차 저당대출 시장 원동력의 부산물로서 모기지 보험은 2차 저당대출 시장 및 MBS의 발전을 가속화하는 데 도움이 되어 왔다.

2. 모기지 운용 금융회사에 미치는 영향

대출 금융회사는 모기지 보험을 통하여 BIS 비율이 제고됨에 따라 추가 리스크 또는 이에 따른 추가 충당금 부담 없이 대출시장에 참여할 수 있으며, 대출채권의 안정성 제고로 2차 저당대출 시장에서 거래확대(유동성 증대) 및 거래조건 향상(조달비용 절감)을 기할 수 있다.

아울러 모기지 보험은 표준화된 국제 심사기준의 도입을 촉진하여 현재 LTV 위주의 심사 방식을 탈피, 차입자의 상환 능력과 신용도를 동시에 고려하는 신용/리스크 연동 심사 관행을 촉진함으로써 대출 절차의 효율증대(1차 시장) 및 MBS의 신용도 제고 효과(2차 시장)를 창출할 수 있을 것으로 기대된다.

표준화된 국제 기준의 담보평가기법의 도입을 통해 대출채권의 안전성과 신뢰도가 제고될 것으로 기대되는 한편, 금융회사는 신용위험에 대한 추가적인 부담 없이 주택대출시장의 저변을 확대할 수 있는 계기가 마련됨과 동시에 모기지 보험회사가 저당대출에 대해 객관적인 2차 심사 기능을 실행함으로써 대출금융기관의 대손위험을 줄이는 데 기여할 것으로 기대된다.

모기지 보험은 대출금융회사의 채무불이행률 및 대손율에 대한 국제 기준에 부합하는 자료의 축적과 관리에 기여하며, 모기지보험이 부가된 저당대출에 대해 금융회사이 자본충족 요건을 완화함으로써 운용자본의 효율을 극대화하고, 추가적인 위험부담 없이 ROE를 개선시킬 수 있는 기회를 제공한다.

저당대출을 통한 자산운용으로 발생하는 신용위험을 모기지 보험을 통하여 전부 통제하거나(전체보증) 혹은 대출금융기관과 모기지 보험회사가 공동으로 흡수함으로써(부분보증) 신용위험을 감소시킬 수 있어 대출금융회사는 보다 적극적으로 모기지론을 확대할 수 있다. 즉, 대출 금융회사들이 추가적인 신용위험의 부담 없이 주택대출 금융시장의 저변을 확대할 수 있는 기회를 제공한다. 아울러 모기지 보험의 보증부 대출은 건전경영의 지표로 최근 중요시되고 있는 BIS기준 자기자본비율의 산정 시에도 낮은 위험가중치(risk weight)가 적용되기 때문에 대출금융기관의 재무건전성 제고에 도움을 준다.[26)]

제3절 우리나라의 모기지 보험

1. 도입 목적

국내에서 모기지보험은 2005년 주택가격 폭등 및 투기방지를 위하여 범정부적으로 LTV를 규제함에 따라 2007년 자금여력이 부족한 서민층의 주택 마련을 지원하기 위하여 도입되었다. 실제적으로 모기지보험은 대출금융회사가 보험사와 연계하여 방 공제 없이 대출한도를 적용하기 위한 방법으로 활용된다. 방 공제란 정부에서 소액임차인을 보호하려는 목적으로 대출 시 적용하는 최우선변제권을 말한다. 소액임차보증금[27)]에 대하여는 1순위 근저당권설정액에 우선하여 변제 받을 수 있도록 하고 있으므로 대출 금융회사에서는 소액임차인의 최우선변제액에 대한 위험도를 낮추기 위하여 방 숫자만큼 공제를 한 후 대출을 하게 된다.[28)]

26) 고성수, 전게서 참조.

27) 주택임대차보호법 제8조, 동 시행령 제3조 참조

28) 금융회사에서 주택담보대출 취급 시 단독주택에 대하여는 방 1개당, 공동주택에 대하여는 임대여부와 상관없이 방 1개에 대하여만 지역별 최우선변제 소액임차보증금을 곱한 후, 그 금액의 1/2을 대출한도에서 차감하는 등의 방법으로 대출금을 산정할 수 있다.

2. 도입 경과

- '05.8.31. 모기지 보험 도입 결정
  - 부동산 대책 발표시 무주택자의 주택구입지원을 위해 결정
- '06.1.월 금감위·증선위 합동간담회에서 모기지 보험 도입 세부 시행방안 마련
- '07.7.26. 모기지 보험 제도 시행
  - 보험·은행·비은행의 「감독규정」 및 동 시행세칙 개정으로 모기지 보험 가입시 LTV 확대(20%) 허용
- '07.12월 판매 개시(서울보증보험, 젠워스 모기지 보험)
- '08.6.30. 정부의 지방 미분양대책 관련 모기지 보험 가입범위 확대
  - LTV 최대 80% 이내 → LTV 최대 85% 이내
  - 국민주택규모(85㎡) 이하 주택 요건 → 폐지
- '08.11.7. 서울 강남3구 이외 투기지역 해제
- '09.2월 젠워스 모기지 보험이 한국 철수 잠정결정하였으나, 최근 영업 재개를 모색 중이다.('09.4.3 신계약 판매중지)

3. 모기지 보험 가입요건

[표 5-1] 모기지 보험 가입요건

구 분	가입요건
대출자	무주택자, 1가구 1주택자
대출용도	대출자 본인 거주 목적의 주택 구입
대상지역	비투기지역
주택규모	제한 없음
대출기간	10년 이상 분할상환방식
보험기간	대출기간 이내
대출한도	5억 원 이하
보험가입금액	(대출금액 – 피보험자 위험부담금*) x 100
LTV추가인정비율	25% 이내 (최대 LTV 85%)
저당권순위	1순위 원칙 (2순위 가능)
보험금지급사유	보험사고 발생 (채무자가 대출계약에서 정한 채무를 이행하지 아니함)

* '피보험자 위험부담금'이란 대출금융회사가 대출금액 중 위험을 인수하는 금액이다.

4. 모기지 보험 취급사 현황

모기지 보험사로는 서울보증보험과 젠워스 모기지(Genworth Mortgage)보험 한국지점이 은행 등 금융회사와 업무협약을 체결하여 영업 중이며 AIG UG한국지점은 서울보증 인수계약의 50%를 재보험으로 수재하는 방법으로 영업 중이다.

[표 5-2] 모기지 보험 취급사 현황

보험회사명	판매개시일	업무협약체결 금융회사
서울보증보험	'07.12.14.	은행(우리, 하나, 농협, 광주, 대구, 씨티, 제일, 부산, 외환, 신한, 경남 등), 생명보험사 (교보, 대한, 삼성, 흥국, 신한 등) 손해보험사 (LIG, 현대 등)
젠워스모기지	'07.12.10.	
AIG UG	'08. 3.28.	서울보증보험 인수계약의 50%를 재보험으로 수재

5. 보험계약 현황

금융감독원은 무주택자 등의 주택구입 지원을 위해 '07.7월 도입되어 '07.12월부터 취급된 모기지 보험에 대하여 '09.4월~'10.3월 기간 중의 시장동향을 분석하였다.

'09.4.~'10.3. 기간 중 모기지 보험 신계약건수는 4,215건으로 전년 동기(9,724건)보다 5,509건(△56.7%) 감소하였고 월별판매 실적 추이도 '09.4월(계약건수 808건) 이후 지속적으로 감소하여 '10.3월 276건 수준으로 하락하였다.

이처럼 모기지 보험 판매실적이 감소한 것은 향후 부동산 가격상승에 대한 기대가 줄어들고 서브프라임사태 등으로 교훈을 얻은 수요자들이 80% 내외의 높은 LTV를 적용받아 주택을 구입하고자 하는 수요가 감소하였다.

또한 금융회사에서도 부동산가격 하락에 대비한 리스크관리 강화를 위해 모기지 보험을 통한 대출확대에 적극적이지 않기 때문이다.

'07.12월 모기지 보험 판매 개시 이후 꾸준한 증가 추세를 보였으나 '08.11월부터 경기침체 등 부동산경기의 급격한 악화로 인해 감소 추세로 반전하였다. 이후 '09.1월을 기점으로 부동산 경기가 다소 회복됨에 따라 '09.4월까지 다시 증가 추세를 시현하였으나 '09.5월부터 감소하였다.

[표 5-3] 모기지 보험 및 아파트 거래추이

(단위 : 건)

구분	'09.4월	'09.10월	'10.3월	'09.4월~'10.3월
모기지 계약 건수	808	231	276	4,215
아파트 계약 건수*	76,063	87,329	79,549	950,158

출처 : 국토해양부

[표 5-4] 모기지 보험 월별 계약현황

(단위 : 건, 억 원, 천 건)

구 분	'09.4월	5월	6월	7월	8월	9월
계약건수	808	501	518	449	259	271
보험가입금액[1]	392	230	243	217	120	118
수입보험료[2]	3.5	3.4	4.5	4.5	4.7	5.4
관련대출금액[1]	1,025	607	626	563	317	322
APT거래건수[3]	76,063	72,262	80,876	90,643	80,922	90,490

구 분	10월	11월	12월	'10.1월	2월	3월	'09.4월~'10.3월
계약건수	231	252	236	163	251	276	4,215
보험가입금액	101	98	98	73	107	118	1,915
수입보험료	5.0	5.0	5.0	3.4	5.0	7.1	56.7
관련대출금액	277	262	273	201	289	322	5,084
APT거래건수	87,329	81,589	81,961	61,974	66,500	79,549	950,158

1) 보험가입금액은 모기지보험 보장한도금액, 관련 대출금액은 금융회사로부터 실제 대출받은 금액
2) 수입보험료는 일시납 또는 연납으로 납입되며, 신계약 및 과거계약 계속보험료 포함
3) 출처 : 국토해양부

6. 평균담보가액

모기지 보험을 통한 주택담보대출은 담보가액이 2억 원 이하 대출 건수가 3,103건으로 73.6%를 점유하고 있다.

이는 서민들을 대상으로 무주택 실수요자의 주택구입 지원을 목적으로 하는 모기지 보험의 도입취지가 반영된 것으로 보인다.

주택담보대출의 평균담보가액은 160백만 원으로 국민주택규모 이하(85㎡) 제한폐지 및 투기지역 지정완화 등에 따라 전년 동기(121백만 원)보다 32.2% 상승하였다.

[표 5-5] 모기지 보험 담보가액별 계약현황 (2009)

(단위 : 건, %)

구 분	~1억 원	~1.5억 원	~2억 원	~2.5억 원	2.5억 원~	계
건 수	1,452	971	680	456	656	4,215
비 중	34.5	23.0	16.1	10.8	15.6	100

7. 평균 LTV

한편 모기지 보험에 가입한 주택담보대출의 FY09 평균 LTV는 75.4%(FY08 76.9%)로서 미가입시의 LTV 한도(60%)보다 평균 15.4%p 높은 수준으로 나타났다.

8. 연체추이

'10.3말 현재 모기지 보험의 대출연체비율은 1.1%(총보유계약 13,034건 중 143건)로 은행권 주택담보대출 연체비율(0.36%)보다 다소 높은 수준이나, 전체 손해보험회사의 대출채권 연체율(2.21%)보다 낮은 수준이다.

2009년 중 1,509건(보유계약건의 11.6%)이 주택담보대출금 상환으로 계약이 해지되었다. 추가 인정받은 LTV(60% 초과분)에 해당하는 대출금이 상환되는 경우에는 계약이 해지된다.

제 6 장

주택연금제도

제1절 주택연금제도의 개요

1. 주택연금의 의의

주택연금이란 금융기관 등이 고령자 소유의 주택을 담보로 제공받고 고령자에게 매월 연금방식으로 노후생활자금을 지급하고 연금기간 종료 시 지급원금과 누적된 이자를 일시에 상환 받는 제도이다. "집은 있으나 소득이 부족한"(House Rich, Cash Poor) 고령자에게 생활안정과 주거안정을 평생 동안 보장하기 위한 취지로 도입된 금융상품이다. 종신지급과 종신거주가 특징이며 '역모기지론', '역연금저당(RAM : Reverse Annuity Mortgage)'이라고도 불린다.

2. 일반 모기지론과 역모기지론의 차이점

양자는 주택담보대출이라는 점에서 공통점이 있으나, 역모기지론은 집을 살 때 집을 담보로 일정액을 대출받고 원리금을 매월 갚아나가는 모기지론과는 자금흐름이 반대이며, 이용목적, 대출기간의 확정여부 등에 있어 차이가 있다.

[표 6-1] 일반모기지론과 역(逆)모기지론 비교

구 분	일반모기지(Forward Mortgage)	역모기지(Reverse Mortgage)
자금용도	주택구입자금 확보	노후생활자금
주 이용대상	주택구입 청 · 장년층	주택소유 고령층
대출방식	계약 시 일시금 지급	매월 분할지급 원칙
대출기간	확정	사전확성 또는 종신
대출금 잔액	기간경과에 따라 감소	기간경과에 따라 증가

제2절 제도 도입의 필요성과 효과

1. 제도 도입의 필요성

우리나라는 그동안 저출산 등의 영향으로 세계에서 가장 빠른 고령화 속도를 보였다. 2010년 말 65세 이상 노인 인구는 542만 명으로 전체 인구의 11.3%에 도달하는 것으로 나타났으며, 2020년에는 808만 명, 2030년에는 1,269만 명으로 노인 인구가 차지하는 비중이 급속히 증가할 것으로 전망된다.

그러나 고용안정성의 약화, 공적·사적 연금기능의 미흡으로 노후소득 불안정 문제가 심각하게 대두되고 있다. '2005년 말 현재 60세 이상 노인에 대한 노령연금지급 비율은 60세 이상 전체 노인인구 대비 21.1%에 불과한 것으로 나타나 현행 공적연금 제도만으로는 안정적인 노후생활 보장시스템이 미흡하다.

제도 도입을 위한 사전 수요조사 결과 주택연금의 잠재 고객인 고령자 계층의 높은 자가주택 소유율을 감안할 때 고령자의 주거안정과 생활안정을 동시에 기할 수 있는 주택연금 제도의 활성화가 필요한 시점이다. 65세 이상 고령자가 가구주인 주택 중 자가소유 비율이 76%(268만 호 중 204만 호)에 달한다.

➲ 고령화사회 진행단계(예상) : 통계청 장래인구 추계(2011. 12. 7)

2000년 : 7.2%(고령화사회) → 2017년 : 14.3%(고령사회) → 2026년 : 20.8%(초고령사회) → 2050년 : 37.4.% → 2060년 : 40.1%

2. 제도 도입 기대효과

주거안정과 생활안정을 동시에 달성	• 최소한의 국가 재정으로 고령자에 대한 사회안전망 제공
노인가구의 경제적 독립실현	• 거주주택 매각없이 스스로 노후생활 자금 마련
복지와 금융이 결합된 선진 금융제도 정착	• 고령자에게는 복지를, 금융기관에게는 안정된 수익 제공
국가의 성장 잠재력 제고	• 주택을 활용한 금융시장발전과 민간소비 확충에 기여

3. 민간 역모기지의 문제점

국내에서는 1995년 국민은행과 2000년 조흥은행이 처음으로 역모기지 상품판매를 시작하였으나 판매부진으로 중단한 상태이며 또한 2004년 이후 국민은행, 신한은행 및 농협, 흥국생명 등에서 다시 역모기지 상품을 취급하였으나, 시장이 활성화되지 못하고 현재 실적이 극히 미미하다.

민간 금융기관의 역모기지는 진정한 역모기지가 아닌 일종의 변형된 주택담보대출에 불과하다. 즉 현행 LTV를 적용하여 대출금을 산정하고 단지 대출금을 분할 지급하는 것으로 종신지급 및 종신거주를 보장하지 않음에 따라 대출만기에 일시 상환부담을 안고 있다. 또한 대출 취급에 수반되는 위험을 일방적으로 차입자에게 전가시키는 구조로 상품내용이 설계되어 수요측면과 공급측면에서 시장이 활성화되지 못하였다.

[표 6-2] 민간 금융기관 주택연금의 문제점

수요측면(고령자)	공급측면(금융기관)
• 종신거주를 보장하지 않아 대출기간 종료 후 퇴거불안 • 홍보부족(상속인식 보편화) • 집값 대비 월지급금이 상대적으로 적음	• 리스크 회피·분산 수단의 부재 • 상담시간이 오래 걸리고, 고령자에게 상품내용을 이해시키기 어려움

참고 **고령자계층별 지원체계**

우리나라의 주택연금은 기본적으로 주택을 소유한 일정연령 이상의 고령자를 대상으로 하고 있다. 거주주택도, 소득도 없는 고령자 계층은 사회복지 차원에서 국가가 직접 지원한다. 2010년, 65세 이상 인구 중 기초생활수급자는 155만 명, 수급률은 3.1%(자료 : 보건복지부)이다.

따라서 주택연금은 주택을 소유함에 따라 국가의 직접지원을 받을 수 없고, 생활비도 충분치 않은 소위 중간 계층에게 간접 지원수단을 제공하는 데 그 의의가 있다.

고령자 계층별 지원체계 비교

고령자계층 분류		지원체계	제도
고소득 + 고액자산	⇨	국가지원 불필요	민간시장 활용
저소득 + 주택1채	⇨	간접지원	주택연금
저소득 + 무주택자	⇨	국가 직접지원	경로연금* 등

* 경로연금 지원 대상 : 65세 이상인 기초생활수급보장대상 및 저소득노인

제3절 우리나라의 주택연금 상품모형 설계

1. 상품모형의 설계

우리나라의 한국주택금융공사의 주택연금 상품모형은 미래의 사망확률, 주택가격 상승률, 이자율 등 각종 위험(변수)를 예측하여 예상 보증료 수입 합계액의 현재가치가 대위변제로 인한 예상손실금 합계액의 현재가치와 같게 되는 월지급금이 산출되도록 설계되었다.

2. 월지급금 결정변수

월지급금 결정변수는 [표 6-3]과 같다

[표 6-3] 월지급금 결정변수

주택가격상승률	연 3.3%	「상품설계자문단」의 자문결과 반영
연금산정이자율	연 6.33%	
사망확률	통계청 2010년 국민생명표(여자)	
보증료	초기 주택가격의 1.5%, 연 0.75%	한국주택금융 공사법 규정에 의함

자료 : 한국주택금융공사
* 실제 대출금리는 3개월 CD유통수익률 + 110bp

1) 주택가격상승률

주택가격상승률 연 3.3%의 근거는 우리나라의 과거 평균 주택가격상승률*을 감안하여 결정한 것이며, 그 근거로 장기 가격상승률 전망을 위하여 전국 주택가격상승률과 여타 경제변수간의 회귀분석 결과 3~4%가 주택연금에 적용할 장기 전망치로 적정하다고 나타났다.

* 국민은행의 주택매매가격지수 기준
* ’86.1분기 ~ ’06.1분기 : 3.44%(참고로 ’86.1분기~’07.1분기 : 3.82%)

2) 연금산정이자율

연금산정이자율은 주택연금 대출기간 동안 적용될 예상되는 실제 대출금리(변동금리)의 장기적인 평균값이다. 즉, 적정한 월지급금을 계산해내는 이자율로서 미래의 손실과 이익을 현재가치화하는 일종의 할인율이다. 이는 「주택연금상품설계 자문단」의 의견에 따라 연금산정이자율을 6.33%로 적용한다. 이는 10년 만기 국고채의 직전 5년간 평균수익률에 2%p의 마진을 더한 것이다.

연금산정이자율 수준은 한국주택금융공사가 현재의 보증료 수준으로 커버할 수 있는 손실액을 감안하여 차입자에게 지급할 월지급금을 결정하게 되는 주요변수이다. 즉, 연금산정이자율이 너무 낮으면 월지급금이 커지고 반대로 너무 높아지면 월지급금이 작아지게 된다. 공사는 영리회사가 아니므로 차입자에게 공정한 월지급금을 지급하기 위한 적정한 수준의 기대금리를 적용할 필요가 있다.

한편, 차입자가 지급받는 주택연금 대출에 부과되는 실제 대출이자율은 현재 연금산정이자율보다 낮은 수준으로 적용된다.

연금산정 이자율은 매년 말 이전 공사의 “주택금융운영위원회”에서 이를 재산정하여 다음 연도의 주택연금 산정모형에 반영한다.

연금산정 이자율이 변경되더라도 변경일 이후 신청한 이용자의 월지급금만 바뀌고 그 이전부터 이미 이용하고 있던 고객의 월지급금에는 변동이 없다.

보금자리론의 경우도 신청 당시의 고정금리로 20~30년간 계속 적용받는다.

연금산정 이자율뿐 아니라 주택가격상승률 및 사망확률도 위와 동일한 방법으로 주택금융운영위원회 의결을 통해 재산정하여 주택연금 산정모형에 반영한다.

3) 사망확률

수명연장에 대한 장수위험 리스크는 주택연금 상품설계에 이미 반영되었다.

공사 보증 주택연금은 통계청이 발표하는 국민생명표(여자)상의 생존 · 사망확률을 반영하여 월지급금을 계산하며, 한계연령(100세)까지 사망확률의 분포대로 이용자가 생존하더라도 손실이 발생하지 않는 구조로 설계되었다. 매년 발표되는 완전생명표를 계속 수정함으로써 수명연장에 대한 리스크에 대비한다.

결과적으로 통계청의 생명표와는 다르게 사람의 수명이 급격하게 늘어나지 않는다면 공사의 주택연금 보증으로 인한 대규모 손실가능성은 희박할 것으로 예상된다.

4) 보증료

공사보증 주택연금을 이용하기 위해서는 보증료를 납부하여야 한다. 초기보증료는 주택가격의 1.5%를 대출취급 시 1회 납부하고 연보증료는 보증잔액의 연 0.75%를 매월 나누어서 납부한다.

보증료 납부방식은 이용자가 직접 현금을 내는 것이 아니고 대출이자와 마찬가지로 금융기관에서 최초 대출시점 및 월지급금을 지급할 때마다 보증료에 해당하는 대출을 일으켜 이용자를 대신하여 공사 계좌로 직접 납부하고 해당 보증료는 대출원금에 가산한다.

미국 HECM과 동일한 요율 및 동일한 납부방식을 채택하고 있다.

보증료를 대출을 발생시켜 납부하도록 하는 것은 생활비가 부족한 고령자가 보증료 부담 없이 매달 똑같은 월지급금을 평생 동안 받아쓸 수 있도록 하게 하기 위한 것이다.

5) 실제대출금리

실제 대출금리는 3개월 CD 유통수익률에 가산금리 110bp를 더한 값을 적용한다.

실제 대출금리는 공사가 주택연금을 취급할 금융기관과의 협의를 거쳐 기준금리의 종류와 가산금리의 수준을 결정한 것으로 3개월 CD + Spread 110bp의 수준은 은행권에서 우량고객에게 제시하는 주택담보대출금리의 Spread(120~130bp[29])보다 낮은 수준이다.

---

29) bp : 1/100%를 의미한다.

주택연금 대출은 같은 수준의 금리로 모든 취급금융기관에 동일하게 적용된다.

실제대출금리는 고정금리가 아닌 변동금리를 적용하는데, 이는 주택연금 취급 금융기관에서 초장기 상품에 고정금리로 적용하기를 꺼려하는 점이 가장 큰 이유이다.

만약 공사가 주택연금 대출금리를 고정금리로 요구하는 경우 금융기관은 유동성 프리미엄 이외에 이자율 리스크를 가산하여 상당히 높은 수준의 고정금리를 적용할 것으로 예상된다.

향후에 시중금리가 하락할 것으로 예상하는 차입자는 고정금리가 적용되는 주택연금은 이용하지 않을 것이다. 미국 HECM의 경우에도 고정금리 상품을 개발은 하였으나 차입자와 금융기관이 이용을 회피하여 이용실적이 거의 없는 실정이다.

3. 월지급금 예시

[표 6-4] 주택연금 월지급금 예시

(단위 : 천 원)

	1억원	2억원	3억원	4억원	5억원	6억원	7억원	8억원	9억원
60세	227	454	681	909	1,136	1,363	1,591	1,818	2,045
65세	269	539	809	1,079	1,349	1,619	1,889	2,159	2,429
70세	324	648	972	1,296	1,620	1,944	2,268	2,592	2,868
75세	394	788	1,183	1,577	1,972	2,366	2,761	3,076	3,076
80세	489	979	1,469	1,959	2,449	2,939	3,402	3,402	3,402

* 일반주택 월지급금 예시 (2016.2.1일 기준, 종신지급방식, 정액형) : 70세, 3억 원 주택으로 매월 97만 2천원을 수령.

제4절 우리나라 주택연금의 주요내용

1. 업무흐름

한국주택금융공사의 주택연금은 이용자와 금융기관간에 체결한 대출(주택연금) 약정에 따라 종신까지 주택연금을 지급하고, 그에 따라 이용자 사망 후 담보주택 처분으로 상환하지 못하는 대출금 채무를 공사가 최종 보증하는 3면 관계로 구성되어 있다.

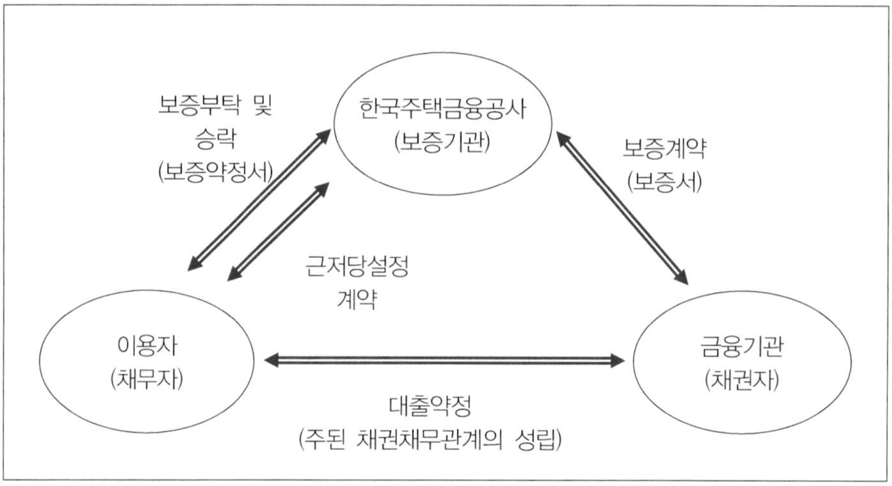

[그림 6-1] 주택연금보증 업무 흐름도

2. 취급금융회사 및 절차

1) 취급금융회사

주택연금 상품은 2007년 7월 12일부터 판매되었다. 현재 15개 금융기관* 전국 지점에서 취급한다.

* 금융기관(15개) : 국민은행, 기업은행, 신한은행, 우리은행, 하나은행, 농협중앙회, 대구은행, 광주은행, 부산은행, 경남은행, 전북은행, 제주은행, 교보생명보험, 흥국생명보험

2) 취급절차

(1) 주택연금 보증상담 및 담보제공

공사에서 직접 보증상담 및 보증신청서를 접수한 후 보증심사를 거쳐 보증계약이 체결된다. 주택에 대한 저당권 설정등기가 완료되면 보증서를 이용자가 원하는 대출은행으로 발송한다.

보증 신청 시 필요서류는 '본인 및 배우자의 주민등록등(초)본,' '전입세대열람표', '가족관계증명서', '부동산등기부등본' 등이며 대출서류는 인감증명서, 등기권리증, 근저당권설정계약서 등이다. 소득증빙 서류는 필요 없다.

(2) 주택연금 대출신청

이용자가 대출받을 금융기관을 정하고 대출신청을 하면, 해당 대출은행에서 공사로부터 보증서를 통지받은 후 소정의 대출심사 및 약정을 거쳐 이용자에게 주택연금(월지급금)을 지급하게 된다.

이용자는 주택연금을 지급받을 경우 대출이자와 보증료를 납부할 의무가 있으나, 직접 내지는 않고 모두 대출을 일으켜 납부하고 그 금액이 대출원금에 가산되게 된다.

주택연금을 받을 권리는 양도·압류하거나 담보로 제공할 수 없다.

3. 주택연금 이용조건

[표 6-5] 주택연금 이용조건

구 분	주 요 내 용
대상연령	• 주택소유자 또는 배우자가 만 60세 이상
보증기한	• 부부 모두 사망 시까지
주택연금 지급방식	• 종신지급형 : 매월 균등금액을 평생 지급 • 일정기간 지급형 : 주택소유자가 선택하는 확정기간 동안 매월 지급 • 종신혼합형 : 대출한도의 50% 이내에서 수시 인출가능
대상주택	• 시가 9억 원 이하(주택법상 단독 및 공동주택), 주상복합아파트, 노인복지주택 • 부부기준 1세대 1주택일 것. 보유주택 합산가격이 9억 원 이하인 다주택자도 가능함
보증료	• 초기보증료 및 연보증료 부담

1) 대상연령과 대상주택

주택연금 이용자격은 주택소유자 또는 배우자가 만 60세 이상으로 1세대 1주택자이면 모두 신청이 가능하다. 보유주택 합산가격이 9억 원 이하인 다주택자도 가능하다.

1주택 여부의 판단은 부부만을 기준으로 하므로 세대원인 자녀에게 주택이 있어도 주택연금 신청이 가능하다. 대상주택은 주택법상 단독주택, 지자체에 신고된 노인복지주택, 공동주택으로서 부동산등기부등본 상 소유권 등기가 되어있고 실제 주거용 주택이면 이용 가능하며, 주택 소재지가 투기(과열)지구 여부와는 관계가 없다. 당해 주택에 저당권, 전세권, 임대차 계약이 없어야 한다(1개월 이내 해지조건으로 가입이 가능하다.).

➲ 이용이 불가능한 사례

- 보증신청일 현재 시가로 9억 원 초과 고가주택
- 오피스텔(업무용시설), 상가주택 등
- 임대(전, 월세) 중인 주택
- 자녀, 형제 등 제3자가 소유한 주택
- 재건축이나 재개발이 예정된 주택
- 기타 부동산(전, 답, 임야, 나대지, 잡종지 등) 또는 분양권
- 등기되지 않거나 대지와 건물 소유자가 다른 주택
- 압류, 가압류, 가처분 등 권리침해가 있는 주택

이용자의 소득유무 및 담보주택과 관련이 없는 부채규모에 불구하고 신청이 가능하다. 다만, 신청일 현재 소유자가 신용유의정보등록자인 경우 금융기관의 신규대출 자격요건을 감안 보증신청이 제한될 수 있다.

공사보증 주택연금 이용자격은 신청자의 소득 또는 신용도와는 무관하다. “신용도”는 소득과 함께 일반 모기지론의 대출금 상환능력지표라고 할 수 있는데 주택연금은 원리금 연체에 의한 채무불이행이 발생하지 않는 구조이므로 이용자격으로서 신용평가 점수를 고려하지 않는다.

당해 주택을 담보로 제공하고 받은 선순위 대출이 있으면 공사가 보증하는 주택연금을 이용할 수 없다. 주택연금 이용을 위해서는 개별인출금 등으로 선순위대출을 모두 상환하고 공사 또는 금융기관에서 1순위 근저당권을 확보할 수 있어야 한다.

2) 대출한도

2009년 3월부터 주택연금의 대출한도가 3억 원에서 5억 원으로 늘어나 중고가 주택소유자들의 연금액이 크게 인상되어 월지급금이 집값 수준에 맞게 현실화되었다.

3) 연금(대출금)지급방식

(1) 연금지급방식

- 종신지급 : 수시인출한도 설정 없이 월지급금을 종신 지급받는 방식이다.
- 확정기간 지급 : 주택소유자가 선택하는 확정기간 동안 매월 지급하는 방식이다.
- 종신혼합 : 수시로 인출하여 사용할 수 있는 금액을 설정(대출한도의 최대 50%, 2억 5천만 원) 하고 나머지 부분을 월지급금으로 종신 지급받는 방식이다.

개별인출 용도는 의료비 · 교육비 · 주택유지수선비 등 모두 허용하되, 주택구입(임차)자금, 사행성, 사치오락성 용도는 제외한다.

(2) 월지급금 옵션

- 정액형 : 처음 정해진 월지급금을 변동 없이 지급받는 방식
- 전후후박형(2단계 정액 감소형) : 월지급금이 11년째부터 초반 원리금의 70%로 감소하는 방식

신청 당시 주택가격과 연령을 기준으로 이용자가 선택한 지급방식에 의거 주택연금(월 지급금 및 인출한도)을 결정한 경우에는 이용 도중 주택가격 상승 등을 사유로 한 지급방식의 변경이 허용되지 않는다. 그러나 이미 발생된 대출 원리금을 일시에 모두 상환하면 당연히 신규 절차에 따라 지급방식의 변경이 가능하다.

4) 보증료

공사보증 주택연금을 이용하기 위해서는 보증료를 납부하여야 한다. 초기보증료는 주택가격의 1.5%를 대출취급 시 1회 납부하고 연보증료는 보증잔액의 연 0.75%를 매월 나누어서 납부한다.

보증료 납부방식은 이용자가 직접 현금을 내는 것이 아니고 대출이자와 마찬가지로 금융기관에서 최초 대출시점 및 월지급금을 지급할 때마다 보증료에 해당하는 대출을 일으켜 이용자를 대신하여 공사 계좌로 직접 납부한다.

주택연금 이용자가 부담하는 보증료는 수지상등의 원칙에 의해 미래손실에 충당

하기 위한 재원으로 활용된다. 결과적으로 이용자에게 월지급금을 최대한 많이 주는 동시에 손실보전 재원의 안정성을 확보한다는 두 가지 측면을 모두 고려하여 초기보증료 1.5%와 연보증료 0.75%를 징수한다.

한편 초기보증료는 일종의 주택연금 가입비 성격으로 중도해지의 방지를 위한 목적도 포함되어 있다. 따라서 중도에 대출원리금을 전액 상환하더라도 중도상환수수료가 없는 대신 이미 납부한 초기보증료는 환급받을 수 없다. 자동차보험 가입자가 보험계약기간 동안 자동차사고를 내지 않더라도 이미 납입한 보험료는 환급하지 않는 것과 같은 원리이다.

5) 대출금리

주택연금의 대출금리는 변동금리방식이며 3개월 만기 CD 금리에 1.1%의 마진이 가산된다.

대출금리는 대출금융회사의 장부상으로만 매월 복리로 가산되어 기록되며, 보증종료시점에 주택 처분가액을 통해 상환된다.

6) 보증기한

보증기한은 대출기한과 같은 의미이며, 이용자 및 배우자의 사망 시까지이다. 즉 종신이 원칙이나 주택의 화재, 매각, 재건축, 재개발 등으로 이용자가 담보주택의 소유권을 상실하는 경우에는 보증기한이 만료된다.

다음의 경우는 보증해지사유가 된다.

- 주택 소유자와 배우자가 모두 사망한 경우
- 주택 소유자가 사망한 후 6개월 이내에 배우자 앞으로 주택소유권 이전 및 채무인수를 완료하지 않은 경우
- 주택 소유자와 배우자가 모두 담보주택에서 다른 곳으로 이사한 경우
  단, 이사한 주택을 담보주택으로 변경하는 경우는 제외한다.
- 주택 소유자와 배우자가 모두 1년 이상 거주하지 않는 경우 등
  단, 불가피한 사유는 제외한다. (질병치료를 위한 입원, 자녀 보양을 위한 타 주택 장기체류, 관공서 명령에 의한 격리 수용 등)

7) 대출금상환

보증기한 만료 시 이용자는 채무상환의무를 부담한다. 이때 대출금 상환액은 담보주택의 처분가액 범위 내로 한정된다. 주택처분가격이 대출잔액보다 적을 경우에는 공사에서 취급금융회사에 차액을 보전해주며, 반대의 경우에는 차액(남는 부분)은 법정상속인 등에게 귀속된다.

공사보증 주택연금의 경우 주택처분 가액으로 대출금 상환 후 부족한 금액이 있더라도 특별한 사정이 없는 한 다른 재산 또는 상속인에게 청구하지 않는 이른바 "비소구권"이 특징이다.

사망한 이용자가 해당 주택이외의 다른 재산을 남겨 놓았거나 이용자의 상속인이 있더라도 더 이상 청구권을 행사하지 하지 않는다. 즉 주택연금 대출원리금 회수는 당해 담보주택 가격 범위 내에서만 행사할 수 있도록 법으로 규정하고 있다.

대출금의 중도상환은 주택연금 이용기간 중에 언제든지 가능하다. 이용자의 사망이나 주택의 매각 등으로 보증계약의 효력이 종료되기 전에는 대출잔액의 일부나 전부를 상환할 수 있다.

중도상환에 따른 수수료는 별도로 부담할 필요가 없으며, 언제든지 대출잔액을 전부 상환하면 계약은 자동 해지된다.

이용 도중 주택가격이 많이 올라서 주택연금을 보다 많이 받을 목적으로 중도상환을 하는 것은 특별한 제한이 없다. 물론 중도상환을 하면 현재의 주택가격을 기준으로 다시 주택연금을 산정하여 계속 종신까지 지급을 받을 수 있다. 다만, 중도상환을 할 경우 본인이 예상하는 이상으로 대출원리금이 과다하게 발생할 수 있어 중도상환의 실익이 없을 수 있다.

8) 주택의 처분

이용자가 사망 시 주택의 처분은 법원경매 방법을 원칙으로 하되, 상속인 등이 임의매각을 통해 상환할 수 있다. 이용자 사망시점에 상속인이 경매 처분으로 인한 저가낙찰을 우려하여 직접 매입하거나 제3자에게 매각가능하다.

다만, 상속인이 대출금을 상환하지 않거나 상속인이 임의로 매각하지 않는 경우에 한하여 법원경매(저당권실행)로 처분하게 된다.

9) 세제혜택

주택연금 이용자에게는 세제지원 혜택을 부여한다. 근저당권 설정에 따른 농특세를 면제하고, 국민주택채권매입 의무를 면제하도록 함으로써 비용부담을 최소화 하도록 하고 있다.

또한 주택연금 이용주택에 대하여는 재산세의 25%가 경감된다. 대출 이자비용에 대하여는 소득공제혜택이 있다.

제5절 우리나라 주택연금의 주요내용

1. 연도별 주택연금 가입 현황

[표 6-6] 연도별 주택연금 가입 현황

(금액단위 : 억 원)

구분	2007년	2010년	2012년	2013년	2015
가입건수	515건	2,016건	5,013건	5,296건	6,486건

자료 : 한국주택금융공사

2. 주택연금 운영현황

한국주택금융공사가 주택연금 출시일(2007년 7월 12일)부터 2014년 5월까지 주택연금 이용현황을 분석한 결과, 가입자들의 평균 연령은 72세(부부의 경우 낮은 연령 기준)로 가입 기준 연령(60세)보다 12세나 많았다. 연령대별로는 70~74세가 27.2%(5,433건)로 가장 많았고 75~79세 21.5%(4,289건) 65~69세 21.0%(4,191건) 순이었으며 80세 이상도 15.2%(3,036건)에 달했다.

가입자들이 담보로 제공한 주택의 평균 가격은 2억 8,000만 원이었다. 주택가격은 1~2억 원 미만이 30.5%(6,084건)로 가장 많았고 2~3억 원 미만 25.9%(5,160건) 3~4억 원 미만 16.2%(3,230건) 1억 원 미만 7.9%(1,568건) 6억 원 초과 5.7%(1,137건) 5~6억 원 이하 5.1%(1,022건) 순이었으며 현행 주택연금 제도상 주택가격 최고액인

9억 원짜리 주택소유자도 20명 가입한 것으로 파악됐다.

가입자가 매달 받는 월지급금은 평균 98만 원이었으며 이중 50~100만 원 미만이 41.7%(8,317건)로 가장 많았고 50만 원 미만 21.0%(4,193건) 100~150만 원 미만 20.4%(4,063건) 순이었다. 이밖에 200~300만 원 미만이 6.1% (1,212건)였으며 300만 원 이상 고액 수령자도 1.9%(381건)를 차지했다.

주택 유형별로는 아파트가 전체의 81.5%(5,694건)로 가장 많았다. 단독주택 10.3% (717건) 다세대주택 4.0%(280건) 연립주택 3.3%(229건) 순이었고, 주택의 크기는 국민주택규모(85㎡) 이하가 78.4%(5,470건)로 대부분을 차지했다.

지급방식으로는 목돈 인출 없이 일정 금액을 매월 나누어 받는 종신지급방식이 60%(4,199건)로 의료비, 혼례비 등으로 목돈 인출이 가능한 종신혼합방식을 선택한 가입자(40%, 2,778건)보다 1.5배 많았다. 월지급금 옵션으로는 종신 동안 매월 동일한 금액을 받는 정액형이 76.3%(5,325건)로 가장 많았고 매년 월지급금이 3%씩 줄어드는 감소형 22.7%(1,583건) 월지급금이 3%씩 증가하는 증가형 1.0%(69건) 순이었다.

제6절 해외사례

1. 미국의 사례

1) 현황

미국은 1961년부터 민간 역모기지 상품이 도입되었으나 시장 활성화에 실패하였다. 1989년 미국 주택도시개발부(HUD : Department for Housing and Urban Development)가 개발한 연방주택청(FHA : Federal Housing Administration)이 보증하는 공적 역모기지상품인 HECM(Home Equity Conversion Mortgage) 이 현재 주택연금 대출시장의 약 90% 이상을 점유하고 있다.

2) 미국의 주택담보대출 상품 비교

미국의 주택담보대출 상품을 비교하면 다음 [표 6-7]과 같다.

[표 6-7] 미국의 주택담보대출 상품 비교

상품명	HECM	Home Keeper	Jumbo Cash Account
개발주체	HUD	Fannie Mae	Financial Freedom사
도입년도	1989	1996	2001
이용연령	62세 이상		
주택가격 제한	$625,500	$417,000	제한 없음
대출기관	민간금융기관 (HUD 승인)	민간금융기관 (Fannie Mae 승인)	민간금융기관
보증기관	FHA	Fannie Mae	없음

3) HECM의 주요내용[30)]

(1) 주택가격 인정한도

'주택가격 인정한도'는 대출 금융회사가 보증기관인 FHA에 청구할 수 있는 보증채권 한도액이다. 실질적으로 '주택가격 인정한도' 조정을 통해 대출한도를 제한한다. '최대 주택가격 인정한도'는 625,500달러(2011년 8월 기준)이다. 한편 가입자 연령과 기대금리 등에 따라 대출한도비율을 달리 한다. 우리나라와는 다르게 최대 대출가능금액의 100%를 '일시금 인출한도'로 설정할 수 있다.

(2) 대출 적용금리

실제 대출에 적용되는 금리는 미국채 금리에 금융회사 마진을 가산한 형태로 연 변동금리 방식과 월 변동금리 방식이 있다. 이때 HUD는 금융회사에 금리상한(Cap)만 제한한다. 그러나 최근 고정금리 방식이 증가하고 있다.

(3) 수령방식의 종류

주택연금 지급방식은 총 5가지가 있다. 사망 시까지 매달 받을 수 있는 '종신지급제', 일정기간만 매월 지급받는 '기간지급제', 가입자가 원하는 시점에 원하는 금액을 수시로 인출하는 '신용할당제', 일시금 인출한도 설정과 종신지급방식을 결합한 '수정 종신지급제', 일시금 인출한도 설정과 확정기한방식을 결합한 '수정 기간지급제'가 있다. 그러나 가입 후 수수료 20달러만 지급하면 지급방식의 변경이 가능하다.

30) 황재훈, 고령화사회 진입에 따른 주택연금 활성화 방안, 주택금융월보, 2011. 9, pp.25-31

(4) 수수료체계

수수료에는 대출취급수수료, 보증료, 관리수수료, 대출계약비용 등이 있다. 대출취급수수료는 주택가격에 따라 차등 부과한다. 보증료는 초기보증료와 연보증료로 구분된다. 관리수수료는 월 30~35달러를 징수하며 대출잔액에 가산한다. 최근 관리수수료를 면제해 주는 추세에 있다. 대출계약비용은 대출심사과정에서 부과되는 비용이다.

(5) 상담사제도

미국은 HUD에서 승인한 전문상담사와 상담을 거친 후 상담증명서가 있어야 주택연금의 이용이 가능하다.

2. 일본의 사례

1) 현황

일본의 역모기지 제도는 각 개별 지자체별로 시행하는「무사시노 방식」및「세타가야방식」과 정부가 일부 지원[31]하는「장기생활지원자금대출」제도가 있다.

일본에서의 주택연금 제도는 상속인의 연대보증을 요구하는 등 대출조건이 까다로와 그 실적이 미미하고 활성화되지 못하였다.

2) 주요 역모기지방식 비교

일본의 주요 역모기지방식을 비교 하면 [표 6-8]과 같다.

[표 6-8] 주요 역모기지방식 비교

구 분	무사시노방식 (직접대출)	세타가야방식 (간접대출)	정부보전방식 (장기생활지원)
시작년도	'81년	'90년	'03년
이용대상	65세 이상	65~70세 이상	65세 이상
담보비율	70% 이내	80% 이내	70% 이내
대출재원	시(市) 예산	민간금융기관이 대출 시는 이자를 무이자대출	정부, 지방자치단체
보증인	있음		

31) 정부 2/3, 지방자치단체 1/3씩 부담하여 대출

제 7 장

주택도시기금

제1절 주택도시기금의 개요

1. 주택도시기금의 의의

주택도시기금은 1981년 설립되어 주택자금만 공급해 온 국민주택기금을 경제발전 단계 및 주택시장 변화에 맞춰 '개편한 것으로 기존의 단순 융자방식에서 탈피하여 사업 성격에 맞게 출자, 투융자, 보증 등 맞춤형 지원이 가능하도록 하였다.

주택도시기금 관리의 공공성 및 책임성을 강화하기 위해 주택도시보증공사를 전담기관으로 지정하고, 2015년 7월 출범하였다.

2. 주택도시기금의 역할 및 기대효과

1) 주택계정의 역할

국민주택채권, 청약저축, 융자금 회수 등으로 자금을 조성하여 국민주택 및 임대주택 건설을 위한 주택사업자와 주택을 구입 또는 임차하고자 하는 개인수요자에게 자금을 지원한다.

2) 도시계정의 역할

주택계정으로부터의 전·차입 등으로 조성한 자금을 기반시설 설치 및 정비/도시재생사업에 자금 지원한다.

3) 기대효과

임대주택 공급 촉진, 주거환경 개선, 도시재생 및 경제 활성화 등 다양한 효과를 기대할 수 있다. 첫째, 민간자금을 활용한 새로운 방식으로 임대주택 공급을 본격화하고 주택기금 출·융자 및 민간으로부터의 저리로 조달한 자금으로 임대주택리츠 등의 유연한 기금 운영을 통하여 다양한 임대주택 공급방식을 도입한다. 둘째, 민간 불량주택 개량 및 소규모 임대주택 건설 금융지원을 통한 소규모 주거환경 개선 활성화한다. 셋째, 상업시설 경관정비 및 주민 자생조직을 활성화한다. 넷째, 도심 복합시설 등 경제기반 구축을 통한 경제 활성화를 견인한다.

3. 조성재원 및 용도

1) 주택계정

주택계정의 조성재원은 국민주택채권, 청약저축, 자채재원(출자, 투·융자금 회수, 자산유동화, 대출이자 수입 등), 일반회계·복권기금 등 전입금으로 구성되어 있으며, 주택계정의 용도는 임대주택건설자금, 분양주택건설자금, 주택구입자금, 주택전세자금, 주택개량자금, 임대주택출자·경상보조 등이다.

2) 도시계정

도시계정의 조성재원에는 주택계정 전입금·차입금, 자체재원(출자, 투·융자금 회수, 자산유동화, 대출이자 수입 등), 지역발전특별회계 등 전입금·차입금이 있으며, 도시계정의 용도에는 도시재생사업자금, 산단, 항만, 역세권 등 정비·개발 등 경제기반조성, 쇠퇴 중심상가지역 및 근린주거지역 재생 등이 있다.

4. 주택도시기금 연혁

- 1972년 [주택건설촉진법] 제정(법률 제2409호)
- 1973년 국민주택자금계정을 한국주택은행에 설치
- 1973년 국민주택채권 최초 발행(한국주택은행 부담)
- 1981년 국민주택기금 설치 및 한국주택은행에 기금업무 위탁([주택건설촉진법] 제10조의3)

- 1982년 국민주택채권 발행주체 변경(한국주택은행 → 재경원)
- 1994년 평화은행 근로자 주택구입·전세 대하방식 실행
- 1997년 한국주택은행 민영화([한국주택은행법] 폐지)
- 2000년 기금의 운용·관리업무 위탁기관을 한국주택은행에서 건설교통부장관이 지정하는 금융기관으로 변경([주택건설촉진법] 제10조의3 및 부칙 제2항)
- 2000년 평화은행 대하방식에서 재위탁 방식으로 전환
- 2002년 국민주택기금 재위탁은행 선정(우리은행, 농협중앙회)
- 2003년 재위탁은행 업무취급(대출 및 청약저축업무)
- 2006년 재위탁은행 국민주택채권업무 취급 개시
- 2008년 국민주택기금 수탁기관 재선정(5개 은행, 4.1 업무취급 개시)
- 2013년 국민주택기금 수탁기관 확대(6개 은행, 국민은행 추가)
- 2015년 주택도시기금법안 제정(07.01 시행)

5. 주택도시기금 재무현황

(단위 : 억원)

구 분	'11년	'12년	'13년	'14년	'15년
총자산 (대출금)	890,656 (737,142)	951,784 (795,288)	1,040,359 (812,125)	1,173,812 (836,280)	1,362,208 (854,398)
부 채	769,632	832,924	925,937	1,023,117	1,208,992
순자산	121,024	118,860	114,422	150,695	153,216

6. 주택도시기금 관리체계

주택도시기금은 주택도시기금법 제10조 제1항에 따라 국토교통부장관이 운용·관리한다. 국토교통부장관은 기금의 운용·관리에 관한 사무의 전부 또는 일부를 주택도시보증공사에 위탁하고 공사는 위탁받은 사무의 일부를 국토교통부장관의 승인을 받아 금융기관 등에 재위탁한다.

제2절 주거복지사업

1. 주택건설사업 지원

1) 임대주택 지원

무주택 서민, 사회초년생 등을 위한 임대주택(국민·행복주택 등) 건설사업 출자 및 융자 지원

2) 분양주택 지원

무주택 서민, 도시영세민 등을 위한 분양주택(공공분양·다세대·다가구주택 등) 건설사업 융자 지원

3) 임대주택리츠 출자

임대주택 투자에 민간자금을 유치하여 재정부담 없이 지속가능한 임대주택 공급체계 구축한다. 공공임대리츠, 기업형 임대리츠, 정비사업 임대리츠, 토지임대부 임대리츠, 도심형 소형임대주택 공급하는 등의 특화형 임대리츠 등이 출자 대상이다.

2. 주택전세 및 구입수요자 자금지원

무주택 서민·근로자의 주택구입 또는 전세자금 지원, 저소득층·도시영세민들의 전세 부담 완화를 위한 전세임대·자금 지원, 전세가격 안정과 미분양주택 해소를 위한 매입임대주택 자금지원

3. 주거환경개선사업지원

도시영세민 밀집지역의 노후불량주택 개량 등 융자 지원, 국민임대, 행복주택, 영구임대 건설 시 주거약자용 주택편의시설 설치 융자 지원

제3절 도시재생사업

1. 도시의 현황

1) 도시의 쇠퇴

사회·경제·환경 분야를 대표하는 지표를 통해 2013년 10월 기준으로 전국 3,470개 읍, 면, 동을 분석한 결과 그 가운데 65%에 해당하는 2,239개가 쇠퇴 진행하고 있다.

쇠퇴지표(도시재생특별법 시행령 20조)로는 인구, 산업, 노후건축물 등이 사용된다. 인구는 최근 30년간 인구 최대치 대비 현재 인구가 20% 이상 감소 또는 최근 5년간 3년 이상 연속으로 인구 감소하는 경우이며, 산업지표는 최근 10년간 총 사업체 수 최대치 대비 현재 5% 이상 감소, 또는 최근 5년간 3년 이상 연속으로 총사업체 수가 감소하는 경우이다. 노후건축물 지표는 전체 건축물 중 20년 이상 된 건축물이 50% 이상일 경우이다.

2) 쇠퇴도시에 대한 중앙정부의 지원이 필요

쇠퇴가 진행되고 있는 도시의 대부분은 주거환경, 기초생활인프라, 재정자립도가 농어촌보다 열악한 수준으로 중앙정부의 지원이 필요한 실정이다.

3) 정비사업의 부작용

정비사업으로 노후주거환경은 개선되었으나, 기존 주민의 주거 및 생활안정성을 저해할 수 있다. 국지적 주택재개발 중심으로 인한 사회경제적 도시 기능 확충의 미흡하고, 전면철거·수익성 중심의 사업추진으로 공동체 파괴 등 사회적 분쟁 발생한다. 서울시 정비사업 원주민 정착률의 경우 재개발은 10%, 뉴타운은 8~15%('08년, 서울연구원)에 불과하다.

2. 도시재생의 필요성

1) 도시재생이란 새로운 패러다임의 출현

수익성 위주의 전면철거방식은 원주민 커뮤니티 붕괴, 주민간 갈등 유발, 지역고유의 특성상실 등 많은 문제 야기하고 있다. 이에 따라 도시재생은 도시의 물리적 환경 개선뿐만 아니라 주민이 주체가 되는 지역공동체를 활성화함으로써 경제적, 사회적 동반 성장을 도모하고자 하는 것이다.

2) 재건축·재개발과 도시재생사업의 비교

(1) 재개발·재건축 등 도시정비

① 주체 : 토지·건물소유자 중심으로 개발이익에 관심
② 대상 : 수익성이 있는 노후지역으로 주로 수도권이 대상
③ 방식 : 주택 또는 기반시설 위주의 물리적 환경정비

(2) 도시재생

① 주체 : 거주자 중심의 지역공동체로서 자력기반 확보 및 지역활성화에 관심
② 대상 : 자력기반이 없어 공공의 지원이 필요한 쇠퇴지역으로 지방 대도시 및 중소도시 포함
③ 방식 : 사회, 경제, 문화, 물리환경 등 종합적 기능개선 및 활성화

3) 도시재생 기본방침

정부는 국가 도시재생 기본방침을 수립하여 도시재생의 비전과 목표를 수립하였다.

(1) 비전

더불어 행복한 도시의 재창조

(2) 5대 목표

주민역량 강화 및 공동체 활성화, 일자리 창출 및 지역경제 활성화, 주민 삶의 질 및 복지 향상, 쾌적하고 안전한 환경 조성, 지역 정체성의 회복

(3) 7대 원칙

지역이 주도하고 국가는 지원, 주민참여와 협치, 지역 맞춤형 재생, 쇠퇴도가 높은 지역과 사회적 취약 계층 우선 배려, 다양한 부문의 사업을 장소 중심적으로 연계·융합, 부처·부서간 협력에 의한 패키지 지원, 재정지원은 공공 공간에 한정하고 민간 활력을 활용

3. 정부의 추진 방안

1) 도시재생법 제정에 의한 도시의 활력제고

도시재생 활성화 및 지원에 관한 특별법은 지역의 활동을 국가가 지원하는 지원법적 성격을 갖는다. 도시재생전략 및 활성화계획을 통하여 지역의 창의를 존중하는 유연한 계획체제를 수립하며, 도시재생 지원센터 등 거버넌스 조직을 갖추어 현장 중심의 협력적 운영체제를 마련한다. 또한 지역특성에 맞는 사업 유형을 경제기반형 및 근린재생사업으로 이원화한다.

2) 도시재생법의 주요 원칙

(1) **도시재생법은 사업법이 아닌 지원법적 성격이 강조된다.** : 지자체가 계획, 실행을 담당하고 국가는 지원을 한다.

(2) **재생활동 특성에 따라 2단계 계획체계를 갖는다.** : 초기 방향성 유지 및 현장 여건에 따라 유연한 대응

(3) **현장 중심의 협력적 운영체제 강조** : 지자체와 현지 전문가의 협업체제

(4) **쇠퇴 특성에 따라 재정 지원의 2유형** : 직접적 지원 및 간접적 지원

3) 도시재생 계획체계

지자체 장이 주민참여를 기반으로 도시재생 전략계획과 도시재생활성화계획을 수립

(1) **전략계획** : 전략계획수립권자가 도시재생기본전략을 구상하고 재생정책 및 지원을 집중하기 위한 도시재생활성화지역을 지정한다.

(2) **활성화계획** : 전략계획에서 지정된 도시재생활성화지역에 대해 경제·사회·문화·물리적 사업 등을 종합한 실행계획을 수립한다.

4) 도시재생 계획체계 유형

(1) **도시경제기반형** : 산단, 항만, 공항, 철도, 일반국도, 하천 등 국가핵심시설 정비·개발과 연계하여 새로운 기능 부여 및 고용기반 창출

(2) **근린재생형** : 생활권 단위의 생활환경 개선, 기초생활인프라 확충, 골목경제 살리기, 공동체 활성화 등 추진

4. 주체별 역할

도시재생은 정부와 지자체, 주민, 비영리 민간단체, 지원기관 등 다자간의 협력에 의해 추진된다.

1) 도시재생특별위원회

국무총리 산하의 기구로 방침작성, 각종 심의(계획, 선도지역 지정 등) 국토교통부 소속의 도시재생기획단이 상시업무를 지원

2) 도시재생 전담조직(지자체)

지자체 단위의 도시재생관련 업무 총괄

3) 도시재생 지원기구

중앙 도시재생 전담기구로 정부 시책 대행, 지원업무 수행(LH, 국토연구원 등) 계획수립 지원, 사업시행, 전문가 육성 및 파견, 센터 지원, 정보체계 구축 및 운영

4) 도시재생 지원센터

현장 핵심역량이 주축이 되는 지자체 단위 거버넌스 실행 조직 활성화계획 수립, 주민의견조정, 지역 전문가 양성, 마을기업 운영 및 지원

5) 주택도시보증공사(HUG)

지자체 및 민간 투자의 마중물(Meet-Water) 역할, 타인자본의 비중을 줄여 사업성 개선

5. 기대효과

1) 도시재생으로 국민의 살림이 윤택해진다.

저소득층의 실업자와 비경제활동인구를 취업상태로 전환유도 하여, 스스로 일해서 소득이 증대되도록 한다. 또한 낙후지역의 취업자수 증가와 근로자의 임금소득 증대로 지방세수가 증가하며, 기초생활수급자가 감소한다.

2) 해당 지역에서 자생적 성장기반이 만들어진다.

주민교육 프로그램 운영, 주민협의체·마을기업 등 조직구축 및 사업시행 등을 통하여 자생적 역량 강화

(1) 주택관리협동조합 등 마을기업을 형성하여 집수리 사업 등 주민자력으로 해결 가능한 사업 발굴 및 시행

(2) 노인 돌보미, 육아 품앗이 등 사회문화적 재생 프로그램을 주민 스스로 발굴, 이를 통해 지역의 복지를 도모하고 지역 현안으로 공동체 스스로 처리할 수 있는 역량 강화

제4절 여유자금운용 및 개인상품

1. 여유자금운용

주택도시기금법 제9조 및 시행령 제17조에 의거 기금의 여유자금을 장래 자금수급상황을 감안하여 확정상품과 실적상품 등에 배분·운용하여 안정성을 도모하고, 안정성이 확보된 범위 내에서 수익성을 제고한다.

1) 증권의 매입

국채, 공채 및 그 밖에 자본시장과 금융투자업에 관한 법률 제4조에 따른 증권의 매입

2) 공사 및 기금재수탁자 등에의 예치

3) 주택저당증권의 매입

기금이 매각한 대출자산을 기초로 하여 발행된 주택저당증권 중 한국거래소에 상장되지 아니한 주택저당증권의 매입

2. 개인상품

1) 버팀목전세자금

• 대출대상 : 만 19세 이상 세대주(단독세대주 제외), 무주택자, 부부합산 연소득 5천만 원 이하인 자

• 대출한도 : 최고 8천만 원 이내(수도권은 1.2억 원 이내)

• 대출기간 : 2년(4회 2년 단위로 연장가능, 최장 10년)

2) 전세보증금반환보증

• 전세보증금반환보증전세계약 종료 시 임대인이 임차인에게 반환해야 하는 전세보증금의 반환을 책임지는 보증상품

• 전세금안심대출보증임차인에게 전세보증금반환 책임(전세보증금반환보증)과 금융기관에 전세자금 대출 원리금 상환책임(전세자금대출특약보증)을 함께 부담하는 보증

3) 주거안정월세대출

• 대출대상 : 우대형 취업준비생, 희망키움통장 가입자, 근로장려금 수급자, 사회초년생, 자녀장려금 수급자, 일반형 부부합산 연소득 5천만 원 이하 자 중 우대형에 해당하지 않는 자

• 대출한도 : 총 720만 원 이내

• 대출기간 : 2년(2년 단위로 4회 연장가능, 최장 10년)

4) 내집마련디딤돌대출

• 대출대상 : 주택매매계약을 체결한 자, 대출신청일 현재 세대주, 부부합산 연소득

6천만 원 이하인 자
- 대출한도 : 최고 2억 원 이내
- 대출기간 : 10년, 15년, 20년, 30년

5) 수익공유형모기지
- 대출대상 : 생애 최초 또는 5년 이상 무주택자, 만 19세 이상 세대주, 부부합산 총소득 6천만 원 이하
- 대출한도 : 최고 2억 원 이내(주택가격의 최대 70%)
- 대출기간 : 20년

6) 손익공유형모기지
- 대출대상 : 생애 최초 또는 5년 이상 무주택자, 만 19세 이상 세대주, 부부합산 총소득이 6천만 원 이하
- 대출한도 : 최고 2억 원 이내(주택가격의 최대 40%)
- 대출기간 : 20년

7) 주거안정주택구입자금
- 대출대상 : 부부합산 총소득이 6천만 원 이하, 세대주와 세대원 전원이 무주택자, 만 45세 이하(대출기간 30년)
- 대출한도 : 최고 2억 원 이내
- 대출기간 : 20년, 30년

8) 오피스텔구입자금
- 대출대상 : 부부합산 총소득이 6천만 원 이하, 세대주와 세대원 전원이 6개월 이상 무주택자
- 대출한도 : 최고 7천만 원 이내
- 대출기간 : 2년 (9회 연장, 최장 20년)

9) 부도임대주택경락자금
- 대출대상 : 부도임대주택을 경매낙찰을 받아 대출 신청하는 임차인

• 대출한도 : 매각가격과 주택가격의 80% 중 적은 금액 이내
• 대출기간 : 1(3)년(이자만 납부), 19(17)년(원금 또는 원리금균등분할상환)

10) 부도임대주택퇴거자 전세자금

• 대출대상 : 부도임대주택에서 퇴거(예정)자 중 임차보증금 2억 원 이하의 주택임대차 계약을 체결하고 임차 보증금의 5% 이상을 지불한 자, 만 19세 이상 무주택 세대주
• 대출한도 : 5천만 원 이내
• 대출기간 : 2년 : (2회 연장가능/최장 6년)

11) 재해주택복구 및 구입자금

• 대출대상 : 시장, 군수, 구청장으로부터 재해주택복구자금 융자대상자임이 통보된 자
• 대출한도 : 최고 4,800만원 이내
• 대출기간 : 20년

제5절 기업상품

1. 상품별 내용

(1) 공공임대주택자금

• 대출대상 : 주택건설사업 등록업자, 등록업자와 공동으로 사업을 수행하는 토지소유자, 등록업자를 시공자로 하여 건설하는 고용자
• 대출한도 : 최대 7,500만 원 이내
• 대출기간 : 10년, 20년

(2) 매입임대주택자금

• 대출대상 : 임대주택법에서 정한 민간 매입임대사업자

• 대출한도 : 최대 7,500만 원 이내
• 대출기간 : 5년

(3) 민간임대주택건설자금

• 대출대상 : 민간임대주택에 관한 특별법에서 정한 기업형 또는 일반형 임대사업자로서 임대를 목적으로 주택건설사업계획 승인 또는 건축허가를 받아 주택을 건설하는 주택건설사업 등록업자 등
• 대출한도 : 최대 12,000만 원 이내
• 대출기간 : 12년, 6년

(4) 민간임대주택매입자금

• 대출대상 : 민간임대주택에 관한 특별법에서 정한 기업형 또는 일반형 임대사업자로서 임대를 목적으로 주택을 매입하는 자
• 대출한도 : 최대 12,000만 원 이내
• 대출기간 : 8년, 4년

(5) 공공분양주택자금

• 대출대상 : 주택건설사업 등록업자, 등록업자와 공동으로 사업을 수행하는 토지소유자, 등록업자를 시공자로 하여 건설하는 고용자
• 대출한도 : 최대 5,500만 원 이내
• 대출기간 : 3년

(6) 후분양주택자금

• 대출대상 : 주택건설사업 등록업자, 등록업자와 공동으로 사업을 수행하는 토지소유자, 등록업자를 시공자로 하여 건설하는 고용자
• 대출한도 : 최대 8,000만 원 이내
• 대출기간 : 3년

(7) 도시형생활주택자금

• 대출대상 : 주택건설사업 등록업자, 등록업자와 공동으로 사업을 수행하는 토지 소유자, 등록업자를 시공자로 하여 건설하는 고용자 등
• 대출한도 : 최대 5,000만 원 이내
• 대출기간 : 3년, 30년

(8) 준주택자금

• 대출대상 : 준주택을 집단으로 건설하는 사업자등록증을 소지한 자
• 대출한도 : 최대 3,000만 원 이내
• 대출기간 : 3년

(9) 주거환경개선자금

• 대출대상 : 주거환경개선사업지구 내 토지소유자
• 대출한도 : 최대 18,000만 원 이내
• 대출기간 : 1년, 3년, 10년

(10) 다세대주택건설자금

• 대출대상 : 29세대 이하의 다세대 주택을 건설하는 사업자
• 대출한도 : 최대 3,500만 원 이내
• 대출기간 : 2년

(11) 다가구주택건설자금

• 대출대상 : 다가구 주택을 건설하는 자
• 대출한도 : 최대 28,000만 원 이내
• 대출기간 : 1년

제6절 주택청약종합저축

1. 개요

주택청약종합저축은 적금형식 또는 일시예치식으로 납부 가능하며 국민주택 등을 공급받기 위하여 가입하는 저축이다. 다만 "주택공급에관한규칙"에서 정한 청약예금 지역별 예치금액을 납부한 것으로 인정되는 경우 민영주택에도 청약이 가능한 입주자 저축이다.

2. 가입 대상

가입대상은 국민인 개인(국내에 거주하는 재외동포 포함) 또는 외국인 거주자이다. 전 금융기관을 통하여 주택청약종합저축, 청약예금, 청약부금, 청약저축 중 1계좌만 가입가능(2015.9.1일부터 청약예금, 청약부금, 청약저축은 신규가입이 중단되었다.)

3. 계약 기간

입주자로 선정 시 까지

4. 예금자보호

이 예금은 예금자보호법에 의하여 보호되지는 않으나, 주택도시기금의 조성 재원으로 정부가 관리하고 있다.

5. 적립금액

- 매월 2만 원 이상 50만 원 이내에서 5천원 단위로 자유롭게 납입
- 잔액이 1,500만 원 미만인 경우 월 50만 원 초과하여 잔액 1,500만 원까지 일시 예치 가능

• 잔액이 1,500만 원 이상인 경우 월 50만원 이내에서 자유적립

6. 약정이율 (세금 납부 전)

• 가입일로부터 해지일까지 저축기간에 따라 적용

1개월 이내	1개월 초과 ~ 1년 미만	1년 이상 ~ 2년 미만	2년 이상
무이자	연 1.0%	연 1.5%	연 1.8%

• 변동금리로서 정부의 고시에 의하여 변동 될 수 있으며 금리 변경 시 각 납부 회차별 변경일 기준으로 변경 후 금리 적용한다.

7. 명의변경

가입자가 사망한 경우 그 상속인의 명의로 변경

8. 민영주택 청약 시 면적선택

• 최초로 청약을 신청하기 전까지 아래 지역별 예치금액을 기준으로 공급받을 수 있는 주택의 면적을 선택해야 한다.

주택공급에 관한 규칙 별표1의2 지역별 면적별 청약예금의 예치금액

(단위 : 만원)

구 분	청약가능 전용면적			
	85㎡ 이하	102㎡ 이하	135㎡ 이하	모든 면적
서울, 부산	300	600	1,000	1,500
기타 광역시	250	400	700	1,000
기타 시, 군	200	300	400	500
비 고	선택한 전용면적 이하의 면적에는 모두 청약가능			

제7절 국민주택채권

1. 제1종 국민주택채권

「주택도시기금」 제8조 및 동법 시행령 제8조에서 정한 해당 면허·허가·인가를 받거나 등기·등록을 신청하는 자 또는 국가·지방자치단체·공공기관과 건설공사의 도급계약을 체결하는 자 등이 매입하는 채권이다. 다만, 부동산등기 시에는 다음에 해당하는 자로 한다.

소유권의 보존 또는 이전 시에는 소유권의 보존 또는 이전을 받은 당해 등기명의자, 상속 시에는 상속인 저당권 설정 시에는 저당권설정자, 저당권의 이전 시에는 저당권의 이전을 받은 자

2. 제2종 국민주택채권

공공택지내 국민주택규모 85제곱미터 초과 분양가상한제 주택을 공급받고자 하는 자가 매입해야 하는 채권이다.

- 구 제2종 채권은 투기과열지구 안에서 주택을 분양받은 자가 매입해야 하는 채권
- '99.7.15 아파트 채권입찰제 폐지로 중단되었으나, 8.31 「부동산제도개혁방안에 따라 재도입 ('06.02.24)
- 2013년 5월 31일부터 제2종 국민주택채권 발행이 폐지되었다.

3. 발행 방법 및 조건

구 분	이율	발행형식	발행방법	발행일	상환기간	이자지급	원금상환	매출방법
제1종 국민주택채권	연 1.50%	등록	액면	매출한달 말일	5년	연 단위 복리	만기 일시 상환	첨가소화
제2종 국민주택채권	연 0%	등록	액면	매출한달 말일	10년	–	만기 일시 상환	첨가소화

• 제1종 국민주택채권의 발행형식은 ' 2004.04.01 부터 무기명 등록 발행한다.

4. 중도상환

1) 중도상환 대상요건

(1) 당해 면허, 허가 또는 인가가 제1종 국민주택채권 매입자의 귀책 사유 없이 철회되거나 취소된 경우

(2) 국민주택채권 매입대상자가 아닌 자가 착오로 인하여 매입하였거나 법정매입금액을 초과하여 매입한 경우

(3) 국가, 지방자치단체 또는 정부투자기관과 건설공사의 도급계약을 체결한 자가 그의 귀책 사유 없이 계약을 취소당한 경우

2) 중도상환 신청방법

매입한 채권은 매입은행 영업점에서 직접 중도상환신청 가능하다.

3) 소멸시효

원금은 상환일로부터 5년, 이자는 상환일로부터 5년이다.(국채법 제 14조)

제 8 장

주택금융 신용보증

제1절 주택금융 신용보증의 개요

1. 신용보증제도의 도입배경과 필요성

1) 신용보증제도 도입 배경

현대의 자본주의 경제에서 신용이 중요한 역할을 한다. 그러나 신용거래 시 신용공여자는 신용위험에 노출되므로 신용거래를 원활히 하기 위하여 신용위험회피 수단으로 신용보증제도가 출현하였다.

근대적 신용보증제도는 1917년 프랑스에서 시작되었고 1923년 스위스 바젤에서 신용보증조합이 탄생하였다. 이후 독일, 스페인, 그리스 등 유럽국가로 확산되었다. 아시아에서는 일본이 최초로 1937년 동경신용보증협회를 창립하였다. 우리나라에서는 1961년 신용보증제도가 도입되고 1976년 신용보증기금이 설립되어 담보력이 취약한 중소기업의 자금지원에 크게 기여하였다.

주택금융신용보증은 주택자금의 원활한 융통을 통한 국민주거안정을 위하여 1987년 근거법률이 제정되었다.

2) 신용보증의 필요성

신용보증제도는 본래 중소기업의 육성을 위한 대출지원 제도이다. 중소기업은 신용도가 낮고 담보력이 취약한 경우가 많으며, 중소기업에 대한 대출은 높은 거래비용을 수반하고 정보부족으로 정보의 비대칭성문제를 야기하므로, 신용의 보완 수단으로 신용보증이 필요하다.

주택금융신용보증은 주택관련 대출이 주 대상이 된다. 주택은 공공재, 필수재의 성격을 지닌 고가의 재화이므로 정보의 비대칭성문제 이외에도 다음과 같은 주택의 특성에 기인한 주택금융신용보증의 필요성이 대두된다.

첫째, 최근 주택담보대출 취급 시 LTV, DTI 등을 고려하여 대출금액을 산정하므로 일정 LTV를 초과하는 정책자금대출 등에 대하여 추가로 신용보증을 요구할 수 있다.

둘째, 주택임대차보호법에 의하여 임차인은 보증금 중 일정액을 다른 담보물권자보다 우선하여 변제받을 권리가 있다. 따라서 금융기관에서 대출 취급 시 주택에 대한 담보평가액에서 소액임차보증금을 공제하므로 대출가능액도 축소된다. 이런 경우 대출가능액을 증액하기 위해서 신용보증이 담보를 보완하는 역할을 할 수 있다.

셋째, 주택관련대출은 일반적으로 거액이며 장기인 경우가 많으므로 금융기관이 대출금을 취급하여 회수할 때까지 신용위험에 노출될 수가 있다. 이에 대한 대책으로 신용보증이 유효한 수단이 될 수 있다.

2. 신용보증의 의의와 법적 성격

1) 신용보증의 의의

주택금융 신용보증이란 담보 능력이 부족한 개인이나 기업의 주택관련 대출채무 이행을 주택금융신용보증기금이 신용보증서를 발급하는 방식으로 보증하는 것이다.

즉 "신용보증이란 한국주택금융공사가 다음의 경우에 발생하는 채무를 주택금융신용보증기금의 부담으로 보증하는 행위를 말한다."[32)]

첫째, 주택수요자[33)]가 주택을 건축・구입・임차(전세 포함) 또는 개량하거나 이에 들어간 자금을 보전하기 위하여 금융기관으로부터 대출을 받는 경우

둘째, 주택사업자[34)]가 주택수요자에게 분양하거나 임대할 목적으로 주택을 건설하거나 구입하기 위하여 금융기관으로부터 대출을 받는 경우

셋째, 사업주[35)]가 대통령령으로 정하는 근로자에게 분양 또는 임대(무상대여 포

32) 한국주택금융공사법 제2조 제8호
33) 주택수요자란 외국법에 따라 외국에 영주할 수 있는 권리를 가진 사람을 제외한 대한민국 국민만 해당한다.
34) 주택사업자란 주택수요자에게 분양 또는 임대하는 것을 사업목적으로 주택을 건설하거나 구입하는 자이다.
35) 사업주란 근로자와 고용계약을 체결하고 이들에게 급여를 지급하는 자로서 국가, 지방자치단체, 공공단체 및 그 밖의 사업체를 말한다.

함)의 목적으로 주택을 건설하거나 구입하기 위하여 금융기관으로부터 대출을 받는 경우

넷째, 그 밖에 주택금융의 원활한 공급을 위하여 필요한 경우로서 임대인이 임차인에게 임대차계약의 기간 만료 등의 사유로 임대차보증금을 반환하기 위하여 금융기관으로부터 대출을 받는 경우 등이다.

신용보증제도는 기본적으로는 시장원리에 입각한 금융중개 시스템으로 빈곤계층에 지원되는 사회보장적 차원의 보증제도와는 구별된다.

2) 신용보증의 법률적 성격

채권의 이행을 확보하기 위한 신용보증의 성립은 보증인간의 계약에 의하여 성립한다. 민법 제428조 1항은 "보증인은 주채무자가 이행하지 않은 채무를 이행할 의무가 있다."고 규정하여 보증의 법률적 성격을 정의하고 있다.

주택금융신용보증기금이 행하는 신용보증의 성격은 민법상의 보증과 다름이 없다는 견해도 있으나 근거법인 특별법(주택금융공사법)에 터잡은 특수한 형태의 보증이라 할 수 있다. 즉 신용보증제도는 공익성에 기반을 두고 민법상의 보증과 다른 많은 특별규정을 두고 민법상의 보증에 관한 성질을 일부 제한하고 있다.

신용보증의 대가인 보증료를 징수하고, 보증채무의 범위가 일부 제한되며, 보증서 발급일로부터 60일 내에 대출을 실행하여야 하는 등의 규정이 적용된다.

또한 주택금융신용보증기금의 보증은 인적담보에 가깝지만 실질적으로는 물적담보와 유사하여 이를 대신하는 기능을 갖는다.

3. 신용보증제도의 유형

신용보증제도는 다음과 같이 세 가지 형태로 구분할 수 있다.

1) 상호보증제도

상호보증제도는 동종업종, 동일지역의 중소기업 등이 상호부조성격의 조합이나 단체를 설립하여 조합원이 대출을 받을 때 조합이나 단체가 보증을 서는 형태이다. 주로 유럽지역에서 채택하고 있다.

2) 공공기관보증제도

우리나라 등 아시아 지역에서 주로 행해진다. 국가 등이 독자적 보증기관을 설립하여 체계적인 보증 제도를 운영한다. 소요비용이 과다한 단점이 있다.

3) 융자보증제도

미국 등에서는 일정한 대출보증요건을 정해두고 국가 등으로부터 위탁받은 금융기관이 보증요건을 충족하는 대출을 취급한다. 보증 손실이 발생할 경우 국가 등에서 보전한다. 운영비용은 절감되나 인지도가 낮은 편이다.

제2절 주택금융신용보증기금

1. 주택금융신용보증기금의 설치

신용보증을 통한 주택금융의 활성화를 위하여 한국주택금융공사(이하 공사라 한다.) 내에 주택금융신용보증기금(이하 기금이라 한다)을 설치한다.[36]

기금의 설치목적은 주택수요자 및 주택사업자에게 주택자금을 원활하게 공급하여 근로자・서민 등 국민의 주거안정을 도모하고 주택금융기관 자금운용의 건전성을 제고하여 주택금융의 원활한 융통을 도모하는 것이다.

2. 기금의 조성

기금은 정부 및 금융기관의 출연금, 보증료 수입금, 구상채권 회수금, 기금운용수익금, 차입금 등을 재원으로 조성된다. 금융기관은 그 대출금에 연 1천 분의 3을 초과하지 아니하는 범위에서 일정 요율을 곱한 금액을 기금에 출연하여야 한다.

2010년에는 정부출연금 없이 금융기관출연금 4,583억 원, 보증료 714억 원, 구상채권 회수금 1,069억 원 등으로 총 1조 4,275억 원이 조성되었다.

36) 한국주택금융공사법 제55조(주택금융신용보증기금의 설치)

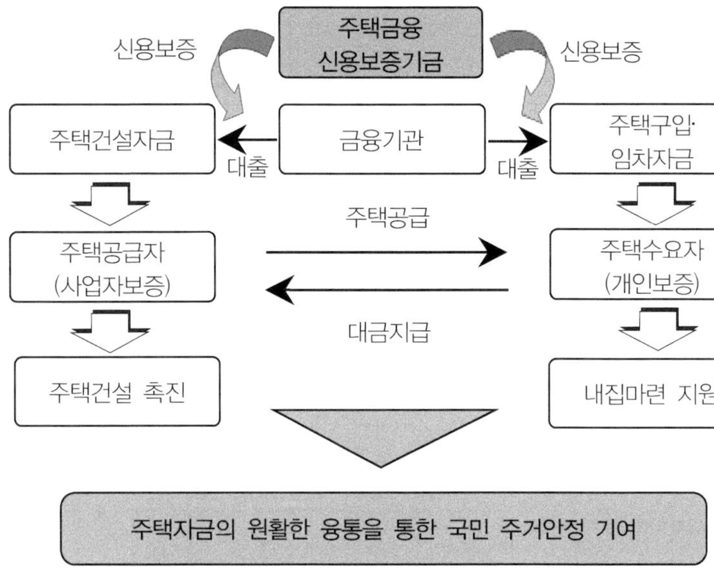

자료 : 한국주택금융공사, 국토교통부

[그림 8-1] 주택금융신용보증기금의 설치목적

3. 기금의 운용

기금의 운용은 공사법 제 57조에 의거 신용보증채무의 이행 (대위변제), 차입금의 원리금 상환, 기금의 조성 · 운용 및 관리를 위한 경비, 기금의 육성을 위한 연구 · 개발 등의 용도로 사용할 수 있다.

기금의 관리 · 운용은 한국주택금융공사가 담당한다. 공사는 회계연도마다 기금의 총수입과 총지출에 관한 기금운용계획안을 작성하여 회계연도가 시작되기 전까지 금융위원회의 승인을 받아야 하는 등 정부의 엄격한 감독을 받는다.

4. 기본재산 및 보증운용배수

기본재산은 정부와 금융기관의 출연금, IBRD 차입금 등으로 조성되며 신용보증의 재원으로 활용된다. 2010년의 순기본재산은 2조 2,281억 원이다.보증운용배수란 보증잔액을 보증재원(순기본재산 + IBRD차입금)으로 나누어 산출되는 지표로 보증운용의 안정성을 나타낸다. 기금의 법정 운용배수는 30배 이내로 제한되어 있는데, 2010년에는 8.4배로 낮아져 2000년 이래 가장 안정적인 수준을 기록하였다.

[표 8-1] 출연금 및 순 기본재산 현황

(금액단위 : 억 원)

구 분	2007	2008	2009	2010
정부출연금	1,000	–	–	–
금융기관출연금	2,467	4,306	4,210	4,583
순기본재산	6,170	11,086	16,669	22,281

[표 8-2] 연도별 운용배수 현황

(금액단위 : 억 원)

구 분	2008년	2009년	2010년
순기본재산(A)	11,086	16,669	22,181
IBRD차입금(B)	1,132	817	569
보증재원(C=A+B)	12,218	17,486	22,850
보증잔액(D)	114,064	157,337	192,053
운용배수(E=D/C)	9.3배	9.0배	8.4배

5. 주택금융신용보증기금의 연혁

1) 신용보증제도의 연혁

우리나라의 신용보증제도는 1961년 중소기업은행이 설립되면서 도입된 "신용보증준비금제도"로 시작하였다. 이 제도는 중소기업은행이 중소기업자금대출의 이자를 징수할 때 이자 외에 일정률의 신용보증준비금을 징수하여 적립하는 제도로서 은행의 대손위험 부담을 경감시켜주는 간접적인 신용보완제도였기 때문에 중소기업에 대한 금융기관의 대출을 확대시키는 데에는 한계가 있었다. 그 후 정부는 1967년에 「중소기업기본법」을 제정하여 중소기업은행이 보증대출을 취급할 수 있도록 함으로써 비로소 완전한 형태의 신용보증제도가 확립되었다.

또한 1972년 8.3조치를 통해 금융기관 내에 신용보증기금을 설치하도록 하고, 정부출연금과 보증료만으로 조성되던 재원을 금융기관까지 출연하도록 하였다. 이후 각 금융기관에서 운영하여 온 신용보증업무를 효율적으로 집중 관리하기 위하여 신용보증업무를 전담할 독립기구를 설치할 필요성이 대두됨에 따라 1974년 제정한 신용보증기금법에 의거, 1976년 신용보증기금이 설립되었다.

1989년 정부는 신기술사업에 대한 투자를 활성화하기 위하여 신기술을 개발하거나 개발한 기술을 사업화하는 기업에 대한 지원을 목적으로 기술신용보증기금을 설립함으로써 신용보증기금 단독 운영체제에서 복수 경쟁체제로 전환되었다.

이어서 1996년 2월 중소기업에 대한 정부지원을 보다 체계적이고 효율적으로 추진하기 위해 중소기업청이 설립되고 중소기업청은 지방자치단체 중심으로 대기업, 지역금융기관, 상공회의소 등의 자조적인 신용보증기구 설립추진을 촉진하기 위하여 기존 두 보증기관의 재보증제도를 도입함으로써 지방자치단체들이 지역신용보증조합 설립을 활성화하도록 하였다.

이를 제도적으로 뒷받침하기 위하여 2000년 3월 지역신용보증재단법이 제정 공포됨으로써 각 지역 신용보증조합은 특별법에 의한 공공법인인 지역신용보증재단으로 전환되었다.

지역신용보증재단의 업무내용은 양 신용보증기관과 비슷하나 운영을 지방자치단체와 정부가 공동으로 한다는 점에서 차이가 있다. 기본재산의 대부분을 지방자치단체와 금융기관이 출연하고 정부는 일부 보조금 형식으로 출연을 하되 업무감독은 정부에서, 예산과 인사는 지방자치단체에서 관할하는 이원화된 운영체계이다. 또한 기본재산과 조직 규모가 작은 관계로 동일 기업당 지원되는 보증금액 한도가 정부 산하 신용보증기관이 30억 원인데 비해 4억 원으로 소액이고 지역신용보증재단법상 특별기관인 전국신용보증재단연합회에서 보증금액의 50% 정도를 재보증하여 간접적으로 기본재산을 보완해 주고 있다.

2) 주택금융신용보증의 연혁

1987년 5월 「근로자의 주거안정과 목돈마련지원에 관한 법률」이 제정되고, 1988년 1월 주택금융신용보증기금이 개인보증 업무를 개시하였다. 주요 연혁은 [표 8-3]와 같다.

[표 8-3] 주요연혁

일 자	주요 연혁
1987. 5	「근로자의주거안정과목돈마련지원에관한법률」 제정(관리기관 : 한국주택은행)
1988. 1	주택금융신용보증기금(개인보증) 업무개시
1989. 1	사업자보증업무 개시
1999. 1	관리기관 변경(한국주택은행 → 신용보증기금)
2001. 10	개인보증 CSS(신용평가시스템) 실시
2002. 6	부분보증제도 시행(전액보증 → 90%)
2004. 3	관리기관변경(신용보증기금→ 한국주택금융공사)
2005. 2	금융기관 출연 요율 차등화 조정(0.125%±0.025% → 0.125%±0.04%)
2005. 9	개인보증 보증승인등급 확대(1~6등급 → 1~8등급)
2006. 11	보증한도 확대(80백만 원 → 100백만 원),
2007. 5	무주택서민을 위한 임차자금 제도개선[승인등급 확대(8 → 9등급) 보증한도 확대(최대 연간소득의 2배)]
2007. 7	서민 부담경감을 위한 보증료율 인하(연 0.3~1.2% → 연 0.2~1.0%)
2008. 11	동일인 당 신용보증한도 확대(1억 원 → 2억 원)
2009. 2	"임대보증금 반환자금보증" 제도 시행
2010. 6	금융소외 계층에 대한 특례보증 지원확대 (보증한도 10백만 원 → 15백만 원)

6. 주택금융신용보증기금의 주택보증공급실적

기금은 1988년 설치 이후 2013년까지 총 198조 원의 보증을 공급하였다. 이 가운데 개인보증으로 168조 원을 지원하였고 사업자보증으로 30조 원을 공급하여 서민의 주거안정과 중소 주택건설 사업자의 안정적인 자금조달에 기여하였다.

기금의 주요 보증고객을 살펴보면 개인보증의 경우 주로 연간소득 3천만 원 이하, 개인신용등급(CSS) 6등급 이하의 서민층과 국민주택규모(85㎡) 이하 주택에 대하여 집중적으로 지원하고 있다.

개인보증 고객특성 (건수기준)

2009년말 현재

연소득 3천만 원 이하	84.7%
CSS등급 6등급 이하	61.5%
주택규모 85 ㎡ 이하	94.4%

자료 : 한국주택금융공사

사업자보증의 경우에는 무주택 서민을 위한 임대주택 건설업체와 자금력이 상대적으로 취약한 지방소재 중소 주택건설사들을 주로 지원하고 있다.

사업자보증 고객특성 (잔액기준)

2009년 말 현재

임대주택 건설업체	59.6%
중소기업	98.1%
지방소재 중소기업	73.1%

자료 : 한국주택금융공사

제3절 주택금융 신용보증업무의 주요내용

1. 보증한도

기금의 지급능력유지와 부실화를 예방하기 위해서 공사법 제43조에서는 신용보증을 할 수 있는 최고 보증한도를 설정하고 있다. 보증한도는 총보증한도와 동일인 또는 동일기업에 대한 한도를 별도로 정하고 있다.

기금의 신용보증 총한도액은 기본재산[37]과 기금의 적립금을 합산한 금액(총신용보증재원)의 30배이다.

또한 동일인 또는 동일기업에 대하여 신용보증을 할 수 있는 최고한도는 다음과 같다.

37) 기본재산이란 정부의 출연금, 금융기관의 출연금 등을 말한다.

[표 8-4] 신용보증한도

구분	보증한도
동일인(개인)	전세자금보증 1억 5천만 원, 구입 및 중도금보증 5억 원
동일 임대사업자	2억 원
동일기업	총신용보증재원[38]의 100분의 30

2. 보증료

보증료는 보증서비스를 제공한 대가로서 받는 수수료와 금리적 성격을 모두 지니고 있다.

한국주택금융공사법 제 41조에 따르면 공사는 신용보증을 받는 자의 신용도와 기금의 운용 상황 등을 고려하여 신용보증을 받는 자로부터 보증금액의 연 100분의 2를 초과하지 아니하는 범위에서 보증료를 받을 수 있다.

보증료율은 기준 보증료율과 차등 보증료율로 구분된다. 기준 보증료율은 보증상품에 따라 차이가 나며 연 0.2~0.6% 수준으로 여건에 따라 변동될 수 있다. 차등 보증료율은 신용보증대상자의 신용도, 신용보증금액의 규모, 신용보증기간에 따라 차등화 된다. 보증료는 1년 단위로 연납이 가능하다. 일시 징수할 경우에는 1년을 초과하는 보증료에 대하여 할인이 적용된다.

3. 보증금액의 산정

보증금액은 원칙적으로 대출신청금액에서 제공되는 담보평가액을 차감한 금액이다. 그러나 전세자금보증과 같이 본래 담보가 없는 경우에는 대출신청금액 전체가 보증대상 금액이 된다.

또한 보증금액의 산정에 있어 채무자와 대출 취급 금융기관의 도덕적 해이를 방지하기 위해서 2002년 6월부터 담보부족분에 대한 전액보증방식에서 부분보증방식으로 변경되었다. 부분보증비율은 일반적으로 90%이다.

38) 총신용보증재원이란 기본재산(정부의 출연금 금융기관의 출연금 등)과, 기금의 적립금을 말한다.

4. 보증절차 등

개인 및 사업자보증의 일반적인 절차를 한국주택금융공사의 예를 들면 다음과 같다.

1) 개인보증

(1) 보증상담

공사 홈페이지 로그인을 통하여 보증가능여부, 개인보증한도 등을 조회한다.

(2) 보증신청

거래하고자하는 은행을 방문하여 필요서류를 제출하고 보증신청서 등을 작성한다.

(3) 보증심사

공사에서는 개인신용평가시스템(CSS : Credit Scoring System)에 의한 보증심사를 실시한다. 보증사고자, 신용등급미달자 등은 보증이 거절된다. 신청자는 방문하여 확인하는 등으로 계약사실을 확인한다.

(4) 결과통지

공사로부터 한도를 통지 받는다. 공사에서는 대출실행 시 보증료를 징수한다.

(5) 보증약정 및 대출실행

공사에서 업무위탁을 받은 금융기관과 채무관계자는 신용보증약정을 체결하고 신용보증서를 발급 받은 후 대출을 실행하게 된다.

2) 사업자보증

사업자보증의 대표적인 형태인 건설자금보증의 절차는 다음의 순서로 진행된다. 취급은행 대출상담 및 예비승인, 공사와 보증상담, 공사에 보증신청, 보증심사 및 승인, 보증약정 및 보증서 발급, 취급은행 대출승인 및 대출실행의 순서이다.

사업자보증은 공사 직접보증이므로 주요업무절차가 공사에서 진행된다.

3) 신용보증관계의 성립

신용보증관계는 신용보증을 받은 자와 그 채권자 간에 주된 채권채무관계가 성립한 경우에 성립한다.

공사가 신용보증을 하기로 결정한 때에는 그 뜻을 신용보증을 받는 자와 그 채권자가 될 자에게 각각 통지하여야 하며 통지가 있는 날부터 60일 이내에 주된 채권채무관계가 성립하지 아니한 경우에는 해당 신용보증관계는 성립하지 아니한다.[39)]

4) 보증사고관리 및 보증채무이행

보증사고란 대출원리금 연체, 신용관리 정보등록, 파산, 회사정리신청 등을 의미한다. 보증사고가 발생하면 대출금융기관은 정상화를 유도하되, 정상화가 불가능하면 보증 만기일 또는 기한의 이익 상실일로부터 일정기간이 경과한 후 공사에 대하여 보증채무의 이행을 청구할 수 있다. 단, 주채무자가 파산 또는 해산한 경우 또는 주채무자가 계속하여 6월 이상 영업을 하지 아니한 경우에는 공사에 대하여 즉시 신용보증채무의 이행을 청구할 수 있다.

공사는 리스크관리 강화를 위하여 개인신용평가모형(CSS) 및 신용리스크 측정 모형 및 개인행동평점모형(BSS)[40)]을 구축하고 있다.

한편 최근의 보증사고발생현황은 다음과 같다.

[표 8-5] 보증사고발생 현황

(단위 억 원, %)

구분	2008	2009	2010	2013
보증잔액(A)	11,406	157,337	192,053	403,971
사고발생액(B)	3,128	2,700	2,670	7,453
사고정상화(C)	2,957	2,555	1,649	3,759
사고순증액(D=B-C)	171	145	1,021	3,695
사고발생률(E=B/A)	2.7	1.7	1.4	1.8
사고순증률(F=D/A)	0.1	0.1	0.5	0.9

자료 : 한국주택금융공사

39) 공사법 제37조(신용보증관계의 성립)

40) 개인행동평점모형(BSS : Behavior Scoring System)은 보증이용 고객의 금융기관 거래정보 등을 활용하여 미래의 부실가능성을 평가하여 점수화 및 등급화하는 시스템이다.

5) 구상권관리

구상권이란 공사가 채무자를 대신하여 채무를 변제하고 채무관계자에 대하여 그 상환을 청구할 수 있는 권리이다. 일반적으로 회수율이 낮은 구상채권은 외부의 채권추심업체에 회수위탁 하고 회수율이 높은 구상채권은 자체회수한다. 회수가능성이 없다고 판단되는 구상채권은 대손상각을 실시하여 특수채권으로 편입한다.

제4절 주택금융 신용보증의 유형

1. 보증업무의 개요

주택금융 신용보증은 주택수요자의 주택자금부담을 경감하고 주택공급자의 지원을 통한 주택건설 촉진을 위한 소요자금을 지원하기 위해 보증업무를 크게 개인보증과 사업자보증으로 구분하여, 개인보증은 위탁보증방식으로 사업자보증은 직접보증방식으로 업무를 취급하고 있다.

직접보증은 주택금융신용보증기금이 보증업무를 직접 취급하는 것이며, 위탁보증은 주택금융신용보증기금이 보증업무를 주택금융기관에 위탁하고 주택금융기관이 대출업무와 보증업무를 취급하는 것이다.

2. 개인보증

개인보증은 직접보증과 위탁보증을 병행하였으나, 2001년 10월 개인보증에 신용평가시스템(CSS : Credit Scoring System)이 도입되면서 전면 위탁보증으로 전환하고 직접보증은 추가적 보증 없이 보증잔액의 기한만 연장해 주고 있다.

신용평가시스템은 보증의 건전성 및 의사결정의 투명성과 신속성을 제고하고 부실채권의 사전리스크 및 신용위험을 관리하기 위해 2001년 말에 도입된 시스템으로 개인의 신상정보, 소득 및 직장정보, 불량거래정보 등을 통계기법으로 분석한 신용평가모형에 의해 채무자의 각종 신용정보를 종합평가(평점화)하여 보증가능여부와 보증한도 등을 전산시스템에 의해 자동 판단하는 심사기법을 말한다. 즉, 고객의 과거 축적된 정보와 현재의 신용상태를 통계적 모형을 이용하여 가까운 미래의 신용위험(credit risk)을 종합적으로 평가하는 과학적이고 합리적인 개인신용평가기법이다.

개인보증은 대한민국 국민인 주택수요자가 주택을 건축·구입, 임차 또는 개량하기 위하여 주택금융기관으로부터 주택자금의 융자를 받을 자로서 보증금지대상이 아닌 개인을 대상으로 하며, 자금이 필요한데 해당 주택만으로는 담보가 부족한 경우나 주택분양을 받고 중도금을 납입하는 경우 그리고 전세, 월세 등 주택임차자금 대출시 담보가 없는 경우에 개인이 이용하는 보증을 말한다.

개인보증의 종류로는 전세자금보증, 모기지신용보증 및 중도금보증이 있다.

3. 사업자보증

사업자보증은 주택사업자 또는 미등록 사업자가 분양 또는 임대의 목적으로 주택을 건설하기 위해 주택금융기관에서 주택자금을 융자받을 경우 신용보증을 통해 자금조달을 원활하게 하기 위한 보증이다.

사업자보증의 대상자는 크게 사업자, 사업주, 미등록사업자, 매입임대사업자 등으로 구분하며, 사업주와 미등록 사업자의 경우에는 사업자보증으로 구분하되 건설자금보증에 한하여 가능하다.

사업자보증의 종류로는 건설자금보증, PF보증, 매입임대사업자보증 등이 있으며, 보증기한은 보증특성상 건설자금보증(분양건설 : 3년, 임대건설 : 35년)이 장기인 반면 임대중도금 보증은 준공예정일 이후 3개월 이내로 매우 짧다.

제5절 보증상품의 내용

한국주택금융공사에서 취급하는 주요 보증상품의 내용은 다음과 같다.

1. 주택개인보증

주택개인보증이란 주택수요자에 대한 금융보증이다. 즉, 임차자금, 주택구입자금, 분양주택에 대한 중도금 및 잔금에 대하여 금융기관으로부터 대출을 받고자 하는 개인에 대한 보증이다.

1) 전세자금보증

전세자금보증은 집 없는 서민들이 별도의 담보나 연대보증 없이 은행에서 손쉽게 전세 자금을 빌릴 수 있도록 신용보증을 해주는 제도이다.

만 20세 이상 부양가족이 있는 세대주에게 신청자격이 주어지며 결혼 예정자나 소득이 있는 단독세대주도 이용할 수 있다.

(1) 일반전세자금보증

일반전세자금보증은 은행에서 전세자금(월세보증금 포함) 대출을 받고자 하는 경우 이용하는 보증이다.

① 보증 대싱자

보증 대상자는 임차보증금 4억 원 이하(지방 2억 원 이하)인 주택임대차계약을 체결하고 임차보증금의 5% 이상을 지급한 자로서 부양가족[41]이 있는 만 20세 이상인 세대주(주택임대차계약 체결 이전이라도 전세 목적물, 임대차금액 등의 조건이 확실하다면 신청가능)이다.

---

41) 부양가족의 범위는 은행재원대출의 경우 ① 배우자 ② 직계존비속 및 그의 배우자 ③ 형제자매. 그의 배우자 및 자녀 ④ 배우자의 형제자매. 그의 배우자 및 자녀 ⑤ 신청인 및 배우자의 4촌 이내인 자 ⑥ 동거인 중 위 ①~⑤에 해당하는 자로 신청인이 입증하는 자이며 국민주택기금대출인 경우에는 ① 배우자 ② 신청인 및 배우자의 직계존비속 ③ 만 20세 미만의 형제자매이다.

② 보증대상자금

보증대상자금은 임대차계약을 체결하고 임차보증금을 지급하는 데 소요되거나 소요된 자금이다.

③ 보증대상주택

보증대상주택은 첫째, 임차대상 부분의 공부상 용도가 주택이거나 주거용 오피스텔, 노인복지주택으로서 실제 주거용으로 이용되어야 한다. 둘째, 복합용도 건물을 임차하는 경우에는 총임차면적 중 주거전용면적이 1/2 이상이어야 한다. 셋째, 소유권에 경매신청, 압류, 가압류, 가처분 및 가등기 등 권리침해가 없어야 한다.

④ 보증신청시기

보증신청시기는 신규 임대차 계약의 경우에는 임대차계약서상 잔금지급일과 주민등록전입일 중 빠른 날로부터 3개월 이내이다. 갱신 임대차 계약의 경우 소정의 거주기간[42]이 경과한 경우에만 계약갱신일로부터 3개월 이내에 신청 가능하다.

⑤ 보증한도

보증한도는 총 2억 원 한도 내에서 다음 중 적은 금액이다.

* [총임차보증금(계약갱신은 증액금액 범위 내) × 80%] − 기 보증잔액
* [연간인정소득(본인 소득 또는 본인 및 배우자 소득합산)[43] − 연간부채상환예상액[44] + 상환방식별 우대금액[45] − 기 전세자금 보증잔액]

⑥ 필요서류

공사 소정양식, 주민등록등본, 확정일자부 임대차계약서(사본), 계약금 지급 영수증, 소득금액산정 입증 서류(근로소득 원천징수영수증, 사업소득원천징수영수증, 소득금액증명원 또는 종합소득세 과세표준확정신고 및 자진납부계산서(세무사 확인분) 등), 임차목적물 부동산등기부등본, 기타 개인에 따라 추가서류 필요하다.

---

42) 은행재원대출은 주민등록전입일로부터 3개월 이상경과

43) 배우자 소득 합산시에는 부채 또한 합산하게 됨에 유의. 연대보증인 입보시, 질권설정시, 임차보증금 반환채권 양도시 에는 연간 소득금액을 최대 2.5배로 인정(다자녀가구, 신혼가구 및 지방소재주택(수도권 외), 다문화가구, 장애인가구는 최대 3배)

44) 연간부채상환예상액은 부채금액의 약 20~30%로서 한국은행이 발표하는 평균 가계대출금리를 고려한 금액임

45) 대출금 상환방식을 매월 원리금균등 또는 원금균등방식인 경우 (연간인정소득 − 연간부채상환예상액)의 20%를 가산함

(2) 집단전세자금보증

집단전세자금보증은 임대아파트 계약체결 후 전세 중도금 및 잔금 등을 지급할 목적으로 은행에서 받는 대출에 대한 보증으로, 사업 시행자가 임대아파트 사업장 단위로 공사 지사에서 승인 받는 집단보증 상품이다.

① 보증 대상자

임대아파트에 입주하기 위하여 임차보증금 4억 원 이하(지방 2억 원 이하)인 임대차계약을 체결하고 임차보증금의 5% 이상을 지급한 자

② 보증대상주택

다음 ⓐ와 ⓑ의 요건을 모두 충족하는 신규입주 임대아파트이어야 한다.

ⓐ 사업장(임대아파트단지) 또는 사업시행자(임대사업자)가 다음 어느 하나에 해당할 것

* 사업장이 공공택지개발지구 내 소재할 것
* 사업시행자가 공공임대사업자일 것
* 사업시행자가 대한건설협회의 당해 년도 토목, 건축 시공평가순위 200위 이내의 기업일 것
* 사업시행자가 최근 3년간 200가구 이상 주택건설실적이 있을 것

ⓑ 대한주택보증의 주택임대보증을 받은 아파트일 것. 다만, 「주택공급에 관한 규칙」 제7조 제2항에 의한 사업장 및 사업 시행자가 공공임대사업자일 경우에는 주택임대보증을 받은 것으로 간주한다.

③ 보증대상자금

이미 납입한 계약금(임차보증금의 5% 이상)을 제외한 임차보증금을 지급하는 데 소요되는 자금

④ 보증대상주택의 용도

* 임차대상 부분의 공부상 용도가 주택이어야 하며, 실제 주거용으로 이용할 것
* 복합용도 건물을 임차하는 경우에는 총임차면적 중 주거전용면적이 1/2 이상일 것

⑤ 보증한도

* 총 2억 원 한도 내에서 다음 중 적은 금액
  - 임차보증금 × 80% 이내 – 기 보증잔액
  - 임차보증금 – 기 납부금액
* 국민주택기금대출의 경우 상환능력별 보증한도를 적용한다.

⑥ 보증신청시기

* 집단취급승인 : 입주예정일까지
* 건별승인 신청시기 : 입주예정일로부터 1년까지

2) 중도금보증

(1) 일반중도금보증

일반 중도금보증이란 주택을 분양 받고 계약금, 중도금, 잔금의 대출이 필요한 경우 이용하는 보증이다.

① 보증대상자

보증 대상자는 주택의 분양계약을 체결하고 분양대금의 10% 이상을 납부한 자이다.

재개발, 재건축조합원, 집단승인을 받은 사업장의 분양계약자인 경우에는 분양대금의 10% 미만을 납부한 자도 보증취급 가능하다.

② 보증대상자금

보증대상자금은 분양대금 중 이미 납부한 분양대금을 제외한 계약금, 중도금 및 잔금이다. 단, 이주비대출은 제외한다.

③ 보증대상주택

주택가격(실 분양가격) 9억 원 이하인 주택이어야 하며, 사업장별 건설세대수가 30세대 이상인 주택이다.

④ 보증신청시기

보증신청시기는 소유권이전 등기 전까지이다.

⑤ 보증한도

보증한도는 3억 원 이내에서 분양가격의 60% ~ 70%이다.

⑥ 필요서류

필요서류는 다음과 같다.

* 공사소정양식 : 보증신청서, 보증약정서, 개인정보제공동의서, 각서 등(은행 구비)
* 본인확인서류 : 주민등록등본, 신분증 사본, 현 거주주택 부동산등기부등본 등
* 분양계약관련서류 : 분양계약서 사본, 확약서(소정양식), 입주자모집공고문, 분양대금 기납입 확인서류 등

(2) 연계중도금보증

연계중도금보증이란 주택을 분양 받고 계약금, 중도금, 잔금의 대출이 필요한 경우 이용하는 보증으로, 소유권이전등기 후 공사 보금자리론으로 전환할 것을 사전 특약하는 상품이다. (소유권이전등기 전에는 은행의 대출상품을 이용하며, 소유권이전등기 후에는 공사의 보금자리론을 이용한다.)

① 보증 대상자

보증 대상자는 주택의 분양계약을 체결하고 분양대금의 10% 이상을 납부한 소득증빙이 가능한 자로서 소유권이전등기 후 공사 보금자리론으로 전환할 것을 사전 특약한 자이다. 단, 재개발, 재건축 조합원, 집단승인을 받은 사업장의 분양계약자, 「주택법」에 의한 청약저축 또는 주택청약종합저축 1순위 또는 2순위자로서 같은 법 제2조 제3의 2에서 정한 국민주택 등(민간건설주택 및 공공임대주택을 제외)의 분양계약자인 경우에는 분양대금의 10% 미만을 납부한 자도 보증취급 가능하다. 소득증빙 시 배우자의 소득과 합산 가능하다.

② 보증대상자금

일반중도금보증과 동일하다.

③ 보증대상주택

일반중도금보증과 동일하다.

④ 보증신청시기

일반중도금보증과 동일하다.

⑤ 보증한도

보증한도는 최대 5억 원까지로 한다.

⑥ 필요서류

필요서류는 기본적으로 일반중도금보증과 동일하며 추가서류로 직장인의 경우 재직증명서, 근로소득원천징수영수증 등, 자영업자는 사업자등록증, 소득금액 증명원 등이 필요하다.

3) 모기지 신용보증(MCG)

(1) 일반구입자금보증

모기지신용보증은 주택을 구입할 때 해당 주택만으로 담보가 부족할 때 이용하는 보증이다. 은행에서 주택을 담보로 대출시 소액임차보증금을 공제하지 않고 주택담보대출비율까지 대출을 받을 수 있는 보증이다.

① 보증 대상자

보증대상자는 주택을 구입하거나 이에 소요된 자금을 보전하기 위하여 금융회사로부터 보증대상주택을 담보로 대출을 받고자 하는 자이다.

② 보증대상자금

보증대상자금은 기존주택을 구입하는 데 소요되거나 소요된 자금, 전세를 주었던 주택에 신청인이 입주하기 위하여 소요되거나 소요된 자금이다.

③ 보증대상주택

보증대상주택은 주택가격이 9억 원 이내로서 공부상 용도가 주택이어야 하며 보증대상주택이 투기지역 또는 투기과열지구에 속한 주택인 경우에는 국민주택규모 이하여야 한다.

④ 보증신청시기

보증신청시기는 구입용도의 경우 주택의 매매계약을 체결한 날부터 소유권보존·이전등기 후 3월까지이다. 보전용도의 경우에는 주택의 매매계약을 체결한 날부터 소유권보존·이전등기 후 3월을 경과하여 30년까지, 전세 주었던 주택에 신청인이 입주하는 경우에는 임대차계약 종료일로부터 3월까지이다.

⑤ 보증한도

보증한도는 아래 각 보증한도 중 적은 금액으로 한다.

* 동일인당 보증한도 : 3억 원 - 동일인 기보증잔액

* 소요자금별 보증한도 : (지역별 소액임차보증금 × 적용대상* 방수) × 보증비율 - 동일인 기 보증잔액

* "적용대상 방수"는 금융기관의 내규에 따라 대출 산정 시 적용한다.

4) 건축 및 개량자금보증

건축 및 개량자금보증은 주택 신축 및 개량 시 기존 담보만으로 원하는 대출금액이 부족할 때 이용할 수 있는 보증이다.

① 보증 대상자

주택을 신축·개량하거나 이에 소요된 자금을 보전하고자 하는 자

② 보증대상자금

주택을 신축·개량하는 데 소요되거나 소요된 자금

③ 보증대상주택

신청인이 소유하고 있는 주택으로서 실제 주거용으로 이용하고 있거나 이용할 예정인 주택

④ 보증신청시기

건축인 경우 건축허가일로부터 소유권보존등기 후 3개월이 되는 날까지 신청가능하며, 개량인 경우 공사계약일로부터 공사완료일 또는 사용승인일 전까지 신청가능하다.

⑤ 보증한도

보증한도는 아래 한도 중 적은 금액으로 한다.

* 동일인당 보증한도 : 3억 원 − 동일인 기 보증잔액

* 소요자금별 보증한도 : (주택가액×구분별 한도비율)−(선 순위 설정최고액+대항력 있는 임차보증금 + 담보부대출) − 동일인 기 보증잔액

5) 임대보증금반환자금보증

임대보증금반환자금보증은 임대인이 임대차보증금을 임차인에게 반환하기 위하여 은행에서 대출받을 때 이용할 수 있는 보증이다.

① 보증대상자

보증대상자는 주택에 대한 임대차(전・월세 포함하되, 전대차는 제외)계약의 임대인으로서 다음 중 하나에 해당하는 사유로 임차인에게 임대차보증금을 반환하기 위하여 금융회사로부터 대출을 받고자 하는 자이다.

* 임대차계약의 기간 만료
* 최초 임대차계약 체결 후 2년이 경과한 경우로써 임대인과 임차인의 합의에 따른 임대차 계약 해지(임대차계약 기간 만료 후 동일한 주택에서 동일한 임차인과 임대보증금을 인하하여 계약 갱신하는 임대인도 취급 가능하며, 1가구 다주택보유자인 경우에도 취급 가능하나 법인임대사업자는 취급 불가함)

② 보증대상자금

임대보증금을 반환하는 데 소요되는 자금

③ 보증대상주택

건축물 전부 또는 일부의 공부상 용도가 주택으로서 신청인이 소유하고 있으면서 아래 요건을 모두 충족하여야 한다.

* 대상주택에 권리침해가 없을 것
* 복합용도 건물의 경우, 총임차면적 중 주거전용면적이 1/2 이상일 것
* 소득세법상 고가주택(9억 원 초과주택)이 아닐 것

④ 보증신청시기

* 임대차계약 기간이 만료한 경우 : 계약만료일 전후 3월 이내
* 임대차계약이 중도해지 되는 경우 : 중도해지 효력발생일로부터 기산
* 임대인과 임차인의 합의에 의한 해지 : 계약해지일 전후 3월 이내(최초 임대차계약 체결 후 2년이 경과하여야 함)
* 주택임대차보호법 제6조의2에 따른 해지 : 임대인이 해지통지를 받은 날로부터 3월 경과일 전후 3월 이내
* 임차인측의 귀책사유에 따른 해지 : 임대인이 해지통지한 날로부터 6월 경과일 이후 3월 이내(3월의 기간은 영업일 및 공휴일을 포함하며 구두에 의한 해지통지는 인정하지 아니함)

⑤ 보증한도

보증한도는 아래 각호의 한도 중 가장 적은 금액으로 한다. 단, 계약 갱신인 경우 신·구 전세금 차액을 초과하지 못한다.

* 동일인당 한도 : 1억 원(본인 및 배우자 기 보증잔액 포함)

* 소요자금별 한도 : 다음 중 가장 적은 금액(단, 신청금액이 2천5백만 원 이하일 경우에는 ⓐ와 ⓒ 중 적은 금액)

ⓐ 임대보증금의 30%

ⓑ [(주택가격 × 60%) + 2천5백만 원] - 선순위채권액

ⓒ 임대인 반환예정 임대보증금 *주택당 한도 : 5천만 원

⑥ 보증기한

보증기한은 2년이다. (기한연장 시 최고 4년임)

2. 주택사업자보증

주택사업자보증은 사업자가 분양 · 임대를 위한 주택건설자금을 대출받고자 할 때 대출금융기관에 대하여 한국주택금융공사가 원리금의 지급을 보증하는 제도이다.

1) 건설자금보증

(1) 상품개요

건실사업사 등이 분양 또는 임대를 위해 주택도시기금으로부터 공사비를 대출받고자 하는 경우 지원되는 보증이다.

(2) 보증지원대상

① 사업자

수요자에게 분양 또는 임대하기 위해 주택을 건설하려는 주택법 제9조에 의해 등록된 주택건설사업자

② 사업주

자사 소속 근로자에게 분양 또는 임대(무상대여 포함)하기 위해 주택을 건설하려는 사업주

③ 미등록업자

수요자에게 분양 또는 임대하기 위해 주택을 건설하려는 자로서 주택법 제9조에 의한 주택사업자 등록을 하지 않고 연간 20호(세대)(도시형 생활주택은 30세대) 미만의 주택을 건설하는 자

(3) 대출한도

대출금융기관이 사업대지담보가액 감안하여 산정한 금액

(4) 보증한도

다음 중 적은 금액으로 한다.

* (당해대출 - 담보부대출)의 90%
* 세대당 2억 원
* 동일기업당 보증한도(2016년, 2,551억 원)

(5) 보증료

분양건설자금보증	연 0.5% 기준 (0.3%~1.0%)
임대건설자금보증	연 0.4% 기준 (0.2%~0.9%)

2) 프로젝트금융(PF) 보증

(1) 상품개요

주택건설사업자가 분양을 목적으로 주택을 건설하는 데 필요한 자금을 금융기관에서 프로젝트금융방식으로 받는 대출에 대하여 지원되는 보증이다.

프로젝트금융방식이란 당해 프로젝트의 미래현금 수입을 주요 상환재원으로 하여 자금을 조달하는 금융기법을 말한다.

(2) 사업 참여자별 역할

구 분	역 할
시행사	사업주체(사업시행 및 분양업무 등), 원리금상환
시공사	건물준공, 분양지원 업무 등
대출기관(은행)	대출취급, 자금관리(사업비 지급, 분양수입금 관리 등)
보증기관(공사)	대출원리금에 대한 지급보증

자료 : 한국주택금융공사

(3) 보증요건

① 사업장

보증대상은 주택에 한하며, 최소 세대수는 공공택지는 100세대, 서울시는 200세대, 경기도·광역시는 300세대, 기타지역은 400세대 이상이다. 전용면적 $85m^2$ 이하 세대주가 총건설 세대수의 30% 이상이어야 한다.

② 시행사 (피보증인)

주택법 제9조에 의한 주택건설사업자로 등록한 자로서 당해사업 수행목적으로 설립된 단일목적 회사(SPC) 또는 본건이외 다른 사업을 수행하고 있지 않는 주택건설사업자. 단, 사업지가 공공택지인 경우는 예외이다.

③ 시공사

대한건설협회의 당해 연도 토목·건축 시공능력 평가순위 200위 이내로서 신용평가회사[46]의 회사채, 기업신용등급이 BBB^- 이상이어야 한다.

책임준공(필수)과, 신용보강 제공(협의사항) 등이 필요하다.

④ 대출금융기관

한국주택금융공사와 기본업무협약 체결된 금융기관(경남, 광주, 국민, 기업, 대구, 부산, 신한, 외환, 우리, 전북, SC제일, 산업, 제주, 한국 시티, 하나은행 및 농협은행, 수협은행)

46) 「신용정보의 이용 및 보호에 관한 법률」제4조 제4항 제4호에 의한 신용평가업자 (한국신용평가(주), 한신정평가(주), 한국기업평가(주), 서울신용평가정보(주))

(4) 보증취급기준

[표 8-6] 보증취급기준

구분	취급 기준
보증신청 시기	보증요건을 모두 충족하고 사업계획 승인을 신청한 경우
대출한도 및 보증한도	대출한도 = 총사업비* × 대출비율** * 총사업비에는 대지비, 공사비, 기타사업비가 포함됨 ** 총사업비에 대한 대지비 비중이 20% 초과 시 70%, 총사업비에 대한 대지비 비중이 20% 이하 시 65%를 적용
	보증한도 = 대출한도 × 부분보증비율 (부분보증비율은 시공사 시공능력순위 1~100위는 최대 90% 이내, 101~200위는 최대 80% 이내)
보증료	보증료 = 보증금액 × 보증기간 × 보증료율 (보증료율은 시공사의 신용등급 및 보증승인금액에 따라 연 0.5~1.1%
보증결정	프로젝트의 사업성과 시공사의 사업수행능력 등을 심사하여 결정
보증서발급	기성고 등에 따른 대출금 분할지급시 분할보증서 발급
보증해지	대출금의 상환으로 보증해지

자료 : 한국주택금융공사

(5) 대출금액의 결정

후분양 시점[47]까지의 사업비(대지비 잔금, 공사비 및 기타사업비)를 대출지원한다. 분양 개시 이후에는 분양수입금으로 사업비 충당 및 원리금을 상환한다. 현금흐름표 등을 기초로 사업약정당사자 간 소요금액을 협의하여 대출금액을 결정한다.

(6) 보증금액의 산정

보증금액 = 대출금액 × 부분보증비율*

* 시공사 시공능력순위 1~100위는 최대 90%, 101~200위는 최대 80% 이내이다.

3) 매입임대사업자보증

(1) 보증대상

민간임대주택에관한특별법 제5조의 규정에 의하여 주택임대사업을 하기 위하여

47) 후분양시점이란 골조 2/3 완성, 공정률 40% 내외를 의미함.

등록한 임대사업자로서 임대를 목적으로 주택을 매입하거나 매매계약(분양계약 포함)을 체결한 자가 금융기관으로부터 주택자금의 대출을 받는 경우에 지원된다.

(2) 보증대상주택

세대당 전용면적 85㎡ 이하인 공동주택

(3) 보증구분

① 매입자금보증

매입임대사업자가 준공된 주택을 임대목적으로 구입할 경우의 부족자금을 대출받고자 하는 경우에 지원하는 보증이다.

② 매입중도금보증

매입임대사업자가 건축 중인 주택을 임대목적으로 분양받기 위해 부족한 중도금자금을 대출받고자 하는 경우에 지원하는 보증이다.

(4) 보증한도

보증한도는 동일사업자당 10억 원, 세대 당 1억 원이다.

4) 도시형 생활주택 보증

(1) 보증대상

분양 · 임대를 목적으로 300세대 미만의 국민주택을 건설하려는 자

(2) 보증대상주택

도시형 생활주택 : 단지형 다세대, 단지형 연립, 원룸형 주택

제 9 장

주택 및 건축물 분양보증

주택이나 상가 등 건축물의 분양방법은 분양시점에 따라 선분양제와 후분양제로 나눌 수 있다. 선분양제는 주택의 준공 전에, 후분양제는 주택의 준공 후에 분양이 이루어지는 것을 말한다.

우리나라는 현재 후분양제를 원칙으로 하되[48], 제한적으로 선분양제를 허용하고 있다. 필리핀, 베트남 등 일부 국가를 제외한 미국이나 일본 등 대부분 국가에서는 후분양제가 일반적이다.

물론 외국에서도 사전판매를 하는 경우가 있는데 이는 주택 등 건축물의 사전청약 행위로서 구입의사를 파악하거나, 청약금만 내고 중도금 없이 잔금은 입주 시에 납부하는 경우가 많다.

우리나라는 1970년대 이후 급속한 산업화과정을 거치면서 수도권 및 대도시의 인구집중으로 주택부족 현상이 심화되었으나 주택공급을 지원하는 주택금융제도가 미흡하여 선분양제도가 정착되었으며 나름대로 순기능의 역할을 수행하였다.

정부입장에서는 주택공급확대 등 정책목적을 달성하기 위하여, 건설업체는 사업리스크를 축소하고 자금조달을 원활히 하기 위하여, 분양계약자는 자금부담의 분산과 부동산가격 상승에 따른 시세차익을 얻기 위하여 선분양제가 필요하였다.

후분양제는 건물이 준공된 후에 분양이 이루어지므로 분양자체에 대한 보증문제가 발생될 여지가 없다.

선분양제의 경우 분양자가 주택의 착공시점에서 분양계약자에게 주택을 분양하고, 주택이 완성되기 전에 계약금과 중도금을 받을 수 있으므로 분양자가 도산할 경우 분양계약자에게 재산상의 손실이 발생하고 사회혼란이 야기될 수 있다.

따라서 선분양제에서는 분양계약자의 권리를 보호하기 위해 필연적으로 분양보증 등의 안전장치가 필요하다.

---

48) 「주택법」 제38조, 「주택공급에 관한 규칙」 제15조.

정부에서는 주택건설업체가 공동주택을 선분양하는 경우에는 분양보증을 받도록 하고 있다.

한편 2005년 4월 「건축물분양에 관한 법률」의 제정으로 그동안 공동주택의 사전 분양에만 적용되던 분양보증제도가 상가 등 건축물의 사전 분양에도 도입되었다.

건축물 분양보증제도는 상가 등 건축물이 사전 분양된 후 분양자의 부도 등 건축물의 준공 전에 발생할 수 있는 제반 위험으로부터 분양계약자를 보호하기 위한 것이다. 그러나 분양자에게는 자금상의 부담 및 규제로 작용하게 되었다. 이하에서는 주택분양보증과 건축물 분양보증, 기타 주택사업관련보증에 관하여 알아본다.

제1절 주택분양보증

1. 주택분양보증의 개념

1) 주택분양보증의 의의

「주택공급에 관한 규칙」[49)]에 의하면 사업주체는 주택이 건설되는 대지의 소유권을 확보하고 해당기관으로부터 분양보증을 받은 경우 착공과 동시에 입주자를 모집할 수 있도록 규정하고 있다. 즉 주택분양보증을 받을 경우 선분양이 가능한 것이다.

주택분양보증은 사업주체가 파산 등의 사유로 분양계약을 이행할 수 없게 되는 경우, 해당주택의 분양이행 또는 납부한 계약금 및 중도금의 환급을 이행하는 보증이다.[50)]

또한 주택분양보증은 주택건설업체가 주택건설에 소요되는 자금을 분양계약자로부터 어려움 없이 조달할 수 있도록 하는 공급자금융의 역할도 담당한다.

주택분양보증은 보증대상에 따라 주택분양보증, 주택임대보증, 주상복합 주택분양보증으로 구분할 수 있다.

49) 「주택공급에 관한 규칙」 제15조 제1항 제1호 및 제2호.

50) 「주택법」 시행령 제106조 제1항 제1호 가목.

2) 주택분양보증의 법적 성질

주택분양보증계약은 주택이 건설되는 대지의 소유권을 확보한 사업주체와 대한주택보증주식회사 간에 장래의 불특정 입주자를 위해 체결되며, 보증의 내용은 사업주체가 파산 등의 사유로 분양계약을 이행할 수 없게 되는 경우 해당주택의 분양의 이행 또는 납부한 계약금 및 중도금의 환급을 보증채무자인 대한주택보증주식회사가 입주자에게 책임을 부담하는 것이다.

주택분양보증계약은 사업주체와 대한주택보증주식회사 간에 계약당사자가 아닌 분양계약자를 위해 체결되기 때문에 이는 제3자를 위한 계약에 속한다.

제3자를 위한 계약이란 계약으로부터 생기는 권리를 계약당사자가 아닌 제3자가 직접 취득하게 하는 것을 내용으로 한다. 따라서 주택분양보증계약의 법적 성질은 조건부 제3자를 위한 계약이라 하겠다. 판례도 같은 견해이다.[51)]

한편 주택분양보증은 준공 및 소유권이전이라는 '이행보증'의 성격, 계약금과 중도금의 환급책임에 대한 '지급보증'의 성격, 선분양을 위해 반드시 가입해야 하는 '의무보증'의 성격을 갖는다.

3) 주택분양보증의 역할

(1) 분양계약자의 보호

주택은 대부분의 가구에서 가장 큰 비중을 차지하는 재산이다.

주택분양보증은 선분양제 하에서 분양자가 주택 준공 전에 도산함으로써 분양계약자가 처할 수 있는 재산상의 손실위험을 제거해준다. 즉 분양계약자가 납부한 분양대금을 환급해주거나 건설업체를 대신하여 아파트를 준공시켜준다. 따라서 주택분양계약자가 안심하고 계약금과 중도금을 납입할 수 있다. 주택분양보증의 역할 중 분양계약자의 보호가 제일 중요한 기능이라 할 수 있다.

(2) 주택의 공급확대

후분양제는 건설업체의 자금조달이 원활하지 못할 경우 주택공급을 제한한다. 그러나 주택분양보증에 의한 선분양은 공급자금융의 역할을 하여 안정적인 자금확보의 수단이 된다. 따라서 주택분양보증은 주택의 양적 공급확대에 기여한다.

---

51) 손원선, "주택분양보증계약에서의 제3자에 대한 효과", 한양법학 제21권 제1집, 2010. 2, p.235.

또한 주택공급시장이 확대된다. 대형 우량 건설업체뿐 아니라 신용도가 상대적으로 낮은 중소형 건설업체도 주택분양보증에 의한 신용보강이 이뤄져 분양계약자의 신뢰를 획득할 수 있어 중소도시를 중심으로 주택공급사업을 진행할 수 있다.

(3) 주택시장의 안정과 발전에 기여

주택분양보증은 선분양을 가능하게 함으로써 과거 주택의 만성적인 초과수요에 부응한 주택공급 확대에 기여하여 주택시장의 안정에 기여하였다. 또한 외환위기 당시 주택가격이 하락하고 건설업체의 도산으로 분양계약자들이 어려움에 처했을 때 주택분양보증을 통해 시장을 안정시킨 사례가 있다. 이와 같이 선분양제 하에서는 주택분양보증이 주택시장을 안정시키고 시장발전의 토대를 제공하는 역할을 한다.

2. 보증기관

우리나라에서 주택분양보증을 취급할 수 있는 보증기관은 주택도시기금법 제16조에 따라 설립된 주택도시보증공사이다.52)

주택도시보증공사는 주택건설 등에 대한 각종 보증을 함으로써 주택분양계약자를 보호하고 주택건설을 촉진하며 국민의 주거복지 향상 등에 기여하기 위하여 설립되었다.

주택도시보증공사의 전신은 주택건설업체들이 출연하여 1993. 4 설립한 주택사업공제조합으로 분양보증 등 14개 보증 및 융자업무를 취급하였으나, 외환위기를 극복하는 과정에서 1999. 6 대한주택보증주식회사로 전환되었다. 2016. 8. 12 주택도시기금법이 시행되면서 주택도시보증공사가 설립되었다.

주택도시보증공사의 주요업무로는 개인보증, 기업보증, 보증이행, 보증업무지원 등이 있다.

52) 「주택공급에 관한 규칙」 제15조 제1항

3. 보증구조

주택분양보증은 사업주체와 보증회사, 수분양자(분양계약자)의 제3자 관계가 중심이 된다. 주택분양보증계약의 당사자는 사업주체(주채무자)와 보증회사(보증채무자)이다. 사업주체는 주택 토지소유자가 등록사업자와 공동사업주체인 경우에는 공동사업주체인 등록사업자를 말한다.[53] 보증회사는 주택도시보증공사이다. 주택분양보증계약에서 제3자는 사업주체와 수분양자(분양계약자) 간에 체결되는 분양계약상의 수분양자이다. 수분양자는 사업주체에 대해 분양계약에서 발생하는 분양권을 가진다. 분양권의 내용은 완성된 건물을 공급받을 권리 및 그 건물과 대지의 소유권을 이전받을 권리이다. 수분양자는 주택분양보증계약상 발생하는 보증의 효력을 취득하는 수익자이고 보증채권자이다. 보증채권자는 분양권 양수자를 포함한다.

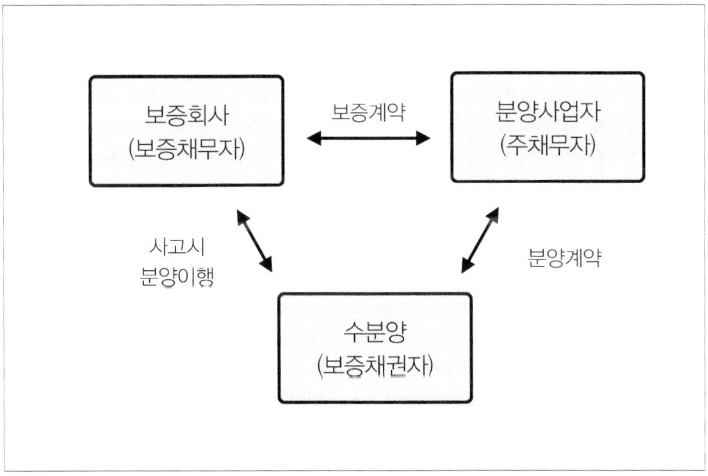

[그림 9-1] 주택 분양보증의 구조

4. 보증심사와 신용평가

1) 보증심사

보증심사란 사업주체의 신용리스크 수준을 파악하여 주택사업의 성공가능성을 검

53)「주택공급에 관한 규칙」 제7조 제1항

토하는 것이다. 즉 주택분양보증계약 체결 이후 분양, 준공에 이르기까지 주택사업이 원활하게 진행될 수 있는지를 심사하는 것이다.

보증심사는 주택사업 관련 법령, 규칙, 보증회사 내규 등을 근거로 이뤄지며 사업장심사와 업체심사로 구분하여 실시된다.

사업장심사는 사업부지, 사업계획승인, 자금관리, 기타담보 등의 항목을 검토하며, 업체심사는 신용평가, 연체여부, 보증한도, 연대보증인, 보증제한 등의 항목을 심사한다.

특히 신용평가는 대출조사를 통해 사업체의 신용도를 분석하는 것인데, 보증가능여부, 보증료율, 대출금이율, 보증한도, 보증심사평점 결정의 기준이 되는 중요한 항목이다.

2) 신용평가

신용평가제도는 거래업체의 재무 및 비재무상황 등을 종합적으로 검토하여 보증 등 업무거래 시 적용할 신용도인 신용등급을 평가하는 제도이다. 신용평가를 받지 않을 경우 모든 거래를 이용할 수 없다.

회사의 신용평가등급은 재무모형, 현금흐름모형, 비재무모형, 대표자모형 항목을 가중 합산한 등급에 필터링 및 등급조정을 거쳐 [표 9-1]과 같이 15개 등급체계로 이루어져 있다. 신용평가는 보증료율, 대출금이율, 보증한도, 보증심사평점결정 등에 있어 기준이 된다.

[표 9-1] 주택도시보증공사의 신용등급체계

등급	AAA	AA	A+	A–	BBB+	BBB–	BB+	BB–	B+	B–	CCC+	CCC–	CC	C	D
	초우량	우량(매우양호)			양호		보통				열악				부도

자료: 주택도시보증공사

이와 같은 신용평가등급의 유효기간은 신용평가등급 확정일로부터 1년을 원칙으로 한다.

한편, 신용상태에 문제가 있다고 인정되는 다음의 업체는 신용평가 대상에서 제외하며, 최하위 신용평가등급을 적용한다.

첫째, 어음교환소로부터 거래정지처분을 받은 경우, 둘째, 한국기업데이타(주)가 제공하는 신용정보 조회결과 대출금 또는 카드대금을 연체 중인 자, 특수채권업체로 분류된 자, 금융질서 문란행위자, 법원의 판결에 따른 채무불이행자 셋째, 채무자회생 및 파산에 관한 법률에 따른 회생절차개시신청을 한 경우 넷째, 기업구조조정촉진을 위한 금융기관협약에 의한 기업개선작업(workout) 개시결정이 부결된 경우 다섯째, 대한주택보증(주)이 보증채무를 이행함으로써 발생한 주채무를 완제하지 아니한 경우 등이다.

5. 보증한도 산정

보증한도란 보증신청인의 재무상태, 신용평가등급, 보증이용률 등을 감안하여 업체별로 보증을 이용할 수 있는 여력을 말한다. 보증한도의 산정은 신용평가 시 분류한 업종에 따라 업종별 한도를 산정한다. 설립 2년 미만 신규업체는 업종에 불구하고 [납입자본금 × 0.8] × M의 방법으로 보증한도를 산출한다.

[표 9-2] 보증한도 산출식

업종	보증한도 산출식
건설업	[(매출액×0.75)+(분양매출액×0.25)]×M×보증이용률
제조, 도·소매, 서비스업	[(자기자본×0.10)+(매출액×0.90)]×M×보증이용률

자료 : 주택도시보증공사

[표 9-3] M(등급별 보증배수)과 보증이용률

업송	부증 이용률	신용평가등급별 보증배수((M)				
		AAA 이하 A^- 이상	BBB^+, BBB^-	BB^+ 이하 B^+ 이상	B^- 이하 C 이상	D
건설업	15%	250	150	120	100	50
제조, 도·소매, 서비스업	3%	230	135	110	90	45

자료: 주택도시보증공사

6. 보증료

보증료는 보증회사가 보증책임을 부담하는 대가로 징수한다. 보증료는 신용평가등급과 보증상품에 따라 차이가 발생하며 대지비부분 보증료에 건축비부분 보증료를 가산하고 기여고객 할인율을 차감하여 산출한다. 사업특성에 따라 추가할인 할증이 된다.

기여고객 할인율은 보증료, 거래기간 등을 기준으로 기여도에 따라 6개군으로 분류하며, 건축비부분 요율에서 할인 가능하다. 기여고객할인율은 0.058~0.017% 수준이다.

7. 보증채무의 종류

보증채무에는 승계시공을 통하여 분양하는 주택분양이행과 납부한 계약금 및 중도금을 환급하는 환급이행 두 종류가 있다.

보증채무의 이행방법의 결정권은 분양계약자에게 있다.[54)]

한편 주택분양보증이행시 다음과 같이 천재지변에 의한 경우, 이중계약 등 비정상적인 거래의 경우 등과 관련된 채무는 보상하지 않는다.

주택분양보증 이행시 보상하지 않는 채무
1. 천재지변 등으로 사업주체가 주택분양계약을 이행하지 못함으로써 발생한 채무
2. 사업주체가 대물변제, 차명, 이중계약등 정상계약자가 아닌 자에게 부담하는 채무
3. 입주자모집공고 전에 주택분양계약을 체결한 자가 납부한 입주금
4. 분양계약자가 지정한 입주금납부계좌에 납부하지 아니한 입주금
5. 입주금의 납부중지를 통보한 후에 그 납부중지통보계좌에 납부한 입주금
6. 납부기일이 보증사고일 후에 납부한 입주금
7. 분양계약자가 분양계약서에서 정한 계약금 및 중도금을 초과하여 납부한 입주금
8. 분양계약자가 납부한 입주금에 대한 이자, 비용, 기타 종속채무
9. 분양계약자가 대출받은 입주금 대출금의 이자
10. 분양계약자가 입주금의 납부 지연으로 납부한 지연배상금 등

자료 : 주택토지보증공사

8. 보증채무 이행절차

보증사고 발생 후 주택분양보증채무 이행 절차는 다음과 같다.

54) 대법원 99다52831 판결, 주택법시행령 제106조 제1항 제1호 가목

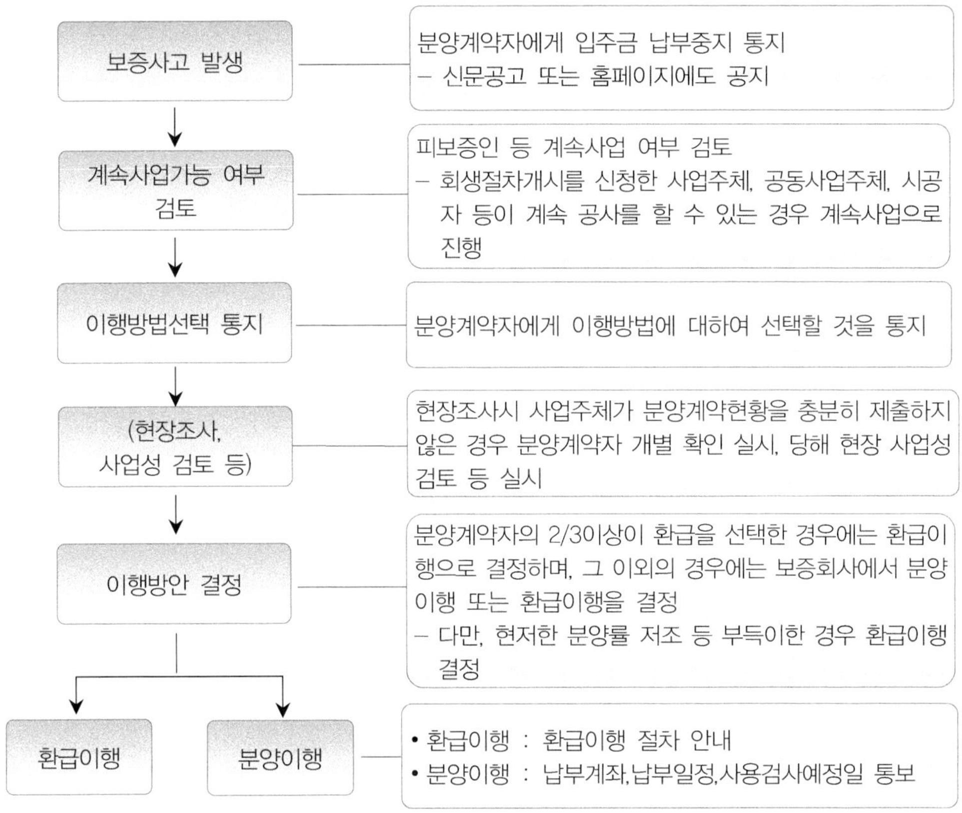

1. 보증사고일로부터 3월이내에 보증채무 이행방법을 결정함
   – 단, 사업주체가 회생절차개시를 신청한 경우에는 6개월 이내
2. 분양계약자를 대상으로 정상계약자 여부, 선납금 존부 및 자금조달방법 등을 조사
   – 정상계약자가 아닌 것으로 의심되는 경우 '계약 및 입주금납부 확인서'를 제출받아 그 진위 및 면책사유 해당여부를 조사
   – 확인 결과 정상계약자가 아니거나 면책사유에 해당할 경우 보증이행을 거절함

자료 : 주택토지보증공사

[그림 9–2] 주택분양보증채무 이행 절차

9. 보증상품의 주요내용

1) 주택분양보증

(1) 보증개요

주택법 제15조에 의하여 사업계획승인을 얻어 건설하는 주택사업에 있어 사업주

체가 파산 등의 사유로 분양계약을 이행할 수 없게 되는 경우 당해 주택의 분양(사용검사 및 소유권보존등기를 포함함)의 이행 또는 납부한 계약금 및 중도금의 환급을 책임지는 보증이다.

(2) 보증대상사업

주택법 제15조에 의하여 사업계획승인을 얻어 건설하는 주택사업으로서 일반에게 분양하는 주택이 30세대 이상인 경우에 한 한다. 부대시설 및 복리시설도 포함된다.

주택조합의 조합원에게 분양되는 주택은 보증대상에서 제외되며 건축허가를 받은 주상복합건물 및 사업계획승인을 얻은 주상복합건물 중 주택 이외의 시설은 주상복합주택분양보증 대상이다.

(3) 보증책임

사업주체가 부도, 파산 등의 사유로 분양계약을 이행할 수 없게 되는 경우 당해 주택의 분양의 이행 또는 납부한 계약금 및 중도금의 환급(입주자의 3분의 2 이상이 원하는 경우에 한함)을 책임진다.

(4) 보증금액

사업주체가 당해 주택사업의 분양계약자로부터 받게 될 계약금과 중도금을 합한 금액

(5) 보증기간

당해 주택사업의 입주자모집공고 승인일부터 소유권보존등기일(사용검사 포함)까지

(6) 보증료

대지비부분 보증료에 건축비부분 보증료를 가산하고 기여고객할인율과 사업특성별 할인·할증률을 가감하여 결정한다.

보증료는 연단위로 징수한다.

2) 주상복합주택분양보증

(1) 보증개요

건축법 제11조의 규정에 의하여 건축허가를 받은 주상복합건물 및 주택법 제16조의 규정에 의하여 사업계획승인을 얻은 주상복합건물 중 주택 이외의 시설에 대한 주택사업에 있어 건축주가 파산 등의 사유로 분양계약을 이행할 수 없게 되는 경우 당해 주상복합주택의 분양의 이행 또는 납부한 계약금 및 중도금의 환급을 책임지는 보증이다.

(2) 보증대상사업

① 건축법 제11조에 따라 건축허가를 받은 주상복합건물(일반에게 분양되는 주택이 30세대 이상인 경우에 한함)로서 주택 및 주택이외의 시설, 30세대 이상의 도시형생활주택

② 주택법 제16조에 따라 사업계획승인을 얻은 주상복합건물 중 오피스텔, 복리시설 등 주택 이외의 시설. 단, 주택 이외의 시설이 건축연면적 3천㎡ 이상이거나 오피스텔 30실 이상인 경우에는 '건축물의 분양에 관한 법률'의 적용을 받는다.

(3) 보증책임

건축주가 부도, 파산 등의 사유로 분양계약을 이행할 수 없게 되는 경우 당해 주상복합주택의 분양(사용검사 및 소유권보존등기를 포함)의 이행 또는 납부한 계약금 및 중도금의 환급(입주자의 3분의 2 이상이 원하는 경우에 한함)을 책임진다.

(4) 보증금액

① 주택, 오피스텔 및 「건축물의 분양에 관한 법률」 적용대상 :
분양계약자로부터 받게 될 계약금과 중도금을 합한 금액

② 「건축물의 분양에 관한 법률」 적용대상이 아닌 경우 :
보증대상 시설 연면적×주택부분의 평균 ㎡당 보증금액×1.5

(5) 보증기간

입주자모집공고승인일(「건축물의 분양에 관한 법률」 적용대상은 분양신고필증 교부일)부터 소유권보존등기일(사용검사 포함)까지

(6) 보증료

보증료는 주택분양보증과 동일한 방식으로 적용한다.

3) 주택임대보증

(1) 보증개요

주택법 제16조제1항의 규정에 의하여 주택건설사업계획승인을 얻어 시행하는 주택사업에 있어 사업주체가 파산 등의 사유로 임대계약을 이행할 수 없게 되는 경우 당해 주택의 임대의 이행 또는 납부한 계약금 및 중도금의 환급을 책임지는 보증이다.

(2) 보증대상사업

주택법 제16조에 의하여 사업계획승인을 얻어 건설하는 임대주택(일반에게 분양하는 주택이 30세대 이상인 경우에 한한다). 부대・복리시설을 포함한다.

(3) 보증책임

사업주체가 부도, 파산 등의 사유로 분양계약을 이행할 수 없게 되는 경우 당해 주택의 분양의 이행 또는 납부한 계약금 및 중도금의 환급(입주자의 3분의 2 이상이 원하는 경우에 한함)을 책임진다.

(4) 보증금액

사업주체가 당해 임대주택사업의 임대분양계약자로부터 받게 될 계약금과 중도금을 합한 금액

(5) 보증기간

주택분양보증과 동일하다. 당해 주택사업의 입주자모집공고 승인일부터 소유권보존등기일(사용검사 포함)까지이다.

(6) 보증료

주택분양보증과 보증료 징수체계는 동일하다. 다만, 건축비부분 보증료율이 차이가 난다.

4) 기타상품

오피스텔, 분양보증, 후분양대출보증 등이 있다.

제2절 건축물분양보증

1. 건축물분양보증제도의 개요

2005년 4월「건축물의 분양에 관한 법률」의 제정으로, 공동주택의 사전 분양에만 적용해오던 분양보증제도가 상가 등 건축물의 사전 분양에도 도입되었다.

당시까지 국내에서는 일반 건축물의 분양은 사전 분양 방식이었다. 즉, 건축물이 준공(사용승인)되기 이전에 소비자에게 분양하고 소비자가 계약금, 중도금 등으로 분양가격의 80% 정도를 완공 이전에 납부하도록 하여 건설금융에 충당할 수 있게 허용한 공급방식을 말한다.

사전분양방식은 건축물의 공급확대 등 양적성장에 기여하였으나, 분양사업주체의 도산 등에 따른 위험을 피분양자(분양계약자)에게 전가시킴으로써 재산적 피해와 사회적 혼란을 야기하였다. 따라서 피분양자를 보호하기 위한 건축물 분양보증제도가 출현하게 되었다.

"건축물분양보증"이라 함은 분양사업자가 파산 등의 사유로 분양계약을 이행할 수 없게 되는 경우 보증기관이 당해 건축물의 분양(사용승인을 포함한다)이행 또는 납부한 분양대금의 환급(피분양자가 원하는 경우에 한한다)이행을 책임지는 보증이다.[55]

55)「건축물의 분양에 관한 법률」 제4조 제3항

2. 건축물분양보증 적용대상

건축물분양보증 적용대상은 다음과 같다.

1) 분양하는 부분의 바닥면적[56]의 합계가 3천 제곱미터 이상인 건축물
2) 일반업무시설 중 오피스텔로서 20실 이상일 것.
3) 주택 외의 시설과 주택을 동일 건축물로 건축하는 건축물중 주택 외의 용도에 쓰이는 바닥면적[57]」의 합계가 3천㎡ 이상일 것.
4) 바닥면적의 합계가 3천㎡ 이상으로서 임대 후 분양전환을 조건으로 임대하는 것(분양전환 시 임차인에게 우선순위를 부여하는 것을 포함한다).

3. 건축물분양보증 적용제외 대상

다음의 건축물에 대하여는 건축물분양보증 적용대상에서 제외한다.

1) 주택법에 의한 주택 및 복리시설
2) 「산업집적활성화 및 공장설립에 관한 법률」에 따른 지식산업센터
3) 관광진흥법에 의한 관광숙박시설
4) 노인복지법에 의한 노인복지시설

4. 사전분양 요건

1) 건축할 대지에 대한 완전한 소유권의 확보

분양사업자는 건축물을 분양하고자 하는 때에는 건축할 대지의 소유권을 확보하여야 한다. 다만, 건축할 대지의 소유권이 국가 또는 지방자치단체 등에 있을 경우에는 그러하지 아니하다.

2) 건축할 대지상의 제한물권 말소

분양사업자는 소유권을 확보한 대지에 저당권 · 가등기담보권 · 전세권 · 지상권 및

---

56) 「건축법」 제84조의 규정에 의한 바닥면적

57) 「건축법」 시행령 제119조 제1항 제3호의 규정에 의하여 산정한 바닥면적

등기되어 있는 부동산임차권이 설정되어 있는 때에는 이를 말소하여야 한다. 다만, 분양사업자가 국가 또는 지방자치단체, 지방공사, 정비사업조합 등인 경우 등인 경우에는 그러하지 아니하다.

5. 분양시기

1) 신탁업자와 신탁계약 및 대리사무계약을 체결한 경우 또는 금융기관 등으로부터 분양보증을 받는 경우에는 착공신고 후
2) 당해 건축물의 사용승인에 대하여 다른 건설업자 2 이상의 연대보증을 받아 이를 공증받은 경우에는 골조공사의 3분의 2 이상 완료 후

6. 분양보증기관

건축물의 분양은 건축허가권자에게 분양신고를 한 후 하여야 하는데, 사전 분양을 하고자 하는 경우 신탁회사와 신탁계약 및 대리사무계약을 체결한 경우가 아니라면 보증기관으로부터 분양보증을 받아야만 가능하다. 분양보증기관은 다음과 같다.

1) 보증보험을 영위하는 보험회사
2) 「은행법」 제2조제2호의 규정에 의한 금융기관[58]
3) 「건설산업기본법」 제54조의 규정에 의하여 설립된 공제조합
4) 「주택법」 제76조의 규정에 의하여 설립된 대한주택보증주식회사

7. 분양보증제도와 유사제도의 비교

다른 건설보증과 계약구조상의 차이점을 살펴보면 기존의 계약보증이나 시공보증 등 각종 보증제도는 보증회사와 발주자, 시공자로서의 건설업체의 3자 관계가 중심을 이루고 있으며, 시공회사의 계약상 불이행 등이 발생하면 보증회사가 발주자에 대하여 책임을 부담하는 구조로 되어 있다.

그러나 건축물분양에 있어서 분양보증제도는 발주자 대신에 보증회사와 피분양자,

58) "금융기관"이라 함은 은행업을 규칙적 · 조직적으로 영위하는 한국은행외의 모든 법인을 말한다.

분양사업자의 3자 관계가 중심을 이루게 된다. 분양보증을 설정할 경우 보증회사 외에 보증서에 기재된 분양사업자인 건축주가 '주채무자'가 되며, 해당 건축물에 대하여 주채무자와 분양계약을 체결한 피분양자(분양권 양수자 포함)가 '보증채권자'가 되는 법률관계가 형성되는 것이다.[59)]

8. 보증상품

분양보증기관인 건설공제조합과 SGI서울보증의 주요 보증상품내용은 다음과 같다.

1) 건설공제조합의 분양보증

① 개요

'분양보증'이란 분양사업자가 「건축물의 분양에 관한 법률」이 적용되는 상가 등 건축물을 선분양하고 분양대금을 선수 후 공급하는 경우 계약상대자에 대하여 부담하는 채무를 건설공제조합이 보증하는 상품이다.

② 보상하는 손해

조합원인 분양사업자가 분양자와 체결한 분양계약에서 정한 분양의무를 이행하지 아니할 경우 건설공제조합이 계약상의 의무를 대신 이행하거나 분양보증금을 대신 지급한다.

③ 보증기간

보증기간은 상가 등에 대한 분양보증은 분양신고필증 교부일로부터 소유권보존등기일까지로 하며, 공단용지인 경우 당해 공단용지의 공급계약일(그 기일이 불명한 때에는 보증서 발급일)부터 준공예정일까지로 한다.

④ 보증금액

보증금액은 상가 등에 대한 분양보증은 보증채권자로부터 수령할 계약금과 중도금을 합한 금액으로 하며, 공단용지인 경우 관계법령 등에서 정한 금액으로 한다.

---

59) 두성규, "건축물분양보증제도의 합리화 방안연구", 한국건설산업연구원, 2006.8, pp.18~19.

⑤ 보증수수료

보증수수료율은 기본수수료율에 조합원의 신용등급, 보증상품의 위험정도를 감안한 운용요율을 가감하여 산출한다. 기본수수료율은 연 1.0%이다.

⑥ 신용평가

조합원의 신용평가는 신용평가모형 및 신용조기경보모형에 의한다. 신용평가모형은 조합원의 재무상태 및 경영능력 등을 심사·분석하여 채무이행능력 등의 신용도를 평가하며, 신용조기경보모형은 신용 이상 징후 등 조합원의 신용상태를 나타내는 정보를 상시 점검하여 신용위험에 따라 신용조기경보를 단계적으로 분류하는 모형이다.

평가항목은 재무항목, 비재무항목, 대표자신용도, 재무자료의 신뢰성 등이다. 평가모형에 의한 평가결과에 따라 신용등급이 산출된다.

신용등급은 AAA, AA, A, BBB, BB, B, CCC, CC, C, D의 10개 등급으로 구분한다.

2) SGI서울보증의 '분양보증보험'

① 개요

'분양보증보험'은 분양사업자(이하 "보험계약자"라 한다) 가 상가, 오피스텔 등을 분양하고자 하는 경우에 분양보증보험에 가입함으로써 수분양자(이하 "피보험자"라 합니다)를 보호하기 위한 상품이다. 보험가입 후 분양사업자가 부도, 파산 등 분양계약을 이행할 수 없는 경우에 보증보험회사가 분양사업자를 대신하여 분양계약을 이행하거나 기 납부된 분양대금을 수분양자에게 반환하여 줌으로써 보증채무를 이행한다.

② 보험계약 당사자

보험계약자	상가등 건축물을 분양하고자 하는 자
피보험자	분양계약을 체결한 자 (수분양자)

③ 보험가입금액

보험가입금액은 사용검사 승인일 이전에 받은 분양계약금액이다(계약금, 중도금 및 잔금의 50%).

④ 보험기간

보험기간은 분양개시일부터 입주(사용승인)예정일까지 이다.

⑤ 신탁계약 체결

보험계약체결 이전에 보험사고시 분양이행(대체시공)을 위하여 사업부지에 대하여 신탁법에 의한 신탁회사(대한토지신탁 주식회사)에 신탁등기 및 사업양수도 계약서를 작성 공증한다.

⑥ 보험료

보험료는 보험가입금액에 적용보험요율을 곱하여 산출된다. 적용보험요율은 보험상품별 기본요율에 특별 약관요율, 할인·할증률을 감안한다. 기본요율은 보험계약자의 신용등급 및 보증내용에 따라 차등 적용된다.

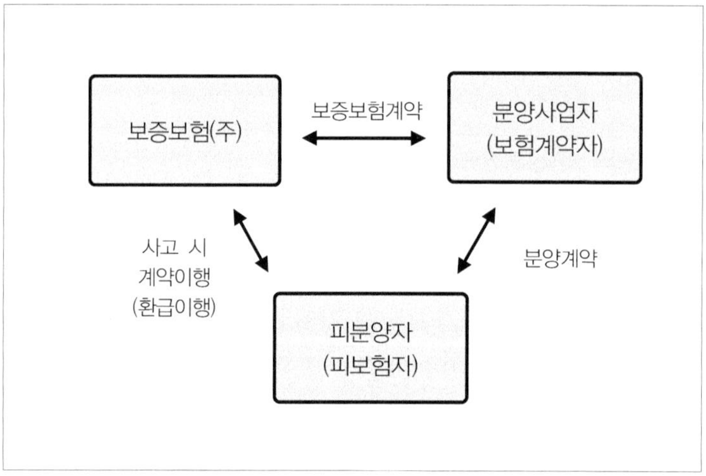

[그림 9-3] 분양보증보험의 구조

제3절 주택사업관련보증

제1절과 제2절에서 언급한 주택분양보증과 건축물분양보증을 제외한 주택사업과 관련되는 보증업무의 내용을 주택토지보증공사에서 취급 중인 상품을 위주로 설명

하면 다음과 같다.

1. 조합주택시공보증

1) 보증개요

지역주택조합, 직장주택조합, 주택재개발정비사업조합, 주택재건축정비사업조합 또는 시장재건축정비사업조합과 공사계약을 체결한 시공자가 부도 · 파산 등의 사유로 당해 조합주택에 대한 시공책임을 이행할 수 없게 되는 경우에 시공자를 대신하여 시공을 이행하거나 약관에서 정하는 일정금액의 납부를 책임지는 보증이다.

2) 보증대상사업

「도시 및 주거환경정비법」"에 의한 주택재개발정비사업조합 · 주택재건축정비사업조합, 「재래시장 및 상점가 육성을 위한 특별법」에 의한 시장재건축정비사업조합 및 「주택법」에 의한 지역주택조합 · 직장주택조합이 시행하는 주택건설사업이 대상이다.

3) 보증책임

주택건설사업의 시공자가 파산 등의 사유로 당해 주택에 대한 시공책임(착공신고일부터 사용검사일까지의 공사이행책임을 말함)을 이행할 수 없게 되는 경우에 시공을 이행하거나 약관에서 정하는 손해금의 지급을 책임진다. 손해금은 공사비지급액에서 공사기성금액(보증금액×사고시 감리공정률)을 차감하여 산출된다.

4) 보증금액

보증채무자와 보증채권자가 합의하여 신청한 금액이 보증금액이다. 다만 각종 대여금, 착공 전에 소요되는 철거공사비 · 철거공사 폐기물처리비용, 그 밖에 조합이 부담하는 사업경비는 제외한다.

공사계약서에 공사계약금액이 없는 경우에는 주채무자와 보증채권자가 공사계약서를 토대로 합의한 공사계약금액을 기준으로 산정한다. 공사계약금액은 표준건축비의 70% 이상이어야 한다. 표준건축비는 당해 사업의 총건축연면적에 공공건설임대주택 표준건축비를 곱한 금액으로 한다.

5) 보증기간

보증기간은 착공신고일 부터 사용검사일 까지로 한다. 다만, 시공자가 공사이행의무를 완료하였으나, 보증채권자의 귀책사유로 사용검사를 받지 못하는 경우에는 건축시설 전부에 대한 임시사용승인일 까지로 한다.

6) 보증료

보증료의 산정식은 다음과 같다.

보증료 = 보증금액 × 신용등급별 보증료율
× (보증서발급일부터 사용검사예정월 말일까지의 해당일수) / 365

신용평가등급별 보증료율은 최저 연 0.059% ~ 최고 연 0.602%이며 개별프로젝트의 사업성을 보증료율에 반영하여 보증심사평점에 따라 최우량 · 우량 · 보통으로 정하여 보증료율을 차등화한다.

한편, 우수고객 또는 우수고객이 연대책임을 부담하는 경우로서 영업점장이 필요하다고 판단되는 경우에는 신용등급별 보증료율을 적용하여 산출한 보증료에 일정한 할인을 할 수 있다.

2. 하자보수보증

1) 보증개요

하자보수 의무기간 중에 발생한 하자의 보수이행을 책임지는 보증이다.

2) 보증대상사업

주택법 제15조의 규정에 의한 사업계획승인을 얻어 건설한 공동주택과 건축법 제11조의 규정에 의한 건축허가를 받아 분양을 목적으로 건설한 공동주택이 대상이 된다. 부대 · 복리시설도 포함(일반에게 분양되는 복리시설 등도 가능)되나 사용검사일(또는 임시사용승인일)부터 60일이 지난 분양주택과 분양전환일부터 60일이 지난 임대주택은 보증이 금지된다.

3) 보증책임

사업주체 또는 건축주(건설산업기본법 제28조에 따라 하자담보책임이 있는 자로서 사업주체로부터 건설공사를 일괄도급 받아 건설공사를 수행하는 자가 따로 있는 경우에는 그 자를 말함)가 부담하여야 할 주택법 제46조 제1항의 규정에 의한 하자보수 의무기간 중에 발생한 하자의 보수이행을 책임진다.

4) 보증금액

사업계획승인서상 사업비에서 대지비를 차감한 총공사비(건축허가사업은 표준건축비)의 3% 해당금액을 보증기간별로 구분하여 발급한다.

보증기간	1년	2년	3년	4년	5년	10년
보증금액	10%	25%	20%	15%	15%	15%

5) 보증기간

당해 주택의 사용검사일(임대주택은 분양전환일)부터 하자보수의무 기간의 종료일까지이다.

6) 보증료

보증료의 산정식은 조합주택시공보증의 경우와 유사하다. 보증료의 산정식은 다음과 같다.

보증료 = 보증금액 × 신용등급별 보증료율
　　　　× 보증서별 보증기간에 해당하는 일수 / 365

신용평가등급별 보증료율은 최저 연 0.167% ~ 최고 연 1.169%이며 개별프로젝트의 사업성을 보증료율에 반영하여 보증심사평점에 따라 최우량 · 우량 · 보통으로 정하여 보증료율을 차등화한다.

한편, 우수고객 또는 우수고객이 연대책임을 부담하는 경우로서 영업점장이 필요하다고 판단되는 경우에는 신용등급별 보증료율을 적용하여 산출한 보증료에 일정한 할인을 할 수 있으며 회사의 분양보증 또는 조합주택시공보증을 받지 아니한 사업장에 대하여는 산출된 보증료의 100%에 해당하는 금액을 가산한다.

3. 임대보증금보증

1) 보증개요

공공건설임대주택을 건설하여 사용검사를 받은 민간건설임대사업자가 임대보증금을 반환하지 못하는 경우 임차인에게 임대보증금의 지급을 책임지는 보증이다.

2) 보증대상사업

보증대상사업은 임대주택법시행령 제2조 제1호에 따른 "공공건설임대주택"[60]이다. 단, 국가, 지방자치단체, 대한주택공사 또는 지방공사가 건설한 임대주택은 제외한다. 보증대상세대는 임대차계약이 체결된 세대이다. 다만, 임대차계약기간이 지난 세대로서 계약기간이 갱신되지 않은 세대, 임차인이 국가기관 또는 법인으로서 전세권설정등기를 하지 않은 세대는 제외한다.

3) 보증책임

임대사업자가 임대보증금을 반환하지 않는 경우 보증채권자에게 임대보증금의 지급을 책임진다.

4) 보증금액

보증금액은 임대사업자가 임차인으로부터 받은 임대보증금을 한도로 한다. 다만, 다음 요건을 갖춘 경우에는 국민주택기금융자금과 임대보증금을 합한 금액 중 주택가격[61]의 60%를 초과하는 금액으로 할 수 있다.

(1) 국민주택기금융자금 및 이를 담보하는 근저당권을 세대별로 분리하는 부기에 의한 변경등기를 한 경우

---

60) 공공건설임대주택이란 국가 또는 지방자치단체의 재정으로 건설하거나 국민주택기금 지원을 받아 건설하여 임대하는 주택

61) 주택가격 산정 : 한국감정원 또는 감정평가법인이 평가한 감정평가금액으로 한다. 보증신청일부터 2년 이내에 평가받은 것에 한다. 사용검사일부터 1년 이내인 주택의 경우에는 입주자모집공고 승인서상의 주택가격으로 한다.

(2) 임대사업자가 임대보증금보다 선순위의 제한물권, 압류 , 가압류 및 가처분 등을 해소한 경우
(3) 임차인이 전세권 설정을 요구하고 임대사업자가 이에 동의하여 전세권이 설정된 경우

5) 보증기간

보증서 발급일부터 1년이며 보증신청 시기는 사용검사 이후이다.

6) 보증료

(1) 보증료 산정식

보증료 = 보증금액 × 신용등급별 보증료율 × 보증기간에 해당하는 일수 / 365

(2) 신용평가등급별 보증료율(사업장 부채비율에 따라 차등화)

최저 연 0.083% ~ 최고 연 1.966%

(3) 우수임대사업자 할인

우수임대사업자에 대하여 신용등급별 보증료율에 일정한 할인을 할 수 있다.

4. 인 · 허가보증

1) 보증개요

사업주체가 주택사업과 관련하여 인 · 허가를 받을 경우에 부담하여야 할 시설물의 설치 및 기타 인 · 허가조건의 이행의무를 책임지거나 또는 연면적이 5천 제곱미터 이상으로서 건축주가 장기간 공사현장을 방치하게 되는 경우에 공사현장의 안전관리 등의 필요한 비용의 예치의무를 책임지는 보증이다.

2) 보증대상사업

(1) 주택사업과 관련하여 국가 또는 지방자치단체로부터 인가 또는 허가를 받을 경우에 부담하여야 할 시설문의 설치, 원상회복 및 그 밖의 인 · 허가 조건이 내상이다. 사업부지 또는 도로부지 등의 무상귀속 등 토지의 소유권 확보를 전제로

하는 이행보증금 또는 예치금은 보증대상에서 제외한다.

(2) 건축법 제13조의 규정에 따른 건축연면적이 5천㎡ 이상으로서 지방자치단체의 조례로 정하는 건축물에 대한 공사현장의 미관 및 안전관리개선비용의 예치의무(분양보증 받은 경우 제외)

3) 보증책임

인·허가 조건의 이행 또는 보증금의 지급을 책임진다.

4) 보증금액

주 채무자가 인·허가권자에게 예치하여야 할 이행보증금 또는 예치금

5) 보증기간

인·허가기간 개시일(개시일이 불분명한 때에는 보증서 발급일)부터 인·허가기관이 관계법령에 의하여 지정하거나 요구하는 기일(인·허가기간이 불명한 경우에는 보증신청인이 신청한 기일)까지이다.

6) 보증료

(1) 보증료 산정식

보증료 = 보증금액 × 신용등급별 보증료율 × 보증기간에 해당하는 일수 / 365

(2) 신용평가등급별 보증료율

최저 연 0.122% ~ 최고 연 0.908%

(3) 특별할인

우수고객 또는 그가 연대책임을 부담하는 경우로서 영업점장이 필요하다고 판단되는 경우에는 신용등급별 보증료율을 적용하여 산출한 보증료에 일정한 할인을 할 수 있다.

5. 하도급대금지급보증

1) 보증개요

건축허가 등을 받은 주택건설사업의 시공자가 하도급거래(건설위탁)를 하는 경우에, 시공자가 수급사업자에게 지급하여야 할 하도급대금의 지급을 책임지는 보증이다.

2) 보증대상사업

주택이 20세대 이상인 경우로서 주택건설사업계획승인 또는 건축허가를 받은 주택건설사업이 보증대상이다. 보증대상이 되는 하도급 거래는 “하도급 거래 공정화에 관한 법률” 제13조의 2에서 규정한 건설위탁으로 한다(민간 및 공공기관 주택건설사업 포함).

3) 보증책임

하도급 거래와 관련하여 시공자가 미지급한 하도급대금의 지급을 책임진다.

4) 보증금액

(1) 공사기간이 4개월 이하인 경우

계약금에서 선급금을 제외한 금액

(2) 공사기간이 4개월을 초과하는 경우로서 기성부분에 대한 대가의 지급주기가 2개월 이내인 경우

보증금액 = [(하도급계약금액 - 계약상 선급금) / 공사기간(월수)] × 4

(3) 공사기간이 4개월을 초과하는 경우로서 기성부분에 대한 대가의 지급주기가 2개월을 초과 경우

보증금액 = [(하도급계약금액 - 계약상 선급금) / 공사기간(월수)]× 기성부분에 대한 대가의 지급주기(월수)× 2

5) 보증기간

(1) **최초 기성금 지급기일 전에 보증을 신청하는 경우**

착공일부터 준공일까지

(2) **최초 기성금 지급기일 이후에 보증을 신청하는 경우**

기성실적이 있는 경우에는 기성검사일 다음날부터 준공일까지이며, 기성실적이 없는 경우에는 보증서 발급일부터 준공일까지이다.

6) 보증료

(1) **보증료 산정식**

보증료 = 보증금액 × 신용등급별 보증료율 × 보증기간에 해당하는 일수 / 365

(2) **신용평가등급별 보증료율**

최저 연 0.171% ~ 최고 연 1.546%

(3) **특별할인**

우수고객 또는 그가 연대책임을 부담하는 경우로서 영업점장이 필요하다고 판단되는 경우에는 신용등급별 보증료율을 적용하여 산출한 보증료에 일정한 할인을 할 수 있다.

(4) **사업특성별 할인·할증 등**

주택사업금융보증사업장에 보증서가 발급되는 경우에는 산출된 보증료에 일정한 할인을 할 수 있다.

6. 감리비예치보증

1) 보증개요

등록업자가 주택건설사업의 감리와 관련하여 감리자에게 지급하여야 할 감리비의 지급을 책임지는 보증

2) 보증대상사업

사업계획승인 받은 주택사업 또는 건축허가 받은 주상복합주택사업

3) 보증책임

사업주체가 주택사업의 감리와 관련하여 감리자에게 지급하여야 할 감리비의 지급을 책임진다.

4) 보증금액

감리자에게 지급하여야 할 감리비의 원금(부가가치세 포함)

5) 보증기간

보증서발급일부터 공사감리계약서상의 감리기한까지이나, 감리기한이 사용검사일을 초과하는 경우에는 사용검사일까지이다.

6) 보증료

(1) 보증료 산정식

보증료 = 보증금액 × 신용등급별 보증료율 × 보증기간에 해당하는 일수 / 365

(2) 신용평가등급별 보증료율

최저 연0.960% ~ 최고 연1.920%

7. 주택구입자금보증

1) 보증개요

주택분양보증을 받은 사업주체와 분양계약을 체결한 입주예정자가 금융기관으로부터 분양대금납입일자에 따라 대출받은 주택구입자금의 상환의무를 책임지는 보증이다.

2) 보증대상

주택분양보증 또는 주상복합주택분양보증을 받은 사업장의 입주예정자가 주택구

입자금을 대출받기 위하여 금융기관과 체결한 대출계약이 보증대상이다.

3) 보증책임

분양계약을 체결한 입주예정자가 금융기관으로부터 분양대금 납입일자에 따라 대출받은 주택구입자금에 대한 지급을 책임진다.

4) 보증금액

주택구입자금대출금액(금융기관의 내규에 의함)

5) 보증기간

주택구입자금대출일부터 보증채권자가 당해 주택을 담보로 취득하는 날까지 이다.

6) 보증료

* 보증료 산정식

보증료 = 보증금액 × 보증료율 × 보증기간에 해당하는 일수 / 365

8. 주택사업금융(PF)보증

1) 보증개요

주택건설사업에 지원되는 금융으로서 당해 주택건설사업에서 발생하는 미래의 현금수입 및 사업성을 주요 상환재원으로 하는 금융의 원리금 상환을 책임지는 보증이다.

2) 보증대상

주택건설사업계획승인(건축허가 포함)을 득한 경우로서 주택분양보증(주상복합주택분양보증 포함)의 대상이 되는 주택사업. 다만, 사업부지가 택지개발촉진법에 의한 공공택지개발지구인 경우에는 주택건설 사업계획승인 이전에 보증서 발급 가능하다.

보증대상인 주택사업금융(project financing)의 용도는 사업부지 매입비와 초기사업비 및 건축비로 한다.

3) 보증제외 대상

(1) 도시 및 주거환경정비법 제2조 제2호 나목의 주택재개발사업인 경우

(2) 지역에 따라 건축연면적이 일정규모 미만인 경우

4) 필수요건

(1) 보증신청인은 자기의 부담으로 사업부지 매입비의 10%와 총사업비의 2% 중 큰 금액 이상을 당해 단위사업에 선투입하여야 한다.

(2) 시공자는 다음의 요건을 구비한 자로서 책임준공의무를 부담하여야 한다.

① 주택토지보증공사 신용평가등급이 BB+등급 이상인 자

② 시공능력평가순위(토건분야 평가순위)가 500위 이내인 자

(3) 사업부지는 회사 또는 회사가 지정하는 부동산신탁회사에 신탁하여야 한다.

5) 보증금액

총사업비(토지비, 공사비, 제비용 등)의 50% 이내

6) 보증기간

보증서 발급일부터 대출원금의 최종상환기일까지

7) 보증료

* 보증료 산정식

보증료 = 보증금액 × 보증료율 × 보증기간에 해당하는 일수 / 365

9. 기타의 보증

1) 리모델링자금 보증

주택 리모델링 자금조달과 관련한 국내 최초의 보증상품으로, 리모델링조합이 금융기관으로부터 대출받은 자금(이주비, 부담금, 사업비)의 원리금 상환을 책임지는 보증이다.

2) 기금 전세자금 대출보증

임차인이 주택도시기금을 재원으로 하는 전세자금을 기금수탁은행(우리, 신한, 하나, 기업, 농협)에서 대출받을 경우 대출원리금 상환을 책임지는 보증이다.

3) 정비사업자금 대출보증

조합(조합원)이 금융기관으로부터 재개발·재건출의 필요자금(이주비, 부담금, 사업비)을 조달할 때 이용하는 상품으로, 금융기관에 대출원리금 상환을 책임지는 보증상품이다.

제 10 장

부동산신탁

제1절 부동산신탁 제도의 개요

1. 신탁의 의의

신탁이란 일정한 목적에 따라 재산의 관리와 처분을 남에게 맡기는 일이다. 우리나라에서는 현재 신탁의 의미가 세 가지로 사용되고 있다. 즉 민법해석상의 신탁, 판례에서 인정하는 신탁, 「신탁법」 상의 신탁이다.

민법해석상의 신탁이란 당사자가 어떤 경제적인 이익을 달성하기 위하여 위탁자가 수탁자에게 그 목적달성에 필요한 한도를 넘는 법적인 권리를 이전하면서, 권리를 양수한 수탁자는 그 경제적 목적 범위 내에서만 권리를 행사할 의무를 지는 법률관계를 말한다. 우리나라에서는 동산 등의 양도담보, 추심을 위한 채권양도 등이 해당된다.

판례에서 인정하는 신탁은 '명의신탁'을 의미한다. 명의신탁은 실질적으로는 위탁자가 부동산의 소유권을 보유하여 관리, 수익하면서 공부상의 소유명의만을 수탁자의 명의로 해두는 법률관계를 말한다.[62)]

그러나 명의신탁의 유효성을 인정하는 것은 반사회적 행위를 조장하여 탈세, 부동산투기 등의 수단으로 악용될 수 있으므로 「부동산등기 특별조치법」, 「부동산 실권리자명의 등기에 관한 법률」 등에서는 명의신탁을 금지하면서 명의신탁계약의 효력 또한 원칙적으로 무효로 하였다.

「신탁법」에서 신탁이라 함은 신탁설정자(이하 위탁자라 한다)와 신탁을 인수하는

62) 대법원 1993. 11. 9, 선고 92다 31699판결 참조

자(이하 수탁자라 한다)간의 신임관계에 기하여 위탁자가 특정의 재산을 이전하거나 담보권의 설정, 기타의 처분을 하고 수탁자로 하여금 일정한 자(이하 수익자라 한다)의 이익을 위하여 또는 특정의 목적을 위하여 그 재산을 관리, 처분, 운용, 개발 등을 하게 하는 법률관계를 말한다(신탁법 제2조).

즉 신탁이라 함은 위탁자가 수탁자에게 수익자의 이익, 또는 특별한 목적을 위하여 재산을 이전하고 처분·관리, 운용, 개발 등을 하게 하는 제도이다.

부동산신탁은 신탁의 세 가지 개념 중 「신탁법」 상의 신탁이다. 다만 부동산신탁은 신탁목적물이 부동산에 대한 재산권인 신탁을 말하며 법리는 일반신탁과 동일하다. 부동산신탁의 내용은 신탁계약으로 정해지나 공익신탁 등의 경우에는 신탁업무의 내용에 제한이 있다. 부동산신탁은 「신탁법」과 「자본시장과 금융투자업에 관한 법률」의 규정에 따라 운용된다.

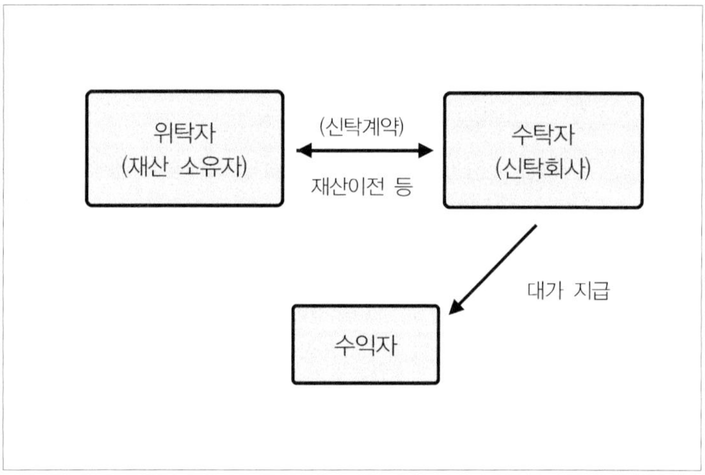

[그림 10-1] 신탁의 기본구조

2. 신탁의 기능

부동산신탁의 기능은 다음과 같다.

첫째, 부동산신탁제도는 수탁자로 하여금 재산을 관리·처분하게 함으로써 위탁자 자신이 재산을 관리·처분하는 경우에 비해서 재산의 가치, 성질 등을 향상시킬 수

있는 탁월한 장점이 있다.[63]

둘째, 부동산신탁은 신탁재산의 상계금지, 신탁재산에 대한 강제집행의 금지, 신탁재산의 독립성 등에 기인하여 위탁자 및 수탁자의 도산위험 등으로부터 수익자를 보호하는 기능을 한다.

셋째, 부동산신탁은 토지의 효율적 이용을 촉진한다. 토지소유자가 자금의 부족, 노하우의 결여 등으로 추진하지 못하는 개발사업을 신탁회사에 위탁함으로써 자금부담을 최소화하면서 유휴토지를 개발하여 토지의 효율적 이용을 도모하고 토지소유자는 신탁재산의 이익을 향수할 수 있다.

넷째, 전문적인 지식과 경험을 갖춘 공신력있는 신탁회사가 신탁계약을 이행하므로 사업이 안정적으로 추진될 수 있다.

다섯째, 부동산신탁은 자산의 유동화제도와 결합하여 새로운 재산증식 및 재산관리수단의 역할을 수행할 수 있다.

3. 신탁의 분류

신탁을 성립원인, 목적 등에 따라 분류하면 [표 10-1]과 같다.

4. 자기신탁의 설정

종전의 신탁법에서는 위탁자가 스스로 수탁자가 되는 자기신탁을 허용하지 않고 있으나 개정 신탁법[64]에서는 신탁선언을 통한 자기신탁을 허용하되 남용을 방지하기위해 공정증서를 작성하는 방법으로만 자기신탁을 설정할 수 있도록 하고 있다.

위탁자 자신이 갖고 있는 일정재산에 관하여 이후 이 재산을 신탁재산으로 별도로 취급한다는 뜻을 선언하는 것에 의해 신탁을 설정하는 방법이 있을 수 있는데 이 선언을 신탁선언이라고 한다. 이 선언에 의하여 성립한 것이 자기신탁이고 신탁선언은 위탁자가 자신의 고유재산에 관하여 신탁을 설정하는 것이 된다. 신탁선언은 일반적으로 위탁자와 수탁자가 일치하는 경우에 자기신탁을 선언하기 위한 방법이라고 보고 있다.

63) 이재욱 외, "신탁법 해설", 한국사법행정학회, 2000, p.18
64) 2011. 7. 25 개정, 2012. 7. 26 시행

[표 10-1] 신탁의 분류

분류기준	구 분	내 용
신탁성립 원인	임의신탁	위탁자의 설정행위를 통해 성립되는 신탁
	법정신탁	법률의 규정에 의해 성립되는 신탁
신탁의 목적	사익신탁	개인의 이익을 목적으로 하는 신탁
	공익신탁	학술, 종교, 자선 등 공익을 목적으로 하는 신탁
수탁자와 위탁자의 관계	자익신탁	위탁자가 신탁이익을 전부 향수하는 신탁
	타익신탁	위탁자이외의 제3자가 수익자가 되는 신탁
신탁행위의 영업성	상사신탁	신탁의 인수가 영업으로 이뤄지는 경우의 신탁
	민사신탁	신탁보수를 청구할 수 없는 신탁(무상이 원칙)
신탁의 목적물	금전신탁	위탁자로부터 금전을 수탁하여 운용하고 신탁기간 종료 시 수익자에게 금전으로 교부하는 신탁
	재산신탁	금전이외의 재산을 수탁하는 신탁
수탁자의 의무	능동신탁	신탁재산에 대한 수탁자의 의무가 적극적인 경우
	수동신탁	신탁재산에 대한 수탁자의 의무가 소극적인 경우
신탁재산 운용	개별신탁	신탁계약이 개별위탁자마다 각각 체결되어 분별 관리되는 신탁
	집단신탁	불특정다수의 위탁자와 정형적인 약관에 의해 체결되는 신탁계약에 따라 신탁재산이 공동관리되는 신탁

즉 자기신탁이라고 함은 위탁자와 수탁자가 완전히 일치하는 신탁을 일컫는다. 타익신탁이 위탁자, 수탁자, 수익자 등 현실의 제3자 관계를 전제로 한 개념이라면 자기신탁은 위탁자 자신이 곧 수탁자가 되는 것을 말한다. 제3자가 아닌 자기 자신에게 신탁한다고 하는 의미에서 이를 자기신탁이라고 한다.

기업이 자사의 채권 등을 유동화하여 자금조달을 할 경우 자기신탁의 허용은 채권자의 변동이 없으므로 채무자의 심리적 저항을 회피하면서 유동화가 가능하다. 또한 제3자를 수탁자로 이용할 경우에 발생하는 비용 및 리스크 등을 최소화하면서 유동화가 가능하다.

또한 기업이 특별한 사업부문에서 생기는 수익을 담보로 자금조달을 하려고 하는 경우에 당해 사업부문에 필요한 자산에 관하여 신탁선언에 의하여 신탁을 하고 그 수익권을 투자자에 판매하면 효율적으로 자금을 조달할 수 있다.[65)]

65) 최은순, 자기신탁에 관한 고찰, 안암법학, 통권 제32호, p.206

5. 유한책임신탁의 도입

개정 신탁법은 수탁자의 고유재산이 아닌 신탁재산만으로 신탁채무에 대하여 책임을 지도록 하는 새로운 유형의 유한책임신탁이 새롭게 도입되었다. 수탁자는 신탁사무처리로 인한 채무에 대해 자신의 고유재산으로도 무한책임을 지는 것이 원칙이나 상사신탁의 활성화를 위하여 수탁자의 책임이 신탁재산으로 제한되는 새로운 유형인 유한책임신탁이 도입된 것이다. 유한책임신탁의 도입으로 수탁자의 고유재산을 수탁자의 책임으로부터 독립시킴으로써 수탁자의 과도한 부담을 경감시켜 신탁의 활성화를 기대할 수 있을 것이다.

또한 개정 신탁법에서는 수탁자가 수익증권을 발행할 수 있는 수익증권발행신탁을 도입하고 이와 관련된 규정을 신설 하였다. 한편, 수익증권발행신탁이면서 유한책임신탁인 경우에 한하여 신탁사채를 발행할 수 있다. 상법의 사채발행규정 중 수탁자의 이사회결의와 사채총액제도를 제외한 규정을 준용한다. 신탁사채는 신탁채권으로서 수익채권보다 우선하고 신탁재산을 담보로 제공받을 수 있으므로 수익채권자보다 안정적인 지위를 보유하게 된다. 이에 따라 이자율이 낮아지게 되어 새로운 자금조달원이 될 수 있다.[66]

6. 담보권신탁의 도입

개정 신탁법은 신탁의 정의에서 담보권설정은 신탁행위의 유형으로 추기하였다. 담보권신탁이란 채무자(위탁자)가 자신이 소유한 재산에 대한 담보권을 신탁회사(수탁자)에게 설정해주고 채권자(대출금융기관)를 수익자로 지정하는 신탁계약이다. 담보권신탁의 경우 수탁자는 담보권자일 뿐이고 담보물에 대한 소유권은 위탁자인 채무자에게 유보된다. 담보권신탁의 도입은 채권자가 담보권의 효력을 유지한 채 별도의 이전등기 없이도 수익권을 양도하는 방법으로서 사실상 담보권의 양도가 가능해지고 법률관계가 간단해져 자산유동화의 수단으로서의 활용도 용이하게 되었다.

---

66) 김병연 외, 개정 신탁법안이 은행 신탁영업에 미치는 영향과 시사점, 금융VIP시리즈 2011-05, 한국금융연구원 2011. 4. 21, pp.27-28.

7. 신탁재산

1) 신탁재산의 독립성

신탁재산은 수탁자가 소유권이 있는 재산이지만 수탁자의 고유재산과는 독립된 자산이다 이것이 신탁재산의 독립성이며 구체적으로는 다음과 같다.

(1) 신탁재산과 고유재산의 구분

신탁회사의 고유재산을 관리하는 계정을 고유계정이라 하고 위탁자로부터 수탁받은 재산을 관리하는 계정을 신탁계정이라 한다.

부동산신탁업자는 고유계정과 신탁계정을 구분하여 운용하여야 한다. 이는 신탁재산과 자기재산 간 이해관계의 충돌을 회피하여 수익자의 이익을 충실히 보호하기 위함이다(신탁법 제37조).

(2) 신탁재산 상계금지

신탁재산에 속하는 채권과 신탁재산에 속하지 아니하는 채무와는 상계하지 못한다.(신탁법 제25조) 만약에 수탁자에 의한 신탁재산의 상계를 허용하게 되면 수탁자 고유의 채무를 신탁재산으로 소멸시켜 수탁자가 신탁재산으로부터 이익을 향수하는 결과를 초래하므로, 이를 금지함으로써 신탁재산의 감소를 방지하고 수익자를 보호하기 위함이다(대법원 2007. 9. 20 선고, 2005다48956 판결 참조).

(3) 신탁재산에 대한 강제집행의 금지

신탁재산은 수탁자의 일반채권자 뿐만 아니라 위탁자의 채권자로부터도 독립된다. 위탁자가 수익자인 자익신탁의 경우에도 같다. 따라서 신탁재산에 대하여는 강제집행 또는 경매를 할 수 없다. 단, 신탁전의 원인으로 발생한 권리[67] 또는 신탁사무의 처리상 발생한 권리에 기한 경우[68]에는 예외로 하며 이를 위반하여 행한 강제집행 또는 경매에 대하여는 위탁자, 그 상속인, 수익자 및 수탁자는 이의를 신청할 수 있

67) 신탁 전에 이미 신탁부동산에 저당권설정, 가압류, 압류, 가처분집행을 얻은 경우 등 신탁재산 그 자체를 목적으로 하는 채권이 발생되었을 때를 의미한다.

68) 수탁자가 신탁사무를 처리하면서 부담하게 되는 채무, 즉 신탁재산 수리비, 시공회사에 대한 공사비, 분양계약해제에 따른 분양대금반환채무 등을 말한다.

다(신탁법 제22조).

(4) 신탁재산에 대한 상속

수탁자가 사망하여도 신탁재산은 상속재산을 구성하지 아니한다(신탁법 제25조). 신탁재산은 수탁자의 고유재산과 별개이므로 신탁재산이 상속에서 제외된다. 수탁자의 사망은 수탁자의 임무종료 사유가 된다(신탁법 제23조).

2) 신탁재산(자금) 조달방법

(1) 재산수탁

신탁업자는 금전, 증권, 금전채권, 동산, 부동산, 부동산 관련권리(지상권, 전세권, 부동산임차권, 부동산소유권 이전등기청구권 등), 무체재산권을 수탁 받을 수 있으나 (자본시장법 제103조 제1항), 인가 받은 단위에 따라 수탁 받을 수 있는 재산이 다소 제한될 수 있다.69)

(2) 고유계정으로부터의 차입

신탁업자는 부동산개발신탁의 경우 등에는 신탁의 계산으로 그 신탁업자의 고유재산으로부터 금전을 차입할 수 있다(자본시장법 제105조 제2항) 이 경우 고유계정과 신탁계정간 이해상충 방지를 위해 많은 주의를 기울여야 한다.

3) 신탁재산 등의 운용방법

(1) 신탁재산에 해당하는 금전의 운용제한

신탁업자는 신탁재산에 속하는 금전을 증권, 파생상품의 매수 혹은 금융기관에의 예치 등으로 운용하여야 한다(자본시장법 제105조 제1항). 부동산개발신탁의 경우에는 주로 부동산의 매수 또는 개발에 운용된다(자본시장법 제105조 제1항 제9호).

---

69) 「자본시장법시행령」별표1의 인가업무 단위 및 최저자기자본(제15조 제1항 및 제16조 제3항 관련) 일부 신탁업자의 경우 금전, 증권, 금전채권은 수탁 받을 수 없다. 단, 부동산개발신탁의 경우 사업비의 15% 내에서 금전수탁이 가능하다.

(2) 여유자금의 운용

신탁업자는 부동산 등의 재산만을 신탁받는 경우 그 신탁재산을 운용함에 따라 발생한 여유자금을 금융기관에의 예치, 국채증권 등의 매수 등 엄격히 제한된 방식으로 운용하여야 한다(자본시장법 제106조).

8. 회계처리

부동산신탁업자의 고유재산의 회계처리에 관한 세부사항 등은 금융투자업규정 등에 의해 고시된다(자본시장법 제32조 제2항).

부동산신탁업자는 신탁계정을 신탁사업별로 구분하여 회계처리하여야 하고, 재무상태 및 경영성과를 적정하게 표시하는 등 회계처리의 공정성과 객관성을 유지하여야 한다(금융위원회, 금융투자업규정 제3-4조(부동산신탁업자의 회계처리기준)).

부동산신탁업자의 회계처리에 관하여 금융투자업 등에서 정하지 아니한 사항은 기업회계기준이 정하는 바에 따른다.

제2절 부동산신탁의 유형

1. 토지신탁

1) 토지신탁의 의의

토지신탁이란 토지나 건물 등의 부동산 소유자(위탁자)가 건축자금이 부족하거나 부동산개발에 관한 지식 등이 부족할 경우 신탁계약에 의거 부동산을 신탁회사(수탁자)에 이전하면, 신탁회사는 신탁목적에 따라 자금조달, 건축, 분양, 임대 등의 방법으로 당해 부동산을 효율적으로 관리・처분하거나 개발하여 신탁수익을 토지소유자 등 수익자에게 돌려주는 신탁이다.

토지신탁은 부동산개발을 위한 목적으로 계약이 이뤄지는 경우가 많으므로 개발신탁 또는 부동산개발신탁이라고도 불린다.

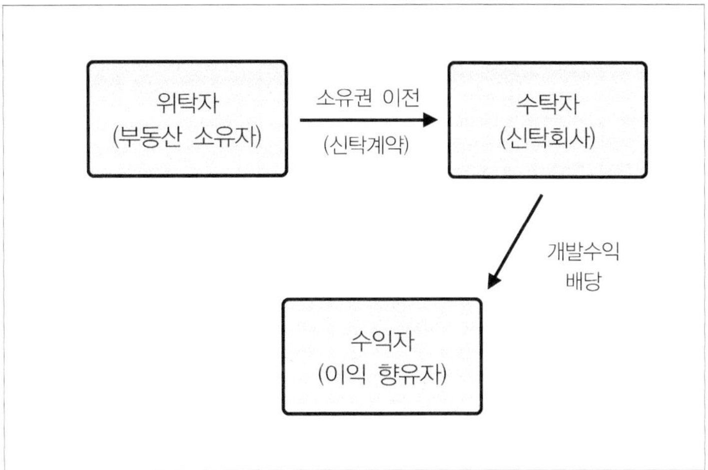

[그림 10-2] 토지신탁의 구조

2) 토지신탁의 특징

(1) 안정적 사업추진

신탁재산은 신탁법상 독립된 재산으로 취급되므로 부동산소유자의 파산, 상속 등의 사유발생 시에도 정상적인 사업추진이 가능하다. 즉 토지신탁은 신탁회사 명의로 토지소유권을 이선함으로써 개발사업 추진 시 토지에 대한 제한물권의 설정을 방지하고 신탁재산의 강제 집행이 금지되어 안정적 사업추진이 가능하다.

또한 대외공신력을 갖춘 신탁회사가 신탁계약에 정한 바에 따라 사업관리 업무역할을 분담하는 한편, 사업 종료 시까지 시행자 지위를 수행하므로 안정적 사업구도가 확립된다.

(2) 토지의 유효이용과 수익실현

토지소유자는 자금, 시간, 개발노하우의 부족 등의 사유로 보유 중인 유휴 토지를 부동산신탁회사에 신탁한다. 신탁회사는 토지소유자를 대신하여 사업계획 입안, 건축자금의 조달, 건설, 분양, 건물의 유지·관리업무 등 일체를 대행함으로써 토지의 유효이용과 함께 안정적인 수익을 얻을 수 있다.

(3) 자금조달 용이

토지소유자는 신탁기간 중에 자금이 필요한 경우 신탁수익권의 전부 또는 일부를 양도하거나 질권을 설정하여 자금을 조달할 수 있다.

(4) 상속세 절감

토지신탁에 따른 수익권이 상속되는 경우 신탁회사가 해당 신탁사업 목적으로 차입한 채무는 상속세 과세가액 산정 시 채무로 인정받기 때문에 상속세를 절감할 수 있다.

(5) 분양성 제고

신탁회사가 분양계약의 당사자가 되므로 대외적으로 공신력이 높아지고 분양률을 상승시키는 효과가 있다.

3) 토지신탁의 종류

토지신탁은 신탁재산처분유형에 따라 임대형 토지신탁과 분양형 토지신탁으로, 건설자금 조달부담에 따라 개발형과 관리형으로 구분할 수 있다.

(1) 임대형 토지신탁

임대형 토지신탁은 신탁회사가 토지소유주로부터 수탁 받은 토지에 건축, 대수선, 택지조성 등의 개발사업을 시행한 후 일정기간 동안 임대하여 발생한 임대수익과 원본을 처분하여 현금으로 교부하거나, 부동산의 현상 그대로를 수익자에게 교부한다.

차입형 토지신탁이라고도 한다.

(2) 분양형 토지신탁

분양형 토지신탁은 신탁회사가 수탁 받은 토지에 건축, 대수선, 택지조성 등의 개발사업을 시행한 후 이를 분양의 방법으로 처분하여 발생한 수익을 수익자에게 교부하게 된다.

(3) 개발형 토지신탁

① 개발형 토지신탁의 의의

개발형 토지신탁은 부동산신탁회사가 사업주체가 되어 사업비를 직접 조달하여 수탁 받은 토지를 개발하는 형태의 토지신탁이다. 공신력 있는 신탁회사가 리스크를 부담하고 모든 역할을 수행한다.

즉 개발형 토지신탁은 부동산신탁회사가 시행사(사업주체, 건축주)가 되어 수탁 받은 토지를 개발하면서, 소요되는 건설자금 등 사업비를 부동산신탁회사가 채무자가 되어 금융기관 등으로부터 사업비를 조달함에 따라, 부동산신탁회사의 차입금 부담 리스크가 높은 반면, 사업비 조달을 포함한 개발 사업에 관한 모든 역할을 신탁회사가 수행하게 됨으로 위탁자의 입장에서는 가장 편리한 사업개발 방식이다. 부동산신탁회사가 공사비를 포함한 사업비를 직접 조달하여 투입함으로 시공사 측면에서는 공사비 채권에 대한 안정성이 높아지고, 공사에만 전념할 수 있는 장점이 있는 반면, 단순도급으로 인한 공사이윤 감소의 단점을 가지고 있다.

부동산신탁회사 입장에서 보면 토지신탁사업을 통하여 신탁보수 등의 수입을 보장받을 수 있으나, 사업타당성분석을 제대로 하지 못할 경우 건설대금 조달비용이 수입금액을 초과하여 손실을 볼 수도 있다.

② 개발형 토지신탁의 특징

개발형 토지신탁의 특징은 다음과 같다.

첫째, 신탁이 종료되면 임대형 토지신탁의 경우 토지와 건물 모두가 토지소유자에게 반환된다. 토지소유자는 자금, 시간, 노하우의 부족 등으로 인하여 각종 불리한 세금을 납부하면서 보유하던 유휴 토지를 부동산신탁회사에 위탁함으로써 토지의 효율적 이용과 함께 안정적인 수익을 기대할 수 있다.

둘째, 수탁자가 토지소유자를 대신해서 토지유효이용에 관한 사업계획입안, 건축자금의 조달, 건설, 수탁자의 공신력을 바탕으로 한 분양업무의 효율성 제고, 건물의 유지, 관리업무, 회계 처리 등 일체를 대행함으로써 토지소유자는 아무 경험 없이도 부동산개발(또는 임대)사업을 행할 수 있다.

셋째, 토지소유자는 신탁기간 중에 자금이 필요한 경우 신탁수익권이 전부 또는 일부를 양도하거나 질권을 설정하여 자금을 조달할 수 있다.

넷째, 신탁재산은 신탁법상 독립된 재산으로 취급받음으로써 신탁설정후의 토지 소유자의 상속, 파산 등이 직접적으로 개발 사업에 영향을 미치지 아니하므로 사업운영 자체의 안정성이 보장된다.

다섯째, 토지신탁수익권이 상속되는 경우, 수탁자가 신탁의 목적에 따라 부담할 채무(차입금 등)는 상속세 과세가격 산정 시 채무를 인정받으므로 상속세 대책으로도 이용할 수 있다.

여섯째, 신탁은 토지의 소유권이 실질적으로는 위탁자에게 귀속되는 것 인 바, 지가의 상승에 따른 이익 및 사업에 따른 개발이익도 취할 수 있으므로 경제적인 이익을 크게 할 수 있다.

일곱째, 복수의 토지소유자의 권리조정을 요하는 공동개발사업에 있어서는 수탁자의 공평하고 중립된 권리 조정을 통하여 사업의 원활한 운영을 추진할 수 있다.

③ 개발형 토지신탁의 절차

신탁회사는 토지소유자인 위탁자로부터 개발 상담을 받으면 개발가능 토지인지를 검토하는 등 기본사항을 분석한 후 토지소유주(위탁자)와 신탁회사(수탁자)는 기본협정을 체결하고 신탁회사는 사업성검토를 바탕으로 수익성분석 및 토지의 최유효 이용에 대하여 종합적으로 검토한다.

위탁자와 신탁회사는 개발사업을 추진할 가치가 있다고 평가되면 세부사항들을 검토한 후 신탁계약을 체결한다. 신탁계약이 체결되면 토지는 신탁회사로 소유권이 이전되며 신탁회사는 수익자에게 수익권증서를 교부하고 신탁회사는 건설사와 건설 도급계약을 체결한다.

신탁회사는 인허가 완료 후 분양을 통한 분양수입금 또는 완공 후 임대수입금을 관리한다. 이 때 건설기간 동안의 건설자금은 신탁회사가 책임지고 조달한다.

사업을 종료하고 개발수입금에서 건설비 및 기타 비용의 정산을 통하여 개발이익금이 발생한다. 개발이익금은 신탁수익권증서를 회수하면서 수익자에게 지급되며 사업이 종료된다.

(4) 관리형 토지신탁

① 관리형 토지신탁의 도입배경 및 의의

글로벌 금융위기와 부동산 경기침체 및 미분양 증가 등으로 부동산업계 및 건설업계가 구조조정을 하게 되었다. 이에 따라 사업주체의 부재로 정상적인 사업진행이 곤란한 현장이 증가하는 등의 문제가 발생하였다. 이러한 시장 환경의 변화는 관리형 토지신탁의 수요를 유발하였다.

관리형 토지신탁은 개발형 토지신탁에 있어서의 부동산신탁회사의 역할 중 사업비 차입 등 사업비 조달책임을 면하고, 단순히 사업주체인 시행사의 업무 중 전부 또는 일부만을 수행하는 토지신탁상품이다.

관리형 토지신탁 사업에서 사업비 조달의 책임은 토지소유주인 위탁자가 부담하게 되고 시공사는 책임준공 또는 지급보증을 통해 사업비 조달과 상환의 리스크를 분담하게 된다. 따라서 시공사의 역할이 강화되고 신탁회사는 신용이 높은 1군 건설회사일 경우에만 관리형 토지신탁을 수탁하는 것이 일반적이다.

재무적 리스크를 부담하게 되는 시공사는 개발사업의 진행 및 종결 단계에서 신뢰도가 떨어지는 시행자의 인허가 업무와 정산 불이행 리스크를 경감하는 측면에서 관리형 토지신탁사업을 선호한다.

② 관리형 토지신탁의 특징

관리형 토지신탁의 가장 큰 특징은 위탁자의 도산위험을 방지하는 것이다. 위탁자의 부도 또는 파산 시 신탁회사가 사업 시행자이고 신탁재산은 위탁자와 분리되어 보호되므로 정상적 사업추진이 가능하다. 신탁회사의 사고 발생 시에도 신탁법에 의하여 신탁재산(사업)이 보호된다. 관리형 토지신탁의 특징은 다음과 같다.

첫째, 시행사와 사업을 절연하여 시행사의 불법, 부당행위로부터 사업보호가 가능하다. 시행사의 이중분양, 분양권담보제공, 자금지급을 조건으로 준공 후 보존등기 지연 등의 불법행위로부터 사업을 보호할 수 있다.

둘째, 개발사업의 허가권과 사업부지를 동시에 처분하여 환가의 용이성을 확보한다. 사업 진행 중 사업약정서 상의 환가 사유 발생 시 인·허가권과 실물 사업부지를 동시에 처분하여 처분이 원활하게 이루어지도록 한다.

셋째, 개발사업에 대한 풍부한 경험을 보유한 신탁회사를 통한 적극적인 사업관리,

자금관리, 건설 공정관리로 안정적인 현금흐름의 확보가 가능하다.

넷째, 시행사의 채권자로부터 사업을 안정적으로 보호하는 것이 가능하다. 신탁부동산에 대한 강제집행, 분양수입금 계좌에 대한 압류 등이 불가능하다. 소유권이전청구권 압류 등 채권의 압류는 가능하나 사업의 진행에는 전혀 영향이 없다. 신탁을 배제한 일반적인 시행, 시공구도에서는 사업진행이 불가능하다.

다섯째, 대출금융기관의 채권확보가 용이하다. 일반적인 시행사 부도로 대한주택보증의 보증사고 발생 시 대출금융기관의 우선적 지위를 인정하지 않고 일반 채권자와 동일하게 취급하나 관리형 토지신탁의 경우에는 우선수익권이 인정된다. 또한 당해 사업의 수익금에 대한수익권을 확보하여 우선수익자를 시공사, 수익자 및 위탁자 등 자유롭게 우선수익권을 줄 수 있다. 이때 보통 사업 시행자는 사업 정산 후 잉여금에 대해 배당을 받게 되며, 우선수익자가 먼저 수익을 갖게 된다. 최악의 경우 시공자 도산시 신탁사의 책임하에 목적건축물을 완공할 수 있다. 이는 분양 및 미분양분에 대한 신속한 처리 가능하게 되어 보다 빠른 채권확보가 가능해진다.

③ 당사자별 입장에서의 장점

수분양자의 입장에서는 아파트 사업의 경우 대한주택보증의 분양보증과의 차이점을 살펴보면, 관리형 토지신탁의 경우는 대한주택보증으로의 신탁은 면제되지만 분양보증은 적용된다. 따라서 주택법상 분양보증을 득해야 하는 본질적인 차이는 없고, 수분양자 입장에서는 신탁회사의 공신력이 보강되어 있는 관리형토지신탁이 유리하다고 하겠다.

금융기관의 입장에서 보면, 첫째, 시행사의 배임적 행위에 의한 리스크로부터 사업을 안정적으로 보호할 수 있는데 예를 들면 금전적 보상을 요구하며 사업의 진행에 협조를 거부하여 인허가 업무 및 보존등기가 지연되는 등의 문제, 사업비의 임의적 유용, 이중분양, 분양권 담보제공 등으로 금전 을 편취하는 행위 등이 그 예이다. 둘째, 시행사의 채권자에 의한 리스크로 대한주택보증에 수탁되어 있는 신탁재산의 소유권 이전 청구권에 압류를 설정하거나, 보존 등기 시 건물 및 토지에 압류가 가능하여 수분양자로의 이전등기 등을 위하여 법률적으로 해결방법을 찾기 어려워 대부분 금전의 지급을 통한 해결 방법을 찾을 수밖에 없는 현실에 직면하게 되는 경우가 있다. 자금관리 계좌에 압류가 설정되어 자금집행이 불가능한 상황이 발생될 가능성이 있으며 시행사의 부도 발생 시 사업권 양수도 문제가 발생하거나 의사결정 지연에 따라 적절한 시기에 대응하지 못해 생기는 피해가 야기될 수 있다.

④ 관리형 토지신탁의 절차

토지소유자는 토지비를 대출받고, 신탁계약을 체결하여 수익권증서를 우선수익자에게 교부하게 된다. 금융기관의 토지비 대출이 실행되면 수탁자인 신탁회사는 수익권증서를 발급한다. 토지 소유권확보와 동시에 관리형 토지신탁계약에 의한 신탁등기 및 수익권증서의 발급을 실행한다.

시행자, 시공자, 금융기관 및 신탁회사 간에 개발사업과 관련된 역할분담 및 권리의무 사항을 정하는 사업약정 체결하고, 신탁회사와 시공자간에 책임준공 및 분양불 공사비 지급조건의 공사도급계약을 체결하게 되며, 사업시행과 관련된 일반적인 용역계약 및 자금조달 관련 계약은 시행자가 계약주체가 되며, 공사도급계약 및 설계, 감리계약 등 사업인허가와 관련된 주요계약은 신탁회사가 계약주체가 된다.

최초 시행사, 시공사, 대주단 및 신탁사와 사업약정 및 관리형 토지신탁계약 체결한다. 이 때 신탁계약에 의한 각 당사자별 지위는 위탁자, 수익자, 우선수익자, 채무자, 시공사, 수탁자이다.

계약 체결 후 토지에 대한 신탁 등기를 경료하여 사업부지 전체에 대한 소유권을 확보한다. 등기 후 인허가상 사업주체의 명의를 시행사에서 신탁회사로 변경한다. 또한 공사 도급 계약을 비롯한 각종 용역 계약의 당사자를 신탁회사로 변경함과 동시에 기 분양된 수분양자와의 분양계약을 해시하고 대한주택보증 보증내용을 변경한다.

금융기관은 우선수익자로 지정 받은 시공사의 수익권증서에 질권 설정하고 신탁회사는 수분양자(분양받을 자)를 공개모집하여 분양계약을 체결한다. 분양금은 분양계약의 공급자인 신탁회사의 분양수입금 관리계좌로 입금되며, 신탁회사는 수분양자로부터 수령한 분양대금을 사업약정에 의거하여 대출금상환 및 공사비 지급 등 사업비를 집행한다. 신탁회사는 본인명의로 개발 사업을 준공시키고 소유권 보존등기 후 수분양자에게 소유권을 이전하게 된다. 최종적으로 신탁계약 및 사업약정에 의거한 수익금의 정산을 실시하게 되고, 신탁을 해지하게 된다.

4) 국 · 공유지 신탁

국 · 공유지 신탁은 신탁회사의 자금과 기술을 활용하여 대상 국공유지를 신탁받아 최대의 공공이익을 창출할 수 있도록 분양 · 임대 등의 사업을 시행한 후 그 수익을 국가 또는 지방자치 단체에 반환하는 사업방식이다.

토지소유자가 신탁을 통해 토지를 유효하게 개발함으로써 토지소유에 따른 과중한 세금부담을 덜고, 안정적인 수익을 실현할 수 있다.

5) 신탁보수

토지신탁보수는 소정의 신탁보수 산정기준에 신탁보수율을 곱하여 산정한다.

신탁보수는 신탁회사별로 차이가 날 수 있다. 또한 개발보수의 일정률 이내에서 성과보수를 정하여 수취할 수 있다.

2. 담보신탁

1) 담보신탁의 의의

담보신탁은 부동산소유자(위탁자)가 금융기관으로부터 대출을 받기 위하여 설정하는 신탁이다.

위탁자가 자신의 채무 또는 책임의 이행을 보장하기 위하여 자기소유 부동산에 대한 소유권을 신탁회사(수탁자)로 이전하고 수익권증서[70]를 발급받는다.

금융기관(채권자)은 이 수익권증서를 담보로 대출을 실행하고 우선수익자가 된다.

신탁회사는 채권자를 위하여 일정기간 신탁부동산의 담보력이 유지 · 보전되도록 관리하다가 채무가 정상적으로 이행되면 소유권을 위탁자에게 환원하고, 만약 채무불이행 사유가 발생되면 신탁부동산을 환가 처분하여 그 환가 대금으로 채권자에게 채무변제금으로 교부하고 그 잔여액이 있을 경우 위탁자에게 반환하는 신탁이다.

담보신탁은 오피스빌딩, 개발예정 토지, 리모델링 빌딩 등 지속적이고 계획적인 관리가 필요한 부동산을 담보로 금융기관으로부터 자금을 차입하고자 할 때 활용된다.

담보신탁은 관리신탁과 처분신탁의 결합형이라고 말할 수 있다.

---

70) 수익권증서는 일종의 담보부채권으로서 우선수익자의 지위를 증명하는 증거 증권(유가증권은 아님)의 효력이 있다. 여기에는 채권 최고금액을 표시하게 된다.

2) 담보신탁의 장단점

(1) 장 점

① 채권금융기관

㉠ 신탁회사가 담보 목적물에 대한 정밀한조사와 담보평가를 실시하므로 대출 금융기관의 추가적인 담보 목적물 조사가 불필요하여 경비 및 시간 등이 절감된다.

㉡ 근저당권 설정 시, 담보 목적물에 대한 임대차관계나 담보물건 하자로 인한 예상하지 못한 피해를 예방할 수 있으며, 신탁회사의 계속적인 담보 목적물 관리로 인하여 담보력이 유지되어 채권회수에 유리하다.

㉢ 채권금융기관은 담보 목적물 관리에 관여하지 않으므로 순수한 자금관리 등 고유업무에 전념할 수 있다.

㉣ 위탁자의 부도 또는 파산 시 신탁재산의 독립성으로 인하여 제3채권자로부터 보호받을 수 있게 된다.

㉤ 저당제도의 경우, 채권 실행을 위한 법원 경매 시 저가 경락을 피하기 위하여 담보물을 유입할 경우 유입비용, 제세공과금 부담 등의 부대 비용의 증가가 필연적인데 반해, 담보신탁의 경우 채권 실행이 신탁회사의 공매에 의하므로[71] 이에 대한 근원적인 해소가 가능하다.

② 차입자

㉠ 차입자 입장에서는 신탁회사가 대부분 공신력을 갖춘 금융기관이므로 안심하고 신탁이 가능하며 담보신탁의 방법으로 대출받을 경우 근저당권을 설정하는 경우에 비해 부대비용이 절감된다.

㉡ 신탁기간 중 부동산 매도 시 매수자는 신탁회사와 거래하므로, 비교적 고가의 매각이 가능하다.

㉢ 신탁재산은 담보부동산 소유자가 법정관리, 화의, 파산 등의 법적절차 중에 있는 경우에도 재산보전처분을 받지 않아 채권보전에 유리하다.

㉣ 또한 경제사정 악화나 채무 불이행 등으로 부득이하게 담보 부동산을 처분하여야 할 경우 신탁회사가 전문적인 공매를 실시하므로, 법원 경매와 같은 장기화,

---

71) 차주 도산 시 환가절차는 다음과 같다. 대출금융기관에서 채무이행 최고 후 신탁회사에 환가 요청한다. 신탁회사에서는 감정평가를 의뢰하여 공매가격 결정하고 신탁부동산을 공개경쟁 입찰방식 등으로 공개시장에서 매매한다. 신탁계약서에서 정한 순위에 따라 환가대금을 교부하고 매수자에게 소유권이 이전된다.

저가경락 및 지연손해금의 증가를 예방할 수 있어 손실을 최소화한다.

(2) 단 점

신탁기간 중 신탁회사의 지속적인 신탁재산 관리로 인하여 위탁자의 신탁재산에 대한 사용, 수익에 다소 불편한 점이 있을 수 있다.

또한 채무 불이행으로 인한 환가 처분 시 법적, 제도적 장치의 미비로 인하여 처분 시 장애가 발생할 수 있다.

3) 담보신탁과 저당권제도의 비교

저당권은 채권자가 채무자 또는 제3자(물상보증인)로부터 점유를 옮기지 않고 그 채권의 담보로 제공된 목적물(부동산)에 대하여 일반 채권자에 우선하여 변제를 받을 수 있는 약정담보물권[72]이다.

담보신탁과 저당권은 대출담보로서의 기능을 수행하는 점에서는 유사하나 담보권 설정방식, 채권강제집행방법 등에서 차이가 많다. 담보신탁과 저당권제도를 비교하면 [표 10-2]와 같다.

[표 10-2] 담보신탁과 저당권제도의 비교

구 분	담보신탁	저당권제도
담보설정방식	신탁회사로 소유권이전(등기부상 '갑구' 표시사항)	근저당권 설정(등기부상 '을구' 표시사항)
신규임대차, 후순위권리설정	배제 가능	배제 불가능
담보취득후 우선채권 발생	신탁등기후 발생 불가	임금채권 발생가능
강제집행 방법	신탁회사 직접 공매	경매
강제집행 절차	절차 간편, 단기간 소요	절차복잡, 장기간 소요
강제집행 소요비용	적음	많음
부동산 처분가액	상대적 고가	저가
물상대위권 행사	사전 압류 불필요	사전 압류 필요
재산보전 처분	대상 아님	대상
채무자의 소요비용	적음(등록면허세, 교육세 및 채권 매입 면제) 신탁보수는 부담	많음(등록면허세, 교육세, 채권매입)

자료 : 한국부동산신탁협회, 부동산신탁실무, KB부동산신탁

72) 민법 제356조 이하 참조.

4) 담보신탁사례

(1) 담보신탁사례 1

적기에 대출받은 사례

A회사는 작년 말 급히 자금이 필요하여 3곳의 금융기관으로부터 원하는 담보여신을 약속받을 수 있었으나, A회사로서는 각 금융기관별 근저당설정 등기절차에 따르는 비용이 많이 소요될 뿐만 아니라 시간이 촉박하여 적기에 자금을 지원받을 수 없는 위기에 처했다.

이때 거래 금융기관의 소개로 부동산신탁회사에 담보신탁을 의뢰하여 신속히 등기절차를 완료하고 3개 금융기관에 각각 수익권증서를 발급받아 비교적 저렴한 비용으로 A회사가 필요한 시기에 대출을 받을 수 있게 되었다.

자료 : KB부동산신탁

(2) 담보신탁사례 2

복잡한 부동산을 신탁한 후 대출받은 사례

B회사는 회사소유의 부동산을 담보로 제공하고 P금융기관으로부터 대출을 지원받을 계획이었으나 담보부동산이 여러 곳에 산재해 있고 일부 부동산에는 복잡한 권리관계가 진행 중이어서 담보로 인정받을 수 있을지 고민하던 중이었다.

이런 사정을 들은 금융기관 여신담당자는 B회사로 하여금 신탁회사에 담보신탁을 하도록 하였다. 신탁회사에서는 복잡한 권리관계가 진행중인 부동산에 대해 적절한 해법을 마련하고 각 부동산을 수탁하여 이를 근거로 신속히 수익권증서를 발급하므로써 B회사가 쉽게 대출을 받게 할 수 있었다.

자료 : KB부동산신탁

5) 신탁보수

(1) 재산관리 신탁보수

재산관리 신탁보수는 수익권증서 발행금액에 담보신탁보수율을 곱하여 산정한다. 담보신탁보수율은 금융기관별로 차이가 있으며 55/10,000의 범위 내에서 근서낭설성 비용 등 제반조건을 감안하여 적정 비율을 산출한다.

부동산담보신탁보수는 수익권증서 발행 시에 수납함을 원칙으로 하되 부득이한 경우 채무자에게 대출이 실행되는 날에 수납할 수 있다.

(2) 재산처분보수

부동산담보신탁보수와 별도로 환가처분이 있는 경우 일정률의 재산처분보수를 수취한다.

3. 처분신탁

1) 처분신탁의 의의

처분신탁은 신탁회사가 신탁계약을 통해 위탁자로부터 부동산을 수탁 받아 다양한 처분활동[73]을 수행하고, 수탁부동산이 처분되는 경우 그 처분대금을 수익자에게 교부하는 신탁이다.

처분신탁은 일반적인 부동산 중개행위로는 부동산 소유자(위탁자)가 처분하기에 어려움이 있는 부동산, 대규모 부동산으로써 매수자가 제한되어 있는 부동산, 잔금정산까지 장기간이 소요되어 소유권관리에 안전을 요하는 부동산, 해외이민 또는 해외 장기체류 등으로 처분하기에 어려운 부동산 등을 안정적으로 처분하기 위해 이용하는 신탁이다.

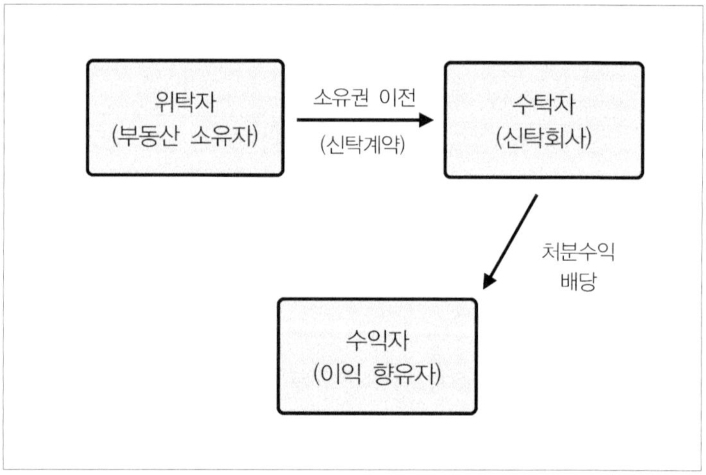

[그림 10-3] 처분신탁의 구조

처분신탁에는 수탁자가 신탁부동산의 전반적인 관리를 하면서 처분하는 '갑종처분신탁'과 신탁부동산의 소유권만을 보유하다 처분하는 '을종처분신탁'이 있는데 실무상 을종처분신탁이 주로 행하여진다.

---

73) 수의계약, 공개매각, 경우에 따라 매각광고 등을 통한 처분활동을 의미함.

2) 처분신탁의 특징

(1) 계약에서 잔금지급까지 기간이 긴 경우나, 매매금액이 큰 경우 분쟁가능성을 낮추고, 안전하게 매매가 이루어지도록 한다.

(2) 개발사업의 시행자가 현재 토지 및 건물을 매입할 수 없으나, 가까운 장래에 토지 및 건물의 소유권을 확보하고자 하는 경우에 신탁 계약에 의해 매수예정자로 지정되어 향후 사업 인허가 여부 및 자금의 확보를 통해 토지 및 건물의 안전한 소유권을 확보할 수 있다.

(3) 준공시점에서 시공회사가 건축공사대금을 대물변제 받음에 있어 처분신탁을 이용함으로써 직접취득에 비하여 절세효과 및 신속한 처분을 통한 효율적인 채권행사가 가능하다.[74]

(4) 일반적인 부동산중개에 비하여 신탁등기의 절차가 추가됨으로써 번거로우며, 신탁보수가 중개수수료보다 높을 수 있다.

3) 처분신탁취급사례

(1) 처분신탁 취급사례 1

처분신탁으로 안전하게 토지를 매입한 사례
중소건설회사인 Y사는 향후 아파트사업을 위해 부지를 지주로부터 매입하기로 매매계약을 체결한 후 계약금을 지급하고 잔금은 아파트 사업승인을 받은 후 지급하기로 하였다. 그러나 Y사는 잔금지급일 전에 지주 명의의 등기부에 제한물권이 설정되거나 소유권이전에도 지장을 초래하지 않을까 우려하지 않을 수 없었다. 그러나 처분신탁을 하게 되면 지주의 채권자들이 등기부상에 제한물권을 설정할 수 없고 또 소유권 자체도 신탁회사에서 직접 이전받게 되므로 안전하게 소유권을 이전받을 수 있다는 것을 알고 처분신탁을 함으로써 토지매입에 따른 불안을 해소할 수 있었다. 자료 : KB 부동산신탁

74) 한국부동산신탁협회, 부동산신탁실무 p.376, 2007.

(2) 처분신탁취급사례 2

처분신탁으로 대물로 받은 미분양아파트를 처분한 사례
건설회사인 H사는 아파트를 시공하고 시행자로부터 미분양아파트 및 상가를 대물로 취득하기로 하였으나 미분양아파트의 소유권을 이전 받을 경우 취득세, 등록세 등 상당한 비용이 지출될 수밖에 없고, 비용을 줄이기 위하여 소유권을 시행자 명의로 그대로 두고 매수자를 물색할 경우 시행자의 채권자들로부터 등기부상 권리침해를 받게 되므로, 비용도 줄이고 권리도 안전하게 보호 받을 수 있는 제도인 처분신탁을 함으로써 안전하게 시간적인 여유를 갖고 분양 입주자를 모집하므로 적당한 가격에 아파트를 매도할 수 있었다.
자료 : KB 부동산신탁

4) 신탁보수

처분신탁보수는 처분가격에 보수요율을 곱하여 산정하되 보수요율은 처분가격 기준금액에 대해 순차적으로 누진 적용한다. 신탁토지가 여러 필지인 경우 각 필지 별로 보수액을 산출하되 수필지가 일단의 용도로 이용 중인 경우는 필지별 처분가격을 합산하여 산출한다. 위탁자의 요청으로 처분 시까지 수탁재산을 관리하는 경우에는 별도로 관리신탁보수를 받는다.

4. 관리신탁

1) 관리신탁의 의의

관리신탁은 신탁계약에 의해 부동산소유자(위탁자)가 신탁회사에 부동산의 소유권을 이전하면 신탁회사는 신탁기간 동안 위탁자 소유의 부동산을 전문가를 통해 효과적으로 관리하기 위한 것으로 소유권 관리 및 임대차 관리, 시설 유지관리 등 적극적인 관리업무를 시행하는 갑종관리신탁과 신탁을 통하여 등기부상의 소유권만을 관리하는 을종관리신탁이 있다.

관리신탁은 부동산 관리에 대한 전문지식 부족으로 효율적 관리가 어려운 경우 신탁사의 전문 노하우를 이용하여 관리비용의 절감이 가능하며, 예기치 못한 장래에 대비하여 안전한 재산권 보호가 필요한 경우 신탁기간 동안 신탁법에 근거하여 가압류 등 제3자의 강제집행이 배제된다.

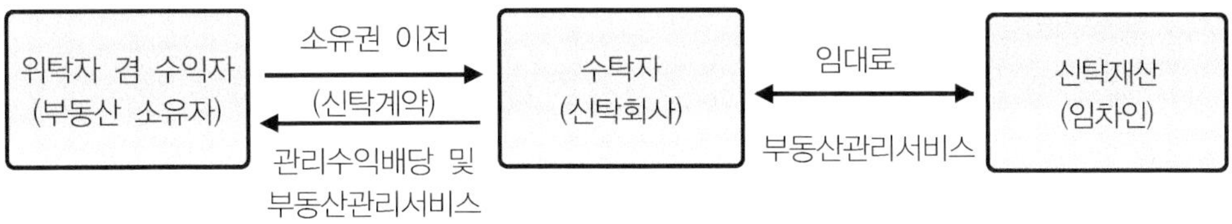

[그림 10-4] 관리신탁의 구조

(1) 갑종관리신탁

갑종관리신탁이란 부동산소유자(위탁자)가 자신의 부동산에 대해 전문적이고 효율적인 관리와 보다 높은 운용수익을 실현할 목적으로 이용하는 신탁이다.

신탁회사(수탁자)는 수탁 받은 부동산에 대하여 소유권관리는 물론 임대차관리, 시설 및 기술관리, 세무관리, 법무관리, 금전의 운용 등 부동산에 대한 종합관리업무를 수행하게 되고 이로부터 발생하는 신탁수익을 수익자에게 교부하게 된다.

경우에 따라서는 부동산관리만을 전문으로 하는 업체에 용역계약을 체결하여 이 업체에 기술적인 부분을 전문적으로 관리할 수도 있다.

(2) 을종관리신탁

을종관리신탁이란 부동산소유자(위탁자)가 자신의 부동산에 대하여 발생할 수 있는 예기치 못한 분쟁을 예방하여 소유권을 안전하게 보존할 목적으로 이용하는 신탁이다.

신탁회사(수탁자)는 부동산소유자(위탁자)로부터 신탁계약을 통해 부동산을 수탁받아 부동산의 소유권만을 관리하게 된다.

최근 금융기관의 개발사업에 대한 프로젝트 파이낸싱이 활성화되면서 개발사업기간 동안에 부동산에 대한 소유권을 안전하게 보존하려는 목적으로도 많이 이용되고 있다.

을종관리신탁계약의 주된 내용은 관리신탁 표준계약에 의거 계약을 체결하되 별도의 부동산관리 실행계약서를 체결하여 실질적인 관리업무는 위탁자가 수행한다. 신탁보수와 신탁절차비용 등은 위탁자부담으로 하며, 부동산의 관리와 보존에 필요한 보수 및 비용도 위탁자가 부담한다.

2) 관리신탁의 필요성

(1) 해외 장기체류나 신병 등으로 부동산을 직접 관리하기가 어려운 경우

(2) 부동산에 대한 납세, 임차관리 등을 효율적으로 수행하고자 하는 경우

(3) 상속예정자가 미성년자이거나 사회경험이 부족 등 대신 관리가 필요한 경우

(4) 부동산에 대한 전문지식이 부족하여 종합적인 관리가 어려운 경우

(5) 본인 사후에 유족의 생활보장을 위하여 확실한 재산관리가 필요한 경우

3) 관리신탁과 토지신탁의 차이

토지신탁 및 관리신탁 모두 신탁회사가 토지소유권 및 사업시행권리를 가지고 있다. 그러나 토지신탁은 신탁회사가 사업시행에 필요한 자금을 직접 또는 금융기관으로부터 차입하여 조달하나, 관리신탁은 시행사가 사업시행에 필요한 자금을 직접 또는 금융기관으로부터 차입한다.

또한, 토지신탁은 시공, 설계, 감리, 분양 등 거의 모든 분야에서 중요 의사결정을 신탁회사가 담당하나, 관리신탁은 시행사 및 시공사 또는 금융기관이 거의 모든 업무를 주도하므로 신탁회사의 역할은 매우 제한적 이다.

4) 관리신탁 취급사례

(1) 관리신탁 취급사례 1

관리신탁으로 부당한 관리침해를 방지한 사례

중소건설회사인 T사는 OO지역에서 B사를 건설사로 하여 아파트 사업을 시행하고 있었으나 동 건설사인 B사의 부도발생으로 인하여 B사의 하도급업체들로부터 부당한 공사대금 지급 압력을 받고 있었다.

이로 인해 아파트사업을 위해 보유하고 있던 타 사업부지에 하도급업체들이 가압류 등 부당한 권리침해를 할 경우 적기의 사업시행이 곤란하게 될 소지가 있어 고민하던 중 관리신탁계약을 통하여 소유권을 신탁회사에 신탁토록 하므로써 저렴한 비용으로 T사의 등기상 권리를 보호하게되었고 T사는 적기에 아파트사업을 시행할 수 있게 되었을 뿐 만 아니라 하도급업체들의 부당한 공사대금 지급 압력에도 대응할 수 있게 되었다.

자료 : KB부동산신탁

(2) 관리신탁 취급사례 2

관리신탁으로 자신의 재산권을 안전하게 보호한 사례

L씨는 자신명의로 빌딩을 소유하고 OO사업을 영위하는 개인사업자로 최근 자신의 빌딩의 임차인이 임차기간이 만료되었음에도 임차목적물의 명도를 거부함은 물론, 부당한 요구를 하면서 간접적으로 압력을 가해오고 있었다.

L씨는 이전에 등기부상 부당한 권리침해를 받고 법원을 통해 이를 해결한 사례가 있었는데 비록 부당한 권리침해라 하더라도 등기부상 제한물건이 일단 설정되면 법원을 통해 이를 해소하는데 비용이 많이 지출되고 상당기간이 소요되어 정신적, 물질적 피해를 경험했던 터라 임차인으로부터 악의의 권리침해를 걱정하지 않을 수 없었다.

그러던 중 관리신탁을 하면 권리보호를 받을 수 있다는 정보를 듣고 신탁회사에 관리신탁을 의뢰하여 저렴한 비용으로 권리를 보호받을 수 있었다.

자료 : KB부동산신탁

5) 신탁보수

관리신탁보수는 수탁재산가액에 소정의 보수요율을 곱하여 산정하되 보수요율은 수탁재산가액 기준금액에 대해 순차적으로 누진 적용한다. 신탁토지가 여러 필지인 경우 각 필지 별로 보수액을 산출하되 수필지가 일단의 용도로 이용 중인 경우는 필지별 수탁재산가액을 합산하여 산출한다(수동의 건물이 상호 유기적으로 연관되어 있는 경우에도 준용한다).

(1) 갑종관리신탁보수 = 공시지가(또는 감정평가액) × (연 0.6% ~ 연 1%)

(2) 을종관리신탁보수 = 공시지가(또는 감정평가액) × (연 0.1% ~ 연 0.3%)

5. 분양관리신탁

1) 분양관리신탁의 의의

분양관리신탁은 「건축물의 분양에 관한 법률」(이하 건분법)의 제정에 따라 도입된 신탁으로 상가 등 건축물을 분양하는 사업에 있어 수탁자가 신탁부동산의 소유권 및 분양대금을 보전, 관리하게 함으로써 수분양자를 보호하여 성공적인 분양사업이 되도록 지원하고, 분양사업의 시행자가 부담하는 채무를 불이행하는 경우 신탁회사가 부동산을 환가, 처분하여 정산하는 신탁이다.

건분법 제4조 제1항에 따르면 분양사업자는 신탁업자와 신탁계약 및 대리사무계약을 체결하거나 금융기관 등으로부터 분양보증을 받아야 선분양할 수 있다.

신탁회사는 분양관리신탁만으로는 건분법에서 정해진 의무를 전부 수행할 수 없기 때문에 분양관리신탁과 대리사무계약을 함께 체결하게 된다.

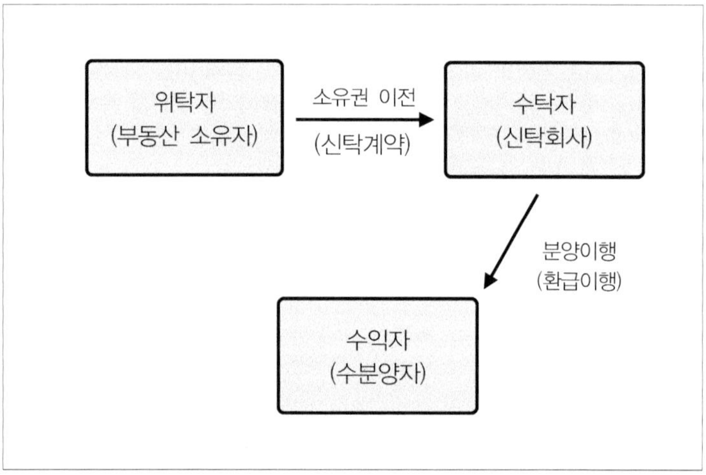

[그림 10-5] 분양관리신탁의 구조

2) 분양관리신탁의 장점

(1) 후분양에 따라 사업자의 초기부담을 최소화하고 수분양자의 권리를 보호한다.

(2) 사업부지 미확보나 건축허가불비 등에 따른 수분양자의 피해를 예방한다.

(3) 원활하고 안정적인 사업추진이 가능하다.

(4) 분양과정의 투명성과 거래안정성을 확보한다.

6. 부동산대리사무

부동산대리사무란 신탁회사가 민법상의 '대리'규정에 따라 신탁업무와 관련하여 수행할 수 있는 부수적인 업무를 말한다. 대리사무에 의한 신탁회사의 업무는 부동산개발 대리사무, 부동산취득 대리사무, 부동산처분 대리사무, 부동산관리 대리사무, 임대차 대리사무, 자금관리 대리사무, 분양관리 대리사무 등 다양하다. 대표적인 대리사무는 자금관리 대리사무와 분양관리 대리사무이다.

자금관리 대리사무는 신탁회사가 결제위탁계정(escrow account)을 개설하여 사업

시행자가 조달한 개발자금 및 분양수입금 등의 자금 입출금을 사업시행자를 대리하여 관리한다.

자금관리 대리사무의 주목적은 객관적인 결제위탁계정을 통해 자금유용을 방지하고, 개발자금의 안정적인 상환 및 공사비와 분양대금의 안정적인 관리를 도모하는 것이다.

분양관리 대리사무는 분양사업자를 대리하여 분양계약체결, 분양대금수납, 명의변경, 계약의 해약 등 분양과 관련된 사무를 신탁회사가 관리하는 업무로서 대부분 자금관리 대리사무와 동시에 이루어진다.

제3절 국내 부동산신탁시장 현황

1. 부동산신탁제도의 도입

1980년대말 올림픽 개최 이후 지속적인 대규모개발사업 추진으로 부동산가격이 급등하여 사회불안이 조성되고 국민경제에 부담요인으로 작용하였다. 이에 따라 지가의 안정을 도모하기위하여 1990. 4. 13. 정부는 "4.13 부동산 특별조치"에서 부동산투기 억제대책의 일환으로 토지거래를 수반하지 않고도 아파트, 주택, 상가 및 업무용 건물 등을 효율적으로 개발할 수 있도록 1991. 2월 부동산신탁제도의 도입을 확정하였다.

1991년 5월 '대한부동산신탁(주)'과 '한국부동산신탁(주)' 등 부동산신탁을 전업으로 하는 신탁회사의 설립을 허용하였고 초기에는 관리신탁 업무를 중심으로 운용되었다. 그 이후 토지신탁, 담보신탁 등 취급업무범위를 확대하였다. 2011년 12월말 현재 11개의 부동산신탁회사가 영업 중에 있다.

부동산신탁회사는 「자본시장과 금융투자업에 관한 법률(이하 "자본시장법")」상 금융투자업자중 신탁업자에 해당하므로, 금융위원회로부터 인가를 받아야 한다.[75]

최저자기자본은 투자자가 일반투자자를 포함할 경우 100억 원이며, 전문투자자만

75) 「자본시장법」 제8조 제7항, 제12조

일 경우 50억 원이다.

2. 부동산신탁회사 영업현황

1) 수탁고

2015년 말 현재 11개 부동산신탁회사의 전체 수탁고는 139.8조 원으로 전년 말 대비 14.5조 원(11.4%) 증가하였다. 이는 관리형토지신탁 및 담보신탁의 증가에 기인한다.

[표 10-3] 부동산신탁회사 수탁고 추이

(단위: 조 원, %)

구 분		'11년말	'12년말	'13년말	'14년말	'15년말
토지신탁	차입형	1.9	2.4	2.9	3.0	3.7
	관리형	21.3	23.6	25.1	28.2	34.8
관리신탁		4.1	2.1	2.0	3.0	2.6
처분신탁		15.6	8.2	7.9	6.3	6.2
담보신탁		102.6	80.3	76.4	79.9	86.2
분양관리신탁		3.2	4.3	4.4	4.9	6.3
합 계		148.7	120.9	118.7	125.3	139.8

자료 : 금융감독원

2) 수익성

2015년 말 현재 11개 부동산신탁회사 영업수익은 5,590억 원으로 전년 대비 1,134억 원(△25.4%) 증가하였으며, 당기순이익은 2,271억 원으로 741억 원(△48.4%) 증가하였다. 이는 저금리 기조 지속 및 주택분양시장의 활황에 기인한다.

[표 10-4] 부동산신탁회사 손익추이

(단위 : 억 원, %)

구 분	'11년	'12년	'13년	'14년	'15년
영업수익	3,832	3,926	4,491	4,456	5,590
영업비용	2,975	2,426	2,841	2,356	2,577
영업이익	857	1,500	1,650	2,100	3,013
당기순이익	575	1,132	1,222	1,530	2,271

자료 : 금융감독원

3) 건전성

2015년 말 현재 11개 부동산신탁회사의 평균 영업용순자본비율(NCR)은 1,071.9%이며, 적기시정조치 기준비율(150%)도 크게 상회하고 있다.

국내에서 영업 중인 부동산신탁회사의 재무건전성은 다음과 같다.

[표 10-5] 부동산신탁회사 재무건전성 추이

(단위 : 억 원, %)

구 분	'11년말	'12년말	'13년말	'14년말	'15년말
자 산	14,871	15,453	15,807	16,957	20,253
부 채	5,585	5,075	4,218	3,945	5,136
자기자본	9,286	10,378	11,589	13,012	15,117
NCR	738.4	932.0	768.4	972.9	1,071.9

제 11 장

프로젝트 파이낸싱

제1절 프로젝트 파이낸싱의 개요

1. 프로젝트 파이낸싱의 의의

일반적으로 프로젝트 파이낸싱(PF: project financing)은 대규모투자사업 등에 있어 사업주의 신용도나 물적 담보보다는 특정한 프로젝트로부터 미래에 발생할 현금흐름(cash flow)과 사업성을 담보로 하여 당해 프로젝트를 수행하는데 필요한 자금을 조달하는 금융기법을 의미한다.

이 방법은 프로젝트에서 발생하는 생산물 판매대금 또는 수익으로 조달자금을 최우선적으로 상환한다는 점에서 사업주의 담보나 신용도에 따라 대출이 이루어지는 전통적인 기업금융과는 차이가 있다.

프로젝트 파이낸싱의 상환자금은 원칙적으로 프로젝트자체에서 나오는 현금흐름에 한정되며 사업주에게 상환을 청구할 수 없는 비소구금융 또는 제한소구금융이다. 따라서 당해 프로젝트의 실질상의 소유주인 사업주의 기존자산 및 부채와는 구분된다.

우리나라에서는 현실적으로 본래의 의미의 PF가 아닌 변형된 의미의 PF형태로 운용되어 왔다. 「사회기반시설에 대한 민간투자법」에 의한 사회기반시설 PF는 대부분 정부의 지원제도의 뒷받침 아래서 운용되었으며, 주택이나 상업용부동산 등을 대상으로 하는 부동산개발 PF는 시공사의 신용보강을 받거나 연결금융(bridge loan) 형태로 이뤄지는 경우가 많았다. 그러나 2008년 글로벌 금융위기 이후 부동산 경기의 침체에 따라 이와 같은 관행이 변화되고 있다.

2. 프로젝트 파이낸싱의 특성

프로젝트 파이낸싱은 전통적인 기업금융(Corporate Financing)에 비하여 원칙적으로 다음과 같은 특성이 있다.

1) 독립된 특수법인 설립

사업주는 자신이 소유한 모기업과는 다른 법률적·경제적으로 독립된 특수법인(SPC: special purpose company)인 프로젝트회사(project company)를 설립하여 해당 프로젝트의 현금흐름을 모기업의 현금흐름과 완전히 분리한다. 따라서 모기업이 도산하더라도 프로젝트회사에는 영향을 미치지 않는다.

2) 비소구 또는 제한소구금융(Non-Recourse or Limited Recourse Finance)

일반 기업금융은 차주에게 제공된 담보물건의 범위를 초과하는 책임을 부과하나 프로젝트 파이낸싱은 별개의 독립기업인 프로젝트 회사를 통해 운영되므로 프로젝트가 실패 했을 경우 채권자는 해당 프로젝트 자체의 현금흐름 및 자산의 범위 내에서 채권청구가 가능하고 법률적·경제적으로 분리된 사업주의 다른 자산에 대해서는 채권청구가 제한되므로, 본질적으로 프로젝트 파이낸싱은 사업주에게 보증이나 담보제공을 요구하지 않는 비소구금융(Non-Recourse Financing)이다.

그러나 국내에서는 현실적으로 완전한 비소구금융 방식은 거의 없으며 사업주가 프로젝트 파이낸싱에 관련된 여러 가지 직·간접적인 위험에 대해 일정한 보증 및 담보를 제공하며, 채권금융기관들도 프로젝트 실패 시 사업주가 제공한 보증·담보에 의해 채권의 일부를 변제 받는 제한적 소구금융(Limited Recourse Finance)이 일반적이다.

3) 부외금융(Off-Balance Sheet Finance)

프로젝트 파이낸싱에서는 별개의 독립된 프로젝트 회사에 의해 사업이 진행되며 비소구가 원칙이므로 프로젝트 회사의 부채 및 모든 현금흐름이 모기업의 재무상태표에 계상되지 않는 부외금융으로 모기업의 대외적인 신용상태에 영향을 미치지 않는다. 프로젝트회사는 사업도관체(conduit)에 불과하다. 국가에 따라서는 사업주의 프로젝트 회사에 대한 지분비율이 일정비율 이상일 경우 등 지배력[76]을 갖는 경우에는 연결재무제표 작성의무가 부과되어 부외처리가 불가능한 경우가 있다.

4) 높은 금융비용

프로젝트 파이낸싱은 절차가 복잡하고 사업완료시 까지 장시간이 소요될 뿐 아니라 위험발생 가능성이 크므로 대출취급 금융기관은 사업시행자에게 일반기업금융에 비하여 상대적으로 높은 금리와 수수료를 요구한다. 대출 금융기관이 프로젝트 사업 전반의 자문을 행하는 경우 자문비용이 추가 된다.

5) 복잡한 절차

프로젝트금융은 일반기업금융에 비하여 계약 및 금융절차가 복잡하다. 특히 프로젝트의 개발단계에서 시공 및 운영단계에 이르기까지 다양한 종류의 위험에 노출되므로 이러한 위험을 회피(Hedge)하기 위해서 전문적인 금융 및 보증절차 등이 요구된다.

6) 적절한 위험배분

프로젝트금융이 추진에 있어 사업 참가자들 간에 발생 가능한 위험에 대한 적절한 배분이 필요하다.

사업주는 프로젝트로부터 발생하는 위험부담을 최소화하기 위하여 채권자에게 가능한 많은 위험을 전가하려 하는 반면에 채권자는 사업시행자의 채무불이행위험을 최소화 하려고 사업주의 충분한 보증이나 담보를 요구한다.

프로젝트 파이낸싱은 프로젝트 관련 당사자들 간의 적절한 위험배분에 대한 합의를 기초로 성립되며, 위험배분의 기준 및 위험부담의 크기는 프로젝트의 사업성검토 결과에 달려있다.

7) 현금수지에 기초한 대출

프로젝트 파이낸싱의 담보는 원칙적으로 프로젝트 회사의 자산과 미래의 현금흐름에 한정된다. 즉 현금수지에 기초한 대출(cash flow lending)이다. 프로젝트의 사업이 어려운 경우에도 프로젝트 자체 자산의 처분 외에는 다른 대출회수 수단이 없으

76) 시배력이란 경제활동에서 효익을 얻기 위하여 재무정책과 영업정책을 결정할 수 있는 능력을 의미한다.

므로 프로젝트가 창출하는 현금흐름에 의존할 수밖에 없다.

따라서 프로젝트 회사가 도산할 경우에도 사업주가 보유한 다른 자산에는 영향을 미치지 않으며 모기업은 영향을 받지 않고 사업을 계속 영위할 수 있다.

8) 사업의 단일성

프로젝트 파이낸싱은 원칙적으로 대출금에 대한 상환재원을 대상 프로젝트의 현금흐름 등에만 의존하기 때문에 대출자인 금융기관으로서는 차주인 프로젝트회사가 당초 사업계획에 반영되지 않은 다른 사업을 수행할 경우 예상 밖의 위험이 추가적으로 발생할 수 있다. 따라서 프로젝트회사가 다른 사업을 진행하는 것을 제한하고 단일 사업회사일 것을 요구하게 된다.

9) 구조화 금융

프로젝트 파이낸싱은 구조화 금융으로서의 특징을 가지고 있다. 구조화 금융이란 '특정목적에 적합한 새로운 금융 또는 관리 구조를 조성(structuring)하거나, 법률적·회계적으로 독립된 특별목적기구(special purpose vehicle)를 설립하여 자금을 조달하거나, 파생상품이나 리스크 관리기법을 활용하는 금융기법을 의미한다.'[77]

최근 금융의 증권화(securitization) 현상 및 파생상품과 금융공학의 보급 결과, 전통적인 대출 및 채권시장에서 여러 가지 변형, 합성, 유동화된 신종 금융기법들이 등장하는데 이들 대부분을 구조화 금융으로 분류할 수 있다.[78]

이러한 구조화 금융의 특성은 프로젝트의 사업위험을 경감시킨다는 것이며 계약당사자 간의 위험배분 기준설정 및 부담위험의 크기는 프로젝트의 경제적 타당성에 좌우된다.

이상에서 설명한 프로젝트 파이낸싱과 기업금융의 중요한 차이점을 요약하면 [표 11-1]과 같다.

---

77) 반기로, "구조화 금융상품의 도입과 전망", BFL 제1호, 서울대학교 금융법센터, 2003. 9.

78) 구조화금융에는 구조화 대출 (structured loan), 구조화 증권(structured securities), 구조화 리스(structured lease), 레버리지 리스(leveraged lease), 구조화 무역금융(structured trade finance), 프로젝트 파이낸싱(project financing) 등이 포함된다.

[표 11-1] 프로젝트 파이낸싱과 기업금융의 차이점

구분	프로젝트 파이낸싱	일반 기업금융
차주	프로젝트회사	모기업 또는 프로젝트회사
담보	프로젝트의 현금흐름 및 자체 자산	사업주의 신용 및 물적담보
차입형태	차주는 컨소시엄 형태, 대주는 신디케이션 방식	사업주와 금융기관단위로 차입
대출기간	장기	상대적으로 단기
대출금리	높음	상대적으로 낮음(기업신용도 차등)
대출심사	사업성 및 리스크에 중점	담보, 신용도, 상환능력에 중점
상환재원	프로젝트의 미래현금흐름	사업주의 전체재원
소구권행사	모기업에 대한 소구권 행사제한	모기업에 대한 소구권 행사 가능
자금관리	대주단 결제위탁계정에 의한 관리	차주 임의로 관리
사후관리	엄격한 사후관리	채무불이행시 상환청구권 행사
주요적용분야	SOC, 자원개발, 플랜트사업, 대규모 부동산 개발 등	일반사업부문

3. 프로젝트 파이낸싱의 장 · 단점

프로젝트 파이낸싱의 특성과 관련하여 프로젝트 파이낸싱의 장 · 단점을 살펴보면 다음과 같다.

1) 사업주 측면에서의 장 · 단점

(1) 장점

첫째, 사업위험의 분산 및 전가이다.

프로젝트 파이낸싱은 수익성은 양호하나 위험부담이 큰 사업을 수행하면서 실질 소유주인 사업주를 대신하여 별도 법인인 프로젝트회사가 사업상 모든 계약을 체결하는 등 법률상 책임을 부담하며, 사업당사자간의 합의에 의한 위험배분으로 프로젝트 사업의 위험을 분산시킬 수 있다.

또한 프로젝트 파이낸싱은 비소구금융, 제한 소구금융의 특성을 지니고 있어 프로젝트가 성공하지 못할 경우에도 사업주가 모든 상환의무를 부담하지 않고 프로젝트 위험이 대출 금융기관 등에 상당부분 전가된다.

둘째, 새로운 자금조달원의 기능을 한다.

프로젝트 파이낸싱을 추진하는 프로젝트회사는 독립된 별도 법인으로서 프로젝트회사의 차입금은 원칙적으로 부외금융이다. 따라서 모기업의 재무제표에 부채로 계상되지 않아 부채비율의 증가 등 재무구조를 악화시키지 않으며 프로젝트를 위한 소요자금 조달을 원활히 할 수 있다. 즉 부채부담능력이 확대되면서 기존 사업과 분리하여 프로젝트를 위한 자금을 조달할 수 있다. 특히 모기업의 자산상태나, 경영성과가 양호하지 못한 경우라도 프로젝트의 사업성이 양호하면 프로젝트 파이낸싱을 통하여 사업을 추진할 수 있다.

셋째, 기타 자금조달비용 절감, 세제상의 혜택 등을 들 수 있다.

모기업에서 필요자금을 직접 조달하는 경우에 모기업의 부채증가로 재무구조가 악화되고 유동성이 저하되면 신용등급이 낮아질 수 있다. 신용등급의 저하는 대출금리의 상승을 가져 온다. 그러나 프로젝트 파이낸싱은 부외금융효과로 인하여 모기업과 별도의 신용등급이 산정되고 상대적으로 대출금리가 낮아질 수 있어 자금조달비용을 절감할 수 있다. 한편 국가에 따라서 각종 세금감면 또는 부채증가에 따른 레버리지 효과 등을 통한 세제상의 혜택을 누릴 수 있다.

(2) 단점

첫째, 자금조달비용이 상대적으로 높다.

프로젝트 파이낸싱은 일반 기업금융에 비해 담보가 취약하고 신용위험이 크기 때문에 상대적으로 대출금리가 높다. 또한 사업계획서 제출, 프로젝트평가, 관련계약서 작성 등 대출신청과 취급과정에서 발생되는 각종 비용부담으로 전체적인 자금조달비용이 높아진다.

둘째, 프로젝트 금융추진에 장시간이 소요된다.

프로젝트 파이낸싱은 일반대출에 비하여 대출취급절차가 복잡하고 다양한 이해관계당사자간의 협상이 필요하므로 복잡한 절차를 거치게 되고 장시간이 소요된다.

셋째, 기업정보가 유출될 수 있다.

프로젝트 파이낸싱의 자금차입은 신디케이션 형태로 대주단이 구성되는 경우가 많으므로 사업주는 다수의 금융기관에 사업정보 및 모기업의 재무정보 등을 상세히 제공해야 한다. 따라서 기업의 중요 정보가 과다 노출될 우려가 있다.

2) 대출 금융기관(대주단) 입장에서의 장 · 단점

(1) 장점

첫째, 높은 수익률을 시현할 수 있다.

프로젝트 파이낸싱은 일반 기업금융에 비하여 신용위험이 높은 상품이기 때문에 대출금리 및 수수료 등이 상대적으로 높다. 따라서 수익성을 제고 할 수 있다. 그러나 이는 해당 프로젝트가 성공적으로 마무리되어 자금의 상환이 순조로울 경우 가능하다.

둘째, 새로운 수요의 창출 및 자금운용수단의 역할을 수행한다.

프로젝트 파이낸싱은 새로운 사업의 추진을 용이 하게 한다. 일반 기업금융에 의해서는 자금조달이 불가능한 사업이 프로젝트 파이낸싱으로 가능하기 때문이다. 따라서 새로운 고객수요를 창출할 수 있다. 특히 개발도상국에서 민간자본에 의한 사회기반시설 투자비중이 확대됨에 따라 국제은행들의 해외진출이 확대될 수 있다.

한편 프로젝트 파이낸싱은 금융기관들의 새로운 자금운용수단으로의 역할을 수행하고, 새로운 고객을 유치하는 기능을 할 수 있다.

셋째, 수익성 있는 사업의 분리취급이 가능하다.

프로젝트 파이낸싱은 모기업과 자금흐름 및 사업운영이 완전히 분리된 상태에서 추진되므로 사업주의 신용도가 낮거나 모기업의 경영이 어려운 경우에도 해당 프로젝트의 수익성이 높을 것으로 예상되면 사업추진이 가능하다. 즉 당해 프로제트에 대한 사업성검토 결과가 양호하면 사업주의 다른 사업부문의 부실여부에 관계없이 신용을 제공할 수 있고 대출금을 상환 받을 수 있다.

(2) 단점

첫째, 프로젝트의 적정한 평가가 어렵다.

프로젝트의 평가에는 경제성, 기술적 측면, 법적 · 제도적 측면, 시장환경 등을 고려 해야 하는데 이 같은 평가요소들은 미래의 정확한 예측을 필요로 하며, 사업에 대한 환경변화를 고려해야 한다. 만약 사업성과 환경변화의 예측이 잘못되면 대출금을 상환 받지 못할 수 있다.

둘째, 많은 시간과 노력이 요구되며 사업위험이 높다.

프로젝트 파이낸싱은 각 프로젝트마나 위험분석과 대출심사, 조건협상 등에 많은 인력과 시간이 소요된다. 프로젝트에 따라서는 약정서에 서명까지 일 년 이상이 소요되는 경우도 있다. 따라서 시간경과에 의한 여건변화나 경기침체 등에 따른 위험에 항상 노출되어 있다.

셋째, 계속적이고 체계적인 사후관리가 필요하다.

프로젝트 회사의 주 담보는 미래의 현금흐름에 따라 창출되는 수익이므로 지속적인 사후관리로 현금흐름의 변동내용, 문제점 등을 검토해야한다.

제2절 프로젝트 파이낸싱의 구조

1. 프로젝트 파이낸싱의 기본구조

프로젝트 파이낸싱의 구조는 개별 프로젝트 별로 차이가 있으나 기본적인 구조는 [그림 11-1]과 같다.

[그림 11-1]은 프로젝트 파이낸싱의 기본 이해당사자인 사업주, 프로젝트회사, 대주단, 시공사 등의 상호관계 및 업무흐름을 나타낸다. 기본적인 구조는 사업주가 자본을 투자하여 프로젝트 회사를 설립하고, 프로젝트 회사는 대주단으로 부터 자금을 조달하여 프로젝트의 목적물을 완성, 당해 프로젝트 운영에 따른 수익금으로 대출 원리금을 상환한다. 이 때 상환 등 자금관리는 대부분 결제위탁계정(Escrow Account)을 통해서 이루어진다.

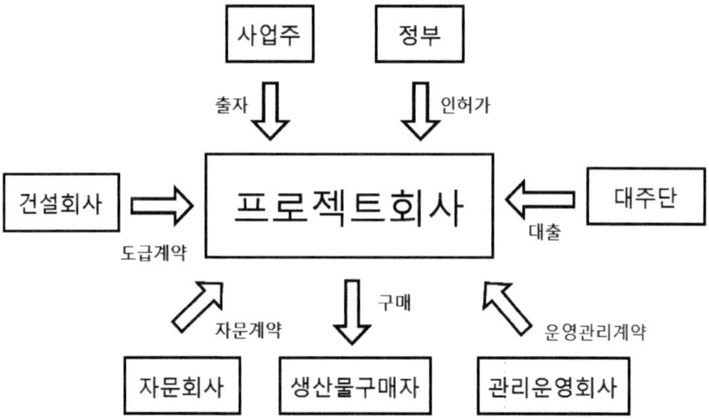

[그림 11-1] 프로젝트 파이낸싱의 기본구조

2. 프로젝트 파이낸싱의 참여자

1) 사업주(Project Sponsors)

프로젝트의 사업주는 프로젝트를 실질적으로 추진하는 주체로서 프로젝트를 기획·개발하고 프로젝트 회사에 출자 및 보증을 제공하는 등 프로젝트의 모든 진행단계에서 중심적 역할을 수행한다. 사업주의 형태로는 자연인 개인 또는 단일 법인이거나 여러 법인의 연합인 컨소시엄(Consortium)이 될 수도 있으며 기관투자가 및 공모를 통한 일반투자자가 사업주로 참여하기도 한다.

사업주가 프로젝트에 참여하는 방식은 프로젝트 회사에 지분을 투자하는 방식 또는 간접보증의 방식 등의 형태를 취할 수 있다.

2) 프로젝트회사(Project Company)

프로젝트회사는 사업을 시행하는 회사로 사업주에 의하여 설립된 독립적인 프로젝트 전담회사이다. '시행사'라고도 한다. 그 형태는 합작법인이 일반적이나 조합(Partnership)형태를 취할 수도 있다. 일반적으로 사업주와는 경제적·법률적으로 분리된 특수목적회사(SPC : Special Purpose Company)의 성격을 갖는다. 따라서 프로젝트회사는 프로젝트의 추진 및 운영에 관한 모든 법률행위의 주체가 되며 신용을 보완하기 위해 사업주나 제3자의 보증을 받거나 보험에 가입하기도 한다

프로젝트회사는 대주단으로 부터 자금을 차입하여 결제위탁계정(Escrow Account)을 통해 관리한다. 또한 프로젝트회사는 해당 프로젝트 이외의 다른 사업을 영위할 수 없다.

3) 차주(Borrower)

일반적으로 프로젝트의 차입주체는 프로젝트회사이다. 그러나 법규 등에 의해서 프로젝트회사가 차주가 될 수 없는 경우에는 시공사, 운영회사 등도 차주가 될 수 있다. 또한 프로젝트회사와 대출 금융기관 간의 약정에 의해 설립된 차입을 위한 수탁차입기구(TBV : Trustee Borrowing Vehicle)[79]가 채무자가 될 수도 있다. TBV는

79) TBV가 설립된 경우 금융기관은 TBV에 자금을 대출하고, TBV를 통하여 시공, 구매, 운영 등에 관한 제반비용의 대금지급이 이뤄진다. 정부 등이 주체가 된 차입 등이 국제 금융시장에서 어려울 때 이들을 대신하는 기구로 사용되는 경우될 수 있으며 일부 개발도상국

세금감면이나 자금운용의 투명성 확보가 주목적이다.

4) 대주단(Lenders, Syndicate)

대주단(대출 금융기관)은 프로젝트에 소요되는 자금을 제공하는 역할을 담당한다. 프로젝트 파이낸싱의 규모가 큰 경우에는 금융기관들이 신디케이션을 구성한다. 단일 금융기관만으로 전체자금을 지원하기에는 위험부담이 너무 크기 때문이다.

신디케이션에 참여할 수 있는 금융기관은 일반 상업은행, 수출입은행, 국제개발은행, 장기 금융기관, 보험회사 등이 있으며 이들 금융기관은 사업주를 위해 프로젝트의 위험평가, 계약체결 시 지원, 지급보증인의 역할 등을 담당하기도 한다.

금융기관들은 대출금 회수를 위하여 별도의 대출조건을 제시하기도 한다. 구체적으로는 시공사의 책임준공, 대출지급보증약정, 시행사 부도 시 사업시행권, 분양권 포기각서 청구, 시공사 부도 및 파산 시 시공권을 포기토록 하는 등의 조치를 취한다.

5) 건설회사 또는 시공회사(Construction Contractor)

건설회사는 프로젝트에 관련된 공사의 시공을 담당한다. 원칙적으로 건설회사는 기성고에 따라 공사대금을 수취해야 하나 대주단의 요구로 책임준공과 대출채무인수 또는 지급보증 약정을 체결하고 분양관련 업무의 지원을 하기도 한다.

프로젝트가 장기간일 경우는 공사비 초과위험을 회피하기 위하여 EPC(Engineering, Procurement, & Construction)방식에 의한 계약을 체결하여 공사를 수행한다.

EPC방식은 플랜트에서의 설계 및 자금조달, 시공까지의 전체 과정을 수주하는 방식이다.

6) 운영회사(Operating Company)와 자산관리회사(AMC)

건설회사가 도급계약에 따라 프로젝트를 완성하면, 운영회사가 직접 운영을 하거나 프로젝트의 운영을 전문으로 하는 회사에 운영을 위탁한다. 일반적으로는 사업주, 사업주의 자회사 또는 프로젝트회사가 운영을 담당하게 된다. 또한 사회기반시설 PF인 경우 BOT, BTO, BTL 등의 방식을 택한다.

자산관리회사(AMC: Asset Management Company)를 설립하여 개발실무를 담당하

에서도 그 예를 볼 수 있다.

게 할 수 있다.

7) 보증인(Guarantor)

프로젝트회사는 신설되는 명목회사로서 신용도를 평가하기가 어렵다. 따라서 프로젝트의 제반 위험을 최소화하기 위해서 보증인이 필요하다. 보증인은 직・간접적으로 여러 가지의 보증을 제공한다. 보증인은 금융기관, 신용도가 양호한 이해당사자, 사업주 등이 될 수 있다. 즉 프로젝트 참여자 및 이해당사자들이 위험을 배분하여 보증이 이루어진다.

8) 생산물 등의 구매자 또는 서비스 이용자(Purchasers, Off-TakerorUsers)

프로젝트가 완공된 후 해당 생산물의 판매나 서비스의 이용이 현금흐름을 좌우하며 대출 원리금 상환에 영향을 미친다. 따라서 생산물이나 서비스를 장기간 안정적으로 이용할 수 있는 구매자 또는 이용자를 확보하여야 한다. 이를 위해서 생산물 등의 구매자 또는 서비스 이용자와 장기계약을 체결하거나 구매자와 서비스 이용자를 이해당사자로서 프로젝트에 참여시키는 등의 방법이 있을 수 있다.

9) 정부(government)

정부는 영업인가, 외환거래의 보증인 등으로서 중요한 역할을 한다. 또한 대규모의 프로젝트일 경우 정부는 프로젝트회사에 직접 출자하기도 하며, 국영기업 등을 통하여 사업시행사의 지분을 취득하거나, 생산제품이 구매자나 제공서비스의 이용자가 됨으로써 간접적으로 프로젝트에 참여를 하게 된다. 이러한 정부의 참여는 프로젝트의 신용도를 향상시킨다.

또한 해외에서 프로젝트 파이낸싱을 추진하기 위해서는 현지 정부와의 양허약정(Concession Agreement)[80]체결이 중요하다.

10) 기타 참여자

성공적인 프로젝트 파이낸싱을 위해서는 많은 전문가 집단의 자문이 필요하다. 법률, 세무, 회계, 기술, 신용평가, 환경 등 각 분야의 전문가의 자문이 필요하다.

---

80) 현지정부로부터 사업승인을 받은 양허회사가 동 정부와 체결한 약정으로 보장확약, 현지정부와 양허회사의 의무, 리스크 배분 등이 상세히 규정된다.

제3절 프로젝트 사업의 자금조달방안

프로젝트 추진에 있어 자금조달은 가장 핵심적인 요소 중의 하나이다. 일반적인 프로젝트 파이낸싱은 대주단에 의하여 대출형태로 조달되나 그 외에도 자기자본 투자, 외부차입 등 다양한 방식의 자금조달 방안을 고려할 수 있다.

특히 프로젝트 위험을 분산하고 사업을 계획대로 추진하기 위해서는 자금조달원을 다양화하는 것이 중요하며 소요자금을 시설자금과 운영자금으로 구분하여 예측하여야 한다.

1. 자기자본 출자

사업주는 프로젝트회사의 일정 지분을 보유해야 한다. 충분한 지분참여는 원활한 사업을 진행하는데 도움이 되나 자금이 충분치 않을 경우 또는 레버리지 효과를 극대화 하려면 가능한 한 출자지분을 줄이고 외부차입의 비중을 늘리려 한다. 그러나 대주단의 입장에서는 사업주의 지분참여비율이 높을수록 사업주가 프로젝트의 성공가능성을 확신하는 반증이 되므로 자기자본 비율을 높여줄 것을 요구할 수 있다. 또한 프로젝트의 위험이 높을수록 리스크관리 차원에서 사업주에게 높은 지분비율을 요구하게 된다.

따라서 성공적인 프로젝트의 진행을 위해서는 적정한 지분비율의 결정이 중요하다.

지분출자자에는 이해당사자로서의 건설시공업체, 운영회사, 금융기관, 생산물 제조 및 구매자, 원료공급자, 기술제공자 등 전략적 투자자와 현지정부, 투자회사, 펀드, 보험회사, 연기금 등 재무적 투자자들도 참여한다. 이들 참여주체 중 운영업체, 건설업체, 현지정부, 일반 재무적 투자자의 참여 비중이 높은 편이다. 특히 국제금융기구의 참여는 프로젝트의 위험을 감소시켜 일반상업금융기관의 참가를 유인하는 촉매기능을 하게 된다.

2. 외부차입

1) 직접금융(Direct Financing)방식

직접금융방식은 프로젝트회사가 금융기관의 중개 없이 자본시장에서 직접 소요자금을 조달하는 방식이다. 즉 프로젝트회사가 기업 자체의 신용도에 근거하여 자본시장에서 직접 채권이나 국제채 등의 외화증권을 발행하여 소요자금을 조달한다. 대출 등의 간접금융에 비해 장기적·안정적으로 자금을 사용할 수 있으나 고정적 이자비용 지급부담이 있다.

특히 자금을 장기로 운용해야 하는 연기금이나 보험회사를 대상으로 하는 채권 발행은 적절한 자금조달 수단이 될 수 있다.

또한 채권투자자들이 리스크를 회피하고자 하는 속성이 있으므로 프로젝트의 리스크가 가장 높은 건설기간이 경과한 후 사업초기에 차입한 대출금을 상환하기 위한 대환자금의 조달수단으로 활용할 수 있다.

국제채를 발행하는 경우 채권보전을 위한 각종 약관, 서약서 등이 간접금융에 비해 단순화, 패키지화되어 있어 간접금융에 비해 금융협상 절차가 신속하다.

2) 간접금융방식(Indirect Financing)

간접금융이란 금융기관의 중개를 통해 대출의 형식으로 자금을 조달하는 방식을 말한다. 일반적으로 프로젝트 론(project loan)으로 표현되며, 종류와 특성이 다양하다. 간접금융의 공여자로는 일반 시중은행, 국제상업은행, 수출입은행, 국제개발금융기구 및 사회간접자본기금 등이 있으며 이들은 금리, 대출기간 등이 다양한 종류의 대출을 제공한다.

프로젝트 론 중 가장 일반적인 형태는 신디케이티드(Syndicated Loan)론이다. 대규모 프로젝트의 경우 주간사은행을 통하여 금융기관들이 대주단(syndication)을 구성하여 신디케이티드 론을 공여한다. 주간사 은행은 유사 프로젝트 론을 취급한 경력이 있는 전문 인력이 갖춰진 자금력이 풍부한 금융기관을 선택해야 한다.

대주단에 의한 자금 차입 시 장점은 프로젝트의 환경변화에 대한 유연한 대처가 가능하고, 사업주에게 전문적인 법률, 회계, 세무 등의 자문이 가능하며, 비교적 대규모의 자금조달이 가능하다는 것이다. 단점으로는 채권발행에 비해 복잡한 대출심사 과정이 필요하고, 대출기간이 제한되며, 참여 금융기관이 많을수록 프로젝트가 지연

될 수 있고 이에 따른 비용지출이 증가될 수 있는 것이다.

3) 물적 융자방식

물적 융자방식의 가장 일반적인 형태로는 리스제도, 구상무역, 선도구매 방식 등이 있다. 리스는 사용료를 내고 일정기간 어떤 물건 등을 임차하는 것을 말한다. 주로 프로젝트의 장비나 설비에 소요되는 자금을 조달하기 위해 사용되며, 세제상의 혜택이 주어진다. 구상무역에 의한 방식은 조달한 자금을 원자재 등의 생산된 산출물로 지급하는 방법이다. 선도구매 방식은 생산물 등의 대금을 미리 받는 것으로 여기서 수입된 자금이 프로젝트 사업을 위해서 사용된다.

4) 수출신용

수출신용(export credit)은 대상프로젝트가 외국시장에서 상품 및 용역의 형태로 판매가 가능한 경우에 이용하는 방법이다. 수출국의 정부나 수출입은행이 제공하는 대출, 보증, 보험 등 중장기 신용이다. 일반적으로 상환기간은 10년 이내이며 고정금리로 제공된다.

5) 메자닌금융방식

메자닌금융(mezzanine financing)이란 자기자본과 타인자본의 중간적인 형태의 금융이다. 즉 자기자본의 성격과 타인자본의 성격을 모두 갖고 있는 방식으로 후순위대출, 전환사채, 신주 인수권부 사채 등을 들 수 있다.

후순위대출이란 다른 대출을 전부 완제하고 난후에 상환하는 대출이다. 일반적으로 후순위대출은 기존의 대출을 상환하기 위한 용도로 제한한다. 사업주의 입장에서 보면 자본으로서의 성격도 가지고 있어 혼성금융에 속한다. 자본금 출자에 비해 자금 부담이 적고 대출조건의 융통성이 크다.

전환사채, 신주 인수권부 사채 등은 공사비초과분의 조달이나 적정한 부채비율 유지 등에 이용된다.

6) 프로젝트금융투자회사

우리나라에서는 2004년 3월부터 법인세법의 개정으로 프로젝트금융투자회사(PFV : project financing vehicle) 설립 시 세제혜택이 주어지게 되었다.

즉 프로젝트금융 투자회사가 일정한 요건을 갖춘 법인을 대상으로 배당가능이익의 100분의 90 이상을 배당한 경우 그 금액은 당해 사업연도의 소득금액에서 공제한다. 법인세법상의 주요 요건은 다음과 같다.[81]

첫째, 회사의 자산을 설비투자, 사회간접자본시설투자, 자원개발 그 밖에 상당한 기간과 자금이 소요되는 특정사업에 운용하고 그 수익을 주주에게 배분하는 회일 것

둘째, 본점외의 영업소를 설치하지 아니하고 직원과 상근인 임원을 두지 아니할 것

셋째, 한시적으로 설립된 존립기간이 2년 이상인 주식회사로서 발기설립의 방법로 설립할 것

넷째, 발기인, 이사, 감사가 「기업구조조정 투자회사법」 규정에 적합할 것[82].

다섯째, 자본금이 50억 원 이상일 것. 다만, 민간투자사업을 시행하는 투자회사의 경우에는 10억 원 이상일 것

여섯째, 금융기관이 발기인으로 5% 이상 출자할 것

일곱째, 자산관리·운용 및 처분에 관한 업무를 "자산관리회사"에게 위탁할 것

여덟째, "자금관리사무수탁회사"에 자금관리업무를 위탁할 것(법인세법 제 51의2, 동시행령 제86조의 2)

이와 같은 법인세에 대한 감면 혜택으로 프로젝트금융투자회사와 출자자의 소득에 대한 이중과세 문제가 해결되므로 부동산개발사업 추진 시 PFV방식이 선호된다.

---

81) 법인세법 제 51조의 2. 제1항 제6호, 동시행령 제 86조의 2.

82) 미성년자·금치산자·한정치산자, 파산선고를 받은 자로서 복권되지 아니한 자, 금고 이상의 실형의 선고를 받거나 벌금형 이상의 형을 선고받고 그 집행이 종료되거나 면제된 후 5년이 경과되지 아니한 자, 금고 이상의 형의 집행유예의 선고를 받고 그 유예기간 중에 있는 자 등은 발기인, 이사, 감사가 될 수 없다. 또한 자산관리회사의 발행주식총수의 100분의 1 이상의 주식을 소유하고 있는 자('주요 주주') 및 '주요 주주'의 배우자 및 직계존비속, 자산관리회사로부터 계속적으로 보수를 지급받고 있는 자 등은 이사가 될 수 없다. 한편 감사는 공인회계사법에 의한 회계법인에 소속된 공인회계사이어야 하며, 직무정지기간 중에 있는 자, 업무정지기간 중인 회계법인에 소속된 자 등은 감사가 될 수 없다.

제4절 프로젝트 파이낸싱 관련위험

프로젝트파이낸싱 추진 시 발생가능위험과 이에 대한 대응책은 다음과 같다.

1. 프로젝트 미완성 · 지연 위험

특정한 문제로 인하여 프로젝트의 완성이 지연되어 예정 공사기간 내에 완성되지 못하거나 프로젝트가 계획대로 실행되지 못할 경우에 발생하는 위험이다. 이와 같은 위험에 대비하기 위해서는 신뢰성 있는 컨설턴트의 사업타당성 검토보고서를 반영하고, 이행보증보험계약의 체결, 신뢰성 있는 건설회사의 선정 및 공사완성보증서의 징구 등이 필요하다.

2. 공사비용 초과위험

물가상승으로 인한 공사비용 증가, 불완전한 공정의 설계, 인력수급의 차질 및 노사분규, 예산의 과소 배정 등의 사유로 발생한다. 이와 같은 위험을 제거하기 위해서는 입증된 기술을 사용하고, 사업주의 추가출자보증서를 징구하거나 경험이 풍부한 건설회사와 일괄수주계약 또는 고정가격의 방식으로 계약을 체결한다.

3. 기술위험

대규모의 새로운 유형의 프로젝트는 장시간의 공사기간이 소요되고 기술력이 필요하다. 그러나 입지조건, 신규기술의 유형과 수준, 설계자 및 시공업자의 기술수준, 경험부족 등으로 공정상의 장애를 야기 시킬 수 있다. 이와 같은 리스크를 없애려면 사전에 기술평가단을 구성하여 프로젝트에 채택되어 사용되는 기술의 타당성과 문제점을 충분히 검토하여야 한다. 또한 신뢰성 있는 공정감리단의 구성도 중요하다.

4. 시장위험

시장위험이란 시장여건의 불확실성에 대한 위험이다. 주변 입지여건의 변화, 목표분양률의 미달, 생산물의 수요 감소로 인한 판매부진, 원자재가격 상승, 경쟁산업이나 대체재의 출현, 제품가격하락 등으로 현금흐름이 예상현금흐름에 미치지 못하는 위험이다. 금리, 환율변동, 정부의 조세정책과 수급관련 정책, 실물경기의 변동 등 거시적인 변수들도 포함된다. 이와 같은 위험에서 벗어나려면 철저한 시장조사가 선행되어야 하며 주요 임차인과 장기임대계약, 생산물의 장기공급계약, 최저가격 유지계약 등을 체결한다.

5. 정치적 위험

정치적 위험은 현지정부의 간섭, 환경문제, 내란, 전쟁, 재산 국유화 등으로 인한 위험이다. 이와 같은 위험을 회피하기 위해서는 현지정부의 보장각서징구, 양허협정 체결, 환경법규 준수, 보험가입 등의 대비책을 수립한다.

6. 재무위험

재무위험이란 이자율변동위험, 환율변동위험 등을 의미한다. 재무위험을 관리하는 수단으로는 결제위탁계정(escrow account)의 신설, 이자율 스왑 등의 수단을 강구한다.

7. 운영위험

운영위험이란 시공 중 원자재 및 노무비 등이 적정원가 이상으로 상승할 위험, 준공 후 시설물의 결함이 발생할 위험, 또한 건축물의 관리비용이 과다하게 발생될 위험 등을 말한다. 이와 같은 위험들을 제거하기 위해서는 관리회사의 보증서 징구, 부품·장비 공급자의 보증서 징구, 검증되지 않은 신기술 적용불허 등의 조치를 취한다.

8. 기타의 위험

기타의 위험으로는 채무불이행위험, 법적위험, 천재지변위험, 매장량 추정착오 위험, 인·허가위험 등 다양하다. 이러한 위험들도 각 위험의 특성에 맞는 대비책을 수립하는 등 철저한 위험의 관리가 필요하다.

제5절 프로젝트 파이낸싱의 추진 절차

프로젝트 파이낸싱의 추진절차는 프로젝트의 성격과 규모, 참여 당사자들의 특성 등에 따라 차이가 날 수 있다. 프로젝트 파이낸싱의 일반적인 추진절차는 크게 4단계로 나누어 설명할 수 있다.

1. 프로젝트 사전평가단계

발굴한 프로젝트의 사업성을 평가하기에 앞서 프로젝트의 사전평가 절차가 선행되어야 한다.

1) 시장환경의 분석

우선 개발환경의 분석이다. 향후의 부동산경기, 금리, 분양시장의 상황 등 거시경제 변수들의 추이를 검토하고 세제, 법규 등 정부정책을 감안한다. 소비자들의 선호도의 변화도 중요하다.

2) 입지 및 사업조건의 분석

입지조건은 주변지역의 입지여건, 나이, 성별, 소득 등 인구통계적 특성, 배후인구, 교통여건, 유사상품과의 경쟁력 등을 분석한다.

사업조건은 전체사업 예산규모, 사업참여자 구성의 적정성 및 신뢰성, 분양가 및 분양계획, 소요자금조달 가능성 등을 분석한다.

3) 사업특성분석

사업기간의 적정성, 사업추진방식의 적합성, 개발규모의 적정성 등 사업의 특성을 검토한다.

2. 프로젝트 파이낸싱을 위한 준비단계

1) 사업타당성 검토

프로젝트 파이낸싱에 대한 사업타당성 검토란 프로젝트의 성공가능성을 검토하는 것으로 법적·제도적, 물리적·기술적, 경제적 타당성과 사업실행의 가능성 등을 분석하는 과정이다.

구체적인 분석절차는 정보수집 등 사전조사를 거쳐, 위험분석, 현금흐름분석, 경제성분석, 민감도분석 등의 절차를 거친다.

2) 사업계획수립

사업의 개요와 목표, 사업조직 구성, 사업의 구체적인 추진일정, 사업의 추진방법, 자금의 조달과 상환, 인허가문제, 계약조건, 추정손익, 사업위험, 외부용역 등이 포함되어야 하며 추정재무제표 작성을 통한 구체적인 현금흐름(현금유입과 유출)을 제시한다.

3) 자금조달

소요자금의 전체적인 규모를 추정하고 자기자본, 외부차입 등 자금조달구조를 확정한다. 이에 따라 대주단을 구성하고 자금조달 일정에 따라 여신약정 및 관련 업무를 수행한다. 특히 지급보증문제가 중요하며 차입금상환계획이 적정해야 한다.

3. 공사실행 단계

공사실행 단계는 설계 및 인·허가, 시공, 분양, 준공의 단계를 거친다.

1) 설계 및 인·허가

설계는 크게 개략적인 규모산정을 위한 기획설계, 인허가를 위한 계획설계, 시공을 위한 실시설계로 구분 된다. 설계도는 감리와 시공의 기준이 되므로 정확하고 신중하게 계획해야 한다.

인허가는 크게 토지 인·허가 및 건축인·허가, 사업인·허가로 구분되며 관련 법규의 적용을 받는다. 적기에 인·허가를 득하고 사업승인, 분양승인 등과 관련된 절차를 진행한다.

2) 시공, 분양 및 준공

공사는 토목공사, 건축공사, 조경공사, 마감공사 등 분야별로 전문적인 시공이 이루어진다. 건축물은 후분양이 원칙이나 일정 조건을 충족하면 선분양이 가능하다. 계약조건에 따라 기성에 관계없이 책임준공을 보증해야하는 경우도 발생한다.

4. 관리운영 단계

관리운영 단계는 입주와 정산 등 마무리 단계이다. 공사비 잔금을 정산하고 설계변경사항 및 미결사항을 포함한 공사비 내역을 최종보고서로 작성한다.

또한 건축물 등의 유지관리 지침서를 작성하고 시공도면, 시공자 하자보수문서를 준비한다.

제6절 프로젝트 파이낸싱의 유형

프로젝트 파이낸싱의 유형을 사업주체에 따라 구분하면 공공개발, 민간개발, 민관합동개발로 그 유형이 구분된다. 공공개발은 국가·지방자치단체·공공기관 등이 주체가 되어 개발하는 경우로서 대부분 공공성을 바탕으로 한다. 민간개발은 민간 개발업자가 주로 영리목적으로 개발을 하는 경우이다. 민관합동개발은 공공부문과 민간이 합동으로 개발하는 방식으로 주로 민간의 자본과 기술을 활용하기 위해 추진된다.

또한 프로젝트 파이낸싱을 사업대상에 따라 구분하면 사회기반시설 PF[83]와 부동

83) 사회기반시설 PF는 소위 SOC PF라고 불리었으나 「사회간접자본시설에 대한 민간투자법」

산개발 PF로 나눌 수 있다.

1. 사회기반시설 PF

1) 사회기반시설 PF의 의의

사회기반시설 PF는 사회기반시설을 대상으로 하는 PF이다. "사회기반시설"이란 각종 생산활동의 기반이 되는 시설, 당해 시설의 효용을 증진시키거나 이용자의 편의를 도모하는 시설 및 국민생활의 편익을 증진시키는 시설이다. 사회기반시설은 도로, 철도, 항만, 공항, 정보통신 등 사회간접자본시설 뿐 아니라 학교시설, 공공임대주택, 자연휴양림, 군부대 주거시설, 보건복지시설 등 생활기반시설을 포함하는 개념이다. 사회기반시설 PF는 「사회기반시설에 대한 민간투자법」의 적용을 받아 "민간투자사업"으로 추진되는 경우가 많다.

2) 사회기반시설 PF의 민자사업 추진방식

민자사업의 추진은 관련 법률에 따라 아래와 같은 방식으로 추진해야 한다[84].

(1) BTO(build-transfer-operate)방식

"수익형 민간투자사업"이라 하며 사회기반시설의 준공과 동시에 당해 시설의 수유권이 국가 또는 지방자치단체에 귀속되며 사업시행자에게 일정기간의 시설관리운영권을 인정하는 방식으로 프로젝트회사가 소요자금을 주달하여 시설문을 준공한다. 본 방식은 국가기간산업에 속하는 도로, 항만, 공항과 같은 시설물을 주 대상으로 한다.

서울외곽순환고속도로, 인천대교, 문학터널, 서울・춘천간 고속도로, 부산신항 개발 등에 BTO방식이 적용되었다.

(2) BTL(build-transfer-Lease)방식

"임대형 민간투자사업"이라고 불리며 사회기반시설의 준공과 동시에 당해 시설의 소유권이 국가 또는 지방자치단체에 귀속되며, 사업시행자에게 일정기간의 시설관리

이 2005년에 「사회기반시설에 대한 민간투자법」으로 개정되면서 프로젝트 파이낸싱 대상이 사회간접자본에서 사회기반시설로 확대됨.

84) 「사회기반시설에 대한 민간투자법」 제4조 참조

운영권을 인정하되, 그 시설을 국가 또는 지방자치단체 등이 협약에서 정한 기간 동안 임차하여 사용・수익하는 방식이다. 시설물 건설비와 운영서비스에 대한 보상도 포함된다. 본 방식은 사업의 수익성은 떨어지나 공공서비스를 제공하는 학교, 병원, 군부대 막사, 박물관, 하수관거 등 다양한 분야의 생활 기반시설을 대상으로 한다. 프로젝트회사가 소요자금을 조달하여 시설물을 준공한다.

(3) BOT(build-operate-transfer)방식

프로젝트회사가 소요자금을 조달하여 시설물을 준공한다. 사회기반시설의 준공후 일정 기간 동안 사업시행자에게 당해 시설의 소유권 및 운영권이 인정되며 그 기간의 만료 시 시설소유권이 국가 또는 지방자치단체에 귀속되는 방식이다. 본 방식은 사회간접자본시설 및 산업시설이 부족한 개발도상국들이 외국의 자본유치 및 신기술을 도입하고자 할 때 주로 이용되는 방식이다. BOT방식의 예로는 국내의 인천국제공항, 동남아 국가의 발전소 건설 등을 들 수 있다.

(4) BOO(build-own-operate)방식

프로젝트회사가 소요자금을 조달하여 시공 및 운영을 담당한다. 사회기반시설의 준공과 동시에 사업시행자에게 당해시설의 소유권이 인정되는 방식으로 소유권이 정부에 귀속되지는 않지만 정부는 생산물의 구매자 또는 고객의 역할을 한다. 본 방식은 전원설비, 전산망, 가스공급시설 등의 건설에 주로 활용된다.

3) BTO방식과 BTL방식의 비교

우리나라 사회기반시설 PF는 전통적인 수익형 민간투자사업(BTO) 방식 및 임대형 민간투자사업(BTL) 방식으로 추진되고 있다. 두 가지 방식의 차이점은 다음과 같다.

첫째, BTO 사업은 최종수요자에게 사용료를 부과할 수 있고 수익성이 보장되는 사업을 대상으로 하나 BTL 사업은 사용료를 부과할 수 없거나 수익성이 보장되지 않는 사업 즉 투자비의 회수가 어려운 사업을 대상으로 한다.

둘째, BTO 사업은 최종수요자의 사용료로 투자비를 회수하나 BTL 사업은 정부의 시설임대료로 투자비를 회수한다.

셋째, BTO사업은 수익의 감소 등 사업의 위험을 원칙적으로 민간기업이 부담하나 BTL 사업은 정부에서 부담한다.

4) 민간투자사업과 최소운영수입 보장제도(MRG)

민간투자사업은 공공시설의 효율적 건설을 위해 1994년에 도입된 제도이다. 민간투자사업은 민간의 자본과 창의적이고 효율적인 경영기법을 통해 다양하고 수준 높은 공공서비스를 제공하고 정부재정의 효율성을 높이기 위한 것이 목적이다.

최소운영수입 보장제도(MRG : Minimum Revenue Guarantee)는 1999년 IMF 외환위기 이후 부진해진 민자투자사업 유치를 활성화하기 위해 도입되었다. MRG는 매년도 실제운영수입이 실시협약에서 정한 추정운영수입의 일정한도에 미달하는 경우 그 부족분을 정부나 지자체 등에서 보전해주는 제도이다.

이로 인해 민간투자를 적극 유인함으로써 투자가 지연된 주요 사회기반시설을 적기에 구축할 수 있었다. 그러나 MRG로 인한 재정부담 문제가 지속적으로 제기됨에 따라 MRG 제도를 전면 폐지하였다. 민간제안 사업의 경우 2006년, 정부고시 사업은 2009년에 MRG 제도가 각각 폐지되었다.

민간투자사업은 MRG제도 폐지와 재정지원 축소 등으로 인해 투자리스크는 확대된 반면 사업수익률은 축소되어 고위험 저수익 사업이 될 수 있다. 사업비 회수를 위해 통행료 등은 불가피하게 높게 책정될 수밖에 없고, 정치적 이해관계에 따른 무리한 사업추진, 부풀린 교통수요, 정부의 책임회피 등으로 인해 비효율적 도로망이 만들어지고 도시철도사업의 손실이 야기되고 있다. 따라서 민간투자사업은 무리한 사업추진 등으로 인해 어려움에 직면해 있다.

2. 부동산개발 PF

1) 부동산개발 PF의 의의

일반적으로 부동산개발 프로젝트는 부지확보와 공사 진행에 대규모의 자금이 소요되므로 총사업비의 일정 부분은 외부자금에 의존하게 된다. 부동산개발 PF(또는 부동산 PF)는 금융회사가 사업완료이후 발생할 분양대금, 매각대금 등 미래의 현금흐름을 담보로 토지매입자금이나 건설자금을 시행사에 대출해 주는 방식이다.

외국 특히 유럽의 예를 보면 PF는 주로 석유개발이나 고속철도, 대형 선박건조와 같이 대규모 자금이 들고 부채 상환에 10~15년 이상이 걸리는 장기대출이나 지급보증 등에 주로 적용된다. 부동산 개발 관련 프로제트들에 대해선 PF를 적용하기에는 위험 부담이 높기 때문에 투자의 주체인 부동산 회사엔 소유 부지를 포함한 최소한의 자기자본 비율을 전체 비용의 30~40% 정도로 요구하고, 나머지 비용은 충분한 사업타당성 검토를 거친 후 은행의 대출로 충당케 한다. 특히 공사 비용을 최소화시키기 위하여 건설회사 선정은 PF 은행의 감독 하에 공개경쟁을 통해 선정해야 한다.

2) 국내의 부동산개발 PF

1997년 IMF 외환위기 이후 부동산개발사업의 시행사와 시공사가 분리되면서 자기자본이 영세한 소규모의 시행사들이 부지매입비용과 공사대금 등을 조달하기 위한 수단으로 부동산개발 PF 기법을 활용하기 시작하였다. 부동산경기가 호황인 상태에서 부동산개발 PF 방식은 시행사, 시공사, 금융회사 등 사업참여자 모두에게 유리했기 때문에 주요 자금조달수단으로 빠르게 확산되었다. PF Loan형태로 자금을 공여한 은행권의 지원이 한계에 달하자, 증권사 등 제 2금융권도 자산유동화증권(ABS : Asset Backed Securities)과 자산유동화기업어음(ABCP : Asset Backed Commercial Paper)을 발행하는 방식으로 부동산PF 시장에 참여 하였다.

그동안 국내 부동산개발 PF는 미래의 현금흐름을 기초로 취급하는 원칙적 의미의 PF가 아니라, 차주에 의한 연대보증이나 시공사의 신용보강을 전제로 하는 PF로서 일반 기업금융과 크게 차이가 없는 대출행태를 보여 왔다.

부동산개발 PF의 주요 당사자는 프로젝트 회사, 대출 금융기관, 시공사, 수분양자이다. 사업초기에는 프로젝트회사가 사업을 진행하나, 시공사가 선정된 후에는 시공사가 사업을 주관한다. 대출금융기관은 자금규모에 따라 두개 이상의 금융기관이 대주단을 구성하여 참여하는 경우가 많다. 시공사는 별도로 책임준공, 연대보증, 채무인수, 일정률의 책임분양 같은 시공보강을 제공하는 경우도 있어 기존의 기업금융과 실질적으로 유사하다.

보통 부동산개발 PF는 2단계로 추진되었다. 1단계는 대상물의 건축을 위한 토지매입 자금의 전부 또는 계약금 등 자금 일부분을 융통하는 단계이다. 이 단계에선 사업 승인도 나지 않은 상태이고 사업의 불확실성이 높아 대개 은행은 참여하지 않으며 저축은행이나 캐피탈, 보험사, 증권사 등 제2금융권이 참여하는 것이 일반적이다. 자금 규모가 클 경우 여러 금융기관이 동시에 참여하기도 한다. 1단계의 대출을 통상적으로 브릿지론(bridge loan)이라고 부른다. 대신 프로젝트회사는 가산금리와 수수료 등 상대적으로 높은 금융비용을 부담한다.

2단계는 사업 승인 후 은행, 보험사가 대출에 참여하는 단계이다. 사업 승인이 나면 프로젝트회사는 아파트, 상가 등의 분양에 착수하고 계약금이 들어오게 되어 사업의 불확실성이 줄어든다. 제2금융권은 대출을 회수하고 은행이 대출을 인수한다. 일반적으로 토지대금의 잔금과 건축비 등을 시공사의 지급보증을 받아 대출 취급한다. 은행은 일반적인 기업 대출에 비해 상대적으로 높은 금리를 받을 수 있고 아파트 계약자 등에 대한 중도금 대출을 해줄 수 있는 이점이 있었다.

3) K-IFRS와 부동산개발 PF

한편 2011년부터 본격적으로 도입된 한국채택국제회계기준(K-IFRS : Korean International Financial Reporting Standards)은 현행 기업회계기준에 비하여 충당부채[85] 인식요건이 보수적이다. 따라서 재무제표에 반영되는 충당부채의 규모가 증가할 것으로 예상된다.

종전 기업회계기준서 제17호는 이 기준서에 따라 50%의 발생확률을 기준으로 회계처리 하는 것은 경영자의 자의적 판단으로 인한 부채의 과소계상 및 이익조정의 가능성을 줄일 수 있는 장점이 있다는 점을 인정하면서도, 우리나라의 특수성을 감안할 때 이러한 규정이 과도하게 보수적인 회계처리를 조장하게 될 것이라는 우려를 감안하여 미국 재무회계기준과 같이 자원의 유출 발생가능성이 매우 높은 경우(대략 80%)에 충당부채를 인식하도록 하고 있다.

K-IFRS 기업회계기준서 제1037호 (충당부채, 우발부채 및 우발자산) 문단23에 따르면 부채로 인식하기 위해서는 현재 의무가 존재하여야 할 뿐만 아니라 당해 의무의 이행을 위하여 경제적 효익이 내재된 자원의 유출 가능성이 높아야 한다. 이 기준서에서는 특정 사건이 발생할 가능성이 발생하지 아니할 가능성보다 높은 경우에 자원의 유출 또는 기타 사건의 가능성이 높다고 본다. 현재의무의 존재 가능성이 높지 아니한 경우에는 우발부채를 주석에 기재한다. 다만, 당해 의무의 이행을 위하여 경제적 효익이 내재된 자원의 유출 가능성이 아주 낮은 경우에는 주석에 기재하지 아

85) 충당부채란 지출의 시기 또는 금액이 불확실한 부채로 다음의 요건을 모두 충족하는 경우에 인식한다. 재무제표에 부채로 인식한다.
(1) 과거사건의 결과로 현재의무가 존재한다.
(2) 당해 의무를 이행하기 위하여 경제적 효익이 내재된 자원이 유출될 가능성이 높다.
(3) 당해 의무의 이행에 소요되는 금액을 신뢰성 있게 추정할 수 있다.

니한다.

K-IFRS 기업회계기준서 제1037호의 인식요건을 확률개념으로 표현하면 발생확률이 50%를 초과할 경우 충당부채로 인식하고, 발생확률이 거의 0에 근접하여 발생가능성이 거의 없는 경우 어떠한 회계처리도 하지 않으며, 발생확률이 50% 이하이면서 거의 없는 정도보다 높을 때는 재무제표의 주석사항으로 공시하여야 한다.

즉 충당부채의 인식요건이 미래 자원의 유출 가능성이 '매우 높은 (80% 이상)'에서 '높은(50% 초과)'으로 수정된 것이다.

따라서 부동산PF대출에 대한 지급보증 대하여 그동안 대부분의 경우 회계상 부외효과를 누려왔으나 향후 우발부채[86]의 상당부분이 충당부채로 인식됨으로써 부채금액증가 및 부채비율 상승이 예상되며 시공을 담당하는 건설회사의 재무안정성이 저해될 것으로 보여 건설회사들이 부동산PF에 대한 지급보증 등 신용보강을 기피할 것으로 예상된다. 특히 부동산경기가 부진할 경우 기피현상이 심화될 것이다.

이에 따라 향후 부동산 PF대출 구조가 변화할 것으로 전망된다. 실제로 건설회사들이 토지담보가치가 우수한 사업장을 중심으로 PF보증채무를 시행사 담보대출로 전환하는 방식으로 우발부채 부담 축소에 나서고 있다.

향후 금융기관들의 부동산PF대출 관행도 달라져야 할 것이다. 시공사의 신용보강에 전적으로 의존하는 방식에서 탈피하여 사업타당성검토에 의한 미래의 현금흐름을 상환재원으로 하며, 사업위험을 사업 참여자들이 나누어 부담하는 진정한 의미의 부동산개발 PF대출이 되어야 할 것이다.

제7절 프로젝트 파이낸싱의 유래와 도입 현황

1. 프로젝트 파이낸싱의 유래

프로젝트 파이낸싱의 최초의 시작은 1856년 수에즈 운하 프로젝트라는 것이 일반

86) 우발부채란 충당부채와 그 성격이 유사하지만 부채의 인식조건을 충족하지 못하여 재무상태표에 계상되지 못하는 잠재적 의무이다.

적이다. 그러나 진정한 의미의 프로젝트 파이낸싱은 1930년대 미국의 석유개발사업에서 자금력이 취약한 군소 석유채굴사업자가 석유판매대금을 상환재원으로 하여 개발자금을 조달한 것으로 알려지고 있다. 이후 프로젝트 파이낸싱은 1960년대 이후 전 세계적으로 확산되었다. 특히 1970년대 초 제1차 석유파동 이후의 자원개발사업, 1980년대 SOC 확충사업, 1990년대 중국 등 아시아 개발도상국들의 경제성장에 따른 SOC 건설 사업이 급증하였다.

그러나 최근에는 도로・항만・철도・발전소 등의 SOC 건설 사업은 물론이고, 석유화학 플랜트 등의 제조업 및 항공 산업에까지 적용되는 사례가 나타나고 있다. 또한 영화제작 등에서도 활용되는 등 점차 그 영역을 넓혀가고 있는 추세이다.

2. 프로젝트 파이낸싱의 도입 및 취급현황

1) 도입현황

우리나라에서 1994년 「사회간접자본시설에 대한 민간자본유치촉진법」이 제정되면서부터 프로젝트 파이낸싱이 제도적으로 도입되었다. 이 법에 근거하여 처음 프로젝트 파이낸싱이 활용된 것은 1995년 신공항고속도로사업이다. 그 후 프로젝트 파이낸싱은 고속도로・화물터미널, 열병합발전소 등의 SOC 건설 및 지역개발사업 뿐만 아니라, 아파트・관광단지・공장 등의 부동산개발사업에서도 활용되고 있다. 이 법은 1999년 「사회간접자본시설에 대한 민간투자법」으로 전면 개편되었고, 다시 2005년에는 「사회기반시설에 대한 민간투자법」으로 개정되었다.

이 같은 프로젝트 파이낸싱 금융기법은 부동산 시장이 호황에 진입한 2002년 이후 아파트는 물론 오피스텔・상가 등 사실상 모든 개발 사업으로 급속히 확대됐다. 부동산 시장이 호황인 상태에서 큰 리스크 부담없이 수익을 극대화할 수 있었기 때문이다.

2) 취급현황

국내은행의 프로젝트 파이낸싱 취급실적을 보면, 2001년까지는 SOC관련 부문이 큰 비중을 차지하였다. 그러나 2005년 이후부터는 저금리 추세 및 부동산경기 호조 등의 영향으로 부동산개발 부문의 프로젝트 파이낸싱이 크게 증가하였다. 아파트는 물론 오피스텔·상가 등 사실상 모든 개발 사업으로 급속히 확대되었다.

2010년 12월말 현재 국내금융기관의 부동산PF 대출잔액은 66.5조 원(명목GDP대비 약 5.7%)이다. 부동산PF대출 잔액은 2008년 말까지 연 평균 50% 이상 급증하다가, 2009년에 신규물량이 크게 위축되고 만기 미상환으로 인한 차환(refinancing)만이 지속되어 성장이 정체되었다. 2010년에는 부동산 경기침체의 영향으로 전년대비 약 16조 원(20%) 급감하였다.

2010년 말 현재 전체 부동산PF대출에서 은행권이 차지하는 비중은 58.2%(38.7조 원)이며 다음으로는 저축은행이 18.3%(12.2조 원)이다.

은행권의 부동산PF대출은 2010년 들어 크게 감소하여 전년 말 대비 12.3조 원 감소하였으며 제2금융권은 소폭 감소하였다. 저축은행의 부동산PF대출 규모는 2005년 5.6조 원에서 2007년 12.1조 원으로 약 2.2배 증가했으며 2008년 이후 성장률은 정체되었다. 저축은행의 경우 부동산PF대출이 총대출채권에서 차지하는 비중은 2010년 말 현재 18.9%로 은행의 3.2%에 비해 약 6배 높은 수준이다.

현재 PF사업규모는 2008년 대비 절반으로 축소된 상태이다.

[표 11-2] 부동산PF대출 잔액

(단위: 조 원)

구분	2008년	2009년	2010년
은행	52.5 (4.5%)	51.0 (4.4%)	38.7 (3.2%)
제2금융권	30.6	31.4	27.8
(저축은행)	11.5 (20.9%)	11.8 (18.2)	12.2 (18.9%)
합계	83.1	82.4	66.5
부동산ABS/ABCP발행액	9.0	12.1	15.1

주 : 괄호안은 전체 대출 잔액 대비 비중
자료 : 금융감독원, 하나은행

2010년 부동산PF시장에서 나타난 특징은 자산유동화기업어음(ABCP : Asset Backed Commercial Paper)을 중심으로 한 유동화채권의 증가이다. 은행권에서 부동산 PF채권을 정리하면서 신규 PF대출 및 기존 대출의 차환 물량을 줄이자 건설회사들이 은행권대출 대신 유동화채권, 특히 ABCP를 통해 자체적으로 자금을 조달하면서 유동화채권의 규모가 크게 증가하였다. 2010년 말 현재 PF 유동화금액은 15.1조 원으로 이중 ABCP가 약 90%를, 자산유동화증권(ABS : Asset Backed Security)이 약 10%를 차지하고 있다.

부동산PF대출의 연체율[87]합계는 8.6조원으로 전체대출의 12.9% 수준이나 저축은행 등 제2금융권의 연체액이 급증하고 있다. 2010년 12월 말 현재 저축은행 부동산PF 대출의 연체율은 25.4%로서 전년 말 10.6%에 비해 14.8%p 급등하였다. 이는 2010상반기부터 금융시장의 안정을 위하여 63개 저축은행의 부실 부동산PF대출 3.7조 원(이자 등 포함 시 4.4조 원)을 구조조정기금(법인채권 3.5조 원) 및 자산관리공사(개인채권 0.3조 원)를 통해 분리 매각[88]하였음에도 불구하고 일반대출로 분류되어 있던 부동산PF성격의 대출 3.1조 원을 부동산PF대출로 재분류하였고, 다수의 저축은행들이 대출 취급 시 이자를 선취하면서 감추어졌던 연체대출이 나타난 데 기인한다.

원천적으로 저축은행 등이 연체율이 높은 것은 은행이 주로 본 PF를 취급하는데 반해, 저축은행 등은 브릿지론(bridge loan)[89] 비중이 높고, 저축은행 등이 본 PF 취급 시에도 고수익·고위험 프로젝트인 지방 사업장 비중이 높기 때문이다.

본 PF는 사업인·허가가 완료된 후 착공에 들어가는 시점에서 실행되는 대출로 본 PF를 통해 조달된 자금은 주로 기존 대출금(브릿지론)의 상환과 일부 공사비에 충당되며 나머지 공사비와 부동산PF대출 상환금은 분양대금을 활용한다.

금융기관별로 브릿지론 비중을 보면 은행권 약 9%로 낮은 편이나, 증권사 76.0%, 저축은행 68.5%, 캐피탈사 48.3%, 보험사 3.7% 등으로 제2금융권이 대체로 높은 편이다.[90]

[표 11-3] 부동산PF대출 연체액 현황

(단위: 조 원)

구분	2008년	2009년	2010년
은행	0.6 (1.1%)	0.9 (1.7%)	1.6 (4.2%)
제2금융권	3.0 (9.8%)	3.7 (11.8%)	7.0 (25.2%)
(저축은행)	1.5 (13.0%)	1.3 (10.6%)	3.1 (25.4%)
합계	3.6 (4.3%)	4.6 (5.6%)	8.6 (12.9%)

주 : 괄호안은 연체비율
자료 : 금융감독원, 하나은행

87) 연체율은 총대출채권에서 1개월 이상 연체채권이 차지하는 비중이다.
88) 매각가격은 장부가액 또는 채권금액의 74~80%수준으로 실제 총소요자금은 2.8조 원이다.
89) 브릿지론(bridge loan)이란 공사 착공 전까지 한시적으로 토지매입자금 및 운영비 등을 대출받는 것을 말한다.
90) 저축은행 PF사업장 실태조사 및 PF대출 처리방안, 금융위원회 보도자료, 2011. 6. 1

2010년 12월말 현재 은행의 부동산PF대출의 부실채권(고정이하여신)[91]은 6.4조 원으로 전체부실채권 24조 원의 26.6%에 해당한다. 부실채권비율(고정이하여신비율)은 16.4%로 전년대비 14.1%p 증가하였다. 한편, 저축은행의 부동산PF대출의 부실채권비율은 9.6%이다. 저축은행의 높은 연체율에 비해 부실채권비율이 상대적으로 낮은 것은 저축은행의 건전성 분류기준이 은행에 비해 느슨하고 개별 저축은행이 연체대출의 회수가능성을 낙관적으로 판단하는 사례가 많기 때문으로 판단된다.[92]

[표 11-4] 부동산PF 부실채권(고정이하여신) 현황

(단위: 조원)

구분	2008년	2009년	2010년
은행	1.4 (2.6%)	1.2 (2.3%)	6.4 (16.4%)
저축은행	0.6 (5.6%)	0.7 (6%)	1.2 (9.6%)

주 : 괄호안은 부실채권(고정이하여신) 비율
자료 : 금융감독원, 예금보험공사

91) 연체기간별 건전성 분류기준에 따르면 은행은 3월 이상 연체 시, 상호저축은행은 6월 이상 연체 시 고정이하 연신으로 분류한다.

92) 예금보험공사, 금융리스크리뷰, 2011년 봄호, p.32

제 12 장

부동산펀드

제1절 펀드의 개념

1. 직접투자 · 간접투자 및 집합투자

투자란 미래의 경제적 이득을 위한 현재의 경제적 희생이며 미래의 위험에 상응하는 이득을 추구하는 것이라 할 수 있다. 투자행위는 시간가치와 위험에 대한 투자자의 선호도에 따라 달라진다. 증권이나 부동산 등에 투자하는 방법은 크게 직접투자와 간접투자로 나눠진다. 직접투자란 투자자 자신이 직접 투자대상을 선택하고 투자시기, 투자방법 등을 결정하여 투자하는 것이며 간접투자는 일반적으로 여러 명의 자금을 모아 투자전문기관 등에 맡겨놓고 운용결과를 배분받는 투자방법으로 직접투자의 상대개념이다.

직접투자와 간접투자는 모두 투자결과에 대한 책임을 본인이 부담한다는 점에서는 동일하나 직접투자는 소액의 자금에 적합하고 본인이 자금을 직접 운용하므로 거래비용이 상대적으로 저렴하며 신속한 의사결정을 내릴 수 있으나 위험관리에 취약한 단점이 있다. 간접투자는 거액의 자금을 운용하는 데 적합하고 투자전문기관 등에 적정한 보수를 지급하여야 하나 체계적인 위험관리가 이뤄지는 장점이 있다.

이와 같은 간접투자, 간접투자상품을 규율하던 「간접투자자산운용업법」이 폐지되고 「자본시장과 금융투자업에 관한 법률(이하 자본시장법)」이 2009. 2. 4부터 시행되었다.

자본시장법 시행으로 자본시장에서의 금융혁신과 경쟁을 촉진하기위한 투자자보호제도의 선진화, 금융투자상품의 포괄주의 도입, 기능별규율제제로의 전환, 업무범위의 확대가 이뤄졌으며 새로운 용어들이 도입되었다.

간접투자자산운용업법상의 '간접투자'라는 용어는 직접투자가 아닌 형태의 모든 투자를 포함하는 개념으로 오해될 소지가 있으며, 투자자의 재산을 간접적으로 운용하는 투자일임업이나 신탁업도 간접투자로 오해될 수 있어 자본시장법에서는 다수의 투자자로부터 자금을 집합(pooling)한다는 의미에서 '간접투자' 대신 '집합투자(collective investment)'라는 용어를 도입하였다.

'집합투자'란 2인 이상에게 투자권유를 하여 모은 금전 등 또는 「국가재정법」 제81조에 따른 여유자금을 투자자 또는 각 기금관리주체로부터 일상적인 운용지시를 받지 아니하면서 재산적 가치가 있는 투자대상자산을 취득·처분, 그 밖의 방법으로 운용하고 그 결과를 투자자 또는 각 기금관리주체에게 배분하여 귀속시키는 것을 말한다. 다만 자본시장법에서는 집합투자 시 적용이 배제되는 사항[93]을 별도로 정하고 있다.

2. 펀드(집합투자기구)의 의의와 종류

1) 펀드(집합투자기구)의 의의

펀드(fund)의 법적인 명칭은 '집합투자기구(collective investment scheme)'이다. 집합투자기구란 집합투자를 수행하기 위한 기구로서 설립형태별로 구분하면 투자신탁, 투자회사, 투자유한회사, 투자합자회사, 투자조합, 투자익명조합 등으로 나눌 수 있으며 일반적으로 펀드라고 불린다. 펀드란 원래 기금, 자금이라는 뜻이나 투자용어에서는 자금운용전문기관이 일반투자자로부터 자금을 모아 증권이나 부동산, 실물자산 등에 운용하고 얻는 수익금을 투자자에게 나눠주는 제도라는 의미로 사용된다.

펀드는 그 상호 또는 명칭 중에 집합투자기구의 종류를 표시하는 문자 즉 증권·부동산·특별자산·혼합자산 및 단기금융 등의 문자를 사용하여야 한다.

---

93) 집합투자의 적용이 배제되는 경우는 다음과 같다.

① 부동산투자회사법, 「선박투자회사법, 「문화산업진흥 기본법」, 「산업발전법」, 「중소기업창업 지원법」, 「여신전문금융업법」, 「벤처기업육성에 관한 특별조치법」, 「부품·소재전문기업 등의 육성에 관한 특별조치법」 등에 따라 사모(私募)의 방법으로 금전등을 모아 운용·배분하는 것으로서 투자자의 총수가 49인 이하인 경우

② 「자산유동화에 관한 법률」 제3조의 자산유동화계획에 따라 금전등을 모아 운용·배분하는 경우

③ 그 밖에 행위의 성격 및 투자자 보호의 필요성 등을 고려하여야 하는 경우

또한 집합투자기구가 아닌 자는 "집합투자", "간접투자", "투자신탁", "투자회사", "투자유한회사", "투자합자회사", "투자조합", "투자익명조합", "사모투자전문회사" 그 밖에 이와 유사한 명칭을 사용하여서는 아니 된다(자본시장법 제183조 제2항).

펀드종류를 표시하는 문자를 펀드명칭에 반드시 사용해야 함에 따라 금융감독원은 투자자가 펀드명칭 만으로도 펀드 중요정보를 알기 쉽게 이해할 수 있도록 '펀드명칭 표기기준'을 마련하였다.

즉 자본시장법상 펀드 종류를 기본으로 하고 주된 투자대상자산, 펀드구조와 특성 등을 종합적으로 고려하여 표기기준을 마련하였다.

따라서 동일유형의 상품이라 하더라도 다양한 형태의 펀드명칭이 존재하였으나 동일유형 펀드는 집합투자업자[94]와 상관없이 동일 기준으로 표기하여 투자자 오해를 방지하고 펀드 명칭에 주된 투자대상자산, 펀드구조 등이 의무적으로 표기되어 명칭만으로도 투자자들이 펀드의 중요정보를 이해할 수 있도록 하였다.

2) 펀드(집합투자기구)의 종류

펀드는 자금을 모으는 방식, 재산의 운용대상 등에 따라 다음과 같이 분류할 수 있다.

(1) 자금을 모으는 방식에 따른 분류

펀드는 자금을 모으는 방식에 따라 공모와 사모로 나뉜다.

공모펀드와 사모펀드를 나누는 법적 기준은 펀드가입 고객 수에 있다. 자본시장법에 따르면 50인 이상인 자에게 투자를 권유하는 경우는 공모라 하고 그렇지 않은 경우를 사모로 규정하고 있다.

공모 방식은 불특정다수인을 대상으로 '모집' 또는 '매출'의 방식으로 자금을 모으며 투자자 보호를 위해 규제가 많다. 신문이나 TV 등에서 광고를 보고 증권사 영업점이나 홈페이지를 통해 가입하는 펀드는 모두 공모펀드라고 보면 된다.

'모집'이란 50인 이상의 투자자에게 새로 발행되는 증권의 취득의 청약을 권유하는 것을 말한다. 모집방식은 일반적으로 일정기간의 모집기간을 두어 자금을 유치하므로 판매시기가 특정시점으로 제한되며 원본에 추가설정이 불가능한 단위형이 대

---

94) 집합투자업이란 집합투자를 영업으로 하는 것이다. 집합투자업자는 집합투자업을 영위하는 자이다.

부분을 차지한다.

'매출'이란 50인 이상의 투자자에게 이미 발행된 증권의 매도의 청약을 하거나 매수의 청약을 권유하는 것을 말한다. 매출방식은 판매회사 등이 집합투자증권을 인수한 후 일반투자자에게 판매하는 방식이다.

사모방식의 '사모'란 새로 발행되는 증권의 취득의 청약을 권유하는 것으로서 모집에 해당하지 아니하는 것을 말한다. 사모방식은 소수의 투자자나 기관투자가 등을 대상으로 하므로 최소한의 규제에 그치며 상장의무가 없고 설립방식이 간단한 편이다. 사모펀드는 50인 미만 소수의 투자자만 투자할 수 있기 때문에 공공연하게 상품홍보를 할 수 없고, 사모펀드 투자는 주로 증권사의 PB지점 등을 통해 할 수 있다.

공모펀드는 가입시 투자설명서, 간이투자설명서, 집합투자규약을 충분히 확인할 수 있어 펀드에 대해 명확히 알 수 있다.

이에 비해 사모펀드는 가입 시 집합투자규약 외에는 관련서류를 고객에게 따로 교부하지 않는다. 투자자산에 대한 보고의무나 인터넷 홈페이지를 통한 공시 의무 등도 특례조항으로 배제하고 있기 때문에 사모펀드 투자자들은 펀드의 운용대상이나 위험에 대해서 명확하게 알고 투자하기가 어렵다.

이러한 이유로 사모펀드는 투자대상에 대해서 이미 많이 알고 있는 투자자나 투자의 경험이 많은 전문투자자를 대상으로 모집하는 경우가 대부분이다. 대신 비교적 투자자산과 종목 수의 제한을 받지 않고 투자자가 원하는 투자자산과 원하는 수준의 수익률을 맞춤형으로 설계할 수 있다는 장점이 있다.

(2) 집합투자재산의 운용대상에 따른 분류

펀드는 집합투자재산[95]의 운용대상에 따라 다음 각 호와 같이 구분한다.

① **증권펀드** : 집합투자재산의 100분의 40 이상으로서 대통령령으로 정하는 비율(50%)을 초과하여 증권에 투자하는 펀드

② **부동산펀드** : 집합투자재산의 100분의 40 이상으로서 대통령령으로 정하는 비율(50%)을 초과하여 부동산에 투자하는 펀드

③ **특별자산 펀드** : 집합투자재산의 100분의 40 이상으로서 대통령령으로 정하는 율(50%)을 초과하여 특별자산(증권 및 부동산을 제외한 투자대상자산)에 투자

95) '집합투자재산'이란 집합투자기구(펀드)의 재산으로서 투자신탁재산, 투자회사재산, 투자유한회사재산, 투자합자회사재산, 투자조합재산 및 투자익명조합재산을 말한다.

하는 펀드

④ **혼합자산 펀드** : 집합투자재산을 운용함에 있어서 증권, 부동산, 특별펀드의 규정의 제한을 받지 아니하는 펀드

⑤ **단기금융 펀드** : 집합투자재산 전부를 대통령령으로 정하는 단기금융상품[96]에 투자하는 펀드로서 대통령령으로 정하는 방법[97]으로 운용되는 펀드

---

96) 대통령령으로 정하는 단기금융상품"이란 원화로 표시된 자산으로서 다음 각 호의 어느 하나에 해당하는 것을 말한다.

1. 남은 만기가 6개월 이내인 양도성 예금증서
2. 남은 만기가 5년 이내인 국채증권, 남은 만기가 1년 이내인 지방채증권 · 특수채증권 · 사채권(주권 관련 사채권 및 사모의 방법으로 발행된 사채권은 제외한다) · 기업어음증권. 다만, 환매조건부매수의 경우에는 남은 만기의 제한을 받지 아니한다.
3. 남은 만기가 1년 이내인 금융기관이 발행·할인·매매·중개·인수 또는 보증하는 어음
4. 금융기관에 대한 30일 이내의 단기대출
5. 만기가 6개월 이내로 금융기관에의 예치
6. 다른 단기금융펀드의 집합투자증권

97) 대통령령으로 정하는 방법이란 다음 각 호의 어느 하나에 해당하는 방법을 말한다.

1. 증권을 대여하거나 차입하는 방법으로 운용하지 아니할 것

   1의2. 남은 만기가 1년 이상인 국채증권에 집합투자재산의 100분의 5 이내에서 금융위원회가 정하여 고시하는 범위에서 운용할 것
2. 환매조건부매도는 금융위원회가 정하여 고시하는 범위 이내일 것
3. 각 단기금융집합투자기구 집합투자재산의 남은 만기의 가중평균된 기간이 금융위원회가 정하여 고시하는 범위 이내일 것
4. 각 단기금융펀드의 집합투자재산이 다음 각 목의 기준을 충족하지 못하는 경우에는 다른 단기금융집합투자기구를 설정 · 설립하거나 다른 단기금융집합투자기구로부터 그 운용업무의 위탁을 받지 아니할 것. 다만, 「국가재정법」 제81조에 따른 여유자금을 통합하여 운용하는 단기금융집합투자기구 및 그 단기금융집합투자기구가 투자하는 단기금융집합투자기구를 설정 · 설립하거나 그 운용업무의 위탁을 받는 경우에는 다음 각 목의 기준을 적용하지 아니한다.

   가. 투자자가 개인으로만 이루어진 단기금융집합투자기구인 경우: 3천억 원 이상

   나. 투자자가 법인으로만 이루어진 단기금융집합투자기구인 경우: 5천억 원 이상
5. 투자대상자산의 신용등급 및 신용등급별 투자한도, 남은 만기의 가중평균 계산방법, 그 밖에 자산운용의 안정성 유지에 관하여 금융위원회가 정하여 고시하는 내용을 준수할 것

제2절 부동산펀드의 개요

1. 부동산펀드의 정의

「자본시장법」에 의하면 부동산집합투자기구(이하 부동산펀드)는 집합투자재산의 100분의 40 이상으로서 대통령령으로 정하는 비율(100분의 50)을 초과하여 부동산에 투자하는 펀드로 정의하고 있다.

즉 부동산펀드란 다수의 투자자들로부터 자금을 모아 부동산 등에 투자하거나 대출하여 모은 수익을 투자자에 나눠주는 펀드이다.

부동산펀드는 협의의 부동산펀드와 광의의 부동산펀드로 구분하여 정의할 수 있다. 협의의 부동산펀드는 「자본시장법」상의 부동산펀드를 의미하며 광의의 부동산펀드는 「자본시장법상」의 부동산펀드와 「부동산투자회사법」에 따라 50인 이상의 투자자로부터 공모방식으로 설립되는 '부동산투자회사(REITs)"를 포함한다.

그 외에 「선박투자회사법」상의 '선박투자회사' 「사회기반시설에 대한 민간투자법」에 의한 '사회기반시설투융자회사' 등도 부동산펀드의 성격을 갖는 특수펀드로 분류할 수 있다. 이들은 개별법에 근거를 두고 있으나 원칙적으로 「자본시장법」 상의 집합투자업 규제가 적용된다.

2. 부동산펀드의 도입 연혁

국내의 부동산간접투자는 1991년 부동산투기 억제대책을 통해 「신탁업법」에 근거를 둔 부동산신탁제도가 도입되면서 시작되었고 취급업무는 관리신탁, 처분신탁에서 토지신탁, 담보신탁 등으로 확대되었다.

본격적인 부동산 간접투자는 IMF외환위기 이후 1998년 4월, 기업 등의 구조조정 지원과 경기부양을 위해 은행에 '부동산투자신탁' 업무를 도입하면서 시작되었다. 2007년 7월에는 국내최초로 '은행 부동산투자신탁' 상품인 국민은행의 '빅맨부동산투자신탁 1호'가 판매되었다.

그 이후 2001년 7월 '부동산투자회사(REITs)'가 도입되고, 2004년 1월 자산운용업에 대한 제도개선과 투자자보호를 강화하기 위한 「"간접투자자산운용업법"」 제정으로 '부동산간접투자기구(부동산펀드)'가 도입되어 국내 부동산 간접투자 시장이 확대되었다. 2010년 2월 「자본시장법」 시행으로 「간접투자자산운용업법」상의 특례에 해당되는 부동산펀드까지 부동산펀드에 포함하여 포괄적으로 정의하게 되었다.

[표 12-1] 부동산간접투자제도의 도입연혁

시행 년도	관련 법규	부동산 간접투자상품
1992. 02	신탁업법	부동산신탁(자산신탁) 도입
1998. 04	신탁업법	은행의 부동산투자신탁 도입
1998. 09	자산유동화에 관한 법률	자산유동화증권(ABS) 도입
1999. 01	주택저당채권유동화회사법	주택저당증권(MBS) 도입
2001. 07	부동산투자회사법	부동산투자회사(K-REITs: 자기관리형) 도입
2001. 07	부동산투자회사법(개정)	기업구조조정부동산투자회사(CR-REITs) 도입
2004. 01	간접투자자산운용업법	부동산간접투자기구(신탁형) 도입
2004. 12	간접투자자산운용업법(개정)	부동산간접투자기구 확대(회사형 추가)
2005. 04	부동산투자회사법(개정)	부동산투자회사 확대(위탁관리형 추가)
2007. 10	부동산투자회사법(개정)	부동산투자회사 확대(개발전문 리츠 추가)
2009. 02	자본시장과 금융투자업에 관한 법률	부동산집합투자기구 도입

3. 부동산펀드의 운용대상

1) 부동산 및 부동산관련 자산

부동산펀드는 펀드재산의 100분의 50을 초과하여 부동산 및 부동산 관련 자산에 투자해야하며, 펀드재산의 나머지를 증권 및 특별자산에도 투자할 수 있다.

자본시장법상 펀드재산의 100분의 50을 초과하여 투자해야 하는 투자대상 부동산 및 부동산관련 자산의 범위는 다음과 같다.

(1) 부동산

「자본시장법」상에 부동산에 대하여 특별히 정하는 바가 없으므로 「민법상」의 부동산인 토지와 그 정착물을 의미하는 것으로 이해한다.

(2) 부동산을 기초자산으로 한 파생상품

(3) 부동산 개발과 관련된 법인에 대한 대출

(4) 부동산과 관련된 증권에 투자

① 다음 중 어느 하나에 해당하는 자산이 신탁재산, 집합투자재산 또는 유동화자산의 100분의 50 이상을 차지하는 경우의 그 집합투자증권[98] 또는 유동화증권

㉠ 부동산

㉡ 지상권・지역권・전세권・임차권・분양권 등 부동산 관련 권리

㉢ 채권금융기관[99]이 채권자인 금전채권(부동산을 담보로 한 경우만 해당)

② 「부동산투자회사법」에 따른 '부동산투자회사'가 발행한 주식

③ '부동산개발회사'가 발행한 증권

④ 기초자산의 합계액이 '유동화자산'가액의 100분의 70 이상인 유동화증권

⑤ '주택저당채권유동화회사' 또는 금융기관이 지급을 보증한 '주택저당채권담보부채권' 또는 '주택저당증권'

⑥ 일정요건을 갖춘 '부동산투자목적회사[100]'가 발행한 지분증권

(5) 기타 부동산개발 등 다음과 같은 투자

① 부동산의 개발

② 부동산의 관리 및 개량

③ 부동산의 임대

---

98) 집합투자증권이란 집합투자기구에 대한 출자지분(투자신탁의 경우 수익권)이 표시된 것을 말한다.

99) 기업구조조정 촉진법」 제2조 제1호에 따른 채권금융기관 (금융산업의 구조개선에 관한 법률」에 따른 금융기관이었던 자로서 청산절차 또는 「채무자 회생 및 파산에 관한 법률」에 따른 파산절차가 진행 중인 법인을 포함한다.)

100) 일정한 요건이란 다음과 같다. ① 부동산 또는 다른 부동산투자목적회사의 투자증권에 투자하는 것을 목적으로 설립 될 것
② 부동산투자목적회사와 그 종속회사(「주식회사의 외부감사에 관한 법률」에 따른 종속회사에 상당하는 회사를 말한다)가 소유하고 있는 자산을 합한 금액 중 부동산 또는 지상권・지역권・전세권・임차권・분양권 등 부동산 관련 권리의 취득에 따른 자산을 합한 금액이 100분의 90 이상일 것

④ 지상권 · 지역권 · 전세권 · 임차권 · 분양권 등 부동산 관련 권리의 취득
⑤ 채권금융기관[101]이 채권자인 금전채권(부동산을 담보로 한 경우만 해당한다)의 취득

2) 증권 및 특별자산

부동산펀드에서 펀드재산의 100분의 50을 초과하여 부동산 및 부동산 관련 자산에 투자한 후, 나머지 펀드재산으로 투자할 수 있는 증권 및 특별자산의 내용은 다음과 같다.

(1) 증권

국채 · 지방채 등 채무증권, 주권 · 출자지분 등 지분증권, 신탁의 수익권이 표시된 수익증권, 공동사업의 결과에 따른 손익을 배당받는 투자계약증권, 파생결합증권, 증권예탁증권이 투자대상이다.

(2) 특별자산

농축산물 · 광산물 · 가공품 등 일반상품, 선박, 항공기, 그림 · 조각 · 공예품 · 미술품 등이 투자대상이다.

4. 부동산펀드의 장 · 단점

1) 부동산펀드의 장점

(1) 투자대상이 다양하다.

부동산 물건의 구입, 부동산관련 권리의 취득, 부동산개발, 임대사업, 부동산관련 증권의 취득 등 투자대상이 다양하다.

(2) 공동투자와 리스크 분산이 가능하다.

다수의 투자자로부터 자금을 모아 소규모로 투자하기 어려운 고가의 부동산 등에

101) 「기업구조조정 촉진법」 제2조 제1호에 따른 채권금융기관(금융산업의 구조개선에 관한 법률」에 따른 금융기관이었던 자로서 청산절차 또는 「채무자 회생 및 파산에 관한 법률」에 따른 파산절차가 진행 중인 법인을 포함한다.)

투자할 수 있어 수익률을 높일 수 있고 지역별, 투자유형별로 분산투자를 하여 리스크를 분산시킬 수 있다.

(3) 전문가를 통한 투자대행이 이뤄진다.

부동산펀드는 전문가가 투자결정을 하고 자산을 운용한다. 따라서 전문지식과 많은 정보를 활용하여 효율적인 투자와 운영이 가능하고 투자자의 의사결정에 따른 시간과 비용을 절약할 수 있다.

2) 부동산펀드의 단점

(1) 투자원금 손실가능이 있다.

부동산펀드는 대부분 원리금을 보장하지 않는 실적배당상품이다. 따라서 부동산 경기상태, 자산운용사의 운용능력 등에 따라 손실이 발생할 수 있다.

(2) 각종 비용이 발생한다.

부동산펀드는 기본적으로 판매보수, 운용보수, 수탁보수, 기타서비스 수수료 등 제반 비용이 발생하므로 이를 투자자가 부담하여야 한다.

(3) 환금성이 낮다.

부동산펀드는 만기가 장기이고 주식에 비하여 증시에서 거래되는 물량이 적어서 환금성이 떨어진다.

제3절 부동산펀드의 형태

1. 부동산펀드의 법적 설립형태에 따른 분류

「간접투자자산운용업법」상 펀드의 법적형태는 투자신탁 및 투자회사만 허용되었으나 「자본시장법」에서는 투자신탁 및 투자회사 외에 투자유한회사, 투자합자회사, 투자조합, 투자익명조합이 추가되었다.

1) 부동산투자신탁(신탁형 부동산펀드)

투자신탁은 집합투자업자(위탁자), 신탁업자(수탁자), 투자자(수익자)간의 집합투자계약(신탁계약)에 의해 이루어지는 펀드이다.

부동산투자신탁은 집합투자업자인 위탁자가 신탁업자에게 신탁한 재산을 신탁업자로 하여금 그 집합투자업자의 지시에 따라 투자·운용하게 하는 신탁 형태의 부동산펀드이다.

집합투자업자는 부동산투자신탁을 설정하는 경우 신탁계약서에 의하여 신탁업자와 신탁계약을 체결하고 신탁계약에서 정한 신탁원본 전액을 금전으로 납입하여야 한다.

부동산투자신탁을 설정한 집합투자업자는 부동산투자신탁의 수익권을 균등하게 분할하여 수익증권으로 표시하여야 한다. 수익증권은 무액면 기명식으로 한다.

투자자(수익자)는 신탁원본의 상환 및 이익의 분배 등에 관하여 수익증권의 좌수에 따라 균등한 권리를 가진다.

부동산투자신탁에는 전체 수익자로 구성되는 수익자총회를 두며, 수익자총회는 이 법 또는 신탁계약에서 정한 사항에 대하여만 결의할 수 있다.

2) 부동산투자회사(회사형 부동산펀드)

투자회사는 보통 뮤추얼펀드(mutual fund)라고 불리는 상법상 주식회사 형태의 펀드이다. 투자회사는 실질적으로 상근임원이나 직원을 둘 수 없고 본점 외에 영업소를 설치할 수 없는 명목상의 회사(paper company)이다. 실질적인 운영주체는 집합투자업자이다.

부동산투자회사는 상법에 따른 주식회사 형태의 부동산펀드이다. 부동산 투자회사법상의 부동산투자회사와는 다르다.

부동산투자회사 설립 시 발기인이 '설립 중의 회사'의 집행기관으로서 정관의 작성 등 회사의 설립에 필요한 모든 행위를 할 권한을 가진다.

부동산투자회사의 발기인은 부동산투자회사의 설립 시에 발행하는 주식의 총수를 인수하여야 하며 주식을 인수한 발기인은 지체 없이 주식의 인수가액을 금전으로 납입하고 설립등기를 하여야 한다.

부동산투자회사의 최저순자산액은 제한이 없으며 재산의 100%까지 부동산에 투자할 수 있다.

집합투자자총회인 주주총회는 발행주식 총수의 과반수를 소유하는 주주의 출석으로 성립되며, 출석한 주주의 의결권의 과반수와 발행주식 총수의 4분의 1 이상의 수로 결의한다.

집합투자업자는 자산운용보고서를 작성하여 집합투자재산을 보관・관리하는 신탁업자의 확인을 받아 3개월마다 1회 이상 투자자에게 제공하여야 한다.

집합투자업자의 감시기구로는 신탁업자, 일반사무관리회사, 펀드 및 채권 평가회사 등이 있다.

3) 부동산투자유한회사(유한회사형 부동산펀드)

유한회사는 상법상 회사의 하나로 사원이 회사에 대하여 출자금액을 한도로 책임을 질 뿐, 회사채권자에 대하여 아무 책임도 지지 않는 유한책임사원으로 구성된 회사이다. 지분의 양도가 자유롭지 못한 점 등이 주식회사와 다르다.

부동산투자유한회사는 상법에 따른 유한회사 형태의 부동산펀드이다.

부동산투자유한회사는 회사 성립일 또는 새 지분증권의 납입기일에 지분증권을 발행하여야 하며 지분증권은 무액면 기명식으로 한다.

부동산투자유한회사의 사원총회는 발행된 지분증권 총수의 과반수를 소유하는 사원의 출석으로 성립하며, 출석한 사원의 의결권의 과반수의 찬성으로 결의한다.

부동산투자유한회사의 사원은 출자금액의 반환 및 이익의 분배 등에 관하여 지분증권의 수에 따라 균등한 권리를 가진다.

4) 부동산투자합자회사(합자회사형 부동산펀드)

상법상의 합자회사는 무한책임사원과 유한책임사원으로 구성되는 회사이다. 사업의 경영은 무한책임사원이 하고, 유한책임사원은 자본을 출자하여 사업에서 생기는 이익의 분배에 참여한다.

부동산투자합자회사는 상법에 따른 합자회사 형태의 부동산펀드이므로 유한책임사원은 투자합자회사의 채무에 대하여 출자를 이행한 금액을 한도로 하여 책임을 진다.

부동산투자합자회사는 업무집행사원 1인 이외에 무한책임사원을 둘 수 없고 이 경우 무한책임사원은 집합투자업자이어야 한다.

집합투자업자는 부동산투자합자회사를 설립하는 경우 정관을 작성하여 무한책임사원 1인과 유한책임사원 1인이 기명날인 또는 서명하여야 하며, 부동산투자합자회사 설립 시에 출자금을 금전으로 납입하여야 한다.

부동산투자합자회사에 사원 전원으로 구성되는 사원총회를 두며, 사원총회는 발행된 지분증권 총수의 과반수를 소유하는 사원의 출석으로 성립되며, 출석한 사원의 의결권의 3분의 2 이상과 발행된 지분증권 총수의 3분의 1 이상의 찬성으로 결의한다.

부동산투자합자회사는 회사 성립일 또는 새 지분증권의 납입기일에 지체 없이 지분증권을 발행하여야 한다. 지분증권은 무액면 기명식으로 한다.

부동산투자합자회사의 사원은 출자금액의 반환 및 이익의 분배 등에 관하여 지분증권의 수에 따라 균등한 권리를 가진다.

부동산투자합자회사는 정관이 정하는 바에 따라 이익을 배당함에 있어서 무한책임사원과 유한책임사원의 배당률 또는 배당순서 등을 달리 정할 수 있다. 그러나 손실을 배분함에 있어서 무한책임사원과 유한책임사원의 배분율 또는 배분순서 등을 달리 하여서는 아니 된다.

5) 부동산투자조합(조합형 부동산펀드)

민법상 조합은 2인 이상이 상호출자 하여 공동사업을 경영할 것을 약정함으로써 그 효력이 생기는 계약이다.

부동산투자조합은 민법에 따른 조합 형태의 부동산펀드이다.

부동산투자조합은 부동산투자조합의 채무에 대하여 무한책임을 지는 집합투자업자인 업무집행조합원 1인과 출자액을 한도로 하여 유한책임을 지는 유한책임조합원으로 구성된다. 집합투자업자는 부동산투자조합을 설립하는 경우 조합계약을 작성하여 업무집행조합원 1인과 유한책임조합원 1인이 기명날인 또는 서명하여야 한다.

민법상 조합원의 출자는 금전 기타 재산 또는 노무로 할 수 있으나 부동산투자조합원의 출자의 목적은 금전에 한한다.

부동산투자조합에 조합원 전원으로 구성되는 조합원총회를 두며 조합원총회는 발행된 지분증권 총수의 과반수를 소유하는 조합원의 출석으로 성립되며, 출석한 조합원의 의결권의 3분의 2 이상과 발행된 지분증권 총수의 3분의 1 이상의 찬성으로 결의한다.

부동산투자조합의 사원은 출자금액의 반환 및 이익의 분배 등에 관하여 지분증권의 수에 따라 균등한 권리를 가진다.

부동산투자조합은 조합계약이 정하는 바에 따라 이익을 배당함에 있어서 무한책임조합원과 유한책임조합원의 배당률 또는 배당순서 등을 달리 정할 수 있다. 단 손실을 배분함에 있어서는 무한책임조합원과 유한책임조합원의 배분율 또는 배분순서 등을 달리 하여서는 아니 된다.

민법에서는 조합원 당사자가 손익분배의 비율을 정하지 아니한 때에는 각 조합원의 출자가액에 비례하여 이를 정하고 이익 또는 손실에 대하여 분배의 비율을 정한 때에는 그 비율은 이익과 손실에 공통된 것으로 추정한다(민법 제711조).

6) 부동산투자익명조합(익명 조합형 부동산펀드)

상법상 익명조합(匿名組合, undisclosed association)은 무한책임을 지는 영업자와 유한책임을 지는 익명의 조합원으로 구성되는 조합이다. 상법은 익명조합은 당사자의 일방(익명조합원)이 상대방(영업자)의 영업을 위하여 출자하고, 상대방은 그 영업으로 인한 이익을 분배할 것을 약정함으로써 그 효력이 생긴다(상법 제78조)고 규정하고 있다. 실질상 익명조합원과 영업자의 공동기업형태이나, 익명조합원은 영업자의 행위에 관하여서는 제3자에 대하여 권리・의무가 없으므로(상법 제80조) 붙여진 명칭이다

부동산투자익명조합은 상법에 따른 익명조합 형태의 부동산펀드이다.

부동산투자익명의 조합재산은 집합투자업자인 영업자 1인이 운용한다. 집합투자업자는 부동산투자익명조합을 설립하는 경우 익명조합계약을 작성하여 영업자 1인과 익명조합원 1인이 기명날인 또는 서명하여야 한다.

익명조합원의 출자의 목적은 금전에 한한다.

부동산투자익명조합에 익명조합원 전원으로 구성되는 익명조합원총회를 두며, 익명조합원총회는 이 법 또는 익명조합계약에서 정한 사항에 대하여만 결의할 수 있다.

익명조합원총회는 발행된 지분증권 총수의 과반수를 소유하는 익명조합원의 출석으로 성립되며, 출석한 익명조합원의 의결권의 3분의 2 이상과 발행된 지분증권 총수의 3분의 1 이상의 찬성으로 결의한다.

부동산투자익명조합의 사원은 출자금액의 반환 및 이익의 분배 등에 관하여 지분증권의 수에 따라 균등한 권리를 가진다.

부동산투자익명조합원의 출자가 손실로 인하여 감소된 때에는 그 손실을 전보한 후가 아니면 이익배당을 청구하지 못한다.

손실이 출자액을 초과한 경우에도 부동산투자익명조합원은 당사자 간에 다른 약정이 있어도 이미 받은 이익의 반환 또는 증자할 의무가 없다.

7) 부동산 사모투자 전문회사(사모부동산펀드)

사모부동산펀드는 경영권 참여, 사업구조 또는 지배구조의 개선 등을 위하여 지분증권 등에 투자・운용하는 투자합자회사로서 지분증권을 사모(私募)로만 발행하는 펀드이다.

사모부동산펀드는 투자자의 총수가 49인[102] 이하인 것을 말한다.

사모의 방법으로 금전 등을 모아 운용・배분하는 것으로서 투자자의 총수가 49인 이하인 경우에는 자본시장법에 따라 집합투자의 적용이 배제된다.

따라서 자본시장법의 펀드에 관한 제반 규정은 공모펀드에 대해서 적용되며 사모펀드에 대해서는 별도의 특례 규정을 두고 있다.

사모부동산펀드의 투자자(투자신탁의 경우 그 투자신탁재산을 운용하는 집합투자업자를 말한다)는 객관적인 가치평가가 가능하고 다른 투자자의 이익을 해할 우려가 없는 경우에는 증권, 부동산 또는 실물자산 등 금전 외의 자산으로 납입할 수 있다.

[표 12-2] 부동산펀드의 법적설립형태에 따른 분류

펀드명	형태/ 근거법률	집합투자규약	집합투자증권	집합투자자총회
부동산투자신탁	신탁계약/신탁법	신탁계약	수익증권	수익자총회
부동산투자회사	주식회사/상법	정관	주식	주주총회
부동산투자유한회사	유한회사/상법	정관	지분증권	사원총회
부동산투자합자회사	합자회사/상법	정관	지분증권	사원총회
부동산투자조합	조합/민법	조합계약	출자증권	조합원총회
부동산투자익명조합	익명조합/상법	익명조합계약	출자증권	익명조합원총회

102) 49인을 산출할 때 다른 집합투자기구가 그 집합투자기구의 집합투자증권 발행총수의 100분의 10 이상을 취득하는 경우에는 그 다른 집합투자기구의 투자자의 수를 합하여 산출한다.

2. 투자대상자산의 형태에 따른 분류

부동산펀드의 종류를 투자대상자산을 기준으로 자본시장법에서 정의하는 순서에 따라 설명하면 다음과 같다

1) 임대형 부동산 펀드

임대형 부동산 펀드는 소액의 자금으로는 투자하기 어려운 오피스빌딩, 대형상가, 오피스텔, 기타 수익용 부동산을 매입하여 임대하는 것(Buy & Lease)을 주 운용방법으로 하며 안정적인 임대수익을 확보하고 일정기간 후 부동산가치증대에 따른 매각수익을 얻는 것을 목적으로 하는 부동산 펀드이다.

임대형 부동산펀드는 부동산펀드가 직접 부동산을 매입하여 임대하는 경우와 임대수익을 기초자산으로 발행된 유동화증권에 투자하는 경우로 구분할 수 있다.

임대형 부동산펀드가 적정수익률을 확보하기 위해서는 부동산 매입 시 향후의 임대료 예상수입액, 공실률, 매입가격의 적정성 등을 검토해야 하며, 특히 펀드만기 시 해당 부동산을 매각하여 투자자에게 상환해야 하므로 경기침체에 따른 매각지연과 부동산가격하락 가능성을 점검해야한다.

2) 경 · 공매형 부동산펀드

경 · 공매형 부동산 펀드는 법원이 실시하는 경매나 자산관리공사 등의 공매를 통해 저가에 낙찰 받은 부동산을 임대하거나 재매각하여 임대수익이나 시세차익을 얻는 것을 목적으로 한다.

수익성이 양호한 경 · 공매대상 부동산을 찾기가 어려운 단점이 있어 전형적인 투자대상이 확정되지 않은 브라인드(Blind)방식의 펀드로 설정되는 경우가 많다.

경 · 공매형 부동산펀드는 전문성을 보유한 부동산전문운용인력을 확보해야 하며 투자대상을 명시하지 않는 방식으로 운용되므로 투명한 펀드운용체계를 갖추어야 한다. 또한 부동산펀드자금 규모가 너무 작으면 수익성이 양호한 부동산을 매입하기가 어려울 경우가 발생하며, 부동산펀드의 규모가 너무 크면 투자대상 적정 물건을 상당기간 확보하지 못하여 미운용자금의 비중이 커져 펀드수익률이 하락할 위험이 있다.

3) 파생상품형 부동산펀드

파생상품형 부동산펀드란 부동산을 기초자산으로 한 파생상품에 주로 투자하는 부동산펀드이다.

파생상품에 투자하기 위한 주요 검토사항은 기초자산, 수익구조, 만기 및 조기상환 여부, 평가일 및 평가주기 등이다.

실제로 국내에서 파생상품형 부동산펀드가 설정된 사례는 찾기 힘든 실정이며 임대형 부동산펀드 등에서 부동산의 가격하락위험을 회피(hedge)하기 위한 목적으로 파생상품에 투자하는 것과 같이 제한적으로 운용될 수 있다.

4) 대출형 부동산펀드

대출형 부동산펀드는 부동산개발과 관련된 법인에 대한 대출에 투자하는 부동산펀드이다.

즉 대출형 부동산펀드는 프로젝트 파이낸싱(project financing)형 부동산펀드로서 부동산 개발사업에 필요한 자금을 미래의 현금흐름을 담보로 시행주체에 대출한 후 이자를 받는 부동산펀드이다.

오피스빌딩, 상가, 아파트 등을 건축하는 등의 부동산 개발사업을 영위하고자 하는 시행사가 개발사업 토지를 확보하고 토지대금 및 공사비의 일부 또는 전부를 펀드를 조성하여 자금을 조달하는 형태이다. 부동산펀드는 부동산 개발사업에 소요되는 자금을 대출해주고 약정된 대출이자를 받아 부동산펀드 투자자에게 돌려주게 되며 대출금의 범위가 일반적인 프로젝트 파이낸싱보다 넓은 편이다.

대출형 부동산펀드에서 시행사에 대출을 하는 경우, 사전에 시행사가 추진하는 부동산 개발사업의 사업성유무와 현금흐름 등을 철저히 분석해야한다.

특히 설립이 일천하고 신용등급이 낮은 시행사를 대상으로 부동산펀드가 대출을 할 때는 시행사 소유 부동산에 대하여 담보권을 설정하거나 높은 신용등급을 가지고 있는 시공사 등으로부터 책임준공 및 지급보증을 받는 등 대출금원리금을 회수하기 위한 적절한 수단을 확보하여야 한다.

이 때 신탁회사는 사업용 토지의 신탁등기와 대출금 및 분양수입금에 대한 결제위탁계정(Escrow Account)를 관리하는 업무를 수행함으로서 펀드투자자를 보호한다.

펀드 투자자가 금융투자회사 등을 통하여 부동산펀드에 가입하면 그 투자금은 은행을 통하여 시행사에 대출된다.

5) 개발형 부동산펀드

개발형 부동산펀드는 부동산개발사업에 투자하는 펀드로서 부동산펀드가 시행사의 역할을 수행한다. 부동산펀드가 직접 부동산 개발사업을 추진하여 개발된 부동산의 분양이나 임대 등으로 개발이익을 얻는다.

기존 「간접투자자산운용업법」에서는 개발형부동산펀드를 부동산펀드의 특례중의 하나로서 허용하였으며 개발사업에 다른 위험을 고려하여 부동산펀드 자산총액의 30%를 초과하여 부동산 개발사업에 투자하는 것을 금지하였으나, 「"자본시장법"」에서는 개발형부동산펀드를 부동산펀드로 인정하면서 투자비율의 제한을 두고 있지 않다.

「부동산투자회사법」상의 '개발전문 부동산투자회사'는 회사재산의 100%까지 부동산개발사업에 투자할 수 있다.

6) 권리형 부동산펀드

권리형 부동산펀드는 지상권, 지역권, 전세권, 임차권, 분양권, 부동산관련 신탁수익권, 부동산담보부 금전채권 등에 투자하는 펀드이다.

지상권, 지역권, 전세권, 임차권은 적정 수익이 발생하기 어려운 투자대상으로서 제한된 경우에만 투자가 가능하다.

분양권은 신축되는 부동산에 입주하여 부동산을 사용·수익할 수 있는 권리이다. 분양권에 투자한 후 부동산시장 여건, 경기상황에 따라 높은 프리미엄이 형성되면 높은 수익률을 시현할 수 있으나 부동산경기가 과열되면 정부에서는 부동산경기를 안정시키기 위하여 분양권전매를 금지하는 등의 조치를 취하기도 한다. 분양권전매 허용여부가 부동산시장 안정을 위한 주요 정책수단으로 활용되고 있으므로 분양권에 투자하기 위해서는 분양권을 취득할 수 있는 법적인 요건이 마련될 필요가 있으며 분양권 프리미엄을 공정하게 평가할 수 있는 방법이 구축되어야 한다.

자본시장법에서 금전채권은 채무증권에 포함되며 금전채권에 투자하는 펀드는 증권펀드이다.

그러나 자본시장법은 금융기관이 채권자인 부동산담보부 금전채권을 부동산으로 간주하고 부동산담보부 금전채권에 투자하는 펀드를 부동산펀드로 인정하고 있다.

7) 증권형 부동산펀드

자본시장법은 다음과 같이 부동산과 관련된 증권에 투자하는 펀드를 부동산펀드로 인정하고 있다.

첫째, 시행사에 대한 금전채권(대출채권) 또는 미분양아파트와 관련된 신탁수익권에 투자하는 펀드,

둘째, 부동산·지상권·지역권·전세권·임차권·분양권 등 부동산 관련 권리, 금융기관이 채권자인 부동산담보부 금전채권 중 어느 하나에 해당하는 자산이 펀드재산의 50% 이상을 차지하는 펀드의 집합투자증권에 투자하는 펀드

셋째, 부동산투자회사법에 따른 부동산투자회사(REITs)의 발행주식에 투자하는 펀드[103)]

넷째, 특정한 부동산을 개발하기 위하여 존속기간을 정하여 설립된 회사(부동산개발회사)가 발행한 증권에 투자하는 펀드

다섯째, 부동산투자목적회사[104)]가 발행한 지분증권에 투자하는 펀드

제4절 부동산펀드의 관리

1. 집합투자업자의 영업행위규칙

집합투자업자가 아닌 자는 그 상호 중에 "집합투자", "투자신탁" 또는 "자산운용"이라는 문자 또는 이와 같은 의미를 가지는 외국어문자(collective investment, pooled investment, investment trust, unit trust 또는 asset management, 그 한글표기문자를 포함)나 그와 비슷한 의미를 가지는 다른 외국어문자를 사용하여서는 아니 된다. 다

103) 대표적인 예로 법인세법에 의해 설립되는 프로젝트금융회사(PFV : Project Financing Vehicle)를 들 수 있다.

104) 부동산투자목적회사란 부동산 또는 다른 부동산투자목적회사의 투자증권에 투자하는 것을 목적으로 설립되고 부동산투자목적회사와 그 종속회사가 소유하고 있는 자산을 합한 금액 중 부동산 또는 부동산권리에 따른 자산을 합한 금액이 100분의 90 이상인 회사이다.

만, 투자신탁인 집합투자기구는 "투자신탁"이라는 문자 또는 이와 같은 의미를 가지는 외국어문자(investment trust)를 사용할 수 있다(자본시장법 제38조).

1) 자산운용의 제한

집합투자업자는 집합투자재산을 운용함에 있어서 다음 중 어느 하나에 해당하는 행위를 할 수 없으나 투자자 보호 및 집합투자재산의 안정적 운용을 해할 우려가 없는 경우에는 이를 할 수 있다(자본시장법 제81조).

(1) 집합투자재산을 부동산에 운용하는 경우

① 부동산을 취득한 후 국내에 있는 부동산은 1년, 국외에 있는 부동산은 집합투자규약에서 정한 기간 이내에 이를 처분하는 행위. 다만, 부동산개발사업[105]에 따라 조성하거나 설치한 토지·건축물 등을 분양하는 경우, 그 밖에 투자자 보호를 위하여 필요한 경우로서 부동산펀드가 합병·해지 또는 해산되는 경우는 제외한다.

② 건축물, 그 밖의 공작물이 없는 토지로서 그 토지에 대하여 부동산개발사업을 시행하기 전에 이를 처분하는 행위. 다만, 부동산펀드의 합병·해지 또는 해산, 그 밖에 투자자 보호를 위하여 필요한 경우[106]는 제외한다.

(2) 집합투자재산을 증권[107] 또는 파생상품에 운용하는 경우

① 각 집합투자기구 자산총액의 100분의 10을 초과하여 동일종목의 증권에 투자하는 행위

② 각 집합투자업자가 운용하는 전체 집합투자기구 자산총액으로 동일법인 등이 발행한 지분증권 총수의 100분의 20을 초과하여 투자하는 행위

---

105) 토지를 택지·공장용지 등으로 개발하거나 그 토지 위에 건축물, 그 밖의 공작물을 신축 또는 재축하는 사업을 말한다.

106) 부동산개발사업을 하기 위하여 토지를 취득한 후 관련 법령의 제정·개정 또는 폐지 등으로 인하여 사업성이 뚜렷하게 떨어져서 부동산개발사업을 수행하는 것이 곤란하다고 객관적으로 증명되어 그 토지의 처분이 불가피한 경우를 말한다.

107) 집합투자증권, 외국집합투자증권을 제외하며, 원화로 표시된 양도성 예금증서, 기업어음증권 외의 어음 대출채권, 예금, 그 밖의 금융위원회가 정하여 고시하는 채권(債權)을 포함한다.

③ 각 집합투자기구 자산총액으로 동일법인 등이 발행한 지분증권 총수의 100분의 10을 초과하여 투자하는 행위
④ 적격 요건[108)]을 갖추지 못한 자와 장외파생상품을 매매하는 행위
⑤ 파생상품의 매매에 따른 위험평가액이 일정 기준[109)]을 초과하여 투자하는 행위
⑥ 파생상품의 매매와 관련하여 기초자산 중 동일법인 등이 발행한 증권의 가격변동으로 인한 위험평가액이 각 집합투자기구 자산총액의 100분의 10을 초과하여 투자하는 행위
⑦ 같은 거래상대방과의 장외파생상품 매매에 따른 거래상대방 위험평가액이 각 집합투자기구 자산총액의 100분의 10을 초과하여 투자하는 행위

(3) 집합투자재산을 집합투자증권[110)]에 운용하는 경우

① 각 집합투자기구 자산총액의 100분의 50을 초과하여 같은 집합투자업자(외국 집합투자업자 포함)가 운용하는 집합투자기구(외국 집합투자기구 포함)의 집합투자증권에 투자하는 행위
② 각 집합투자기구 자산총액의 100분의 20을 초과하여 같은 집합투자기구의 집합투자증권에 투자하는 행위
③ 집합투자증권에 자산총액의 100분의 40을 초과하여 투자할 수 있는 집합투자기구의 집합투자증권에 투자하는 행위
④ 사모집합투자기구의 집합투자증권에 투자하는 행위
⑤ 각 집합투자기구의 집합투자재산으로 같은 집합투자기구의 집합투자증권 총수의 100분의 20을 초과하여 투자하는 행위. 이 경우 그 비율의 계산은 투자하는 날을 기준으로 한다.
⑥ 집합투자기구의 집합투자증권을 판매하는 투자매매업자 또는 투자중개업자가 받는 판매수수료 및 판매보수의 합계가 대통령령으로 일정 기준[111)]을 초과하

108) 국가, 한국은행, 금융기관 등 및 신용평가회사에 의하여 투자적격 등급 이상으로 평가받은 자일 것.
109) 각 집합투자기구의 자산총액에서 부채총액을 뺀 가액의 100분의 100을 말한다.
110) 부동산과 관련된 집합투자증권, 증권에 해당하는 집합투자증권, 특별자산에 해당하는 집합투자증권, 외국집합투자증권을 의미한다.
111) ① 판매수수료 : 납입금액 또는 환매금액의 100분의 2
② 판매보수 : 집합투자재산의 연평균가액의 100분의 1

여 징수하는 행위

(4) 그 밖에 투자자 보호 또는 집합투자재산의 안정적 운용 등을 해할 우려가 있는 행위(대통령령으로 정함)

① 각 집합투자기구에 속하는 증권 총액의 100분의 50을 초과하여 환매조건부매도(증권을 일정기간 후에 환매수할 것을 조건으로 매도하는 경우)를 하는 행위

② 각 집합투자기구에 속하는 증권의 100분의 50을 초과하여 증권을 대여하는 행위

③ 각 집합투자기구의 자산총액 범위에서 100분의 20을 초과하여 증권을 차입하는 행위

2) 자기증권취득 제한

투자신탁이나 투자익명조합의 집합투자업자는 집합투자기구의 계산으로 그 집합투자기구의 집합투자증권을 취득하거나 질권의 목적으로 받지 못한다. 다만, 담보권의 실행 등 권리 행사에 필요한 경우 또는 신탁계약의 변경·투자신탁의 합병에 대한 수익자총회의 결의에 반대하는 수익자의 수익증권매수청구에 의하여 수익증권을 매수하는 경우에는 집합투자기구의 계산으로 그 집합투자기구의 집합투자증권을 취득할 수 있다.

3) 금전차입 등의 제한

① 집합투자업자는 집합투자재산을 운용함에 있어서 집합투자기구의 계산으로 금전을 차입하지 못한다. 다만 집합투자증권의 환매청구 또는 매수청구가 대량으로 발생하여 일시적으로 환매대금의 지급이 곤란한 때에는 집합투자기구의 계산으로 금전을 차입할 수 있고 그 차입금의 총액은 차입 당시 집합투자재산 총액의 100분의 10을 초과하여서는 아니 된다(자본시장법 제83조).

② 집합투자업자는 집합투자재산을 운용함에 있어서 집합투자재산 중 금전을 대여(금융기관에 대한 30일 이내의 단기대출을 제외)하여서는 아니 된다.

③ 집합투자업자는 집합투자재산을 운용함에 있어서 집합투자재산으로 해당 집합투자기구 외의 자를 위하여 채무보증 또는 담보제공을 하여서는 아니 된다.

4) 부동산의 운용 특례

① 집합투자업자는 집합투자재산으로 부동산을 취득·운용하는 경우에는 집합투자기구의 계산으로 금전을 차입할 수 있으며 차입금 한도는 부동산집합투자기구의 자산총액에서 부채총액을 뺀 가액의 100분의 200이다. 다만, 집합투자자총회에서 달리 의결한 경우에는 그 의결한 한도로 한다(자본시장법 제94조 제1항, 동시행령 제97조 제7항).

② 집합투자업자는 집합투자재산으로 부동산개발사업을 영위하는 법인에 대하여 대통령령으로 정하는 방법[112)]에 따라 금전을 대여할 수 있다. 집합투자업자가 금전을 대여하는 경우 그 대여금 한도는 해당 집합투자기구의 자산총액에서 부채총액을 뺀 가액의 100분의 100으로 한다.

③ 집합투자업자는 집합투자재산으로 부동산을 취득하거나 처분하는 경우에는 그 부동산의 현황, 거래가격 등이 기재된 실사보고서를 작성·비치하여야 한다.

④ 집합투자업자는 집합투자재산으로 부동산개발사업에 투자하고자 하는 경우에는 추진일정·추진방법 등이 기재된 사업계획서를 작성하여 감정평가업자로부터 그 사업계획서가 적정한지의 여부에 대하여 확인을 받아야 하며, 이를 인터넷 홈페이지 등을 이용하여 공시하여야 한다.

2. 펀드의 환매

1) 환매청구와 환매방법

펀드의 환매란 펀드의 존속기간의 만료이전에 투자자가 투자금을 회수하는 것으로 중도해지의 성격을 갖는다. 투자자는 투자매매·중개업자에게 언제든지 환매를 청구할 수 있고 투자매매·중개업자는 집합투자업자에게 지체 없이 환매에 응할 것을 요구하여야 한다. 환매청구를 받은 집합투자업자는 환매청구를 받은 날로부터 15일 이내에 집합투자규약에서 정한 날에 환매대금을 지급하여야한다.

---

112) ① 집합투자규약에서 금전의 대여에 관한 사항을 정하고 있을 것
② 집합투자업자가 부동산에 대하여 담보권을 설정하거나 시공사 등으로부터 지급보증을 받는 등 대여금을 회수하기 위한 적절한 수단을 확보할 것

2) 환매금지형펀드

집합투자업자 등은 존속기간을 정한 펀드에 대하여만 집합투자증권의 환매를 청구할 수 없는 환매금지형펀드를 설정・설립할 수 있으며 기존 투자자의 이익을 해할 우려가 없는 등의 경우에만 환매금지형펀드의 집합투자증권을 추가로 발행할 수 있다(자본시장법 제230조).

투자신탁의 집합투자업자 또는 투자회사는 신탁계약 또는 정관에 투자자의 환금성 보장 등을 위한 별도의 방법을 정하지 아니한 경우에는 환매금지형펀드의 집합투자증권을 최초로 발행한 날부터 90일 이내에 그 집합투자증권을 증권시장에 상장하여야 한다.

집합투자업자 등은 펀드의 투자대상자산의 현금화하기 곤란한 사정 등을 고려하여 부동산펀드・특별자산펀드・혼합자산펀드 등을 설정 또는 설립하는 경우에는 그 집합투자기구를 환매금지형펀드로 설정・설립하여야 한다.

3. 펀드의 평가

집합투자업자는 원칙적으로 집합투자재산을 시가에 따라 평가하되, 평가일 현재 신뢰할 만한 시가가 없는 경우에는 집합투자재산평가위원회가 정하는 공정가액으로 평가하여야 한다. 집합투자업자는 집합투자재산의 평가업무를 수행하기 위하여 평가위원회를 구성・운영하여야 한다.

제5절 국내 부동산펀드 시장현황

2004년에 국내에 도입된 부동산펀드는 2005년 1조 4천억 원의 수탁고를 올린 이후 계속 성장하여 2015년 말 현재 부동산펀드 설정액이 35조 9,000억 원을 시현하고 있다.

법적 설립형태별로 구분하면 신탁형 부동산펀드가 34조 4,000억 원(96%), 회사형 부동산펀드는 1조 3,000억 원(3.9%)이다. 국내 전체 펀드수탁고에서 부동산펀드가 차지하는 비중이 2011년도 약 5.5%에서 2015년 약 8.6%로 증가하였다. 2015년 말 현재 전체 펀드 설정액 합계는 413조 6,131억 원이다.

[표 12-3] 펀드 유형별 설정액 (2015년 말 현재)

(단위 : 조 원)

펀드유형	증권	단기금융	파생상품	부동산	특별자산	합계
설정액	211.2	94.1	30.6	35.9	41.8	413.6

자료 : 금융투자협회

[표 12-4] 부동산펀드의 순자산액 추이

(단위 : 조 원)

연도	2008	2009	2011	2014	2015
순자산액	8.9	11. 6	16.4	24.3	35.9

자료 : 금융투자협회

투자대상자산을 기준으로 한 부동산펀드의 설정형태를 보면 대출형(PF형)펀드의 비중이 가장 크고 그 밖에 임대형펀드, 개발형펀드, 해외부동산펀드 등의 형태를 보이고 있다.

부동산펀드의 판매형태는 부동산펀드 도입초기인 2005년에는 공모방식이 약 60%, 사보방식이 약 40%였으나 2008년의 글로벌 금융위기 이후 부동산경기 침체로 국내 부동산에 투자하는 공모형 부동산펀드의 출시가 부진하여 2014년 말 현재 공모형의 설정액은 불과 9,000억 원에 불과한 실정이다.

제 13 장

부동산투자회사

제1절 개념과 구조

1. 부동산투자회사의 의의

'부동산투자회사'는 Real Estate Investment Trusts의 머릿글자를 따서 보통 '리츠(REITs)'라고 부른다. 리츠는 본래 '부동산투자신탁'으로 해석되나 우리나라의 경우 근거법인 "부동산투자회사법"에서 '부동산투자회사'로 명명하고 있다.

미국 리츠협회(NAREIT)에서는 "리츠란 불특정다수의 투자자로부터 자금을 모아서 주로 아파트, 쇼핑센터, 업무용건물, 호텔, 창고 등과 같이 수입이 창출되는 부동산을 취득하여 소유하고 운용하는 회사 또는 투자신탁이다. 일부의 리츠는 부동산금융을 제공하며 대다수의 리츠의 주식은 증권거래소에서 거래된다."[113] 라고 설명하고 있다.

우리나라의 부동산투자회사법에서 사용하는 정의를 보면 "부동산투자회사라 함은 자산을 부동산에 투자하여 운용하는 것을 주된 목적으로 적합하게 설립된 회사로서 자기관리부동산투자회사, 위탁관리부동산투자회사, 기업구조조정부동산투자회사를 말한다."라고 정의한다.

즉 리츠란 다수의 투자자로부터 주식이나 주식형 수익증권을 발행하여 자금을 조달하고 투자받은 자금을 모아서 부동산 또는 부동산관련 유가증권 등에 투자·운용하여 발생한 수익을 투자자들에게 나눠주는 투자목적의 회사 또는 투자신탁이라고 할 수 있다.

113) www.reit.com.

미국과 우리나라는 회사형이 대표적이나 호주의 경우는 투자신탁제도로 발전하였다.

2. 부동산투자회사의 특징

① 리츠는 부동산펀드와 더불어 대표적인 부동산간접투자의 수단이며 기본적인 운용구조는 상호 유사하다. 회사형인 경우 투자자가 자금운용 등에 적극 참여할 수 있는 운영회사와 같은 성격을 갖는다.

② 리츠의 투자수익은 리츠가 소유하고 있는 부동산 등의 자산운용을 통해 창출되는 수익에 주로 의존하며 부동산시장경기와 정부의 부동산정책에 영향을 받는다.

③ 리츠는 부동산산업의 발전에 기여한다. 일반적으로 부동산 투자에는 거액의 자금이 소요되며 투자금 회수가 장기에 걸쳐 이뤄지므로 간접금융보다는 자본시장을 통한 직접금융에 의한 자금조달이 바람직하다. 리츠는 주식발행을 통해 부동산매입이나 부동산개발을 위한 장기성자금 조달하는 데 적합한 수단이 되며 부동산경기 활성화와 부동산업의 성장에 기여한다.

④ 리츠는 배당가능이익의 90% 이상을 투자자에게 배당하여야 하므로 일반 주식회사와 같이 내부유보를 통한 사업의 확대나 성장은 불가능하다.

3. 부동산투자회사의 장점과 단점

1) 리츠제도의 장점

(1) 소액투자자에게 투자수단을 제공한다.

리츠는 소액투자자에게도 대형부동산의 소유기회를 제공하여 자본이득을 취할 수 있는 기회를 제공한다. 소액투자자는 고가의 상업용 빌딩 등에 직접 투자하기 어려우나 리츠 주식을 매입하면 소규모자금으로도 대형 부동산 지분일부의 확보가 가능하다. 즉 경제적 민주주의 실현에 일조하게 되는 효과가 있다.

(2) 투자자금의 유동성확보가 가능하다.

일반적으로 부동산에 대한 투자는 자금의 규모가 크므로 자금이 고정화되기 쉽다.

리츠를 통한 부동산투자는 리츠 주식을 매입하는 간접투자이므로 자금이 필요할 경우 증권시장을 통하여 보유 주식을 매각함으로써 투자자금의 조기회수가 가능하다. 즉 부동산에 직접투자할 경우보다 높은 환금성이 확보된다.

(3) 투자의 안정성과 수익성

리츠의 주된 투자대상은 부동산이므로 상대적으로 현금흐름이 안정적이고 변동성이 적다. 리츠는 일반적으로 수익용부동산을 취득하여 장기적으로 임대하기 때문이다. 한편 보유 부동산의 매각이나 부동산개발사업에 참여하여 높은 수익률을 시현할 수도 있으며, 부동산경기가 호황일 때 또는 인플레이션의 영향으로 부동산가격이 상승시 리츠 주식의 주가도 동반 상승할 수 있어 주식매각에 따른 차익을 시현할 수 있다.

(4) 부동산관리의 편의성

대부분의 리츠는 자산관리회사를 통해 부동산을 관리하므로 부동산을 직접 투자하여 관리하는 경우보다 효율적으로 공실률관리, 임대료징수, 건물관리 등을 수행할 수 있으며 직접 관리할 경우 소요되는 비용의 일부를 절감할 수 있다.

(5) 세제혜택

리츠는 투자도관체(conduit)[114)]로서 내부유보를 제한하여 과세소득의 대부분(국가에 따라 90~95% 이상)을 주주에게 배당하여야 하며 각종 세제혜택이 주어진다. 우리나라의 경우 기업구조조정부동산투자회사 및 위탁관리부동산투자회사에 대하여 법인세 혜택이 주어진다. 기업구조조정부동산투자회사 및 위탁관리부동산투자회사가 배당가능이익의 90% 이상을 주주에게 배당한 경우 그 금액은 당해 사업연도의

114) 투자도관체(conduit)란 투자자를 대신하여 일정한 대상에 투자를 하되 여기서 발생하는 수익의 대부분을 투자자에게 환원시켜주는 역할을 하는 기구이다. 일반적으로 명목회사(paper company)를 투자도관체라고 한다. 명목회사가 실질회사가 아니고 투자의 결과가 투자자(주주)에게 통과(pass-through)되는 단순한 투자체이기 때문에 이 회사에는 법인세를 부과하지 않고 배당을 받은 투자자에게만 소득세를 과세한다는 개념이다. 이로써 법인세와 (개인)소득세의 이중과세(double taxation)가 배제된다. 투자도관체는 과세의 주제가 되지 않는 기구로서 일정요건을 갖춘 특수목적회사이다. 대부분의 리츠는 부동산 수익에 대한 법인세 등이 면제되고 투자자의 단계에서만 과세된다.

소득금액에서 이를 공제한다(법인세법 제51조의 2 제1항 제4호).

(6) 투자리스크 감소

리츠는 전문가에 의하여 분산투자를 한다. 투자자는 투자금을 여러 리츠에 나누어 투자할 수도 있으나, 하나의 리츠에 투자하여도 리츠회사가 부동산 유형별 또는 부동산 소재 지역별로 여러 종류의 부동산에 투자함으로써 투자리스크를 감소시킬 수 있다. 투자자의 입장에서는 리츠에 투자함으로써 분산투자의 효과가 있어 투자리스크가 경감된다.

(7) 투명성 제고[115)]

리츠운영에 있어 투명성은 중요한 요소이다. 투명성은 두 가지 측면에서 고려될 수 있다.

첫째 세제 측면의 투명성이다. 리츠는 계속적으로 지급되는 배당금에 대하여 법인세가 감면된다. 물론 투자자 개인별 소득세에 대하여는 과세된다.

둘째는 리츠 운영상의 투명성이다. 상장 리츠주식은 감독관청의 감독을 받고 재무보고와 정보공시 등의 기준을 준수해야 한다. 또한 투자자와 애널리스트 등의 감시를 받는다.

2) 리츠제도의 단점

첫째, 설립 설차와 구조가 복잡하여 설립에 많은 시간이 소요되며 대상 부동산의 취득과 매각이 쉽지 않다. 또한 투자수익 실현방법이 다양하지가 않다.

둘째, 배당과 이익의 내부유보 제한으로 차입이 증가하여 경영의 안정성을 해칠 우려가 있고 경영의사결정에 제약이 된다.

셋째, 리츠가 발기인과 밀접한 관계를 가지므로 리츠 경영진은 이익이 되나 투자자들에게 손해를 끼치는 이해상반문제가 발생할 수 있다.

넷째, 법인세와 지방세 감면 등 세제혜택이 투자유인으로 작용하여 부동산경기가 과열시 부동산투기의 수단이 될 수 있다.

115) www. reit. com

4. 부동산투자회사의 구조

리츠는 상법상의 주식회사로서 주주총회, 이사회, 감사 등의 내부조직을 가지며 자산운용기능을 수행하는 계속기업이다.

리츠의 자산운용은 자산관리회사가 담당하며, 투자자보호를 위한 자산보관회사, 사무수탁회사 등 복합적인 구조로 투자자와 실물시장 연결한다. 부동산투자회사의 구조는 [그림 13-1]과 같다.

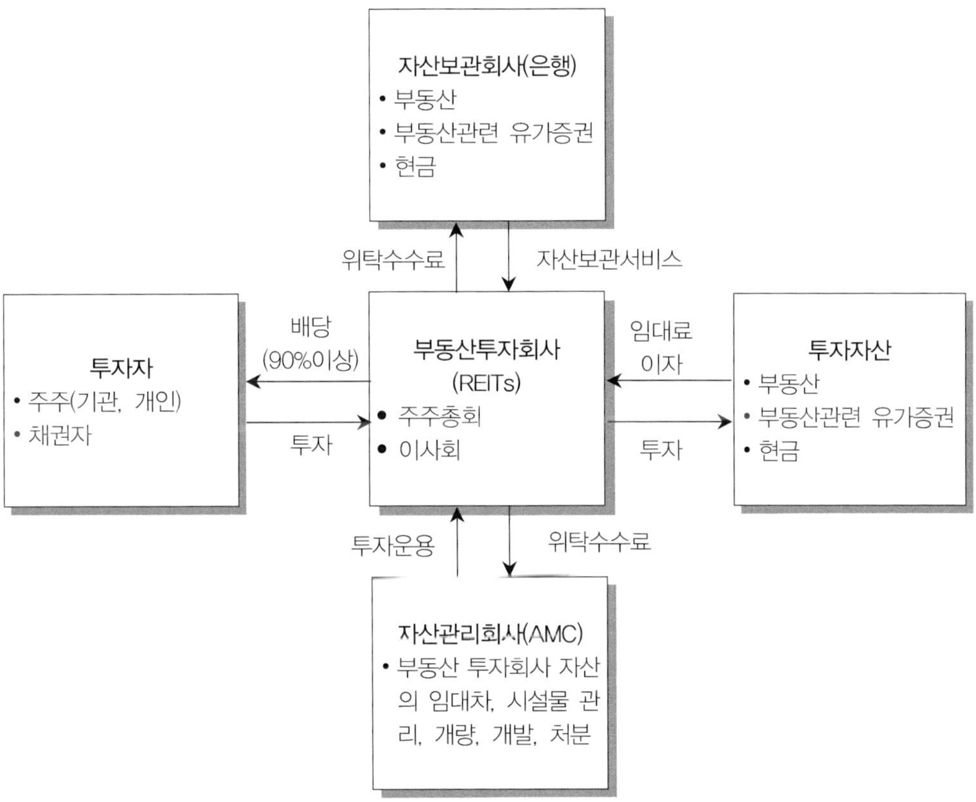

[그림 13-1] 리츠의 구조

제2절 부동산투자회사의 연혁과 도입과정

리츠는 미국에서 시작되었다. 공식적인 리츠의 역사는 세계 2차대전 이후 주택수요가 급증하자 1960년 미국에서 「부동산투자신탁법(Rerl Estate Investment Trust Act)」의 제정과 함께 미국의회가 일정한 요건을 갖춘 리츠에 대해 법인세를 면제하는 법안을 통과시킴으로써 시작되었고 1990년대 중반 이후 리츠는 채권보다 높은 배당금을 지급하고 부동산 가치상승에 따라 시세차익이 발생하는 등 자본시장에서 안정적인 투자수익률을 달성함으로써 매력적인 투자대상으로 부각되었다.

리츠 제도는 1990년대 중반까지 미국, 캐나다, 네덜란드, 호주 등 일부 국가에서만 시행되었으나 2000년대 이후 부동산경기 활황에 따라 일본, 한국 등 아시아 및 프랑스, 독일, 영국 등 유럽지역을 중심으로 도입국가가 급증하였다.

리츠의 법적 설립형태, 자산관리 형태, 등 리츠제도의 세부내용은 국가별로 다소 차이가 있다. 그러나 소유권이 다수의 투자자에게 분산되어 있고 과세대상소득의 대부분(90~95%)을 배당으로 분배한다는 공통점을 가지고 있다. 이는 리츠자체가 다수의 투자자에게 부동산투자기회를 주는 도관체(conduit)로서의 성격을 갖기 때문이다.

미국의 전체 리츠시장규모는 1981년 24억 달러 규모였으나 2010년에는 3,090억 달러로 증가하였으며, 순수투자 규모(지분형리츠)로는 약 2,900억 달러이다. 미국의 리츠는 레버리지를 포함하여 약 5,000억 달러의 상업용 부동산을 자산으로 갖고 있으며, 이는 미국에서 법인이 보유한 상업용부동산의 약 10~15%의 비중을 차지하고 있다. 142개의 리츠상품이 등록되어 있는데 이중 127개 리츠가 뉴욕증권거래소(NYSE)에서 거래되고 있다.

미국 리츠는 대부분이 자기관리형 리츠로서, 상업・판매시설, 오피스・산업시설, 주거・주택, 의료보건시설, 호텔・숙박시설 등으로 다양하게 운영되고 있다.

우리나라는 1990년대 후반 IMF외환위기 이후 부동산시장의 침체로 부동산가격이 하락하여 부동산의 매각을 통해 부채를 감소시키려는 기업들이 어려움에 처하게 되었다.

이에 정부는 기업구조조정을 촉진하고, 소액투자자가 부동산에 간접적으로 투자할 수 있는 기회를 확대하여 건전한 부동산투자 관행을 확립하고 부동산 산업의 경쟁력을 향상시키기 위하여 리츠제도를 도입하였다.

2001년 4월 「"부동산투자회사법"」이 제정되어 '부동산투자회사(REITs)'제도가 출현하였고 2001년 5월 「"부동산투자회사법"」을 개정하여 '기업구조조정 부동산투자회사(CR-REITs : Company Restructuring Real Estate Investment Trusts)'를 도입하였다.

CR리츠는 세제혜택 등의 영향으로 설립이 활발하였으나 자기관리형 리츠인 일반리츠는 설립이 부진하여 2005년 4월 건교부는 일반리츠가 활성화될 수 있도록 명목회사형태의 위탁관리형 리츠 설립을 허용하였다.

2008년 7월에는 상근 임직원이 직접 책임지고 관리・운영하는 실체형 자기관리부동산투자회사가 최초로 영업인가 되었다.

리츠는 부동산을 소액 지분으로 증권화하여 자본시장에 유통시킴으로써 기업들은 구조조정용 부동산을 원활히 매각하여 재무구조를 개선하게 되었고, 기관투자가들은 수익성 있는 대형빌딩 등을 매입할 수 있는 기회를, 소액투자자에게는 과거 접근할 수 없던 대규모의 상업용 부동산에 대한 투자기회를 제공하였다.

리츠는 2004년 1월에 도입된 부동산펀드와 경쟁구도를 형성하게 되었다.

제3절 부동산투자회사의 유형

리츠는 투자대상, 환매가능여부, 존속기한, 자산관리주체, 법직설립형태 등에 따라 다양한 유형으로 분류할 수 있다.

1. 투자대상

1) 지분형 리츠(Equity REITs)

지분형 리츠란 상업용빌딩, 상가, 호텔, 임대용주거시설 등에 지분투자를 하는 리츠이다.

미국의 경우 총두사사산의 75% 이상을 부동산소유지분으로 구성한다. 주 수익은 임대료이다.

2) 저당형 리츠(Mortgage REITs)

저당형 리츠란 부동산관련대출 및 MBS 등 유가증권에 투자하는 리츠이다. 미국의 경우 저당형 리츠 총투자자산의 75% 이상을 부동산관련대출 및 MBS 등에 투자해야한다. 주 수익은 이자수입이나 배당금이다.

3) 혼합형 리츠(Hybrid REITs)

혼합형 리츠는 지분형과 저당형의 중간형태로서 총투자자산이 부동산소유지분과 부동산 관련대출, MBS 등에 골고루 투자되는 리츠이다.

2. 기한 한정 여부

1) 기한부 리츠(Perpetual REITs)

설립시 존속기한을 정하는 형태로 특정일까지 모든 자산을 처분하여 모든 얻은 수익을 투자자에게 배분한 후 해산되는 리츠이다. 기한부 리츠의 문제점은 자산처분시점의 부동산시장 상황이 양호하지 않으면 매각시점이 연기될 수도 있다는 점이다.

2) 무기한부 리츠(Finite-life REITs)

존속기간을 정하지 않고 설립하는 형태로 계속기업처럼 자유로운 자산매각과 재무상 이익의 재투자가 가능한 리츠이다.

3. 환매 여부

1) 폐쇄형 리츠(Closed REITs)

투자자가 일정기간 리츠회사에 투자금의 환매요구를 할 수 없고 그 대신 증권시장에 상장한 후에 증권시장에서 주식을 매각하여 투자금을 회수하는 리츠이다. 일반적으로 모집금액이 한정되어 있어 존속기간 만료 시까지 추가자금을 모집하지 않는다. 대부분의 리츠가 폐쇄형이다.

2) 개방형 리츠(Open REITs)

투자자가 원할 경우 리츠회사는 투자금의 환매요구에 언제든지 응하는 형태의 리츠이다. 투자자들이 대규모로 환매요청 시 유동성에 문제가 발생할 수 있다. 최초 모집 금액 이외에 추가 자금을 모집할 수 있다.

4. 법률상 조직형태

1) 신탁형 리츠

영업신탁형태로 설정되는 리츠이다. 투자자는 수익증권을 매입하며 경영에는 간섭치 않는다.

2) 회사형 리츠

주식회사 형태로 운영되는 펀드이다. 투자자는 주식을 매입하여 리츠회사의 경영에 참여하되 보유지분에 따른 유한책임을 부담하며 이익발생 시 배당을 받는다. 우리나라의 리츠는 상법에 근거한 회사형이다.

5. 투자대상 사전 지정 여부

1) 대상 특정형 리츠

최초 투자자 모집 시 사업설명서에 리츠가 구입할 자산의 일부 또는 전부를 특정하는 형태이다.

2) 대상 불특정형 리츠

최초 투자자 모집 시 사업설명서에 투자할 자산에 대하여 광범위 하게 지정하고 자산구입은 펀드매니저가 결정하는 브라인드(blind) 형태의 리츠이다.

3) 혼합형 리츠

대상 특정형과 대상 불특정형이 결합된 형태이다.

6. 투자자산 관리주체

1) 자기관리형 리츠

투자한 부동산을 리츠회사가 직접 관리하는 실체회사형으로 상근 임직원을 둔다.

2) 위탁관리형 리츠

투자한 부동산의 투자·운용업무를 외부의 자산관리회사에 위탁하는 명목회사형(Paper Company)으로 상근 임직원이 없다.

7. 자금조달형태

1) 공모형(Public offering) 리츠

불특정 다수의 일반 투자자를 대상으로 주식을 모집·매출하여 자금을 조달하는 형태의 리츠로서 공모형 리츠는 주식을 상장시켜야 한다.

2) 사모형(Private Placement) 리츠

불특정 다수가 아닌 특정투자자(발기인, 연고자 등)를 대상으로 주식을 발행하여 자금을 조달하는 형태의 리츠이다. 주로 대형 기관투자자, 벤처캐피탈 또는 투자자들이 연합하여 투자한다. 자본시장에서 일반적으로 공모형 리츠보다 사모형 리츠가 선호된다. 그 이유는 설립과 운영의 편의성과 적은 규제, 기관투자자들의 수요가 많기 때문이다. 구조조정 리츠도 설립목적에 따라 신속한 구조조정을 지원하기 위하여 사모형태로 자금을 모집하는 경우가 많다.

제4절 리츠의 가치평가

리츠회사는 투자자들에게 리츠의 성과와 가치를 정확히 평가·공시하여 투자결정 기준이 되도록 해야 한다.

리츠의 성과를 평가할 수 있는 지표로는 운영수입(FFO : Fund From Operation), 조정된 운영수입(AFFO : Adjustid Fund From Operation), 배당가능자금(FAD : Fund Available Distribution), 배당가능현금(CAD : Cash Available Distribution) 등이 있다.

1. 운영수입(FFO)

운영수입(FFO : Fund From Operation)는 리츠의 운영을 통해 수입되는 자금으로 순이익과 같은 개념이다. 리츠의 가치산정과 투자수익률 계산에 주로 사용된다.

미국리츠협회(NAREIT)는 FFO를 REIT의 성과지표로서 1991년 채택하였으며 2002년 부분 개정한 FFO의 개념은 다음과 같다. "FFO는 GAAP[116]상의 순이익에서 부동산 매각손익을 제외하고 감가상각비용을 가산하여 조정한 순이익을 의미한다."

일반기업의 재무제표 작성을 위한 순이익 계산 시 부동산(토지를 제외한 건물, 구축물 등) 등에 대한 감가상각비는 당기의 경상적인 비용으로 처리한다. 취득원가를 내용년수 기간 동안 비용화해야 정확한 기간손익 계산이 가능하기 때문이다.

그러나 부동산가치는 대체적으로 시간이 경과하면서 오히려 상승하여 임대수익 증가로 이어지는 경우가 많았다. 따라서 부동산 가치평가 시 GAAP상의 순이익에 감가상가비를 가산한다.

만약 부동산의 가치가 상승하지 않고 지속적으로 하락한다면 FFO가 과대계상될 수 있음을 유의해야 한다. FFO의 계산과정을 예시하면 다음과 같다.

116) GAAP(Generally Accepted Accounting Principles)이란 재무제표 작성 시 준수해야 하는 기업회계기준 등 일반적으로 인정된 회계원칙을 의미한다.

매출총이익(리츠의 총수입)
(–) 감가상각비
(–) 기타의 운영비, 관리비
(±) 금융비용 등 영업외손익,
(±) 특별손익
당기순이익
(±) 부동산 매각손익
(+) 부동산 감각상각비
운영수입(FFO)

2. 조정된 운영수입(AFFO)

조정된 운영수입(AFFO : Adjusted Fund From Operation)는 리츠의 가치평가와 배당금 지급기준 등으로 사용되며 부동산의 가치의 변동성이 크고 특히 부동산가격이 하락할 때, 지속적인 수선비 등의 지출이 발생할 때 리츠회사의 성과평가를 정확히 하기 위하여 조정된 운영수입(AFFO)을 사용한다.

AFFO는 FFO에서 자산가치를 증가시키지 않고 계속적으로 발생되는 비용이 자본적 지출로 계상되어 이연처리될 때 이를 차감하며, 계속적인 임대료 조정액[117], 이연된 임대료 상각비, 이연된 임대공간 개선비용에 대한 이연상각비 등을 차감하여 산출된다.

3. 배당가능자금(FAD)

배당가능자금(FAD : Fund Available Distribution)은 AFFO에서 비정기적으로 일어나는 대수선비같은 자본적 지출을 차감하여 산출한다. 리츠 운영의 결과로 나타난 실제현금흐름을 보여주며 투자자들에게 배당가능한 자금의 의미가 있다.

117) 임대료 조정액이란 실제 임대소득은 임대조건, 제반 변동요인에 기인하여 연평균 임대소득보다 낮아지기도 하고 높아지기도 하므로 이를 조정하고자 하는 것이다.

제5절 우리나라의 리츠제도

1. 리츠의 구성

우리나라의 부동산투자회사는 전술한 바와 같이 "부동산투자회사법"에 의해 설립되고 운영되며 부동산투자회사는 상법의 적용을 받는 주식회사이다.

부동산투자회사는 자산의 투자・운용방법에 따라 자기관리부동산투자회사・위탁관리부동산투자회사 및 기업구조조정부동산투자회사로 분류된다.

자기관리부동산투자회사는 자산운용전문인력을 포함한 임・직원을 상근으로 두고 자산의 투자・운용을 직접 수행하는 실제회사이며, 위탁관리부동산투자회사는 자산의 투자・운용을 자산관리회사에 위탁하는 명목회사이다. 기업구조조정부동산투자회사는 기업의 구조조정을 위한 부동산을 투자대상으로 하며 자산의 투자・운용을 자산관리회사에 위탁하는 명목회사이다.

"자산관리회사"라 함은 위탁관리부동산투자회사 또는 기업구조조정부동산투자회사의 위탁을 받아 자산의 투자・운용업무를 수행하는 것을 목적으로 설립된 회사를 말한다.

2. 리츠의 설립

1) 설립과 영업인가

2001년 4월 부동산투자회사법이 제정된 초기에는 주무부장관의 설립인가를 받은 후 부동산투자회사를 설립하게 하였으나 2007년 10월 14일 이후, 설립인가 없이 발기설립의 방식으로 부동산투자회사를 설립하도록 하되, 일반투자자의 보호를 위하여 부동산 취득 등의 투자를 하기 전에 주무부장관의 영업인가를 받도록 하고 영업인가 전에는 주주를 모집하지 못하도록 하였다.

부동산투자회사의 설립은 발기설립의 방법으로 하여야 하며 현물출자에 의한 설립은 할 수 없다.

부동산투자회사 중 자기관리부동산투자회사, 공모형 위탁관리부동산투자회사는 각각 국토교통부장관의 영업인가를 받아야 하며, 사모형 위탁관리부동산투자회사와 기업구조조정부동산투자회사는 각각 국토교통부에 등록하여야 한다.

위탁관리부동산투자회사는 본점외의 지점을 설치할 수 없으며, 직원을 고용하거나 상근인 임원을 둘 수 없다.

2) 자본금

부동산투자회사의 설립 당시의 자본금은 3억 원(자기관리 리츠는 5억 원) 이상으로 하여 설립을 용이하게 하는 한편, 영업인가를 받은 날부터 6개월(최저자본금준비기간)이 지난 부동산투자회사의 최저자본금은 종전 100억 원에서 2010.4.15. 부동산투자회사법 개정으로 자기관리 부동산투자회사의 경우에는 70억 원으로, 위탁관리 부동산투자회사 및 기업구조조정 부동산투자회사의 경우에는 50억 원으로 인하되었다.

최저자본금을 인하함으로써 부동산투자회사의 투자대상이 단일 중·소형 부동산으로 다양화 되고 부동산개발사업에 대한 투자 기회가 확대될 수 있게 되었다.

3. 주식의 발행

1) 주식의 공모

부동산투자회사는 영업인가를 받거나 등록을 한 날부터 2년 이내에 발행되는 주식총수의 100분의 30 이상을 일반의 청약에 제공하여야 한다. 국민연금공단 등[118)]이 발행되는 주식총수의 100분의 30 이상을 인수하는 경우와 부동산투자회사가 보유하거나 개발할 건축물 연면적의 100분의 70 이상을 임대주택으로 제공하는 경우에는 예외로 한다. 한편, 2012년 1월부터 모자(母子)형 리츠제도가 새롭게 도입되었다. 모자형 리츠란 국민연금공단 등이 50%를 초과하여 투자한 모(母)리츠가 다른 자(子)리츠에 50%를 초과하여 투자하는 경우 그 다른 자(子)리츠의 공모의무를 면제하는 제도이다.

118) 국민연금공단, 공무원연금관리공단, 사립학교교직원연금관리공단, 대한지방행정공제회, 새마을금고연합회(공제사업만 해당한다), 군인공제회, 한국교직원공제회, 공제조합, 한국토지주택공사, 한국자산관리공사, 국민건강보험공단, 경찰공제회, 한국지방재정공제회 등을 말한다.

2) 주식의 분산

주주 1인과 그 특별관계자는 최저자본금준비기간이 끝난 후에는 자기관리부동산투자회사의 발행주식총수의 100분의 30(1인당 주식소유한도) 위탁관리 부동산 투자회사는 발행주식총수의 100분의 40을 초과하여 주식을 소유하지 못한다. 그러나 국민연금공단 등에 대하여는 1인당 주식소유한도를 적용하지 아니한다. 모자형 리츠제도 시행으로 모리츠는 자(子)리츠 발행주식 총수의 30%를 초과하여 소유 가능하다.

3) 현물출자

부동산투자회사는 영업인가 전에는 현물출자를 받는 방식으로 신주를 발행할 수 없으나 영업인가 후에는 현물출자가 가능하다. 현물출자대상 재산은 종전 부동산에만 한정되었으나 2010.4.15. 부동산투자회사법 개정 후에는 지상권·임차권 등 '부동산 사용에 관한 권리'와 '신탁이 종료된 때에 신탁재산 전부가 수익자에게 귀속되는 부동산 신탁'의 수익권이 추가되었다. 따라서 부동산투자회사에 현물출자할 수 있는 재산의 범위가 확대되어 부동산투자회사의 최저자본금 확보가 용이하게 되었다.

또한 대규모 공익사업의 시행으로 인한 보상자금을 대토보상으로 흡수하기 위하여 대토보상권[119]을 개발전문 부동산투자회사에 현물출자할 수 있도록 하였다.

현물출자로 발행하는 주식의 액면총액은 자본금의 100분의 50을 초과할 수 없고 현물출자하는 부동산의 가액은 감정평가업자 2인 이상이 평가하여야 한다. 현물 출자대상 부동산 가액의 평가는 수익환원법에 따른다. 그러나 수익환원법을 적용하는 것이 불합리할 경우 거래사례비교법, 원가법은 적용할 수 있다.

4) 주식의 상장

부동산투자회사는 상장요건을 갖추게 된 때에는 지체 없이 증권시장에 주식을 상장하여 그 주식이 증권시장에서 거래되도록 하여야 한다.

119) 토지로 보상을 받기로 결정된 권리.

4. 자산의 투자 · 운용

1) 자산의 투자 · 운용방법

부동산투자회사는 그 자산을 다음과 같이 투자 · 운용하여야 한다.

(1) 부동산의 취득 · 관리 · 개량 및 처분

(2) 부동산개발사업

(3) 부동산의 임대차

(4) 증권의 매매

(5) 금융기관에의 예치

(6) 지상권 · 임차권 등 부동산사용에 관한 권리의 취득 · 관리 · 처분

2) 자기관리부동산투자회사의 자산운용전문인력

자기관리부동산투자회사는 그 자산을 투자 · 운용함에 있어 전문성을 높이고 주주를 보호하기 위하여 다음과 같은 자격을 갖춘 자산운용전문인력을 확보하여야 한다. 영업인가 시 3명 이상, 영업인가를 받은 후 6개월 경과할 때까지 5명 이상을 확보하여야 한다.

(1) 감정평가사 또는 공인중개사로서 해당분야에 5년 이상 종사한 자

(2) 부동산관련 분야의 석사학위 이상의 소지자로서 부동산의 투자 · 운용과 관련된 업무에 3년 이상 종사한 자

(3) 그 밖에 부동산관계회사 등에서 5년 이상 근무한 자로서 일정한 경력이 있는 자 등[120)]

3) 위탁관리부동산투자회사의 업무 위탁 등

위탁관리부동산투자회사는 자산의 투자 · 운용업무는 자산관리회사에 위탁하여야 한다.

---

120) 첫째, 부동산투자회사, 자산관리회사, 부동산투자자문회사 그 밖에 이에 준하는 부동산관계 회사나 기관 등에서 5년 이상 근무한 자로서 부동산의 취득 · 처분 · 관리 · 개발 또는 자문 등의 업무에 3년 이상 종사한 경력이 있는 자 둘째, 부동산자산의 투자 · 운용업무를 수행하는 외국의 부동산투자회사 또는 이와 유사한 업무를 수행하는 기관에서 5년 이상 근무한 자로서 부동산의 취득 · 처분 · 관리 · 개발 또는 자문 등의 업무에 3년 이상 종사한 경력이 있는 자 등을 말한다.

주식발행업무와 판매업무 및 일반적인 사무는 투자매매업자·투자중개업자·사무수탁회사 등에 위탁하여야 한다.

위탁관리부동산투자회사와 그 자산의 투자운용업무를 위탁받은 자산관리회사(특별관계자 포함)는 서로 부동산 또는 증권의 거래행위를 하여서는 아니 된다.

5. 부동산처분에 대한 제한

1) 보유기간에 따른 처분제한

부동산투자회사는 부동산을 취득한 후 국내에 있는 부동산은 1년, 국외에 있는 부동산은 정관으로 정하는 기간 이내에는 처분하지 못하도록 제한하고 있다. 이는 부동산의 단기보유에 의한 투기를 방지하기 위한 목적이다. 단 미분양 주택에 투자하는 경우에는 처분할 수 있는 기간에 대한 제한이 없다.

또한, 부동산개발사업에 따라 조성하거나 설치한 토지·건축물 등을 분양하는 경우 그 밖에 부동산투자회사가 합병·해산·분할 또는 분할합병을 하는 경우에는 투자자보호를 위하여 처분에 대한 제한이 없다.

2) 건축물 등이 없는 토지에 대한 처분제한

부동산투자회사는 건축물이나 공작물이 없는 토지는 당해 토지에 대하여 부동산개발사업을 시행한 후가 아니면 이를 처분하여서는 아니 된다. 다만, 투자자 보호를 위하여 다음의 경우에는 처분할 수 있다.

첫째, 부동산개발사업을 하기 위하여 토지를 취득한 후 관련법규의 제정·개정 또는 폐지 등으로 인하여 사업성이 현저히 저하됨으로써 부동산개발사업을 수행하는 것이 곤란하다고 객관적으로 입증되어 당해 토지의 처분이 불가피한 경우

둘째, 부동산투자회사가 합병·해산·분할 또는 분할합병을 하는 경우

6. 자산의 구성

부동산투자회사는 최저자본금준비기간이 끝난 후에는 매 분기 말 현재 총자산의 100분이 80 이상을 부동산, 부동산관련 유가증권 및 현금으로 구성하여야 하며 부동산투자회사의 경영건전성을 확보하기 위하여 총자산의 100분의 70 이상은 부동산

(건축 중인 건축물 등을 포함한다[121]))으로 구성하여야 한다.

자산의 구성비율을 계산함에 있어서 설립할 때 납입된 주금, 신주발행으로 조성한 자금, 부동산투자회사 소유 부동산의 매각대금은 최저자본금준비기간 만료일, 신주발행일 또는 부동산의 매각일부터 2년 이내에는 부동산으로 본다.

7. 부동산개발사업에 대한 투자

부동산개발사업이란 토지를 택지 · 공장용지 등으로 개발하거나 건축물이나 그 밖의 인공구조물을 신축하거나 재축하는 사업을 말한다.

1) 일반적인 투자원칙

(1) 부동산투자회사는 증권시장에 그 주식을 상장한 후가 아니면 부동산개발사업에 투자하여서는 아니 된다.

(2) 부동산투자회사가 부동산개발사업에 투자하려는 경우에는 개발대상토지, 개발방법 등이 포함된 사업계획서를 작성하여 부동산투자자문회사의 평가를 거쳐야 한다.

(3) 부동산개발사업의 비율을 산정함에 있어 건축물을 신축 또는 재축하는 부동산개발사업의 경우에는 부동산투자회사가 소유한 토지의 가액은 총자산에는 산입하되, 부동산개발사업의 투자액에서는 제외한다.

---

121) 부동산에 포함되는 금액은 다음과 같다. ① 건축중인 건축물의 개발사업을 제외한 인접도로의 개설, 주차장 부지확보 등 부동산개발사업에 투자한 모든 금액 ② 부동산산개발을 위하여 설립되고 일정요건에 해당하는 법인의 주식 및 당해 법인의 담보부사채에 매입금액 ③ 사회기반시설투융자회사의 주식 및 사채(당해 회사의 담보부 또는 보증사채에 한한다)의 매입금액 ④ 부동산의 소유권 및 지상권 · 전세권 · 임차권 등 부동산사용에 관한 권리를 취득하기 위하여 투자한 모든 금액 ⑤ 총자산의 100분의 80 이상이 부동산으로 구성된 법인의 발행 주식 또는 지분증권 총수의 100분의 50을 초과하여 취득하기 위하여 투자한 모든 금액 ⑥ 사회기반시설의 관리운영권 또는 관리운영권을 가진 회사의 주식 및 사채를 매입하기 위하여 투자한 모든 금액 ⑦ 유료도로관리권 또는 유료도로관리권을 가진 회사의 주식 및 사채를 매입하기 위하여 투자한 모든 금액 ⑧ 신탁이 종료된 경우에 신탁재산 전부가 수익자에게 귀속하는 부동산신탁의 수익권을 취득하기 위하여 투자한 모든 금액 ⑨ 다른 부동산 투자회사의 발행주식을 취득하기 위하여 투자한 모든 금액

8. 증권에 대한 투자와 배당

1) 증권에 대한 투자

부동산투자회사는 법에 정한 경우[122]를 제외하고는 다른 회사의 의결권 있는 발행주식의 100분의 10을 초과하여 취득하여서는 아니 된다.

또한 부동산투자회사는 동일인이 발행한 증권을 총자산의 100분의 5를 초과하여 취득하여서는 아니 된다. 그러나 부동산투자회사가 다른 부동산투자회사의 발행주식을 취득하는 경우, 그 주식에 대해서는 예외적으로 동일인이 발행한 주식을 총자산의 100분의 5를 초과하여 취득할 수 있도록 한다. 다만, 국채·지방채 금융기관 발행 채권, 주택저당증권, 공공기관 발행채권 등의 증권에 대하여는 그러하지 아니하다.

2) 배당

부동산투자회사는 당해연도 이익배당한도의 100분의 90 이상을 주주에게 배당하여야 하며 이익준비금은 이를 적립하지 아니한다. 부동산투자회사의 이익배당은 금전배당 및 현물배당으로 한다. 위탁관리 부동산투자회사가 이익을 배당하는 경우에는 이익을 초과하여 배당할 수 있다. 이 경우 초과배당금의 기준은 당해 연도의 감가상각비 범위 안에서 정한다.

9. 자금의 차입 및 사채의 발행

부동산투자회사는 영업인가를 받거나 등록을 한 후에 자산의 투자 및 운용 또는 기존 차입금 및 발행사채의 상환을 위하여 자금을 차입하거나 사채를 발행할 수 있다.

자금차입 및 사채발행은 자기자본의 2배를 초과할 수 없다. 즉 투자자 보호를 위하여 부동산투자회사의 차입 및 사채발행은 자기자본의 2배를 넘지 못하도록 하고 있

122) ① 특정한 부동산의 개발을 위하여 존립기간을 정하여 설립된 회사의 주식을 취득하는 경우
② 다른 회사와 합병하는 경우
③ 다른 회사의 영업전부를 양수하는 경우
④ 부동산투자회사의 권리를 실행함에 있어서 그 목적을 달성하기 위하여 필요한 경우
⑤ 투자자 보호나 자산의 안정적 운용을 해할 우려가 없는 경우 즉, 다른 부동산 투자회사의 주식을 취득하는 경우 등이다.

으나 시장여건의 변화에 유연하게 대응하지 못하는 문제가 있어 주주총회의 특별결의를 한 경우에는 자기자본의 10배 범위 안에서 자금차입을 할 수 있다.

10. 기업구조조정 부동산투자회사에 관한 특례

'기업구조조정 부동산투자회사(CR리츠)'란 기업이 구조조정을 위하여 매각하는 부동산을 매입하여 이를 전문적으로 관리·운용하는 부동산투자회사이다.

부동산투자회사법에서는 기업구조조정 부동산투자회사가 기업의 구조조정을 원활히 지원하기 위하여 특례규정을 두고 있다. 주요내용은 다음과 같다.

1) 기업구조조정 부동산투자회사의 요건

기업구조조정 부동산투자회사는 부동산투자회사법에서 정한 부동산투자회사의 요건 외에 다음의 요건을 충족하여야 한다.

(1) 총자산의 100분의 70 이상을 기업이 채무를 상환하기 위해 매각하는 부동산, 채권금융기관과 재무구조개선을 위한 약정을 체결하고 당해 약정 이행 등을 위해 매각하는 부동산, "채무자 회생 및 파산에 관한 법률"에 의한 회생절차에 따라 매각하는 부동산, 기타 금융위원회가 인정하는 부동산으로 구성한다.

(2) 회사의 존속기한은 정관에 기재한다.

2) 법 적용배제

기업구조조정 부동산투자회사를 활성화하기 위하여 일반적인 부동산투자회사에 적용되는 다음의 규정들을 기업구조조정부동산투자회사에는 적용하지 아니한다.

(1) 회사설립시의 30퍼센트 이상 의무공모비율, (2) 주식분산과 관련된 1인당 30% 이내의 주식소유, (3) 부동산의 처분에 대한 제한, (4)총자산의 100분의 80 이상을 부동산, 부동산관련 유가증권 및 현금으로 구성하여야 하는 규정 등은 기업구조조정 부동산투자회사에 적용되지 아니한다.

3) 금융위원회 의견청취

국토해양부장관이 기업구조조정 부동산투자회사의 영업인가를 하고자 하는 때에는 미리 금융위원회의 의견을 들어야 한다.

4) 주식의 환매청구 등

투자자를 보호하고, 기업구조조정 부동산투자회사를 활성화시키기 위하여 일정한 경우에는 주식의 판매회사에 대하여 주식환매청구를 허용하였다.

이상에서 설명한 주요 내용을 리츠 종류별로 나누어 정리하면 다음과 같다.

[표 13-1] 리츠 종류별 차이점 비교 (2016. 7. 20 현재)

종 류	자기관리리츠	위탁관리리츠	기업구조조정리츠
투자대상	일반부동산 / 개발사업	일반부동산 / 개발사업	기업구조조정부동산
영업개시	국토해양부 영업인가	국토해양부 영업인가 / 등록	등록
설립주체	발기인(발기설립)	발기인(발기설립)	발기인(발기설립)
감 독	국토부·금융위원회	국토부·금융위원회	국토부·금융위원회
	개발전문리츠는 국토부의 감독만 받음		
회사형	실체회사(상근 임·직원)	명목회사(상근 없음)	명목회사(상근 없음)
최저자본 (설립자본금)	70억 원 (5억)	50억 원 (3억)	50억 원 (3억)
주식분산	1인당 30%이내	1인당 40%이내	제한없음
주식공모	자본금 30%이상 (2012. 12.31까지는 20%이상)		의무사항 아님(사모(私募)가능)
상 장	요건 충족시 즉시	요건 충족시 즉시	의무사항 아님
현물출자	자본금의 50%내	자본금의 50%내	자본금의 50%내
자산구성 (매분기말)	부동산 : 70% 이상	부동산 : 70% 이상	기업구조조정부동산 : 70% 이상
자산운용 전문인력	5인(상근 고용) (영업인가 신청의 : 3인)	자산관리회사에 위탁운용	
배당	90%이상 의무배당	90%이상 의무배당 (초과배당가능)	90% 이상 의무배당 (초과배당 가능)
개발사업	주총의 특별결의		
처분제한	국내부동산 1년, 국외부동산은 정관에 따름		제한없음
	개발사업 후 분양하는 경우에는 처분 제한기간 없음		
자금차입	자기자본의 2배 이내 (주총 특별결의 시 10배 이내)		
회사존속	영속적	선택적	한시적
관리형태	직접 관리	위탁관리	위탁관리

제6절 리츠 관련회사

1. 자산관리회사(AMC : Asset Management Company)

위탁관리 리츠와 기업구조조정 리츠는 명목회사이므로 실제 부동산을 매입하여 관리・운영하기 위하여 이에 대한 전문지식을 가진 인력으로 구성된 자산관리회사가 리츠의 위탁을 받아 그 자산의 투자・운용업무를 수행 한다.

즉 자산관리회사는 실질적으로 위탁관리 부동산투자회사 또는 기업구조조정 부동산투자회사가 소유한 자산의 투자・운용업무를 위탁받아 처리하는 회사이다. 자산관리회사는 운용업무 등의 수행대가로 수수료를 받으며 발생수익에 대한 직접적인 권리는 없다. 자산관리회사의 고유자산 및 수탁자산의 효율적 운용을 통한 수익성 제고로 이로부터 발생하는 수익을 주주에게 분배하여 주주의 이익을 극대화한다.

자산관리회사를 설립하고자 하는 자는 요건을 갖추어 국토해양부장관의 인가를 받아야 한다. 인가요건은 자본금 70억 원 이상으로 자산운용 전문인력 5명 이상을 확보하고 자산관리회사와 투자자 간, 특정 투자자와 다른 투자자 간의 이해상충을 방지하기 위한 체계를 갖춰야한다.

자산관리회사는 투자자를 보호하기 위하여 이 법 또는 다른 법률에 의하여 허용된 경우 등을 제외하고는 위탁관리부동산투자회사 및 기업구조조정 부동산투자회사로부터 위탁받은 업무외의 다른 업무를 겸영하여서는 아니 된다.

2013년 말 현재 자산관리회사는 21개이다.

국내 자산관리회사의 현황은 다음과 같다.

[표 13-2] 자산관리회사 현황(2016년 1월 기준)

회사명	인가일	자본금(억원)	비고
(주)한국토지신탁	'01.9.23	2,525	겸업
(주)코람코자산신탁	'01.11.17	100	겸업
에이알에이코리아(주)	'03.6.30	70	
인트러스투자운용(주)	'05.9.30	73.5	'10.6.25 사명 변경
KB부동산신탁(주)	'06.5.1	800	겸업
(주)케이리츠&파트너스	'07.5.2	145	
퍼시픽투자운용(주)	'07.8.24	70.5	
코레이트투자운용(주)	'08.8.12	75	
(주)하나에이아이엠 에이엠씨	'08.11.5	70	
제이알투자운용(주)	'08.11.17	70	
마스턴투자운용(주)	'09.2.20	70.5	
한국토지주택공사	'09.3.2	238,923	겸업(주거부문)
한국경우에이엠씨(주)	'09.12.8	71.1	'12.12.24 사명 변경
베스트에이엠씨(주)	'11.1.14	71	
(주)생보부동산신탁	'11.1.31	100	겸업
한국자산신탁(주)	'11.6.1	270	겸업
(주)케이티에이엠씨	'11.9.23	70	
(주)하나자산신탁	'12.3.20	100	겸업
대한토지신탁(주)	'13.9.5	750	겸업
국제신탁(주)	'14.4.7	153	겸업
코리아신탁(주)	'15.6.4	110	
하나투어투자운용(주)	'15.9.22	70	

2. 부동산투자자문회사

위탁관리리츠는 수동적인 투자도관체로서 부동산투자자문회사의 자문이 필요하다.

1) 등록요건

부동산투자자문회사는 부동산투자회사의 위탁으로 그 자산의 투자・운용에 관한 자문 및 평가 등의 업무를 행하는 회사로 국토교통부장관에게 등록하여야 한다.

등록요건은 자본금 10억 원 이상, 자산운용전문인력 3인 이상 확보 등이다.

2) 업무범위

부동산투자자문회사는 부동산투자회사로부터 다음의 업무를 위탁받아 이를 행한다.

첫째, 부동산자산의 투자・운용에 관한 주주총회 또는 이사회의 의사결정에 필요한 조사・분석 및 정보제공

둘째, 부동산자산의 투자・운용에 관한 자문 및 부동산평가 등의 업무 등이다.

3) 특징

투자자문회사는 직접자산을 투자・운용을 하지는 않으나 자문업무 이외에 평가업무 등의 겸업이 가능하다.

3. 사무수탁회사

1) 설립요건

사무수탁회사는 명목회사인 위탁관리 부동산투자회사와 기업구조조정 부동산투자회사의 일반적인 사무를 위탁받아 처리하는 회사로 다음 요건을 모두 갖추어야 한다.

첫째, 자본금이 10억 원 이상인 법인일 것.

둘째, 부동산투자회사의 발기인이 될 수 없는 결격 임원이 없을 것.

셋째, 위탁받은 업무를 수행함에 필요한 독립된 사무공간과 전산설비 등 물적 시설을 갖출 것 등이다.

2) 업무범위

사무수탁회사의 업무범위는 다음과 같다.

첫째, 위탁관리 부동산투자회사의 운영에 관한 업무

둘째, 위탁관리 부동산투자회사 자산의 계산

셋째, 법령 또는 정관에 의한 통지 및 공고

넷째, 이사회 또는 주주총회의 소집 및 개최에 관한 업무

다섯째, 기타 위탁관리부동산투자회사로부터 위탁받은 업무 등이다.

제7절 우리나라의 리츠시장

우리나라의 리츠 시장은 2001년 리츠 제도가 도입된 이후 2002년부터 2007년까지 계속 성장하였다. 2008년 글로벌 금융위기로 성장세가 주춤했으나 2009년부터 회복세를 보이고 있다.

리츠가 기업에게는 부동산 투자나 기업구조조정 등을 위한 자본조달 수단이 되고, 미분양 주택의 해소에 일조하고 있으며, 투자자에게는 안정적인 수익원으로 인식되고 있다.

그동안 정부에서 리츠 시장 활성화를 위하여 규제완화를 지속적으로 추진해 왔고, 최근 부동산PF 사업이 부동산 경기 침체 및 금융여건 악화 등으로 어려움을 겪으면서 리츠가 부동산PF의 대안으로 부상하고 있는데 기인한 것으로 보인다. 특히 부동산 PF의 시행사 역할을 하는 자기관리형 개발전문 리츠의 설립이 증가하고 있다.

리츠시장은 2015년 말 자산규모가 18조원을 넘어서면서 성장세가 지속되고 있으며 2006년(3.3조 원) 대비 5배 이상 성장하였다.

유형별로는 위탁관리 리츠가 88개(전년 25개)로 가장 많고, 기업구조조정 리츠 32개, 자기관리 리츠 8개가 운용 중으로 위탁관리 리츠의 설립이 크게 증가하였다.

[표 13-4] 유형별 리츠 현황 (2015. 12. 31 현재)

구 분	리츠(개)	자산규모(조원)	자산비율(%)
CR리츠	32	5.6	30.7
위탁관리리츠	88	12.3	67.2
자기관리리츠	8	18.3	2.1
계	128		100.0

리츠의 투자대상은 오피스·리테일·주택에 집중되어 있다. 주택의 경우 임대주택 리츠가 2014년부터 활성화되면서 지속적으로 성장하고 있다.

[표 13-5] 리츠 투자자산 현황 (2016. 12. 31 현재)

자산구분	오피스	리테일	주택	물류	호텔	기타	계
리츠(개)	42	22	40	11	9	4	128
자산규모(조원)	8.9	2.9	4.8	0.7	0.6	0.3	18.3
투자비율(%)	48.9	16	26.1	3.6	3.4	1.9	100.0

[표 13-6] 부동산투자회사 현황

(2014. 3. 10 현재)

회사명(인가일)	자산 관리회사	만기 (년)	투자 부동산
코크렙 제6호 ('05.7.26)	코람코 자산신탁	–	뉴코아 아울렛 4개점 (일산,인천,평촌,야탑)
씨나인인피니티 ('06.4.7)	인트러스 투자운용	영속	하이브랜드빌딩 (6개층, 양재동)
■코크렙 제8호 ('06.5.17)	코람코 자산신탁	7	G타워(수송동) 센트럴타워(서현동)
■코크렙NPS 제1호 ('06.9.20)	코람코 자산신탁	영속	시그마타워(신천동) 서울시티타워(서울역) 그레이스, 골드타워
코크렙NPS 제2호 ('06.12.21)	코람코 자산신탁	11	홈플러스 할인점 10개 (서울 시흥점外 9개)
코크렙 제11호 ('07.4.24)	코람코 자산신탁	2016.4.27	남산STX빌딩(남대문)
■맥쿼리NPS ('07.9.21)	맥쿼리리얼에스테이 트코리아	10	ING빌딩(순화동) 르노삼성빌딩(양평동)
케이알원 ('07.10.25)	케이리츠앤 파트너스	10	Seoul Square(서울역) (구 대우센터빌딩)
펨코리테일제1호 ('07.11.15)	퍼시픽투자운용	11	키즈맘센터(평촌점), 수원 패션아일랜드(舊 밀리오레)
오스타라씨나인 ('07.11.29)	인트러스 투자운용	7	팬텍계열 R&D센터(상암동)
■코크렙 제14호 ('08.1.10)	코람코 자신신탁	영속	타임스퀘어(영등포)
■인피니티NPS 제1호('08.2.15)	인트러스 투자운용	10	로즈데일빌딩(수서)
▼골든나래개발전문 자기관리('08.10.24)	– (자본금 268억)	영속	콘도미니엄(제주 한림읍), 노인요양시설(양주시)
■지이엔피에스 제1호('09.6.8)	지이자산관리 코리아	영속	극동빌딩(충무로)

회사명(인가일)	자산 관리회사	만기 (년)	투자 부동산
제이알제2호 ('09.6.8)	제이알투자운용	10	피엔폴루스 오피스텔의 상업시설(청담동)
행복케이알제3호 ('09.6.24)	케이리츠앤 파트너스	12	이랜드 가산동 사옥
케이비와이즈 스타제1호('09.7.30)	케이비 부동산신탁	4	분당IDC센터
뉴코아강남 ('09.8.28)	지이자산관리 코리아	15	뉴코아강남점 킴스클럽 및 패션아울렛
유엠씨펨코리테일 ('09.10.16)	퍼시픽투자운용	15	애경백화점 구로점
코크렙제15호 ('09.12.11)	코람코자산신탁	5년	인송빌딩 (서울 중구 회현동 소재)
씨나인제6호 ('10.2.17)	인트러스 투자운용	11년	이안상암2단지 업무시설 (서울 마포 상암동 소재)
제이알제4호 ('10.6.25)	제이알투자운용	10년	업무용빌딩 (서울 성동구 도선동 소재)
지이프리미어제1호 ('10.6.25)	지이자산관리 코리아	–	(주)KT 지사 사옥 (서울,경기,충남,강원 소재)
●이코리아 자기관리 ('10.10.5)	– (자본금 87억)	영속	양주그랑시떼 상가 (경기 양주)
■ 케이브이지제1호 ('10.11.26)	하나에이아이엠에이엠씨	8	과천코오롱 별관 (과천시 별양동 소재)
■ 코크렙제17호 ('10.11.26)	코람코자산신탁	6	여의도 유도회관 (서울시 영등포구 여의도동)
■ 케이알제5호 ('10.12. 7)	게이리츠엔 파트너스	7	휴다임타워 (서울시 강동구 길동)
■ 맥쿼리엔피에스 제2호('10.12.20)	맥쿼리리얼에스테이트코리아	10	스마트플렉스빌딩 (서울시 중구 쌍림동)
▼광희 개발전문 자기관리('11. 1.26)	– (자본금 181억)	영속	도시형생활주택(영등포구 영등포동, 영등포구 당산동)
케이비와이즈스타 제3호('11. 1.26)	케이비 부동산신탁	영속	롯데마트 마석점 (남양주시 화도읍)
■ 제이알제5호 ('11. 2.24)	제이알투자운용	15	와이즈빌딩 (서울시 중구 을지로2가)
●케이탑 자기관리 ('11. 2.24)	– (자본금 271억)	영속	쥬디스태화빌딩(부산 부전동), 인천 토성빌딩(인천 서구) 단독주택(성남 분당구), 홀인원프라자빌딩(고양 덕양구), 시설관리회사
■ 트러스와이제7호 ('11. 3.21)	인트러스 투자운용	7년	SMT빌딩(서울시 양천구 목동 소재)

회사명(인가일)	자산 관리회사	만기 (년)	투자 부동산
●코리아퍼스트 자기관리('11. 4.11)	– (자본금 70억)	영속	YD타워(인천 부평) 풍림아이원(부산 부산진구)
▲케이비부국 제1호 개발전문 위탁관리 ('11. 6. 1)	케이비 부동산신탁	–	부동산개발사업(오피스텔 등, 서울시 송파구 잠실동 소재)
행복마스턴제일호 ('11.6.19)	마스턴투자운용	10년	물류시설(천안 입장면 소재)
▼티알지 개발전문 자기관리('11. 6.20)	– (자본금 100억)	영속	도시형생활주택(서울 광진) 주상복합(서울 광진)
에이치 전주 ('11.8.2)	베스트에이엠씨	15년	판매시설(전북 전주)
▼퍼스티지 개발전문 자기관리('11.8.2)	– (자본금 121억)	영속	관광호텔 및 오피스텔 (동작구 신대방동)
● 아벤트리 자기관리 ('11.11.4)	– (자본금 155억)	영속	호텔리모델링사업 (서울 종로)
■ 생보제일호 위탁관리('11.11.16)	생보부동산신탁	7년	삼윤빌딩(서울 중구 명동)
■ 트러스케이 제8호 위탁관리('11.11.29)	인트러스투자운용	7년	서현빌딩(성남 분당 서현동)
■ 코크렙청진 18호 위탁관리('11.11.30)	코람코자산신탁	–	청진 12-16지구 오피스A동 및 판매시설(종로구 청진동)
■ 코크렙청진 19호 위탁관리('11.11.30)	코람코자산신탁	–	청진 12-16지구 오피스B동 (종로구 청진동)
▼더블에셋 개발전문 자기관리('11.12.13)	– (자본금 131억)	영속	도시형생활주택(강남구 역삼동) 공동주택(세종시 1-1 생활권)
케이리얼티제1호 ('11.12.14)	케이티에이엠씨	–	(주)케이티 소유 20개 지사 토지 및 건물
▼더리츠 개발전문 자기관리('11.12.14)	– (자본금 88억)	영속	복합오피스텔 (경기도 광교신도시 중심상업지역)
케이브이지 제2호 ('11.12.22)	하나에이아이엠 에이엠씨	15년	성우빌딩(서울 서초구 서초동)
■ 제이알 제8호 위탁관리(12. 2. 7)	제이알투자운용	20년	센트럴빌딩(서울 중구 명동1가)
▼경인 개발전문 자기관리('12.2.8)	– (자본금 71억)	영속	주상복합 개발사업, 관광숙박시설 개발사업(영등포구)
▲펨코로지스틱 제삼호 개발전문 위탁관리 ('12. 5. 2)	퍼시픽투자운용	–	부동산개발사업(충남 천안 풍세 일반산업단지 내 창고시설)
■ 마스턴 제이호 위탁관리('12. 5. 24)	마스턴투자운용	10년	도렴24지구 업무시설 (서울 종로구 도렴동)

회사명(인가일)	자산 관리회사	만기 (년)	투자 부동산
화도디씨 ('12.7.27)	베스트에이엠씨	–	물류센터(경기도 남양주시 화도읍)
▲민락2지구 주택 개발전문 위탁관리 ('12.9.14)	한국토지주택공사	–	공동주택개발사업(의정부 민락2 보금자리주택지구)
케이리얼티제2호 ('12.10.31)	케이티에이엠씨	–	(주)케이티 소유 8개 지사 토지 및 건물
■ 제이알 제10호 위탁관리('12. 11. 8)	제이알투자운용	20년	충무로타워 (서울 중구 충무로 소재)
제이알제9호 기업구조조정('12.11.23)	제이알투자운용	10년	풍림빌딩 (서울 강남구 역삼동 소재)
■ 카이트 제삼호 위탁관리('12.11. 23)	한국자산신탁	10년	토마토타워 (서울 강남구 역삼동 소재)
▲코크렙광교 개발전문 위탁관리('13. 3. 15)	코람코자산신탁	–	복합상업시설 개발사업 (수원 광교택지개발사업지구)
■ 코크렙양재 위탁관리('13. 5. 3)	코람코자산신탁	–	강남 P타워
■ 제이알 제11호 위탁관리('13. 5. 3)	제이알투자운용	20	대성디큐브시티 복합시설 중 업무시설
■ 희망임대주택 위탁관리('13. 5. 15)	한국토지주택공사	–	하우스푸어주택 매입·임대 및 처분
카이트 제사호 기업구조조정('13. 5. 15)	한국자산신탁	–	토로스 쇼핑타워 및 주차타워(서울 마포구 동교동 소재)
제이알 제12호 기업구조조정('13. 5. 29)	제이알투자운용	20	대성디큐브시티 숙박시설(호텔) 부분
■ 마스턴 제오호 위탁관리('13. 6. 4)	마스턴투자운용	–	학원건물의 임차권 (서울 노량진동)
■ 케이리얼티 제3호 위탁관리('13. 6. 24)	케이티에이엠씨	–	GS문정프라자 (서울 송파구 문정동)
■ 케이원 제2호 위탁관리('13. 8. 06)	한국토지신탁	10	목동 트라펠리스 이스턴·웨스턴 타워(서울 양천구)
■ 코크렙파인에비뉴 위탁관리('13. 8. 26)	코람코자산신탁	–	파인애비뉴B동(서울 중구 을지로 2가 오피스빌딩)
케이원 제3호 기업구조조정('13. 10. 07)	한국토지신탁	7	롯데마트 동대전점 (대전 동구)
■ 마스턴 제7호 위탁관리('13. 10. 08)	마스턴투자운용	–	PCA LIFE 타워 (서울 강남구 역삼동)
■ 마스턴 제사호 위탁관리('13. 10. 14)	마스턴투자운용	–	국제전자센터(12.13층, 16–24층)(서울 서초구 서초동)
■ 제이알 제13호 위탁관리('13. 10. 21)	제이알투자운용	20	스타빌딩(서울 강남구 역삼동)

회사명(인가일)	자산 관리회사	만기 (년)	투자 부동산
■ 희망임대주택제2호 위탁관리('13.10.30)	한국토지주택공사	–	하우스푸어주택 매입·임대 및 처분
■ 케이비와이즈스타제6호 위탁관리('13.11.14)	케이비 부동산신탁	–	2001아울렛 분당점 및 중계점 일부
씨엑스씨 기업구조조정('13.12.23)	퍼시픽투자운용	–	콘래드호텔 및 토지임차권 (서울 영등포구 여의도동)
이천디씨 기업구조조정('13.12.23)	마스턴투자운용	–	이천패션물류단지 (경기 이천시 마장면)
■ 코크렙서면 위탁관리 ('14.1.23)	코람코자산신탁	–	부산시 부산진구 소재 D–city(구 밀리오레부산)
■ 제이알제15호 위탁관리 ('14.2.5)	제이알투자운용	20	LG유플러스타워 (서울 중구 소재)
■ 펨코제육호 위탁관리 ('14.2.18)	퍼시픽투자운용	–	롯데시티호텔울산 (울산 남구 달동)
■ 코크렙더프라임 위탁관리 ('14.2.20)	코람코자산신탁	–	더프라임타워 (서울 용산구 원효로1가)
● 모두투어 자기관리 ('14. 2. 27)	–	–	명동호텔(서울 중구), 로베로호텔(제주시)
▲ 카이트제오호 개발전문 위탁관리('14.2.27)	한국자산신탁	–	공동주택 개발사업 (서울 강남 세곡2지구)
■ 하나에셋제1호 위탁관리('14.3.10)	하나자산신탁	–	서린빌딩 (서울 종로구 소재)
합계(83사)			

CR리츠	위탁리츠	자기관리	개발전문		계
			위탁	자기	
29	■ 37	● 5	▲ 5	▼ 7	83

자료 : 국토교통부

제 14 장

자산유동화증권

자산유동화에 관한 법률(ABS법)에 의하면 자산유동화라 함은 유동화전문회사(또는 신탁업자)가 자산보유자로부터 유동화자산을 양도(또는 신탁)받다 이를 기초로 유동화증권을 발행하고, 당해 유동화자산의 관리·운용·처분에 의한 수익이나 차입금 등으로 유동화증권의 원리금 또는 배당금, 수익금을 지급하는 일련의 행위 등을 말한다.

제1절 자산유동화증권의 개요

1. 자산유동화증권의 의의

자산유동화증권(ABS : asset-backed securities) 또는 유동화증권을 이해하기 위해서 자산유동화의 개념부터 살펴본다.

'자산유동화'란 일반적으로 기업과 금융기관이 보유하는 다양한 자산 중 유동성이 낮은 자산들을 분리하고 그 분리된 '유동화자산'이 발생시킬 현금흐름을 근거로 자금을 조달하는 일이다.

'유동화자산'이라 함은 자산유동화의 대상이 되는 채권·부동산 기타의 재산권을 말한다. (자산유동화에 관한 법률 (ABS법) 제2조 제3호) 즉 법에서는 유동화가 가능한 유동화자산의 범위를 유가증권, 대출채권, 매출채권, 부동산 등 포괄적으로 규정하고 있으나 미래의 현금흐름을 예측하기 어려운 나대지, 불량채권 등의 자산은 유동화가 어렵다.

자산유동화는 원칙적으로 증권의 발행 없이도 가능하나 우리나라의 경우 「자산유동화에 관한 법률」에서 자산증권화를 통해서만 자산유동화가 가능하도록 규정하고 있어 증권을 발행하지 않는 자산유동화는 사실상 불가능하다. 따라서 국내에서는 자산유동화와 자산증권화가 같은 의미로 사용된다.

자산증권화란 이러한 유동화자산을 어떠한 '도구'를 사용하여 증권의 형태로 변환시키는 것이다. 이때의 증권이 '유동화증권(ABS)' 또는 '자산유동화증권(ABS)'이다. '유동화증권'이라 함은 유동화자산을 기초로 하여 자산유동화계획에 따라 발행되는 출자증권·사채·수익증권 기타의 증권 또는 증서를 말한다(자산유동화에 관한 법률 제2조, 제4호).

ABS란 금융기관 및 기업 등이 보유하고 있는 특정자산 중 일부를 표준화하고 특정 조건별로 집합(Pooling)하여 이를 바탕으로 증권을 발행하고, 기초자산으로부터 발생하는 현금흐름으로 발행증권의 원리금을 상환하는 증권을 의미한다.

ABS는 자산보유자(originator)가 유동화전문기구(SPV: special purpose vehicle)를 설립하여 이 기구에 기초자산의 법률적인 소유권을 양도하는 절차를 거쳐 발행된다.

ABS는 유동화자산의 종류에 따라 다양하게 불린다. 회사채인 경우 ABS사채, CP인 경우 ABCP(asset-backed commercial paper), 출자증권인 경우 ABS출자증권, 수익증권인 경우 ABS수익증권이라고 하며, ABS의 기초자산이 주택저당채권인 경우 MBS(mortgage-backed securities), 채권인 경우 CBO(collateralized bond obligations), 금융기관의 대출채권인 경우 CLO(collateralized loan obligations), 신용카드매출채권인 경우 CARD(certificates of amortizing revolving debts), 학자금대출채권인 경우 SLBS(scholarship loan backed securities), 자동차할부대출채권인 경우 auto-loan ABS 등으로 불린다. 자산유동화에 사용되는 '도구'에는 SPC(special purpose company), 신탁, 조합 등이 있다. 광의의 ABS에는 MBS 및 CDO도 포함된다.

2. 자산유동화의 방식

자산유동화는 일반적으로 자산보유자가 유동화전문기구(SPV: special purpose vehicle)를 매개로 하여 유동화자산을 ABS로 전환한 후 이를 매각하는 방식으로 이뤄진다. 「자산유동화에 관한 법률」에 의하면 자산유동화의 방식을 크게 두 가지로 분류하고 있다. 즉 한 개의 SPV를 매개로 하는 단일단계방식과 복수의 SPV를 매개로하는 다단계방식이다.

1) 단일단계방식

첫째, 유동화전문회사(SPC : special purpose company)가 자산보유자로부터 유동화자산을 양도받아 이를 기초로 유동화증권을 발행하고, 당해 유동화자산의 관리·운용·처분에 의한 수익이나 차입금 등으로 유동화증권의 원리금 또는 배당금을 지급하는 방식이다(자산유동화에 관한 법률 제2조 제1호 가목 참조). 이 방식은 금융기관이 부실자산을 유동화하거나 기업이 부동산을 유동화할 때 사용된다.

둘째, 신탁업자가 자산보유자로부터 유동화자산을 신탁 받아 이를 기초로 유동화증권을 발행하고, 당해 유동화자산의 관리·운용·처분에 의한 수익이나 차입금 등으로 유동화증권의 수익금을 지급하는 방식으로 (자산유동화에 관한 법률 제2조 제1호 나목 참조) 미국 등에서 많이 이용된다.

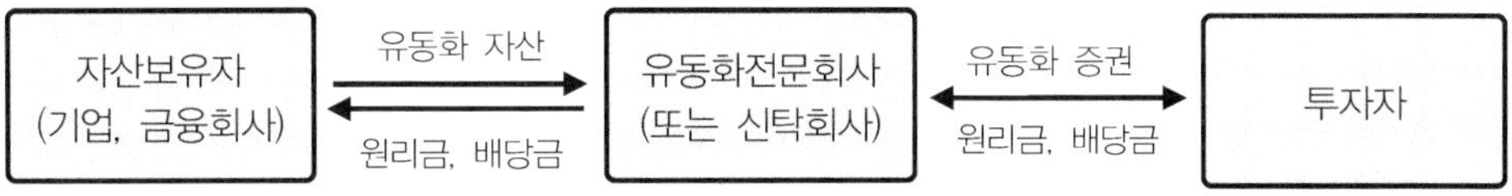

[그림 14-1] 자산유동화의 구조

2) 다단계 방식

유동화전문회사 또는 신탁업자가 다른 유동화전문회사 또는 신탁업자로부터 유동화자산 또는 이를 기초로 발행된 유동화증권을 양도 또는 신탁 받아 이를 기초로 하여 유동화증권을 발행하고 당초에 양도 또는 신탁 받은 유동화자산 또는 유동화증권의 관리·운용·처분에 의한 수익이나 차입금 등으로 자기가 발행한 유동화증권의 원리금·배당금 또는 수익금을 지급하는 방식이다(자산유동화에관한 법률 제2조 제1호 라목).

다단계방식은 단일단계방식보다 비용이 많이 소요되나 유동화자산의 관리가 용이한 등의 장점이 있어 기업이 매출채권을 유동화할 때 선호한다.

3. 자산유동화의 특성

자산유동화증권의 주요특징은 유동화자산의 현금흐름에 근거하여 ABS의 발행이 이루어지며, 신용보강에 다라 신용등급의 향상이 이뤄지고, 자산보유자의 신용도와는 별개의 독립적인 증권이라는 데 있다.

1) 자산유동화는 유동화자산의 현금흐름에 기초한다.

기존 채권이 발행기관 또는 보증기관의 원리금 상환능력을 기초로 하여 발행되는 것에 비해, 자산유동화증권은 자산보유자로 부터 완전 매각된 유동화자산의 현금흐름이 발행증권의 원리금을 상환할 수 있는 능력을 바탕으로 발행된다. 자산유동화는 현금흐름을 발생시킬 수 있는 자산이면 가능하나 장래의 현금흐름이 예측가능하며 현금의 확보가 가능한가가 중요 하다.

2) 부외금융의 효과가 있다.

일반적으로 기업이 채권을 발행하여 자금을 조달하는 경우 기업의 재무상태표 상에 부채가 증가하므로 부채비율은 높아진다. 그러나 ABS의 경우 현금자산이 증가하면서 매출채권 등 기초자산이 감소하므로 자산의 구성이 바뀔 뿐 부채는 증가하지 않으므로 부채비율은 이전과 동일하다. 즉 자산유동화는 부외금융(off-balance sheet financing)의 역할을 하게 된다. 따라서 ABS로 조달한 자금으로 부채를 상환한다면 부채비율은 하락하게 된다.

3) 자금조달비용을 절약 할 수 있다.

자산유동화는 다른 채권에 비해서 발행비용이 높은 편이나, 신용보강(credit enhancement)에 따라 발행자의 신용도는 낮더라도 우량자산을 기초로 하여 신용등급이 높은 ABS를 발행함으로써 유리한 조건으로 자금을 조달할 수 있다. 그러나 신용보강에 따른 비용과 신용보증기관 등에 대한 수수료를 고려해야 한다.

4) 새로운 투자수단을 제공한다.

ABS는 투자자에게 매력 있는 투자대상이다. ABS는 신용평가회사의 엄밀한 평가와 신용보강을 거쳐 발행되므로 신용위험이 낮으면서도, 환금성의 부족으로 회사채보다 수익률이 다소 높게 설정되기 때문이다. 또한 ABS는 발행구조가 복잡하여 유동성이 낮은 편이므로 동일 신용등급의 일반 회사채 수익률에 유동성 프리미엄을 가산하는 것이 일반적이다.

5) 발행절차가 복잡하다.

ABS는 일반 회사채보다 발행절차가 복잡하다. 이해관계 당사자들이 많기 때문이다. 자산유동화증권은 발행증권의 원리금상환이 발행기관의 신용과는 완전 분리되어 유동화자산의 현금흐름에 의해 이루어지도록 하기 위해 발행절차상 자산보유자(Originator), 유동화전문회사(SPC), 자산관리자(Servicer) 및 수탁기관의 선정 등을 통해 다양한 기관이 참여하는 한편 기초자산의 완전 매각, 신용보강, 재투자 등 다양한 기법들이 구사되고 있으며, 이에 따라 자산유동화증권은 일반 채권과는 달리 매우 복잡한 구조를 갖고 있다.

또한 일반 회사채 발행에 비해 부대비용이 많이 소요될 수 있으므로 이에 대한 고려가 필요하다.

6) 유동화 위험을 부담할 수 있다.

선·후순위 채권으로 나뉘어 발행되는 ABS 중 후순위 채권을 일반적으로 기초자산 보유자가 매입한다. 이런 경우 자산보유자가 보유하는 기초자산은 감소하나 위험은 그대로 남는다. 따라서 자산유동화는 차입투자 수단으로서의 속성이 강해지면서 기초자산 보유자의 실질적인 재무건전성을 악화시킬 수 있다.

7) 진정한 양도요건에 부합하는 ABS만이 법의 보호를 받는다.

진정한 양도에 부합하는 ABS만이 보호를 받는다. 진정한 양도(true sale)란 매매 또는 교환 등[123])에 의해서 양도가 이뤄져야 하는 것을 의미한다.

---

123) ABS법 제13조에 의한 진정한 양도 등의 기준은 다음과 같다.

1. 매매 또는 교환에 의할 것.
2. 유동화자산에 대한 수익권 및 처분권은 양수인이 가질 것. 이 경우 양수인이 당해 자산을 처분하는 때에 양도인이 이를 우선적으로 매수할 수 있는 권리를 가지는 경우에도 수익권 및 처분권은 양수인이 가진 것으로 본다.
3. 양도인은 유동화자산에 대한 반환청구권을 가지지 아니하고, 양수인은 유동화자산에 대한 대가의 반환청구권을 가지지 아니할 것.
4. 양수인이 양도된 자산에 관한 위험을 인수할 것. 다만, 당해 유동화자산에 대하여 양도인이 일정기간 그 위험을 부담하거나 하자담보책임을 지는 경우에는 그러하지 아니하다.

4. 자산유동화의 연혁

ABS 제도는 미국에서 1930년대 이후 발전하였고 1970년 미국의 주택저당공사(GNMA)가 주택저당채권을 유동화하여 MBS를 최초로 발행하기 시작하였다. 1980년대 Salomon Brothers가 각 지역의 저축대부조합(S&L)을 상대로 주택저당증권(MBS)의 판매에 주력하였고 유동화대상 자산이 모기지(Mortgage)에서 리스료, 자동차할부금, 신용카드대금으로 확대되었다. 1990년 초반에는 저축대부조합 등 금융기관의 부실채권 정리과정에서 자산유동화제도를 적극 활용하였다. 미국의 ABS는 1985년 최초로 리스를 기초자산으로 하여 발행되었다.

최근에는 기존의 주택저당채권, 카드채권, 자동차할부채권이외에도 미래의 수입, 수출채권, 수수료, 항공기 리스 등의 유동화에 대한 욕구가 높아지고 있다.

미국의 ABS 발행금액은 1996년 1,667억 달러에서 2006년 7,538억 달러까지 증가하였으나, 글로벌 금융위기 이후 감소하여 2011년에는 1,247억 달러로 감소하였다. 한편 ABS 발행잔액은 1996년 3,695억 달러에서 2007년 2조 9,464억 달러까지 증가하였으나 2011년 말에는 1조 8,154억 달러로 감소하였다.

우리나라에서는 외환위기 전까지 ABS와 유사한 담보부사채가 소규모로 발행되었다.

그러나 1997년 말에 발생한 외환위기로 기업 및 금융기관의 유동성이 악화되고 부동산시장이 침체되자 이를 해결하기 위한 방안으로 1998년 9월에 정부가 「자산유동화에 관한 법률(ABS법)」과 같은 해 11월 자산유동화업무처리에 관한 규정(ABS규정)을 제정함으로써 ABS 제도가 도입되었다. 국내 최초의 ABS는 1998년 동양카드(주)에서 할부채권, 카드론 등을 기초자산으로 하여 발행하였다. 그 이후 한국자산관리공사(KAMCO)는 부실채권 및 부실자산의 유동화를 비롯하여 각 기업의 구조조정, 공적 자금의 조기회수를 위해 적극적으로 ABS 발행하였다.

자산유동화와 관련된 비용을 절감하기 위해서 2000년 1월 ABS법을 개정하여 기초자산 양도를 위해 등기 · 등록하거나 기초자산에 대해 저당권을 설정하는 경우 국민주택채권 매입의무를 면제하였다. 2005년 5월에는 「ABS 관련자 모범규준」이 제정되었다. 모범규준은 ABS 관련자 별로 표준적인 업무내용을 제시하면서 각 참여자의 역할과 책임을 분명하게 하고 자산관리자와 업무수탁자간의 상호 견제 · 감시 장치를 구체적으로 정하였다.

자본시장에서 투신권의 대우회사채, 중소 · 벤처기업의 자금난, 신용카드 대란이 발생할 때마다 ABS가 소방수 역할을 수행하였다. ABS가 발행자에게는 재무구조 개선 및 유동성 제고의 효과를, 투자자에게는 안전한 고수익 투자상품을 제공하는 역할을 수행하였다.

5. 자산유동화시장의 문제점

2008년 글로벌 금융위기이후 자산유동화와 관련되어 제기되는 제반 위험요인들은 다음과 같다.

첫째, ABS의 기초자산에 대한 신용평가가 적절히 수행되지 않고 있다. 둘째, 자산유동화과정의 불투명성으로 인해 투자자들이 투자에 따르는 위험들을 제대로 파악하지 못하는 가운데 집합(pooling)된 자산들의 시스템리스크 등으로 인해 오히려 위험의 집중화가 발생하고 위험이 확대·재생산될 수 있다. 셋째, 신용평가수수료를 ABS발행자가 지급하므로 신용평가사가 발행자에게 유리한 신용등급을 부여할 가능성이 상존한다. 넷째, 정부의 감독체계가 미흡하다.

따라서 이와 같은 문제점들을 개선하기위하여 자산보유자에 대한 규제강화, 유동화시장의 투명성 제고, 신용평가회사에 대한 규제강화, 신용등급의 의존도를 줄이고 새로운 시스템리스크를 측정하는 방법의 개발 등이 추진되고 있다.

제2절 발행절차와 주요참가자

1. 발행절차

ABS를 발행하려면 기업이나 금융기관 등 자산보유자가 보유자산을 모아서(pooling), 이를 유동화전문기구(SPV)에 양도한다. SPV는 양도받은 자산을 담보로 발행한 ABS를 일반투자자에게 매각하고, 매각대금을 자산보유자에게 자산양도의 대가로 지급한다.

ABS법에 의하면 ABS의 발행절차는 자산유동화계획의 등록, 자산의 양도, ABS의 발행, 대금지급의 순서로 진행된다.

자산유동화계획의 등록 전에 미리 자산보유자, 자산관리자 및 신용평가기관 등 참가자들이 유동화구조에 관하여 협의하고 ABS의 신용등급과 신용보강 규모 등을 결정해야 한다. 그 이후 유동화자산의 범위, 유동화증권의 종류, 유동화자산의 관리방법 등 자산유동화에 관한 계획을 금융위원회에 등록하고 후속절차를 진행한다. ABS의 구조도는 다음과 같다.

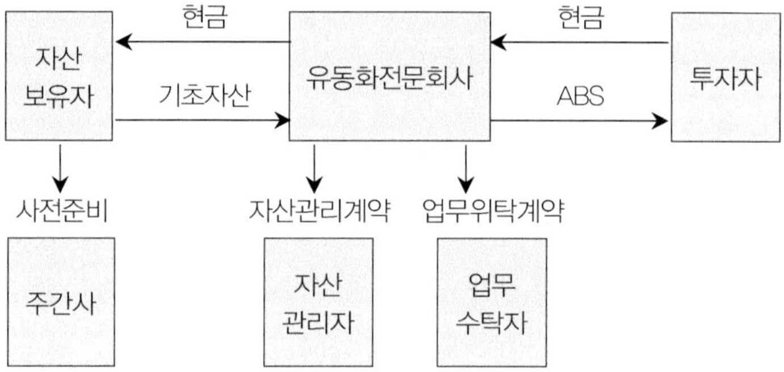

[그림 14-2] ABS의 기본 구조도

2. 주요 참가자

1) 자산보유자

자산보유자는 장래에 현금흐름의 발생이 예상되는 자산을 보유하고, 보유중인 기초자산을 유동화하고자 하는 자이다. ABS법에서는 금융기관, 한국자산관리공사, 한국토지주택공사 등 공기업 및 신인도가 높은 법인 등으로 자산보유자를 제한하고 있다.

2) 유동화전문기구

유동화전문기구(SPV)는 자산을 유동화하기위한 매개체 역할을 하는 기구로서 자산유동화에 관한 법률에 의한 SPC, 자본시장법에 의한 신탁회사 및 자산유동화를 전문으로 하는 외국법인이 SPV가 될 수 있도록 하였다.

SPV는 자산보유자와 기초자산의 법률적 관계를 분리하기 위하여 설립된다.

자산보유자가 기초자산을 보유하면서 자신의 명의로 ABS를 발행할 수 있다면 파산한 자산보유자가 보유하고 있는 기초자산은 파산정리절차에 묶여 ABS 투자자의 원리금 회수에 차질이 생기게 된다. 따라서 ABS는 SPV에 기초자산의 소유권을 양도하는 절차를 거쳐 발행된다.

SPC는 자산보유자와 기초자산의 법률적 관계를 분리하기 위하여 설립되는 서류상의 회사(paper company)이다. 우리나라에서는 SPC가 주식회사보다 설립이 간편한 유한회사의 형태로 설립되며 ABS의 발행 및 상환과 이에 부속된 업무만을 수행할 수 있다.

SPC는 ABS를 한 번만 발행할 수 있기 때문에 자산보유자는 ABS를 발행할 때마다 별도의 SPC를 설립하여야 한다. 우리나라의 ABS는 대부분 SPC가 발행한다.

신탁회사는 수익증권 형태의 ABS를 발행한다. 즉 자산보유자가 신탁회사에 기초자산을 양도하면 이 자산으로부터 발생하는 현금흐름을 이용하여 원리금을 지급하는 수익증권을 발행하게 된다.

3) 자산관리자

SPC는 실체가 없는 서류상의 명목회사이므로 유동화자산의 관리업무는 자산관리자에게 위탁하여야 한다. 자산관리자(servicer)는 SPC를 대신하여 기초자산을 실질적으로 관리한다. 즉 자산관리자는 기초자산에 대한 채권의 추심 및 매각, 채무자관리, 각종 계약서의 보관 및 관리 등의 업무를 담당한다. ABS법에서는 자산관리자의 범위를 자산보유자, 종합신용정보업자 등으로 제한하고 있는데 일반적으로 기초자산의 내용을 잘 파악하고 있는 금융기관이나 기업 등의 자산보유자가 자산관리자가 된다.

4) 업무수탁자

업무수탁자(trustee)는 유동화전문회사의 업무 중 유동화자산의 관리업무를 제외한 일체의 업무를 수행한다. 기초자산을 안전하게 보관하고, SPC를 대신하여 ABS의 발행, 원리금 상환, 채무 불이행 시 담보권 행사, 재무제표 작성 등 실무업무를 수행한다. 업무수탁자는 ABS와 관련된 현금흐름을 관리하는 동시에 투자자의 이익을 최종적으로 보호해 주는 역할을 담당하기 때문에 주로 신인도가 높은 은행이 업무수탁자가 된다. ABS법에서 업무수탁자 선정을 의무화하지는 않았으나 업무수탁자를 두는 것이 일반적이다.

이는 신용평가기관이 ABS의 신용등급을 평가할 때 다른 조건이 같더라도 업무수탁자가 있는 ABS를 업무수탁자가 없는 경우보다 높은 등급으로 평가하기 때문이다.

5) 신용평가회사

신용평가회사는 일반 투자자를 위하여 기초자산의 현금흐름, ABS와 관련된 각종 위험 및 신용보강기관의 신용도를 객관적으로 평가하여 ABS의 신용등급을 결정하고 투자자가 이해할 수 있는 신용등급체계로 표시한다. ABS의 공모 발행 시 일정수준 이상의 신용등급을 얻어야 한다.

ABS는 다양한 기초자산을 모아서 발행하므로 일반투자자가 ABS의 신용위험을 정확하게 평가하기는 매우 어렵다. 따라서 ABS 발행에 있어서 신용평가회사의 역할은 투자자 보호 및 ABS거래의 원활화에 있다고 할 수 있다.

6) 신용보강기관

신용보강기관은 ABS의 신용등급을 높이기 위해 일정한도 내에서 ABS에 대해 지급보증을 하거나 신용을 공급한다. ABS의 원리금은 일차적으로 기초자산에서 발생하는 현금흐름으로 상환되나 이 현금흐름이 ABS의 원리금을 상환하기에 불충분할 경우에 대비하여 ABS 원리금의 전부 또는 일부를 보증한다. 보통 은행이 신용보강기관의 역할을 담당한다.

7) 주간사

주간사는 참여자들 간 의견을 조율하고 자문을 하며 특수목적회사 설립에 대하여 조언한다. 증권발행과 관련된 업무를 주관하고 투자자를 발굴한 다음 ABS의 신용등급, 만기 및 발행물량을 수요에 맞게 조절하는 역할도 담당한다.

또한 ABS를 발행할 때에는 제반 법률문제와 기초자산 및 ABS의 평가문제가 발생하므로 법률회사, 회계법인 등도 참여하고 있다.

제3절 유동화증권의 신용보강

1. 신용보강의 의의

신용보강이란 기초자산으로 부터 현금흐름의 차질로 ABS의 상환에 문제가 발생하는 경우, 채무불이행위험을 최소화하고 원리금상환이 원활히 이뤄지도록 발행구조 조정, 외부보증 등의 안전망을 갖추는 것을 말한다.

ABS는 이러한 신용보강에 의하여 신용평가회사로부터 상대적으로 높은 신용등급을 받는다. 신용보강은 크게 외부신용보강 방식과 내부신용보강 방식으로 분류할 수 있다.

2. 외부신용보강 방식

외부신용보강 방식(external credit enhancement)에는 신용공여방법, 보증방식 및 신용장 방식 등이 있다.

신용공여(credit line) 방법은 일시적인 유동성이 부족한 경우 또는 상환재원이 부족한 경우 보험회사, 은행 등 금융기관이 상환재원 등을 보전해주는 방법이다. 보증방식은 신용보증기관이 보증을 해주는 방법으로 ABS의 신용등급을 높이는 것이다. 따라서 지급을 보증한 기관의 신용도가 신용보강장치의 신뢰성에 영향을 미치게 된다. 이 방식은 주로 투자비적격 자산을 대상으로 한다.

3. 내부신용보강 방식

내부신용보강(internal credit enhancement)은 ABS를 설계할 때부터 위험요소가 경감될 수 있도록 원리금의 지급조건을 조정하거나 자산보유자가 스스로 보증하는 방법이다. 주로 이용되는 방식은 후순위방식, 현금흐름 차액적립방식, 초과담보 설정방식 등이다.

가장 대표적인 방법은 후순위 방식이다. 후순위방식은 ABS를 선·후순위 구조화(subordination 또는 credit-tranching)하는 것이다. 선·후순위 구조화된 유동화증권 발행에 있어서 원리금 지급 우선순위가 다른 두 종류(tranche) 이상의 증권 즉 선순위 채권과 후순위 채권으로 나누어 발행하는 것이다. 선순위채는 채권의 원리금을 상환할 때 기초자산에 대하여 우선권을 갖는다. 즉 기초자산에서 나오는 현금흐름이 부족할 경우 후순위채보다 원리금을 우선적으로 지급받는다. 일반적으로 선순위채는 투자자가 보유하고, 후순위채는 정크본드시장에서 소화시키거나 자산보유자가 직접 인수하게 된다. 이 경우 매각한 기초자산의 위험은 사실상 그대로 남아 있는 상태에서 외형상 위험자산의 규모만 축소되기 때문에 자산유동화 이후 남아 있는 자산의 평균적 안정성은 오히려 약화될 수도 있다.

후순위채 비율이 높을수록 선순위채의 신용보강 정도가 높아지는데 기초자산으로부터 선순위채와 후순위채를 어떤 비율로 발행할 것인가는 기초자산의 부도율 및 부도시 손실률 등에 따라 달라진다.

현금흐름 차액적립방식은 기초자산으로부터 발생하는 현금흐름(수입)이 투자자에게 지급하는 이자 등 각종비용을 합한 것보다 크게 설계하여 초과되는 금액을 적립한다. 기초자산의 현금흐름이 악화될 때를 대비하여 원리금상환능력을 높이는 방식이다.

초과담보 설정방식은 기초자산의 부실에 따른 손실을 담보하기위해 양도받은 자산의 가치를 ABS 발행금액을 초과하도록 설정함으로써 원리금상환능력을 제고시키는 방법이다. 그 밖에 자산보유자가 ABS의 원리금 지급을 자체 신용으로 보증하는 방식도 있다.

실제로 ABS를 발행할 때에는 원리금 보장을 확실하게 하기 위해 여러 가지 신용보강장치를 중복 사용하고 있다. 최근에는 ABS에 신용파산스왑(CDS) 등 신용파생상품을 가미한 상품이 나타나고 있다.

제4절 자산유동화증권의 종류

주요 자산유동화증권의 종류는 다음과 같다[124].

124) 한국은행, 우리나라의 금융시장, 2009, p.266 참조.

1. CBO(채권 담보부 채무증권)

CBO(collateralized bond obligations)는 채권을 기초자산으로 발행되는 ABS를 말하는데 신규 발행 채권을 기초로 하는 발행시장 CBO(primary CBO)와 이미 발행된 채권을 기초로 하는 유통시장 CBO(secondary CBO)로 구분된다.

발행시장 CBO는 신용도가 낮아 채권시장에서 회사채를 직접 발행하기 어려운 기업의 회사채 차환발행 또는 신규발행을 지원하기 위해 도입되었다. 발행시장 CBO는 다수의 기업이 차환 또는 신규로 발행하는 회사채를 증권회사가 먼저 총액 사모방식으로 인수하여 이를 SPC에 양도하면 SPC가 신용보강 후 발행시장 CBO를 발행하여 투자자에게 매각함으로써 인수자금을 조달하는 구조로 되어 있다.

발행시장 CBO의 신용보강은 주로 수탁기관의 신용공급에 의해 이루어지며 신용보증기금 등이 이 신용공급에 대해 지급보증을 한다.

유통시장 CBO는 금융기관이 보유하고 있는 기발행 채권을 SPC에 매각하고 SPC는 신용을 보강한 다음 CBO를 발행하여 투자자에게 매각함으로써 자금을 조달하는 구조로 되어 있다. 주로 자산운용사가 대우사태 이후 부실채권을 기초로 자금을 조달하기 위하여 유통시장 CBO를 발행하였다.

유통시장 CBO의 신용보강은 수탁기관의 신용공급과 선·후순위구조로 이루어진다.

지난 2008년 글로벌 금융위기 이후에도 중소·중견기업의 유동성해소와 채권시장의 안정에 기여하였다.

2. CLO(대출채권 담보부 채무증권)

CLO(collateralized loan obligations)는 금융기관의 대출채권을 기초자산으로 발행되는 ABS를 의미한다. 무수익대출채권(NPL: non-performing loan) 등을 포함하는 기존대출채권을 유동화하는 유통시장 CLO와 신규 대출채권을 기초자산으로 하는 발행시장 CLO(primary CLO)로 나누어진다. 우리나라의 경우 CLO가 대부분 무수익대출채권을 기초 자산으로 하여 발행되고 있는데 무수익 대출채권을 기초로 하는 CLO를 NPL ABS라고도 한다.

NPL ABS는 외환위기 이후 급증한 부실채권을 처분하여 금융기관의 재무건전성을 높이기 위해 발행되었다. 금융기관은 부실채권을 SPC에 양도함으로써 직접 유동화하거나 한국자산관리공사에 매각한다.

무수익대출채권의 경우 현금흐름이 없으므로 NPL ABS는 담보의 처분, 채권추심 등을 통해 얻어질 수 있는 현금흐름을 기초로 발행되며 신용보강은 수탁은행의 신용공급과 선・후순위구조로 이루어진다. 한국자산관리공사가 발행하는 NPL ABS는 채권은행에 대한 환매요구권이 신용보강에 이용된다.

한편 발행시장 CLO는 신용도가 취약한 기업에 대한 은행대출을 지원하기 위해 활용되고 있다. 발행시장 CLO는 은행이 다수의 기업에 대한 신규 대출채권을 SPC에 매각하고, SPC가 이를 기초로 CLO를 발행하여 자금을 조달하는 구조로 되어 있다. 발행시장 CLO의 신용보강은 주로 수탁은행의 신용공급에 의해 이루어지며 신용보증기금 등이 신용공급에 대해 지급을 보증한다.

CLO는 은행의 대출자산을 근거로 발행과 동시에 대출자산이 은행의 대차대조표 상에서 제거된다. 따라서 은행은 CLO를 통해 대출포트폴리오의 위험을 제거하는 동시에 신용자산을 증권화 함으로써 재무상태표 상에서 자산을 제거하고 자기자본규제를 피할 수 있다. 미국에서 발행되는 CLO는 월스트리트의 투자은행들이 각 은행의 서브프라임(sub prime mortgage) 등 주택담보대출과 회사채 등을 한 꾸러미로 만든 거대한 자금의 집합(pool)이다. CLO는 여러 조각(tranche)로 분할되어 판매되며 각 조각의 리스크가 상이하다.

3. CARD(회전채무 상환증서)

CARD(certificates of amortizing revolving debts)는 현재 발생한 특정계좌의 신용카드매출채권과 장래 특정시점까지 발생할 신용카드매출채권을 기초로 발행되는 ABS를 의미한다.

만기가 짧은 신용카드매출채권을 기초로 장기의 ABS를 만들기 위해 CARD에는 재투자구조(revolving structure)가 이용된다. 즉, ABS를 발행할 때 기초자산으로 사용된 신용카드매출채권이 단기 결제되어 회수되면 이 자금의 일부로 ABS이자를 지급하고 남은 자금으로 새로운 매출채권을 매입하여 기초자산의 집합에 추가한다.

CARD는 특정계좌로부터의 현금흐름을 자산보유자의 몫(seller's interest)과 투자자 의 몫(investor's interest)으로 구분하고, 자산보유자의 몫을 일종의 내부신용보강장치로 활용하고 있다. 이에 따라 CARD는 투자자 몫을 기초로 ABS가 발행된다는 특징이 있다. 자산보유자 몫은 유입되는 현금흐름의 변동에도 불구하고 투자자 몫이 고정되도록 하는 완충장치의 역할을 한다. 한편 자산보유자 몫이 일정 수준 이하인 상태가 일정 기간 계속되면 조기상환이 이루어진다.

CARD의 원금은 재투자 기간이 끝난 후 일정 기간(조정상환기간) 분할하여 상환되거나 일정 기간(축적기간) 동안 누적하여 만기에 한꺼번에 상환된다. CARD의 신용보강은 선・후순위구조, 초과담보, 하자담보책임 및 조기상환구조 등으로 이루어진다.

4. MBS(주택저당증권)

MBS(mortgage-backed securities)는 주택저당채권(mortgage)을 기초로 발행되는 ABS이다.

MBS시장은 1차 시장, 2차 시장 및 자본시장으로 구성된다. 1차 시장은 모기지 차입자와 상업은행 등 모기지 대출기관 사이에 모기지론(주택담보대출)이 이루어지는 시장이다. 2차 시장은 모기지 대출기관이 보유하고 있는 주택저당채권을 유동화(주택저당증권 발행)하는 시장을 말하며 자본시장은 발행된 주택저당증권이 기관투자자들에게 매각되고 유통되는 시장을 말한다. MBS는 주택저당채권을 기초자산으로 하여 발행한다는 점에서 일반 ABS와 유사하지만, 원칙적으로 조기상환위험을 갖는다는 점에서 큰 차이가 있다.

5. ABCP(자산담보부 기업어음)

ABCP(asset-backed commercial paper)는 CP의 형태로 발행되는 ABS를 의미하는데 우리나라의 경우 ABS/ABCP구조가 주로 활용되고 있다.

ABS/ABCP구조는 SPC가 기초자산을 근거로 ABS를 발행하는 것은 다른 ABS와 같지만 자산유동화기간에 상응하는 장기 ABS를 1회 발행하는 대신 단기 ABS사채를 발행한 후 만기도래 시 ABCP를 발행하여 ABS사채를 상환하고 자산유동화기간 동안 계속 ABCP를 차환 발행하게 된다.

ABS/ABCP는 장단기금리차에 따른 자금조달비용의 절감, 기초자산에서 발생하는 여유자금의 재투자위험 축소 등이 가능해지므로 ABS 발행의 경제성을 높일 수 있다.

6. 부동산개발 PF ABS

1) 의의

부동산개발 PF ABS(이하 PF ABS)란 아파트, 상가 등의 개발사업을 추진하는 과정에서 금융기관이 시행사에게 실행한 대출채권을 기초로 하여 SPC가 발행한 자산유동화증권(ABS)이다. 일반적인 ABS와 마찬가지로 자산보유자가 소유하는 대출채권은 SPC에게 양도되는데, PF ABS의 경우 기초자산인 대출채권에 대하여 개발사업에 참여한 시공사가 신용보강을 한다는 특징이 있다.

PF ABS의 원리금 상환은 개발사업으로부터 나오는 현금흐름에 기초하여 이루어진다. 다만 부동산 개발사업의 분양성과가 부진할 경우 시행사의 원리금 상환이 곤란해질 우려가 있다. 이때 대출채권에 신용보강을 한 시공사는 불가피하게 채무인수를 하여야 하므로 재무건전성이 악화될 수 있다. PF ABS를 매입한 투자자들의 경우에도 부실채권이 크게 증가할 우려가 있다.

2) PF ABS 발행 및 상환 과정에서의 주요 참가자

첫째, 시행사는 인허가를 얻어 부동산 개발사업을 추진하는 주체이다. 통상 시행사는 신용도가 낮아 금융기관으로부터 토지매입 및 공사시행에 관한 대규모 자금차입이 어렵다. 둘째, 시공사는 신용도가 낮은 시행사가 금융기관으로부터 대출을 받을 수 있도록 연대보증이나 담보제공 등의 신용보강을 하며 개발사업에서 시공을 맡는 건설회사이다. 셋째는 금융기관으로서 시공사의 연대보증 또는 채무인수 조건으로 시행사에 자금을 대출한 후 보유하게 되는 대출채권을 SPC에게 양도하고 SPC는 PF ABS를 발행한다.

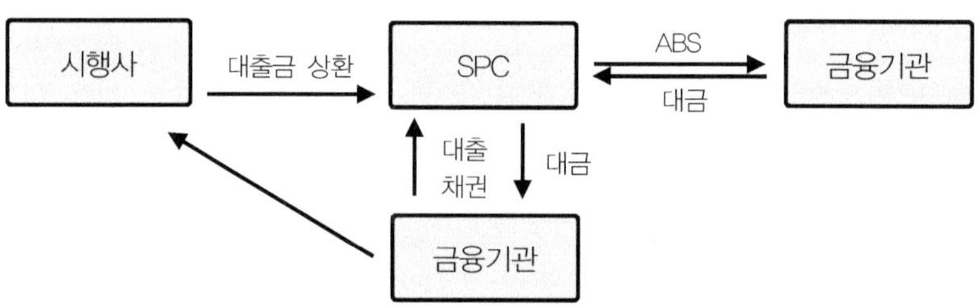

[그림 14-3] 부동산개발 PF ABS 발행구조

7. CDO(부채담보부 증권)

1) CDO의 의의

CDO(collateral debt obligation)는 다양하게 분산된 비교적 신용도가 낮은 회사채나 기업대출, 다양한 신용등급의 ABS나 MBS 등의 부채성격을 가진 자산들을 기초자산으로 하여 발행되는 유동화 증권이다. 즉 이와 같은 채권 등을 집합하여(pooling) 포장(package)하여 이들의 현금흐름에 근거하여 다시 새로운 형태의 유가증권을 발행하는 것이다.

이러한 CDO 발행을 위해서는 해당 자산풀(pool)의 평균수익률이 유동화증권의 수익률에 비하여 높고, 분산된 자산의 집합을 통해 풀(pool)의 대손확률이 적정하게 통제될 수 있다는 전제가 필요하다. 또한 기초자산들의 상관관계가 낮아야 하며 기초자산들의 신용평가가 제대로 이뤄져야 한다.

2) CDO의 분류

첫째, CDO는 기초자산의 유형에 따라서 분류하면 전술한 CLO, CBO, 기타 구조화된 CDO 등으로 나눌 수 있다.

둘째, CDO는 발행목적에 따라 'B/S CDO'(대차대조표관리 CDO), 'arbitrage CDO'(차익목적 CDO)로 구분한다. B/S CDO는 주로 금융기관 등이 특정업체에 대한 신용위험을 관리하거나 자기자본수익률을 관리할 목적, BIS 자기자본비율을 높이려고 보유자산을 대차대조표에서 차감하기 위해서 발행되는 CDO이다. arbitrage CDO는 발행예정인 CDO와 기초자산 간의 금리차 또는 매매가격간의 차익을 얻을 목적으로 발행되는 CDO이다.

셋째, CDO는 위험전가의 형태에 따라 Cash Flow CDO와 Synthetic CDO로 구분할 수 있다. Cash Flow CDO는 자산보유자가 보유하고 있던 자산을 매각을 통해 유동화전문회사(SPC)에 위험을 전가하는 전통적인 형태의 CDO이다. Synthetic CDO는 자산보유자가 자산을 매각하지 않고 계속해서 보유하되 기초자산의 신용위험만을 신용파생상품을 통해 유동화전문회사에 전가시키는 형태의 CDO이다.

제5절 신용파생상품

1. 의 의

신용파생상품이라 함은 파생상품 중 신용위험을 기초자산으로 하는 파생상품[125]을 말한다(외국환거래규정 제1-2조).

즉 신용파생상품(credit derivatives)이란 대출금, 채권 등과 같이 차입자 또는 발행자의 신용에 따라 가치가 변동하는 기초자산(underlying asset)의 신용위험(credit risk)을 분리하여 이를 다른 거래상대방에게 이전하고 그 대가로 프리미엄(수수료)을 지급하는 첨단 금융상품을 말한다.

일반적으로 대출금, 채권 등 금융자산은 금리, 환율 등 가격변수의 변동에 따라 자산가치가 변화하는 시장위험(market risk)과 차입자의 도산, 부도, 기한의 이익 상실, 신용등급 하락 등에 따라 자산가치가 변화하는 신용위험(credit risk)을 내포하고 있다. 시장위험은 선물(futures), 스왑(swaps), 옵션(options) 등 파생금융상품을 통하여 대처할 수 있으며 신용위험은 신용파생상품을 통해 그 위험을 헤지(hedge)할 수 있다.

신용파생상품 거래는 신용위험을 회피하기 위해 신용위험을 전가하고 프리미엄을 지급하려는 보장매입자(protection buyer)와 신용위험을 떠안으면서 그 대가로 프리미엄을 수취하려는 보장매도자(protection seller)로 구성되어 있다.

신용파생상품은 기초자산(underlying assets)의 이전 없이 신용위험만을 분리하여 거래가 이루어진다. 그러므로 기초자산을 보유한 기관의 입장에서는 기초자산에 내재된 신용위험을 효과적으로 관리할 수 있다. 투자자 입장에서는 새로운 수익원으로서의 수단이 된다.

기초자산이란 신용위험을 회피하고자 하는 대상자산으로 은행의 대출금, 채권 등을 들 수 있다. 한편, 신용파생상품은 글로벌 금융위기를 조장하였다는 비난과 함께 거래규모가 위축되었다. 국내의 경우 그 규모는 미미한 실정이다.

---

125) 파생상품(derivatives)이란 기초자산(원상품)에서 파생(응용)되어 나온 상품이다. 기초자산의 가치가 변동되면 파생상품의 가치도 변동된다. 위험회피와 투기이익획득이 목적이다.

2. 주요 신용파생상품

신용파생상품에는 CDS(신용파산스왑), 합성CDO, CLN(신용연계채권), TRS(총수익스왑) 등이 있으나 CDS(신용파산스왑)와 합성CDO에 관하여 살펴본다.

1) 신용파산스왑

신용파산스왑(CDS: Credit Default Swaps)은 그동안 신용파생상품시장에서 높은 점유율을 차지한 상품이며, 모든 신용파생상품의 근간을 이루는 상품으로 그 성격은 대출금 지급보증과 유사하다. CDS는 기업의 부도위험 자체를 매매할 수 있도록 만든 신용파생상품이다. 한쪽이 상대방에게 연간수수료를 주는 대신에, 특정기업이 채무불이행 등 부도위험이 여러 투자자에게 분산된다.

신용파산스왑거래에서 보장매입자는 보장매도자에게 정기적으로 일정한 프리미엄을 지급하고 그 대신 계약기간 동안 기초자산에 신용사건이 발생할 경우 보장매도자로부터 손실액 또는 사전에 합의한 일정금액을 보상받거나, 문제가 된 채권을 넘기고 채권원금을 받기도 한다. 만약 기초자산에 신용사건이 발행하지 않으면 보장매입자는 프리미엄만 지급하게 된다. 따라서 거래 상대방리스크의 관리가 중요하다.

며, 반대로 하락할 경우 신용위험이 감소함을 의미한다. 신용파산스왑 프리미엄은 거래의 만기가 길수록, 기초자산의 신용등급이 낮을수록 높아지며 보장매도자의 신용등급이 높을수록 높아진다.

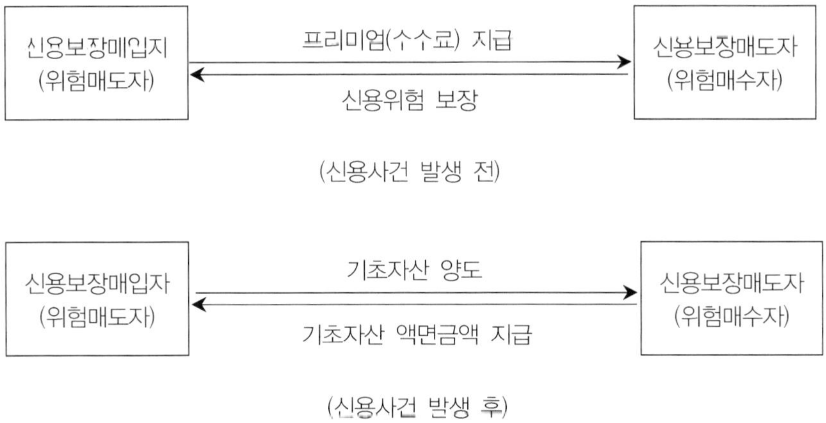

[그림 14-4] 신용파산스왑(Credit Default Swap)의 구조

신용파산스왑의 프리미엄은 기초자산의 신용위험에 대한 가격을 수치화한 것으로 연율로 표시된다. 동수치가 상승할 경우 동 기초자산의 신용위험이 증가함을 의미하며, 반대로 하락할 경우 신용위험이 감소함을 의미한다.

CDS는 채권의 부도위험을 나타내는 기능과 함께 채권을 발행한 기업, 혹은 채권을 발행한 국가의 위험정도를 평가하는 기초가 된다.

기초자산(underlying assets)은 보장매입자가 신용파생상품거래를 통해 신용위험을 헤지(hedge)하고자 하는 대상 자산이다. 예를 들면 은행의 특정 기업에 대한 대출금, 채권 등을 기초자산이라 할 수 있다.

일반적으로 도산 등 신용사건이 발생하게 되면 보장매입자는 마지막으로 프리미엄을 지급하고 실물인도 또는 현금결제에 의하여 신용파산스왑이 정산된다. 만약 계약조건이 실물인도를 요구하는 경우라면 보장매입자는 기초자산을 보장매도자에게 인도하고 기초자산의 액면가를 받는다. 기초자산의 액면가는 통상 신용파산스왑 계약의 명목원금(notional principal)이 된다.

따라서 보장매입자는 신용등급이 자신 보다 높은 보장매도자를 거래상대방으로 선호하며 이 경우에 프리미엄은 높아지게 된다. 또한 양자 간 채무불이행 상관관계가 낮을수록 프리미엄이 높아진다.

신용파산스왑거래를 통해 보장매입자는 기존 고객과의 관계를 그대로 유지하면서 신용위험을 헤지할 수 있게 된다. 보장매도자는 투자자로서 높은 수수료 수입을 얻을 수 있으며, 자금부담 없이 해당 기초자산을 포트폴리오에 편입하는 것과 같은 효과를 얻을 수 있다.

2) 합성담보부증권

합성방식은 기초자산의 소유권을 유동화전문회사에 이전하지 않고 장부에 남긴 채 신용위험만을 넘기는 방식이다.

합성방식의 사용이 많아지는 이유는 전통적인 방식이 권리이전 등에 수반되는 거래비용이 높고 기존의 고객관계를 단절시키는 문제가 있으며 진정한 매매나 도산격리같은 유동화의 기본조건을 충족시키기가 어렵기 때문이다. 그러나 이 같은 합성방식이 금융위기를 초래하는 원인을 제공하기도 하였다.

합성담보부증권(합성CDO: Synthetic Collateralized Debt Obligations)은 보장매입자의 대출, 채권 등 기초자산에 내재된 신용위험을 특수목적회사(SPC)가 이전받아 이를 기초로 발행한 선·후순위채권을 의미한다. 한편 기초자산이 대출인 경우 CLO(Collateralized Loan Obligations), 채권인 경우 CBO(Collateralized Bond Obligations) 등으로 나눌 수 있으나 이들을 합하여 CDO(Collateralized Debt Obligations)로 통칭한다.

합성CDO는 기초자산의 신용위험을 효율적으로 관리하는 신용파생상품의 특성과 다수의 채권을 유동화하는 전통적 CDO를 결합한 부채담보부증권의 일종으로 볼 수 있다. 즉 자산유동화의 일반적인 구조에 CDS, TRS, CLN 등 신용파생상품을 활용하여 기초자산군을 실제 양도하지 않고 서로 연계하여 증권화하여 투자자에게 신용위험을 전가하게 된다.

이 때 신용위험과 연계된 신용도가 각기 다른 신용등급의 3~4종류의 합성CDO를 발행하여 투자자에게 매각하는 형태를 취하고 있으며 낮은 신용등급의 합성CDO는 투자자에게 매도하기가 어렵고 보장매입자 또는 자산관리자가 인수하는 경우가 대부분이다.

합성CDO 원리금은 특수목적회사(SPV)가 CDS 계약에 따라 수령하는 프리미엄과 증권 발행 대금으로 담보조로 매입한 국채 등 저위험자산의 현금흐름(이자 및 채권 매각대금)으로 지급한다.

[그림 14-5] 합성 CDO의 거래구조

제6절 자산유동화증권 발행 현황

1. 연도별 ABS발행 현황

1998년 9월 자산유동화에 관한 법률이 제정된 이후 2000년까지 금융기관 및 공공법인, 한국자산관리공사 등이 BIS 자기자본비율 제고, 재무구조 개선, 부실채권 처분, 공적자금의 조기회수를 등을 위해 ABS를 적극 발행하였다. 2001년 이후의 발행

현황을 보면 다음과 같다.

2001년에는 신용카드 이용실적이 증가되어 카드매출채권을 기초로 발행한 신용카드 ABS 발행이 추가되어 ABS 발행금액이 50.9조 원으로 확대되었다.

2002년에는 금융・기업 구조조정이 끝나면서 금융회사의 부실대출채권(NPL) 정리를 위한 ABS 발행이 크게 감소함에 따라 ABS 발행금액이 39.8조 원으로 감소하였다.

2003년에는 신용카드회사에 대한 재무건전성 규제 강화 및 카드사용 실적 감소 등으로 여신전문 금융회사의 ABS가 크게 줄어들었으나 은행의 부실채권 및 회사채를 이용한 ABS가 증가하여 전년 수준인 39.8조 원을 유지하였다.

2004년 들어서는 주택저당채권을 기초로 한 주택저당증권(MBS) 발행이 본격화되었고 프로젝트파이낸싱(이하 PF) 및 SOC 관련 ABS가 증가하였다. 하지만 여신전문금융회사 ABS 발행이 계속 감소함에 따라 전체 ABS 발행 규모는 27.0조 원 수준으로 줄어들었다.

2005년에는 부동산개발 PF ABS의 발행 증가로 발행규모가 전년에 비해 소폭 늘어난 28.6조 원을 시현했다.

2006년에는 부동산개발 PF ABS는 증가하였지만 여신전문금융회사와 한국주택금융공사의 발행실적 감소로 발행실적이 23.2조 원으로 전년에 비해 감소하였고 2007년에는 19.8조 원으로 발행실적의 감소를 보였다.

2008년 중 자산유동화증권(ABS)의 발행총액은 20조 6,047억 원으로 전년도(19조 7,652억 원)에 비하여 4.2% 증가하였으나, 발행건수는 81건으로 전년도(106건)에 비하여 23.6% 감소하였다. 이는 건당 발행규모가 상대적으로 큰 카드채권・오토론・리스채권 등을 대상으로 하는 여신전문금융회사의 ABS 발행이 증가한 반면, 발행규모가 소규모인 부동산 PF ABS 및 일반기업의 장래매출채권 ABS 발행은 감소한 데 주로 기인한다.

2009년 중 자산유동화증권의 발행총액은 35조 9,713억 원으로 전년도(20조 6,047억 원) 대비 15조 3,666억 원(74.6%) 증가하였고, 이 중 공모 ABS 사채 발행금액은 129.0% 증가하였다.

2010년 중 ABS의 발행총액은 28조 28억 원, 2011년 ABS 발행총액은 32조 3,980억 원을 시현하였다. 1999년 말 ABS 최초발행이 시작된 이후 2011년 11월 말 기준 ABS 발행누계액이 400조 원을 초과하였다. 2012년 이후 연도별 ABS 발행추이는 [표 14-1]과 같다.

[표 14-1] 연도별 ABS 발행 추이

(단위: 조 원)

구 분	2012년	2013년	2014년	2015년
발행금액	53.7	51.2	41.5	82.9

자료 : 금융감독원

2. 유형별 ABS 발행 현황

1) 자산보유자별 ABS 발행 현황

자산보유자별 ABS 발행 현황을 살펴보면 한국주택금융공사는 2015년 중 55.7조 원의 주택저당증권(MBS)을 발행하여 가장 많이 ABS를 발행하였으며, 개별 발행주체로는 여신전문사 11.3조, 일반기업 8.2조 순으로 ABS를 발행하였다.

[표 14-2] 주요 자산보유자별 ABS 발행현황 (요약)

(단위: 조 원)

구분	한국주택 금융공사	은행	여신 전문사	일반기업	증권사
2015년	55.7	4.0	11.3	8.2	3.7

자료: 금융감독원

2) 유동화자산별 ABS 발행 현황

ABS 발행 현황을 유동화자산별로 보면(표 14-4) 주택저당채권을 기초로 한 MBS가 2015년에 전년도 내비 41.5소 원 증가한 5.6조 원 규모로 발행되는 등 대출채권을 기초로 한 ABS가 전체 발행액의 74.3%를 점하였다.

[표 14-3] 주요 자산보유자별 ABS 발행현황

(단위: 억 원, %)

구분	발행 주체	2012년		2013년		2014년		2015년	
		금액	(비중)	금액	(비중)	금액	(비중)	금액	(비중)
금융회사	은 행	55,856	(11.7)	47,170	(9.2)	40,056	(9.7)	39,757	(4.8)
	증 권	31,507	(6.6)	30,121	(5.9)	39,184	(9.4)	36,744	(4.4)
	여신전문	81,040	(17.1)	113,291	(22.1)	107,609	(25.9)	113,294	(13.7)
	상호저축은행	−	(−)	727	(0.1)	790	(0.2)	57	(−)
	소 계	168,403	(35.4)	191,309	(37.3)	187,639	(45.2)	189,852	(22.9)
일반기업1)		92,066	(19.4)	82,980	(16.2)	80,553	(19.4)	81,988	(9.9)
공공법인	한국자산관리공사	211	(−)	−	(−)	−	(−)	−	(−)
	한국주택금융공사	202,813	(42.7)	226,928	(44.3)	145,104	(34.9)	557,958	(67.2)
	한국토지주택공사	12,000	(2.5)	6,500	(1.3)	1,930	(0.5)	−	(−)
	SH공사	−	(−)	4,900	(0.9)	−	(−)	−	(−)
	소 계	215,024	(45.2)	238,328	(46.5)	147,034	(35.4)	557,958	(67.2)
총 계		475,493	(100.0)	512,617	(100.0)	415,226	(100.0)	829,798	(100.0)

자료 : 금융감독원

팩토링채권(카드사의 단말기 할부채권) ABS는 3.7조 원, 자동차 할부채권(오토론 포함) ABS가 4.3조 원 발행되었다.

한편 기업매출채권 등을 기반으로 한 ABS가 4.6조 원 발행되었는데, 이는 통신사의 단말기 할부채권 ABS 및 LH공사, SH공사의 임대료채권, 택지분양대금채권을 기초로 한 ABS를 포함한다.

[표 14-4] 주요 유동화자산별 ABS 발행현황 (요약)

(단위: 조 원)

구분	MBS	기업 및 개인여신	기업 매출채권	팩토링 채권	자동차 할부채권	유가증권	기타
2015년	56.0	5.6	4.6	3.7	4.3	3.6	5.1

자료: 금융감독원

[표 14-5] 주요 유동화자산별 ABS 발행현황

(단위: 억 원, %)

유동화자산	2012년		2013년		2014년		2015년	
	금액	(비중)	금액	(비중)	금액	(비중)	금액	(비중)
대출채권	261,028	(54.9)	279,121	(54.5)	191,867	(46.2)	616,583	(74.3)
(주택담보대출채권)	202,813		226,928		145,104		560,403	
(기업 및 개인여신)[1]	58,215		52,193		46,763		56,180	
매출채권	182,958	(38.5)	203,375	(39.6)	184,175	(44.4)	176,541	(21.3)
(신용카드매출채권)[2]	13,409		7,494		28,945		19,316	
(자동차할부채권)[3]	16,972		38,095		34,129		42,726	
(리스료채권)	–		13,026		8,795		10,991	
(팩토링채권)[4]	49,812		52,180		34,110		37,060	
(부동산 PF)	24,092		6,330		15,393		20,316	
(기업 매출채권 등)[5]	78,673		86,250		62,803		46,132	
증권	31,507	(6.6)	30,121	(5.9)	39,184	(9.4)	36,674	(4.4)
(채권)	31,507		30,121		39,184		36,674	
총 계	475,493	(100.0)	512,617	(100.0)	415,226	(100.0)	829,798	(100.0)

자료 : 금융감독원

주 : 1) 사회간접자본투자(SOC) ABS 포함

2) 카드론 포함

3) 오토론 포함

4) 카드사(하나SK, 신한, KB국민)의 단말기할부채권 ABS

5) 통신사(엘지유플러스, 케이티)의 단말기할부채권, 항공사의 운임매출채권 및 한국토지주택공사, SH공사의 임대료채권, 토지매출채권, 택지분양대금채권 기초 ABS 포함

제 15 장

주택저당증권

제1절 주택저당증권의 개요

1. 주택저당증권의 의의

주택저당증권(MBS: mortgage-backed securities)는 주택저당채권을 기초자산으로 발행되는 유동화증권이다. '주택저당채권(mortgage)'이란 주택의 구입 또는 건축에 소요되는 대출자금과 이 자금의 상환을 위한 대출자금에 대한 채권으로서 당해 주택에 설정된 저당권에 의하여 담보된 채권을 말한다(주택저당채권유동화회사법 제2조 제1항 제2호).

즉, 금융기관이 주택구입자에게 주택사금을 대출해주고 대출금을 회수할 권리인 주택저당채권을 유동화전문회사 등에 양도하고 유동화전문회사 등이 이들 자산을 기초로 증권을 발행하여 투자자에게 매각함으로써 주택사금을 조성하는 것이다.

MBS는 광의의 ABS에 포함된다. ABS는 대출채권, 매출채권, 부동산 등 모든 자산을 기초로 하는 반면, MBS는 여러 자산 중 주택저당채권(mortgage)을 기초로 발행하는 증권으로 유사하지만 원칙적으로 조기상환위험(prepayment risk)을 갖는다는 점에서 큰 차이가 있다.

국내의 한국주택금융공사가 매입하는 주택저당채권의 경우 조기상환 시 수수료가 부과된다(상환원금의 1～2%). 조기상환위험이란 주택담보대출 차입자가 추가적인 수수료 납부 없이 잔존 대출원금을 만기일 이전에 상환함으로써 MBS 발행자 또는 투자자의 현금흐름에 불확실성이 발생하는 위험을 말한다. 조기상환은 차입자가 전직, 타주택 구입 등으로 주택을 매각하는 경우, 차입자가 주택담보대출 계약을 이행하지 못하여 담보주택이 매각되는 경우, 차입자가 재차입비용을 고려한 후에도 금리가 계약금리 이하로 하락하여 재차입을 하는 경우 등에 발생한다.

MBS시장은 1차 시장, 2차 시장 및 자본시장으로 구성된다. 1차 시장은 차입자와 상업은행 등 주택금융기관 사이에 모기지론(주택담보대출)이 이루어지는 시장이다. 2차 시장은 주택금융기관이 보유하고 있는 주택저당채권을 유동화(주택저당증권 발행)하는 시장을 말하며 자본시장은 발행된 주택저당증권이 기관 투자자들에게 매각되고 유통되는 시장을 말한다. 1차 시장에서 발생하는 주택담보대출의 조기상환위험은 MBS 형태에 따라 발행기관 또는 투자자에게 전가된다.

주택저당증권의 발행구조는 [그림 15-1]과 같다.

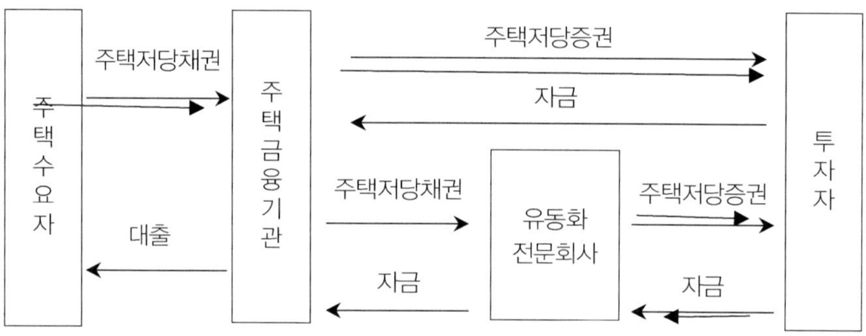

[그림 15-1] 주택저당증권 발행구조

2. RMBS와 CMBS

MBS를 RMBS와 CMBS로 구분할 수 있다. RMBS (Residential Mortgage -Backed Securities)는 주거용 주택저당채권을 유동화한 것으로 일반적으로 MBS라 하면 RMBS를 의미한다.

CMBS (Commercial Mortgage-Backed Securities)는 다양한 신용등급을 지닌 상업용(업무용빌딩, 상가, 호텔, 병원, 임대주택 등) 부동산 저당채권을 집합(pooling)하여 유동화한 후 투자자에게 판매하는 증권이다. 상업용부동산은 경기에 민감하여 자산가치의 변동성이 높은 특징이 있다.

CMBS의 신용도는 주택저당대출을 기초로 한 RMBS와 다른 특성을 지닌다. 주택저당대출은 차주의 신용도에 따라 영향을 미치고 채무자의 상환불능이 발생할 경우 해당 부동산을 처분하여 원리금상환에 충당하는 구조를 갖는다. 반면 CMBS의 경우에는 상업용부동산의 현금흐름이 상환원리금을 충당할 수 있는지의 여부와 해당 부동산의 처분이나 재대출을 통해 원금상환이 가능한가의 여부가 중요하다. 따라서 임대료 수입으로 CMBS의 원리금 상환이 충분한지를 분석하기 위해 부채감당비율(DSCR)분석이 도입된다. 한편 CMBS는 적정한 자산관리가 현금흐름에 중요한 영향을 미칠 가능성이 있기 때문에 자산관리업무를 담당하는 기관의 적정성에 대한 검토도 필요하다.

3. MBS 발행의 경제적 효과

1) 금융기관

(1) 주택금융기관의 재무건전성 향상된다.

대출채권 매각으로 대손충당금 적립부담 경감되고, 국제결제은행(BIS)자기자본비율을 제고하는 효과가 있다.

(2) 위험관리효과가 있다.

자금의 고정화를 방지하고 대출의 부실화위험을 다수의 투자자에게 분산하여 리스크를 감소시킨다.

(3) 자금조달구조 개선 및 영업기반이 확대된다.

MBS 발행을 통해 자금조달구조가 다양화되며, 자금을 조기 회수하여 대출여력이 확대되고 자금회전율이 향상된다.

2) 투자자

(1) 신용보강으로 안정성이 확보된다.

(2) 여러 종류의 증권발행이 가능함으로 투자기간 및 조건에 따라 다양한 선택이 가능하다.

(3) 수익성이 양호하여 좋은 투자수단이 될 수 있다.

3) 주택구입자(소비자)

(1) 금융기관의 대출여력 확대로 장기・저리의 주택자금 차입가능하다.

(2) 주택금융상품의 선택폭이 확대되고 수요자 중심의 주택금융시장이 형성된다.

4) 금융시장

(1) 현재의 장기채권시장은 국공채가 대부분이나 MBS발행이 활성화되면 국내 장기채권의 공급물량 부족 문제가 해소되고 투자의 활성화가 이뤄질 수 있다.

(2) 주택담보대출의 장기화 및 고정금리화를 유도할 수 있다.

5) 정부

(1) MBS의 발행은 주택건설 촉진, 주택보급률확대, 주택경기 조절 및 활성화에 기여할 수 있다.

(2) 투자에서 이용대상으로 주택에 대한 사고의 전환을 유도한다.

제2절 주택저당증권의 종류

1. MPTS(mortgage pass-through securities) : 주택저당 이체증권

1) 개념

- MPTS는 대출금융기관이 보유한 주택저당채권을 유동화회사에 양도하면 유동화회사는 이를 기초자산으로 수익증권을 발행하여 투자자에게 매각하여 자금을 조달하는 방식이다. 원리금수취권과 주택저당채권(저당권)의 소유권을 투자자에게 모두 매각한다. 자산보유자의 자산에서 해당 유동화자산이 제거된다.
- 차입자가 지불하는 저당지불액이 저당관리비용을 제외하고, 증권발행자를 통해 바로 투자자에게 지불되기 때문에 '지분형 이체증권'이다.
- 원리금수취권을 투자자에게 이전함으로써 차입자로부터 수령하는 원리금상환액은 매월 단위로 투자자에게 이체된다.

MPTS는 미국에서 지니매(Ginnie Mae)가 1970년 최초로 주택저당채권을 유동화할 때 사용한 방식이다.

2) 특징

- 주택저당 담보부채권의 집합물을 담보로 하는 지분형 MBS로, 관련 위험(만기전 변제위험, 이자율변동위험, 채무불이행위험)이 모두 투자자에 이전된다.
- 위험이 투자자에게 이전되므로 MBB와는 달리 발행에 따른 발행기관의 초과담보 제공이 필요 없으며 높은 위험에 따라 높은 수익이 제공된다.
- 원리금 수취권과 주택저당채권 모두 증권매수자가 가지고 있다.
- 발행기관은 자신의 자산을 매도하는 것이므로 발행액만큼 자산은 감소하지만, 현금이 증가하기 때문에 자산의 크기에는 변화가 없게 된다. 즉 주택저당채권의 총액과 이체증권의 발행액이 같다.
- 저당대출이자율이 시장이자율보다 커지면 만기전 변제 즉 조기상환문제가 발생한다. 콜방어가 불가능하다.

⊃ 콜방어(call protection)

MBS 발행기관의 만기 전 조기상환에 대해 투자자들이 이를 거부하는 것을 콜방어라고 한다. 차입자들이 조기상환을 요구할 경우 MBS 발행기관도 투자자에게 조기상환을 요구하면 투자자들의 안정적 자금운용을 저해하므로 MBS 제도의 활성화가 어렵게 된다. 따라서 발행기관이 MBS를 만기 전에 투자자에게 조기 상환 시 위약금을 부담토록 한다.

부분적 콜방어란 MBS의 전체기간에 걸쳐 콜방어를 허용하지 않고, 일정기간 동안만 허용하는 것이다. 보통 부분적 콜방어는 대부분 초기 5~15년 동안만 허용되고 있다.

2. MBB(mortgage backed bond) : 주택저당채권담보부채권

1) 개념

MBB는 대출금융기관이 보유한 주택저당채권의 집합물(mortgage pool)을 담보로 자체발행하는 담보부사채의 일종으로 콜방어 기능이 있는 채권형 MBS이다. 즉 발행기관이 자기의 신용으로 발행하는 '채권형 주택저당담보부채권'으로 모기지 풀에서 발생하는 원리금 수취권과 주택저당채권의 소유권을 발행기관이 가지면서 저당대출채권을 담보로 하여 유동화 채권을 발행하여 자금을 조달하는 방식이다.

MBB는 지분형의 약점의 하나인 현금흐름 예측불가능성(조기상환위험) 때문에 출현하였고 채권시장이 발달한 독일, 덴마크 등 유럽에서 활성화되어 있으며, 미국의 경우 페니매(Fannie Mae)가 발행한다. 우리나라의 경우 법적으로 발행 가능하나 활용도가 낮다.

MBB는 채권형으로 저위험, 저수익의 특성을 갖으나 투자자들의 확실한 현금흐름 요구에 부응할 수 있다.

2) 특징

발행기관이 신용으로 채권을 발행하기 때문에 제반 위험(만기전 변제위험, 이자율위험, 채무불이행위험)이 발행기관에 집중되어 유동성이 떨어지며, 발행기관이 안전성을 높이려고 액면가 이상의 초과담보를 확보하다. 이는 적격담보를 제공해야 하는 회사채와 비슷하다 따라서, 주택저당채권총액이 MBB발행액보다 커야한다.

차입자는 저당이자율과 시장이자율을 비교하여 만기전에 차입금의 변제를 고려한다. 만약 저당이자율이 시장이자율보다 높은 경우에는 차입자는 만기전에 차입금을 변제하는 것이 유리할 것이다. 이런 경우에 대출자입장에서는 이자수익을 손해볼 수 있는 상당한 이자율위험을 감수할 수밖에 없다. 따라서 대출자는 만기전 변제에 대해 수수료(penalty)를 부과한다.

MBB는 매수자가 콜방어를 할 수 있는 장치가 마련되어 있다. 모저당의 전 기간에 걸친 콜방어를 투자자에게 주기도 하지만, 일반적으로 일정기간 동안만 콜방어를 허용하는 부분적 콜방어를 하고 있다. 따라서 조기상환위험을 발행기관이 부담하는 것이 원칙이며 투자자들은 조기상환위험에서 해방된다.

원리금수취권을 발행기관이 보유함으로 MBB는 차입자로부터 수령하는 원리금상환액과 투자자에게 지급하는 원리금지급액의 현금흐름이 동일하지 않다는 점에서 MPTS와 다르다. 일반적으로 6개월 단위로 원리금이 지급된다.

3. MPTB(mortgage pay-through bond) : 저당대출 자동이체 채권

1) 개념

MPTB는 채권·지분 혼합형 MBS로 MPTS와 MBB를 혼합한 형태이다.

법률적으로는 MBB이나 경제적으로는 MPTS와 같은 성격을 갖는다. 발행형식은 최초대출기관이 주택저당채권을 SPC에 매각하고 SPC가 대출채권을 집합하여 채권을 발행하거나 최초대출기관이 직접 발행한다. 주택저당채권은 발행기관이 보유하고 투자자인 매수자에게는 원리금 수취권을 이전하는 방식의 채권이다. 다른 조건이 같다면 주택저당담보부채권(MBB)보다 작은 규모의 초과담보물이 필요하다.

2) 특징

MPTB는 MPTS와 MBB의 특징을 모두 갖고 있다.

MPTS의 특성으로, 차입자가 지불하는 원금과 이자가 증권보유자에게 바로 이전된다. 따라서 만기전 변제위험을 투자자가 부담하게 된다. 다만, MPTS와 다른 점은 MPTB는 채권의 일종이므로 사전에 정해진 표면이자율이 적용되며, 저당권을 발행자가 갖고 있다는 점이다.

MPTB는 콜방어가 불가능하다. 원리금 수취권이 투자자에게 이전하는 방식이므로 조기상환위험은 투자자가 부담한다.

4. CMO(collateralized mortgage obligation) : 다계층저당증권

1) 개념

CMO는 MPTB의 일종이다. 따라서 채권 · 지분 혼합형 MBS로 MPTS와 MBB를 혼합한 형태이다.

발행기관이 주택저당채권의 소유권을 보유하고, 원리금 수취권은 투자자에 이전한다.

저당채권의 총발행액을 다양한 이자율 및 만기구조를 가진 몇 개의 그룹으로 배분한다. 그룹별로 다양한 만기구조를 갖고 만기구조별 수익률이 다르며 고정금리가 적용되는 그룹도 있고 변동금리가 적용되는 그룹도 있다.

각 그룹별로 서로 다른 이자율과 원금의 지급순서를 정하여 그룹별 상환기간 순서에 의해서 연속적으로 이자와 원금상환이 이루어진다. 이때 세분된 각개의 그룹을 트렌치(tranche)라 한다.

기존의 저당채권은 같은 저당 풀을 담보로 해서 발행할 경우, 그 존속시기가 모두 동일한 것이므로 다양한 수요를 충족시키지 못하는 한계가 있었다.

2) 특징

첫째, 트렌치(tranche)별로 원금과 이자를 지불한다.

회수된 원금은 지급순서에 따라 트랜치별로 지급받게 된다. 첫 번째 트렌치에 원금과 이자가 지불되는 동안, 다른 트렌치에는 이자만 지불된다. 이렇게 하여 첫 번째 트렌치의 원금과 이자가 모두 상환되고 나면 첫 번째 트렌치는 저당 풀(mortgage pool)에서 빠져나가고 그 후에 두 번째 트렌치의 원금과 이자가 한정된 존속기간 동안 지불된다.

마지막 트렌치를 Z트렌치라 하는데 보통 중간에 원금과 이자를 전혀 지불하지 않고 만기일에 원금과 누적이자를 한꺼번에 지불하게 된다.

둘째, 콜방어(조기상환위험의 회피)의 실현이 가능하다.

CMO는 MPTS와 MBB의 두 가지 성질을 다 가지고 있다. 이것은 MPTS처럼 저당차입자의 원금과 이자를 트랜치별로 직접 지급하고 있다. 그리고 트랜치의 규모와 수 등을 조정함으로써 MBB처럼 그 존속기간을 다양하게 하여 장기투자자들이 원하는 콜방어를 실현시키고 있다.

전체 조기상환위험은 MPTS와 같이 투자자가 부담하나 트랜치 선택에 따라 조기상환위험이 달라진다. 만기가 가장 짧은 트랜치부터 원리금 상환과 조기 상환이 이루어지므로 단기투자자는 콜방어가 불가능하나, 장기투자자는 콜방어가 가능하다.

셋째, 수익률이 변동적이다.

CMO는 다양한 만기 구조를 갖고 만기구조별로 수익률이 다르며, 전체 조기상환위험은 MPTB와 같으나 계층 선택에 따라 조기상환위험이 달라진다. 만기구조가 길수록 조기상환의 위험 등이 더 크므로 이자율 즉, 수익률도 더 커진다.

넷째, 시장의 호응을 얻고 있다.

우리나라에서 발행되는 주택저당증권은 대부분 다계층 저당채권이다.

현재 CMO의 상당 물량은 일반 주택저당채권유동화회사에서 발행되고 있다. CMO는 투자자들의 큰 호응을 얻고 있는데, 트랜치의 평균수명이 다양하기 때문이다.

일반은행은 주로 단기 트랜치에, 보험회사는 중기 트랜치에, 연금기금(pension fund)은 장기 트랜치에 투자하는 경향이 있다.

이상에서 설명한 주택저당증권의 발행형태별 특성을 보면 [표 15-1]과 같다.

[표 15-1] 주택저당증권 발행형태별 특성

구 분	MPTS	MBB	MPTB	CMO
발행형태	지분형	채권형	혼합형	혼합형
발행증권의 종류	1종류	1종류	1종류	여러 종류
투자자에 대한 원리금의 이체여부	• 직접이체 • 현금흐름동일 • 매월이체	• 이체 안됨 • 현금흐름다름 • 6개월단위이체	• 직접이체 • 현금흐름동일 • 매월이체안됨	우선순위별 이체
주택저당채권의 소유권	투자자에 매각	발행기관 보유	발행기관 보유	발행기관 보유
채무불이행위험 부담자	투자자	발행기관	발행기관	발행기관
원리금수취권	투자자에 이전	발행자 보유	투자자 이전	투자자 이전
조기상환위험 부담자	투자자	발행자	투자자	투자자
이자율이 큰 순서	1	3	2	———
콜방어	불가능	가능	불가능	장기투자자 가능
채권담보액 (주택저당채권액) 대비 증권발행액	(같다) 채권담보액= 증권발행액	(적다) 채권담보액> 증권발행액	(적다) 채권담보액> 증권발행액	(적다) 채권담보액> 증권발행액
신용보강	없음	있음	있음	없음
초과담보	없음	있음	있음	있음

제3절 커버드본드와 MBS

1. 커버드본드의 의의

커버드본드(coverd bond)란 금융기관이 중장기 자금조달을 위해 주택저당채권 같은 금융기관이 보유한 우량자산을 담보로 발행하는 일종의 담보부채권이다. 커버드본드는 발행사가 자체신용으로 채권을 발행하면서 특정자산을 보유한 상태에서 담보로 제공된다. 커버드본드는 이중상환청구권을 통해 MBS보다 투자자 보호기능이 강화된 형태이다. 투자자는 담보자산에 대한 우선청구권을 가짐과 동시에 담보자산 부실시 발행 금융기관에 대한 소구권이 보장된다. 따라서 커버드본드는 "우선 변제부 채권"이라고 불린다. 커버드 본드는 유럽지역에서 대부분이 발행되고 있다. 2009

년 말 현재의 발행잔액은 2.4조 유로이다. 미국에서는 MBS의 발행이 활발하고 커버드본드 발행실적은 미미한 실정이다.

우리나라는 2009년 5월 국민은행이 국내 최초로 커버드본드를 발행하였으며 2010년 7월 한국주택금융공사가 한국주택금융공사법 31조에 근거하여 커버드본드를 해외에서 발행하였다. 발행액은 5억 달러, 만기일은 2015.12.15.(5년 5개월), 금리는 4.151%이다.

2. 커버드본드의 발행요건

1) 발행기관

커버드본드의 발행기관은 자본금 250억 원, BIS 자기자본비율이 10% 이상의 금융회사 또는 은행이 설립한 유동화전문회사이다.

2) 발행요건

커버드본드의 발행요건은 다음과 같다.

(1) 만기 : 1~30년

(2) 발행한도 : 발행자의 발행예정일 직전 회계연도말 부채잔액의 4% 이내

(3) 발행통화 : 원화 또는 외화

(4) 금리 : 고정금리 또는 변동금리

(5) 발행등록 : 금융위원회에 등록

3. 커버드본드 발행 효과

커버드본드 발행효과를 발행금융기관과 투자자로 구분하여 설명하면 다음과 같다.

1) 발행금융기관

(1) 저금리 자금조달

커버드본드가 엄격한 규제하에서 기초자산을 확보한 상태에서 이뤄지므로 발행사 신용등급보다 더 높은 신용등급을 확보할 수 있어 저금리로 자금을 조달할 수 있다.

(2) 안정적인 중장기 자금확보

만기가 길고 조기상환이 불가능하기 때문에 안정적인 중장기 자금의 확보가 가능하다.

(3) 자금조달 원천 다변화

커버드본드의 신용등급이 높으므로 발행금융기관입장에서 다양한 그룹의 투자자를 확보할 수 있다.

2) 투자자입장

(1) 투자다변화

보수적인 투자자들은 일반적으로 우량등급의 국공채에 투자하는데 커버드본드를 통해 포트폴리오 전체의 신용도를 훼손하지 않고 모기지채권으로의 다변화가 가능하다.

(2) 높은 수익률 확보

일반적으로 투자자에게 국채보다 높은 수익률을 제공한다.

(3) 투자자보호

이중상환청구권 장치로 자산보유자의 파산과 같은 사건의 발생 시에도 투자자 보호가 가능하다. 그러나 발행기관이 부실화될 경우에는 예금주, 일반채권자 등이 커버드본드 투자자에 비하여 채권확보에 상대적으로 불리할 수 있다.

4. 커버드본드와 MBS의 비교

커버드본드와 MBS를 비교하면 [표 15-2]와 같다.

[표 15-2] 커버드본드와 MBS의 비교

구분	커버드본드	MBS
발행주체	대출 금융기관	SPC
대상자산	부동산담보대출, 공공기관대출, 선박담보대출	부동산담보대출
발행목적	유동성 확보, 부내거래	유동성 확보, 부내거래, 신용위험 회피
부외금융(off-balance) 여부	대부분 장부내금융(on-balance)	off-balance
채권구조	단일채권	여러 개의 tranche 구성
지급방식	만기확정 고정금리 채권	구조에 따라 다양
상환재원	발행사의 상환의무, 커버풀(cover pool)로부터의 현금흐름	기초자산으로부터의 현금흐름
담보자산 교체	수시교체 가능	교체 제한적
대출금 조기상환	커버드본드 조기상환으로 연결 안됨	MBS 조기상환으로 연결가능
이중상환청구권	발행사 부도 시 발행사와 보유 중인 기초자산 모두에 청구권 있음	발행사 부도 시 발행사에 대한 청구권 없음

자료 : 대우증권 리서치센터

제4절 우리나라의 MBS 발행

MBS는 본래 주택저당채권을 기초자산으로 발행되는 증권을 총칭하나 우리나라의 경우 「자산유동화에 관한 법률」에 의해 발행되는 유동화증권(민간ABS), 「주택저당채권유동화회사법」에 따라 발행되는 유동화증권(기관ABS)으로 구분할 수 있다.

한편 발행방식에 따르면 주택저당채권을 기초로 발행되는 '주택저당채권담보부채권(MBB)'과 주택저당채권을 기초로 발행되는 수익증권[126]인 '주택저당증권(MBS)'으로 나눌 수 있다.

126) 주택저당채권 유동화회사는 자신을 수탁자로 하는 신탁(자기신탁)을 설정하에 주택저당증권을 발행할 수 있다.

1. 연혁

외환위기이후 정부는 원활한 구조조정과 경기부양을 위하여 1998년「자산유동화에 관한 법률(ABS법)」을 제정하였다.

그러나 동법에 따라 주택저당채권을 유동화하는 경우 한 개의 유동화계획을 추진하고 해체되어야 하는 법률상의 문제로 영속적인 유동화전문회사의 필요성이 대두됨에 따라 1999년 1월「주택저당채권유동화회사법(MBS법)」이 제정되고 주택저당증권 또는 주택저당채권담보부채권(MBB)을 지속적으로 발행할 수 있는 주택저당채권유동화 전문기관을 설치할 수 있도록 하였다.

이에 따라 1999년 9월 '한국주택저당채권유동화주식회사(이하 KoMoCo)'가 설립되어 주택저당증권을 발행하였다. 하지만 지급보증능력의 한계로 KoMoCo의 추가적인 MBS 발행이 어려워지자 정부는 이러한 문제를 해결하는 한편 장기주택금융 및 장기채권시장을 활성화하기 위한 목적으로 2004.3.1. '한국주택금융공사'를 신설하여 KoMoCo의 유동화업무를 통합하였다.

한국주택금융공사는 주택저당채권을 가진 금융기관으로부터 이 채권을 양도받아 자신의 신탁계정에 신탁하고 신용을 보강한 다음 주택저당증권을 발행한다. 신용보강에는 선・후순위구조와 함께 공사에 의한 지급보증이 이용된다.

한국주택금융공사는 단기, 변동금리, 일시상환 방식의 주택금융시장을 장기, 고정금리, 원리금 분할상환방식의 주택금융시장으로 재편하기 위한 목적으로 설립되었으며, KoMoCo에 비해 지급보증한도 및 MBS 취급범위가 확대되고, 주택저당채권 매입 및 보유도 허용되며, 손실발생 시 정부가 보전할 수 있도록 하였다

2. 근거법률 및 주요내용

우리나라의 경우 ABS법과 별도로 주택저당채권유동화회사법(MBS법)을 제정하여 MBS법에서는 주택저당채권에 대하여만 자산유동화를 규정하고 있어 상업용부동산에 대한 저당채권은 자산유동화에 관한 법률에 의해 ABS의 형태로 유동화된다.

1) ABS법

ABS법에서는 유동화방식을 유동화전문회사(SPC) 또는 신탁회사를 통한 증권발

행으로 한정한다. SPC는 1회의 유동화 업무만 가능하고 상법상 유한회사로 설립된다. 유동화증권은 사채·수익증권 및 지분권을 갖는 출자증권으로 발행한다.

2) MBS법

MBS법에서는 채권유동화업무를 영위하고자 하는 자는 금융위원회의 인가를 받아야 하며 주식회사일 것, 자본금이 250억 원 이상일 것, BIS 자기자본비율이 일정기준 이상일 것 등의 요건을 갖추도록 하고 있다.

동법에서는 수익증권형태인 주택저당증권(MBS)뿐만 아니라 MBB의 발행도 가능하다.

3) 한국주택금융공사법

한국주택금융공사는 장기저리의 주택담보대출 (보금자리론)을 공급하고 주택저당채권의 유동화와 주택금융신용보증업무 등을 수행한다. 금융기관으로부터 주택저당채권을 양도받아 주택저당증권(MBS)와 주택저당채권담보부채권(MBB)를 발행하여 투자자에게 판매한다. MBS는 한국주택금융공사가 자기신탁을 설정하여 발행하는 수익증권이고 MBB는 한국주택금융공사가 신탁설정 없이 직접 발행하는 채권이다.

3. 발행현황

우리나라의 MBS 발행실적을 보면 KoMoCo가 2000년 4월 최초로 3,690억 원의 MBS를 발행하였다. 2004년 이후에는 KoMoCo로부터 업무를 양수받은 한국주택금융공사가 설립되면서 본격적으로 MBS가 발행되었다.

그 결과 민간금융기관이 보유하고 있는 주택저당채권을 기초로 발행되는 MBS는 일부 은행의 해외발행 MBS를 제외하고는 크게 증가하지 못하고 있다.

이는 다음과 같은 요인에 기인한다. 첫째, 주택저당채권을 보유하고 있는 대부분의 기관(국민주택기금 및 상업은행)이 풍부한 유동성을 보유하고 있다. 둘째, 주택자금대출의 근저당권 양도에 따른 업무부담이 발생하여 금융기관들이 주택저당채권 양도를 꺼린다. 근저당권이 특정대출에 대하여만 설정되는 것이 아니라 차주의 모든 대출을 담보하는 포괄근저당 형태로 설정되는 경우가 많아 근저당권을 양도하는 경우 이 차주에 대한 주택저당대출 이외의 기타 대출에 대한 담보를 새로이 설정하여야 하는 기술적인 문제가 발생한다.

한편 한국주택금융공사의 MBS 발행현황은 다음과 같다.

[표 15-3] 한국주택금융공사 MBS 및 MBB 발행현황

(단위 : 억 원)

연도	2011	2012	2013	2014	2015	2016
MBS 발행액	85,224	200,303	219,979	145,046	552,193	347,740
MBB 발행액	6,075	15,379	2,500	6,950	5,765	5,522

자료 : 금융감독원, 한국주택금융공사

참고문헌

강병호 외, 「금융시장론」, 박영사, 2009.

고성수, 「국내금융회사의 모기지 활성화 방안」, 한국금융연구원, 2007.5.

국토해양부, 「2009년도 국민주택기금 업무편람」, 2009, 국토해양부.

김민정 외, 「한국주택금융공사 커버스본드 발행과 의미」, 대우증권, 2010.8.

김영곤 외, 「부동산금융론」, 형설출판사, 2002.

김종서, 「부동산개발신탁수익권의 유동화 가능성 분석」, 강원대 대학원 부동산학과 박사학위논문, 2009.8.

김규진 외, 「부동산 금융과 투자」, 부연사, 2006.

김범석 외, 「부동산금융론」, 청목출판사, 2008.

김인규, 「신용파생상품시장의 현황과 과제」, 한국은행, 2009.2.

김형석 외, 「부동산펀드 이것만은 꼭 알고 하자」, 매일경제신문사, 2005.

김재태 외, 「부동산금융」, 부연사, 2007.

김필규, 「미국 CMBS 시장현황과 시사점, PERSPECTIVE」 자본시장연구원, 2009

대한주택보증, 2009년 업무안내, 2009.

두성규, 「건축물 분양제도의 합리화 방안 연구」, 한국건설산업연구원, 2006.8,

두성규, 「건축물 분양제도의 합리적 구축을 위한 정책제안」, 건설산업동향, 2007-9호, 2007.9.

류근묵, 「프로젝트 파이낸싱 리스크 평가모형에 관한 연구」, 건국대 대학원, 부동산학과, 박사학위논문, 2009.8.

박동규, 「부동산 개발사업의 파이낸싱과 투자」, 명경사, 2005.

박형금 외 「신용보증제도의 운용현황과 과제」, 한은조사연구, 2007-11, 한국은행.

유정석 외, 「글로벌 금융위기 1년, 회고와 전망」, CEO Information, 721호, 삼성경제연구소, 2009.9.

이데야스오 저, 이재웅 역, 「알기 쉬운 부동산금융 증권화의 구조」, 부연사, 2002.
이래영, 「부동산투자론」, 삼영사, 2004.
이재욱 외, 「신탁법 해설」, 한국사법행정학회, 2000.
임병만, 「주택금융신용보증요율 차등화에 관한 연구」, 한양대 대학원 박사학위논문, 2006.
손원선, 「주택분양계약에서의 제3자에 대한 효과」, 한양법학 제21권 제1집, 한양법학회, 2010.2.
손재영, 「한국의 부동산 금융」, 건대출판부, 2009.
전윤범 외 「부동산 · 파생상품펀드 투자상담사」, 와우패스, 2009.
정판태, 「부동산신탁회사의 수익구조 개선방안에 관한 연구」, 강남대 부동산행정대학원, 석사학위논문.
정후식, 「대공항 이후 주요 금융위기 비교」, 한은조사연구, 한국은행, 2009.
한국은행, 「우리나라의 금융시장」, 2006.
한국은행, 「우리나라의 통화정책」, 2005.
한국주택금융공사, 「주택금융월보」 각 월호.
한국부동산신탁협회, 부동산신탁실무, 2007.
한만희 외, 「부동산투자금융론」, 보성각, 2008.
건설산업연구원, www.cerik.re.kr
국민은행, www.kbstar.com
국토해양부, www.mltm.go.kr
금융감독원, www.fss.or.kr
대우증권, www.bestez.com
대한주택보증, www.khgc.co.kr
모닝스타코리아, www.morningstar.co.kr
미국리츠협회, www.reit.com
삼성경제연구소, www.seri-samsung.org
자본시장연구원, www.kcmi.re.kr
전국은행연합회, www.kfb.or.kr
조선일보, chosun.com
한국거래소, www.krx.or.kr

한국은행, www.bok.or.kr

한국자산신탁, www.kait.com

한국주택금융공사, www.khfc.co.kr

www.sifma.org

www.reit.com

Elul, R., "Residential Mortgage Default", *Business Review*, Q3, 2006.

M.Melvin, International Money and Finance, Addison-Wesley, Seventh edition, 2006.

CCIM, Financial Analysis Commercial Investment Real Estate, CCIM, 2005.

Federal Reserve Board Survey of Consumer Finance, 2006.

찾아보기

ㅈ

❖ 저 자 약 력 ❖

＊ 김 병 우

고려대학교 경영학 석사
경영학박사
공인중개사
국민은행 지점장, 금융센터장
중소기업특별위원회 전문위원
현) 부천대학교 부동산유통학과 교수

＊ 이 동 훈

한국과학기술원(KAIST) 경영정보 공학석사
한국과학기술원(KAIST) 경영공학박사
삼일회계법인 경영정보컨설턴트
현) 부천대학교 부동산유통학과 교수
공무원, 기술사, 기사, 산업기사, ITQ 등
각종시험출제・감수위원

부동산금융론 : 개정2판

초　판 1쇄 발행 —— 2010년 9월 10일
개정판 1쇄 발행 —— 2013년 1월 10일
개정판 2쇄 발행 —— 2015년 2월 20일
개정2판 1쇄 발행 —— 2017년 2월 15일
개정2판 2쇄 발행 —— 2018년 2월 1일
지은이 —— 김 병 우・이 동 훈
펴낸이 —— 전 두 표
펴낸곳 —— 도서출판 두남
서울시 강동구 성내로6길 34-16 두남빌딩
신 고 : 제25100-1988-9호
TEL : 02) 478-2065~7, 2311
FAX : 02) 478-2068
E-mail : dunam1@unitel.co.kr
http://www.dunam.co.kr

정가 24,000원

ISBN 978-89-6414-721-4 93320